성공을 위한 가장 확실한 선택

박문각은 1972년부터의 노하우와 교육에 대한 끊임없는 열정으로 공인중개사 합격의 기준을 제시하며 경매 및 중개실무 연계교육과 합격자 네트워크를 통해 공인중개사 합격자들의 성공을 보장합니다.

공인중개사의 시작 박문각

공인중개사 시험이 도입된 제1회부터
제35회 시험까지 수험생들의 합격을
이끌어 온 대한민국 유일의 교육기업입니다.

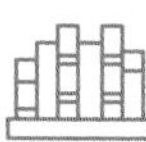

오랜시간 축적된 데이터

1회부터 지금까지 축적된 방대한 데이터로
박문각 공인중개사는 빠른 합격 & 최다
합격률을 자랑합니다.

업계 최고&최다 교수진 보유

공인중개사 업계 최다 교수진이
최고의 강의로 수험생 여러분의
합격을 위해 끊임없이 연구하고 있습니다.

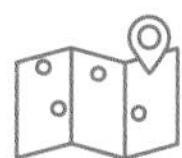

전국 학원 수 규모 1위

전국 20여 개 학원을 보유하고 있는
박문각 공인중개사는 업계 최대 규모로서
전국 학원 수 규모 1위 입니다.

박문각 공인중개사

2025 합격 로드맵

합격을 향한 가장 확실한 선택

박문각 공인중개사 수험서 시리즈는 공인중개사 합격을 위한 가장 확실한 선택입니다.

01 기초입문

합격을 향해
기초부터 차근차근!

–
기초입문서 총 2권

합격 자신감 UP! **합격지원 플러스 교재**

합격설명서 | 민법판례 | 핵심용어집 | 기출문제해설

02 기본이론

기본 개념을
체계적으로 탄탄하게!

–
기본서 총 6권

03 필수이론

합격을 향해
저자직강 필수 이론 과정!

–
저자필수서

· 하단의 책 이미지는 실제 이미지와 다를 수 있습니다.

04 기출문제풀이

기출문제 풀이로
출제경향 체크!

—

핵심기출문제 총 2권
회차별 기출문제집 총 2권
저자기출문제

| 핵심기출문제 |

| 회차별 기출문제집 |

| 저자기출문제 |

05 예상문제풀이

시험에 나오는
모든 문제유형 체크!

—

합격예상문제 총 6권

06 핵심마무리

단기간 합격을 위한
핵심만을 정리!

—

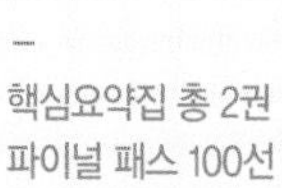

핵심요약집 총 2권
파이널 패스 100선

| 핵심요약집 |

| 파이널 패스 100선 |

07 실전모의고사

합격을 위한
마지막 실전 완벽 대비!

—

실전모의고사 총 2권
THE LAST 모의고사

| 실전모의고사 |

| THE LAST 모의고사 |

전면개정판 제36회 공인중개사 시험대비

방송대학TV 무료강의 | 첫방송 2025.1.13(월) 오전 7시

박문각 공인중개사

기본서 2차

부동산공시법령

박윤모 외 박문각 부동산교육연구소 편

브랜드만족 1위 박문각

근거자료 후면표기

2025

동영상강의 www.pmg.co.kr

합격까지 박문각

세대교체 혁신 기본서!

박문각 공인중개사

이 책의 머리말

이 책은 다음과 같은 내용들에 중점을 두어 수험공부의 효율성을 높이는 데 노력을 기울였습니다.

01 단원별 중요이론을 간결하게 도표화하여 전체적인 구성을 한눈에 쉽게 파악할 수 있도록 하였습니다. 따라서, 본서의 내용 중 특히 '도표'로 요약된 것들과 '핵심다지기'의 형식을 갖추고 있는 것들은 내용의 흐름 중 강조되어야 하는 것들로 구성된 것이므로 철저한 학습이 필요합니다.

02 자주 출제되는 중요한 문제유형들을 예제로 편성하여 학습의 완성도 및 실전능력을 높일 수 있도록 하였습니다. 기출문제를 철저하게 분석해야 하는 이유는 앞으로의 출제경향을 가늠해 볼 수 있다는 점은 물론이고, 상당부분이 반복 출제되고 있다는 점 때문입니다. 따라서, 학습을 끝낸 후에는 반드시 기출문제들을 확인하여야 합니다.

03 각종의 중요 예규, 판례, 양식들을 최근의 내용들까지 빠짐없이 수록하여 관련된 내용의 실제적이고 구체적인 접근을 가능하게 하였습니다. 예규 및 판례들의 경우 본문의 이해를 돕는 중요한 역할 외에도 그 자체가 기출지문으로 비중 있게 다루어지고 있으므로 본서를 통한 이론공부가 어느 정도 마무리된 후, 별도의 정리시간을 확보하는 것도 좋은 공부방법이 될 수 있습니다.

편저자 일동

제35회 공인중개사 시험총평

2024년 제35회 공인중개사 시험
"전년도에 비해 난이도가 상승하였다."

제35회 공인중개사 시험에서 1차 과목인 부동산학개론은 지엽적이고 어려운 문제가 앞부분에 집중 배치되었고 계산문제와 2차 과목의 문제도 다수 출제되어 전년도에 비해 어려웠고, 민법은 예년보다 다소 쉽게 출제되었지만, 최근 판례들을 응용한 문제들이 출제되어 체감 난이도는 전년도와 비슷하였다.
2차 과목은 전반적으로 어려웠으나 부동산세법은 기본개념, 논점 위주로 출제되어 기본서를 바탕으로 꾸준히 학습을 했다면 충분히 합격할 수 있을 난이도였다. 반면 공인중개사법·중개실무, 부동산공법, 부동산공시법령은 고난도 문제와 생소한 유형의 문제가 대거 출제되어 수험생들의 체감 난이도는 예년에 비해 훨씬 높아졌다고 할 수 있다.

제35회 시험의 과목별 출제 경향은 다음과 같다.

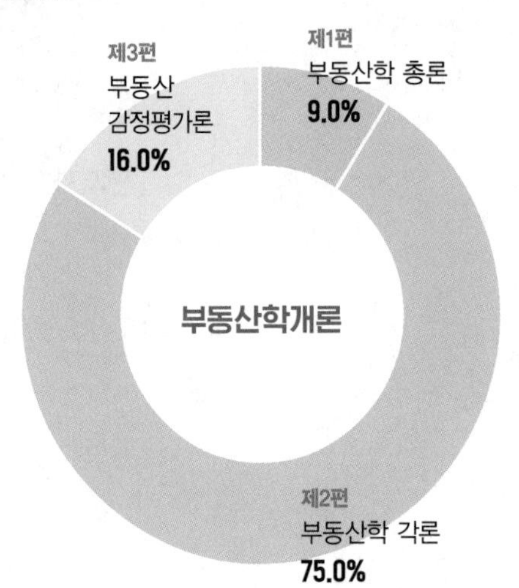

부동산학개론은 계산문제, 2차 과목 문제 등 지엽적이고 어려운 문제가 다수 출제되어 작년보다 어려운 시험이었다.

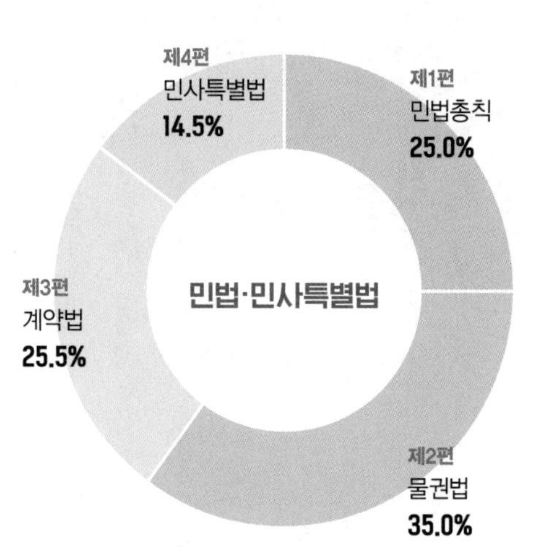

민법·민사특별법은 최근 판례들을 응용한 문제들이 다수 출제되어 체감 난이도가 다소 높았던 시험이었다.

2차

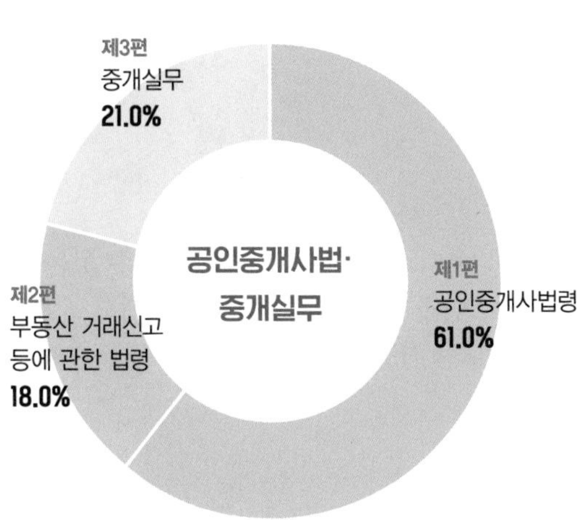

공인중개사법·중개실무는 전반적으로 전년도와 비슷한 난이도로 출제되었으나, 시험범위를 벗어난 문제가 다소 출제되어 체감 난이도가 높아졌다.

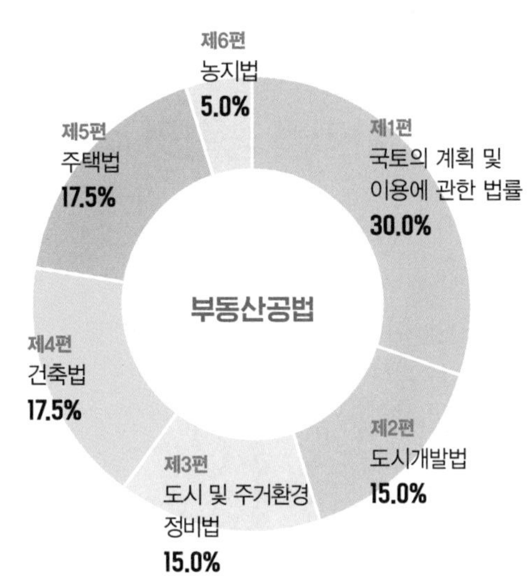

부동산공법은 일부 법률에서 최근 출제된 적 없는 계산문제와 매우 지엽적인 문제가 출제되어 전체적인 난이도가 많이 상승했다.

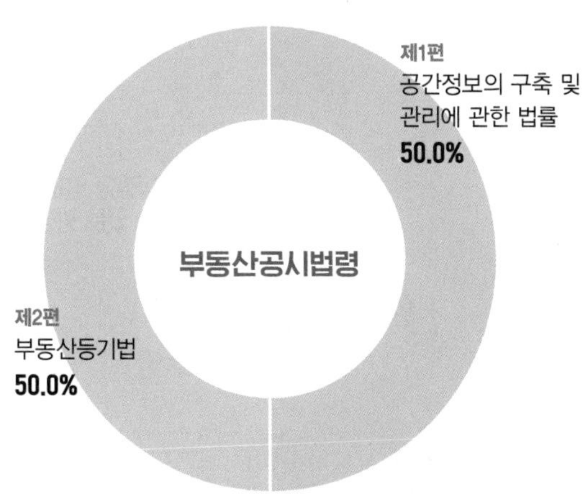

'공간정보관리법'은 몇 문제 외에는 비교적 평이한 난이도를 유지했고, '부동산등기법'은 지금까지 출제된 적 없던 유형의 문제들이 절반 가까이 출제되어 어려웠다.

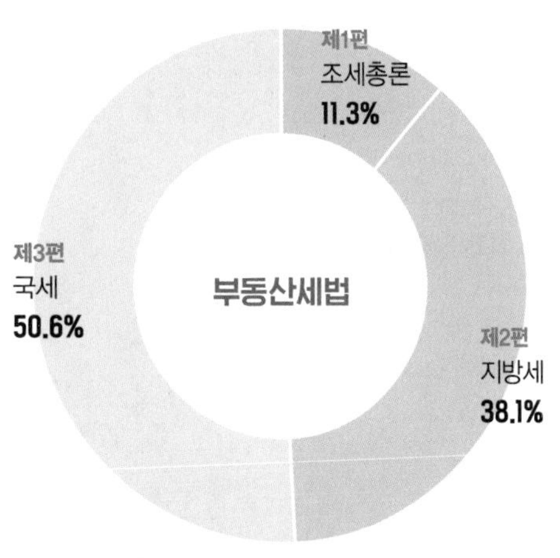

부동산세법은 기본개념을 이해하였는지를 중점적으로 물어보았고 단순 법조문을 묻는 문제, 사례형 문제, 계산문제를 혼합하여 출제하였다.

공인중개사 개요 및 전망

"자격증만 따면 소자본만으로 개업할 수 있고
'나'의 사업을 능력껏 추진할 수 있다."

공인중개사는 자격증만 따면 개업하고, 적당히 돌아다니기만 해도 적지 않은 수입을 올릴 수 있는 자유직업. 이는 뜬구름 잡듯 공인중개사가 되려는 사람들의 생각인데 천만의 말씀이다. 예전에도 그랬고 지금은 더하지만 공인중개사는 '부동산 전문중개인다워야' 제대로 사업을 유지할 수 있고 괜찮은 소득도 올릴 수 있는 최고의 자유직업이 될 수 있다.

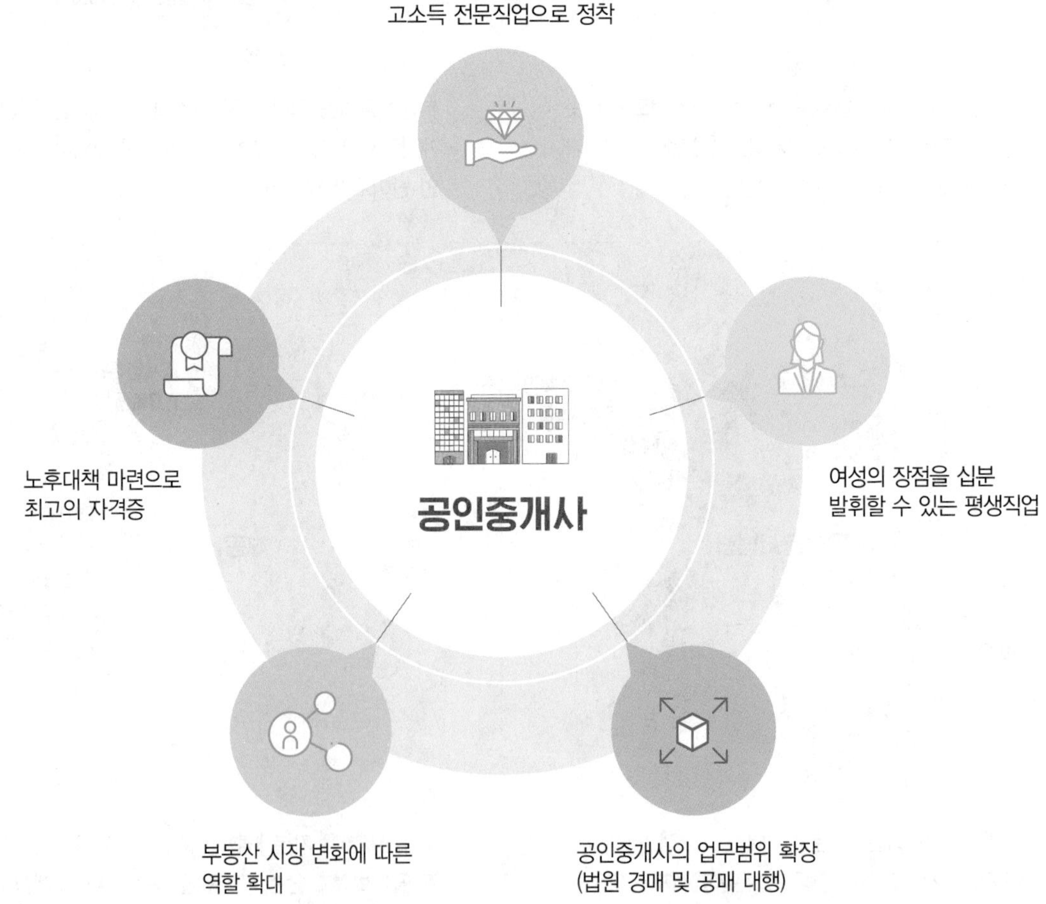

"자격증 취득하면 무슨 일 할까?"

공인중개사 자격증에 대해 사람들이 가장 많이 궁금해하는 점이 바로 '취득 후 무슨 일을 하나'이다. 하지만 공인중개사 자격증 취득 후 선택할 수 있는 직업군은 생각보다 다양하다.

개업공인중개사로서의 공인중개사 업무는 알선·중개 외에도 중개부동산의 이용이나 개발에 관한 지도 및 상담(부동산컨설팅)업무도 포함된다. 부동산중개 체인점, 주택 및 상가의 분양대행, 부동산의 관리대행, 경매 및 공매대상 부동산 취득의 알선 등 부동산의 전문적 컨설턴트로서 부동산의 구입에서 이용, 개발, 관리까지 폭넓은 업무를 다룰 수 있다.

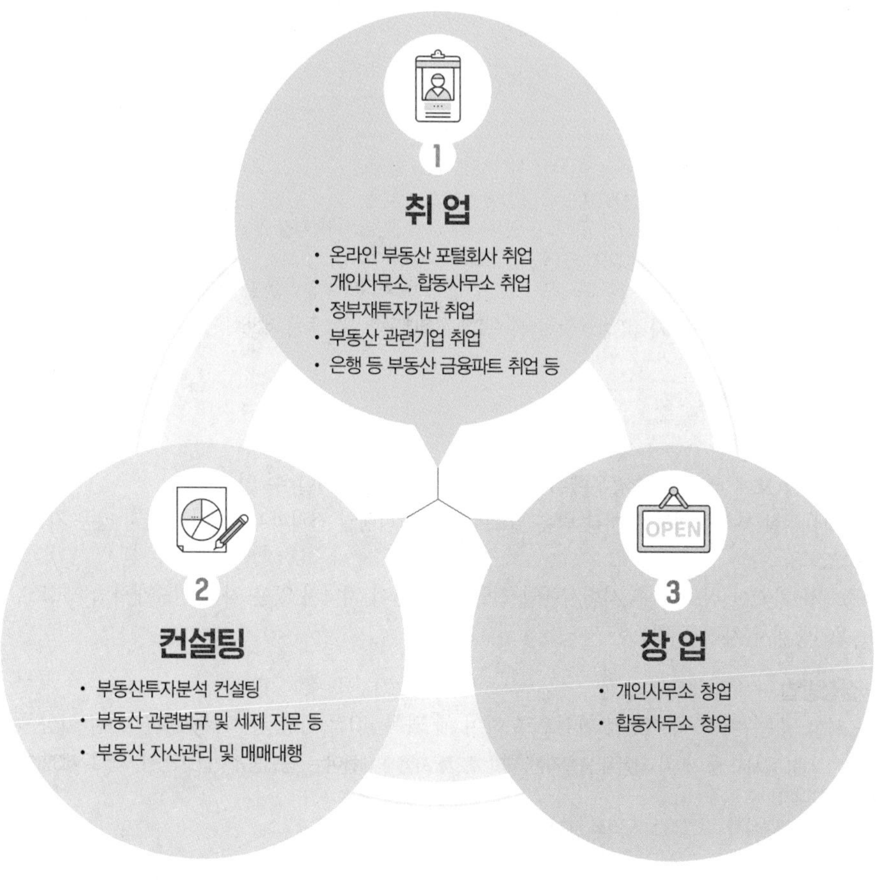

공인중개사 시험정보

시험일정 및 시험시간

1. 시험일정 및 장소

구 분	인터넷 / 모바일(App) 원서 접수기간	시험시행일	합격자발표
일 정	매년 8월 2번째 월요일부터 금요일까지(2025. 8. 4 ~ 8. 8 예정)	매년 10월 마지막 주 토요일 시행(2025. 10. 25 예정)	11월 중
장 소	원서 접수시 수험자가 시험지역 및 시험장소를 직접 선택		

TIP 1. 제1·2차 시험이 동시접수·시행됩니다.
2. 정기 원서접수 기간(5일간) 종료 후 환불자 범위 내에서만 선착순으로 추가 원서접수 실시(2일간)하므로, 조기마감될 수 있습니다.

2. 시험시간

구 분	교 시	시험과목 (과목당 40문제)	시험시간	
			입실시간	시험시간
제1차 시험	1교시	2과목	09:00까지	09:30 ~ 11:10(100분)
제2차 시험	1교시	2과목	12:30까지	13:00 ~ 14:40(100분)
	2교시	1과목	15:10까지	15:30 ~ 16:20(50분)

* 수험자는 반드시 입실시간까지 입실하여야 함(시험 시작 이후 입실 불가)
* 개인별 좌석배치도는 입실시간 20분 전에 해당 교실 칠판에 별도 부착함
* 위 시험시간은 일반응시자 기준이며, 장애인 등 장애유형에 따라 편의제공 및 시험시간 연장가능(장애 유형별 편의제공 및 시험시간 연장 등 세부내용은 큐넷 공인중개사 홈페이지 공지사항 참조)
* 2차만 응시하는 시간연장 수험자는 1·2차 동시응시 시간연장자의 2차 시작시간과 동일 시작

TIP 시험일시, 시험장소, 시험방법, 합격자 결정방법 및 응시수수료의 환불에 관한 사항 등은 '제36회 공인중개사 자격시험 시행공고'시 고지

응시자격 및 합격자 결정방법

1. 응시자격: 제한 없음

다만, 다음의 각 호에 해당하는 경우에는 공인중개사 시험에 응시할 수 없음

① 공인중개사시험 부정행위자로 처분 받은 날로부터 시험시행일 전일까지 5년이 지나지 않은 자(공인중개사법 제4조의3)

② 공인중개사 자격이 취소된 후 시험시행일 전일까지 3년이 지나지 않은 자(공인중개사법 제6조)

③ 이미 공인중개사 자격을 취득한 자

2. 합격자 결정방법

제1·2차 시험 공통. 매 과목 100점 만점으로 하여 매 과목 40점 이상, 전 과목 평균 60점 이상 득점한 자

TIP 제1·2차 시험 응시자 중 제1차 시험에 불합격한 자의 제2차 시험에 대하여는 「공인중개사법 시행령」 제5조 제3항에 따라 이를 무효로 합니다.

* **제1차 시험 면제대상자:** 2024년 제35회 제1차 시험에 합격한 자

시험과목 및 출제비율

<table>
<tr><th>구 분</th><th>시험과목</th><th>시험범위</th><th>출제비율</th></tr>
<tr><td rowspan="4">제1차 시험
(2과목)</td><td rowspan="2">부동산학개론
(부동산 감정평가론 포함)</td><td>부동산학개론
• 부동산학 총론[부동산의 개념과 분류, 부동산의 특성(속성)]
• 부동산학 각론(부동산 경제론, 부동산 시장론, 부동산 정책론, 부동산 투자론, 부동산 금융론, 부동산 개발 및 관리론)</td><td>85% 내외</td></tr>
<tr><td>부동산 감정평가론(감정평가의 기초이론, 감정평가방식, 부동산가격 공시제도)</td><td>15% 내외</td></tr>
<tr><td rowspan="2">민법 및 민사특별법 중 부동산중개에 관련되는 규정</td><td>민 법
• 총칙 중 법률행위
• 질권을 제외한 물권법
• 계약법 중 총칙·매매·교환·임대차</td><td>85% 내외</td></tr>
<tr><td>민사특별법
• 주택임대차보호법
• 집합건물의 소유 및 관리에 관한 법률
• 가등기담보 등에 관한 법률
• 부동산 실권리자명의 등기에 관한 법률
• 상가건물 임대차보호법</td><td>15% 내외</td></tr>
<tr><td rowspan="9">제2차 시험
1교시
(2과목)</td><td rowspan="3">공인중개사의 업무 및 부동산 거래신고 등에 관한 법령 및 중개실무</td><td>공인중개사법</td><td rowspan="2">70% 내외</td></tr>
<tr><td>부동산 거래신고 등에 관한 법률</td></tr>
<tr><td>중개실무</td><td>30% 내외</td></tr>
<tr><td rowspan="6">부동산공법 중 부동산중개에 관련되는 규정</td><td>국토의 계획 및 이용에 관한 법률</td><td>30% 내외</td></tr>
<tr><td>도시개발법</td><td rowspan="2">30% 내외</td></tr>
<tr><td>도시 및 주거환경정비법</td></tr>
<tr><td>주택법</td><td rowspan="3">40% 내외</td></tr>
<tr><td>건축법</td></tr>
<tr><td>농지법</td></tr>
<tr><td rowspan="3">제2차 시험
2교시
(1과목)</td><td rowspan="3">부동산공시에 관한 법령 및 부동산 관련 세법</td><td>부동산등기법</td><td>30% 내외</td></tr>
<tr><td>공간정보의 구축 및 관리 등에 관한 법률 제2장 제4절 및 제3장</td><td>30% 내외</td></tr>
<tr><td>부동산 관련 세법(상속세, 증여세, 법인세, 부가가치세 제외)</td><td>40% 내외</td></tr>
</table>

TIP 답안은 시험시행일에 시행되고 있는 법령을 기준으로 작성

출제경향 분석 및 수험대책

어떻게 출제되었나?

▶ 출제경향 분석

구 분		제31회	제32회	제33회	제34회	제35회	총 계	비율(%)
공간정보의 구축 및 관리 등에 관한 법률	지적제도 총칙	0	0	0	0	0	0	0.0
	토지의 등록	1	4	2	3	5	15	12.0
	지적공부	4	4	5	2	3	18	15.2
	토지의 이동 및 지적정리	5	1	4	4	4	18	15.2
	지적측량	2	3	1	3	0	9	7.6
	소 계	12	12	12	12	12	60	50.0
부동산등기법	등기제도 총칙	0	0	0	0	0	0	0.0
	등기의 기관과 설비	0	1	1	0	0	2	1.7
	등기절차 총론	4	3	4	4	2	17	14.3
	각종의 등기절차(Ⅰ)	6	4	3	4	3	20	16.7
	각종의 등기절차(Ⅱ)	2	4	4	4	7	21	17.3
	소 계	12	12	12	12	12	60	50.0
총 계		24	24	24	24	24	120	100.0

이번 제35회 시험에서 '공간정보의 구축 및 관리에 관한 법률'은 비교적 쉽게 출제되었고, '부동산등기법'은 어렵게 출제되었다.

먼저 공간정보의 구축 및 관리 등에 관한 법률의 경우, 항상 반복 출제되던 학습테마인 토지의 등록, 지적공부, 토지의 이동에서 대부분의 문제가 평이하게 출제되었다. 다만, 분할지역의 면적결정방법, 축척변경의 확정공고 사항 등을 물은 문제들은 수험생들이 풀 수 없는 변별력 없는 문제들이었다.

한편, 항상 높은 난이도를 유지해 오던 부동산등기법은 이번에도 지금까지 한 번도 출제되지 않았던 유형의 변별력 없는 문제들이 절반 가까이 출제되었는데, 지역권에 관한 등기사항, 환매특약등기, 공동저당에 관한 내용, 관공서의 촉탁등기에 관련된 문제들이 여기에 해당한다. 그리고 나머지 절반 이상은 늘 반복하여 출제되던 주요 테마를 다룬 문제들로 채워졌다.

이렇게 준비하자!

부동산공시법령은 공간정보의 구축 및 관리 등에 관한 법률과 부동산등기법으로 구성된 과목이다. 이 중에서 공간정보의 구축 및 관리 등에 관한 법률은 비교적 출제범위가 넓지 않은데다 전체적인 문제의 난이도 또한 높지 않은 과목이다. 이에 반해 부동산등기법은 우선 공부하기가 어려운 과목이기도 하고 학습량도 적지 않아서 처음 접근하는 수험생이라면 매우 애를 먹는 과목이다.

따라서 본격적으로 수험공부를 시작하기 전에 이와 같은 과목의 특성을 이해한 후 여기에 맞는 효율적인 공부방법 및 학습전략을 찾아내는 것이 무엇보다 중요하다.

▶ 공간정보의 구축 및 관리 등에 관한 법률

공간정보의 구축 및 관리 등에 관한 법률은 법령에 규정된 내용을 중심으로 비교적 평이하게 출제되는 과목이다. 수험생 입장에서 풀 수 없는 변별력 없는 문제들도 2~4문제 정도 출제되고 있지만, 이 문제들은 수험생 입장에서는 공략대상도 아닌데다가 전체적인 출제비중도 높지 않은 편이다. 따라서 매년 반복되어 출제되는 주요 테마들만 정확히 숙지한다면 대부분 고득점을 얻어낼 수 있는 전략과목이 될 수 있다. 제36회 시험에서도 토지의 등록사항(지번·지목·경계·면적), 지적공부의 등록사항, 토지의 이동(신규등록·등록전환·분할·합병·지목변경의 사유·등록사항의 정정 등), 지적공부의 정리, 지적측량 적부심사 절차 등의 내용에 중점을 두어 조문을 중심으로 간결하게 공부한다면 충분히 고득점을 얻을 수 있는 과목이다.

▶ 부동산등기법

부동산등기법은 판례와 예규까지 범위를 넓힌 변별력 없는 문제들이 매년 절반 가까이 출제되고 있는데, 수험생 입장에서는 공략할 수 없는 문제유형들이다. 하지만 등기사항, 등기의 효력, 집합건물의 등기기록, 단독신청, 직권등기, 소유권보존등기에 관한 소유권증명정보, 상속 및 유증에 의한 소유권이전등기, 권리의 변경등기, 말소등기, 부기등기, 가등기 등에 관한 내용은 거의 빠짐없이 출제되는 중요한 학습테마들이다. 제36회 시험에서도 이 부분들만 집중 공략하는 전략을 세운다면 많지 않은 시간을 투자하여 합격에 필요한 충분한 목표점수를 얻을 수 있다. 변별력 없는 문제유형들을 공략하려는 목표를 세워서는 안된다는 점을 특히 유의하여야 한다.

GUIDE

이 책의 구성 및 특징

핵심개념 학습

① 단원열기: 각 단원의 학습 방향을 제시하고, 중점 학습 내용을 강조하여 수험생들의 자율적 학습 강약 조절을 도움

② 본문: 출제가능성이 높은 핵심개념을 모아 이해하기 쉽도록 체계적으로 정리·구성하여 학습효율 UP!

01

Chapter 01 지적제도 총칙

단원열기 지적에 관한 법률 전반에 걸친 중요한 원리를 다루고 있는 부분이므로 출제빈도와 상관없이 포괄적인 이해를 요하는 부분이다. 특히 지적의 의의 및 구성요소, 지적제도와 등기제도의 비교, 「공간정보의 구축 및 관리 등에 관한 법률」의 내용 및 성격 등에 중점을 두어 학습하는 것을 목표로 한다.

01 지적제도 총칙

1 지적의 구성 3요소

(1) **토 지**

① 토지란 국가의 통치권이 미치는 전 국토로서 해수면이 접하는 해안선(최고만조위선) 내의 토지와 도서 전부를 말한다.

② 자연상태 그대로의 토지는 개별성이 없으므로 인위적으로 구획을 하여야만 등록이 가능하고, 이와 같이 인위적으로 구획된 토지를 필지라고 하며, 이는 지적제도의 등록단위가 된다.

(2) **등 록**

① 등록이란 각 필지마다 지번·지목·경계(또는 좌표)·면적 등 일정한 사항을 지적공부에 기록하는 행위를 말한다.

② 모든 토지는 지적소관청이 소유자의 신청이나 지적소관청의 직권으로 일정사항을 지적공부에 등록하도록 의무화되어 있다.

(3) **지적공부**

① "지적공부"란 토지대장, 임야대장, 공유지연명부, 대지권등록부, 지적도, 임야도 및 경계점좌표등록부 등 지적측량 등을 통하여 조사된 토지의 표시와 해당 토지의 소유자 등을 기록한 대장 및 도면(정보처리시스템을 통하여 기록·저장된 것을 포함한다)을 말한다(법 제2조 제19호).

② 지적공부는 지번·지목·경계(또는 좌표)·면적 등을 신규등록할 토지가 생기거나 토지의 이동이 있을 때에 등록해야 하는 장부이며, 이를 관리하는 지적소관청은 시장·군수 또는 구청장이다.

다양한 학습 tip

① 핵심다지기: 반드시 암기해야 하는 사항을 놓치지 않도록 체계적으로 정리

② 넓혀보기: 본문과 관련하여 더 알아두어야 할 내용들을 정리하여 제시함으로써 보다 폭넓은 학습 가능

③ 예제: 이론학습이 끝난 뒤에 문제풀이를 통해서 완벽 마스터

④ 일러스트: 이해하기 어려운 이론을 그림으로 알기 쉽고 재미있게 학습

02

핵심다지기

신탁등기의 주요사항 정리

06 대위신청

(1) **포괄승계인**

등기원인이 발생한 후에 등기권리자 또는 등기의무자에 대하여 상속이나 그밖의 포괄승계가 있는 경우에는 상속인이나 그 밖의 포괄승계인이 그 등기를 신청할 수 있다(법 제27조).

① 甲이 乙에게 부동산을 매도하였으나 소유권이전등기를 하기 전에 매도인 甲이 사망하여 그 지위를 丙이 상속한 경우, 丙명의의 **상속등기를 하지 아니하고** 甲으로부터 乙에게 직접 소유권이전등기를 한다.

② 매도인 甲과 매매계약을 체결한 매수인 乙이 사망하여 丁이 상속을 한 경우에는 甲으로부터 丁에게 **직접** 소유권이전등기를 하여야 한다.

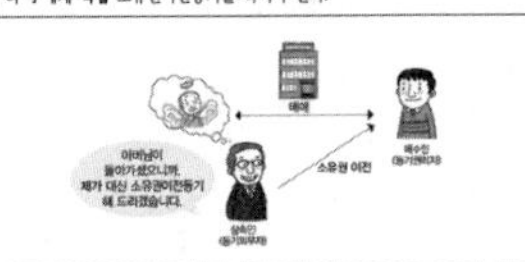

③ 포괄승계인에 의한 등기는 신청정보의 등기의무자 표시가 등기기록과 일치하지 아니한 경우에 해당하더라도 각하할 수 없다.

넓혀보기

예규 및 선례

1. 가등기의무자가 사망하고 그 상속인이 가등기권리자와 공동으로 가등기에 기한 본등기를 신청하는 경우에는 피상속인으로부터 직접 등기권리자 앞으로 등기를 할 수 있다(예규 제1632호).
2. 소유권이전등기청구권가등기의 권리자가 사망한 때에는 그 상속인은 **상속등기를 하지 않고** 직접 상속인 명의로 가등기에 기한 본등기를 신청할 수 있다(등기선례 제5-577호).
3. 소유권이전등기청구의 소에서 원고인 등기권리자가 판결확정 후 사망한 경우에, 그 상속인은 판결에 의하여 직접 상속인 명의로 소유권이전등기를 신청할 수 있다(등기선례 제7-107호).

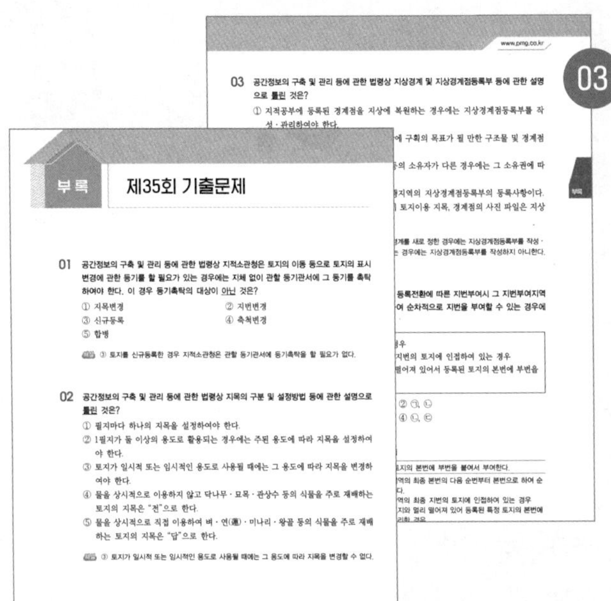

03

부록_기출문제

제35회 공인중개사 기출문제와 명쾌한 해설을 수록하여 기출 유형을 파악하고 실전에 대비할 수 있도록 하였다.

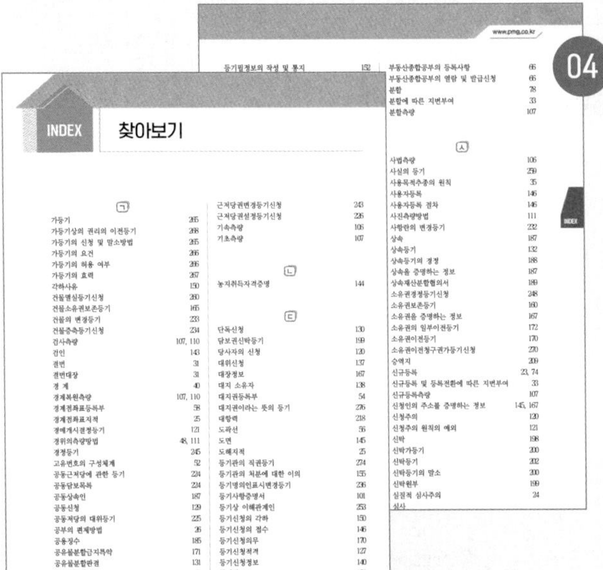

04

INDEX_찾아보기

찾아보기(색인)를 통해 공인중개사 시험을 공부하면서 접하는 생소한 용어들을 기본서 내에서 쉽고 빠르게 찾을 수 있다.

CONTENTS

이 책의 차례

PART 01

공간정보의 구축 및 관리 등에 관한 법률

제5장 지적측량

부동산등기법

제1장 등기절차 총론

이 책의 차례

부 록

박문각 공인중개사

공간정보의 구축 및 관리 등에 관한 법률

Chapter

01 지적제도 총칙

단원 열기

지적에 관한 법률 전반에 걸친 중요한 원리를 다루고 있는 부분이므로 출제빈도와 상관없이 포괄적인 이해를 요하는 부분이다. 특히 지적의 의의 및 구성요소, 지적제도와 등기제도의 비교, 「공간정보의 구축 및 관리 등에 관한 법률」의 내용 및 성격 등에 중점을 두어 학습하는 것을 목표로 한다.

01 지적제도 총칙

1 지적의 구성 3요소

(1) 토 지

① 토지란 국가의 통치권이 미치는 전 국토로서 해수면이 접하는 해안선(최고만조위선) 내의 토지와 도서 전부를 말한다.

② 자연상태 그대로의 토지는 개별성이 없으므로 인위적으로 구획을 하여야만 등록이 가능하고, 이와 같이 인위적으로 구획된 토지를 필지라고 하며, 이는 지적제도의 등록단위가 된다.

(2) 등 록

① 등록이란 각 필지마다 지번 · 지목 · 경계(또는 좌표) · 면적 등 일정한 사항을 지적공부에 기록하는 행위를 말한다.

② 모든 토지는 지적소관청이 소유자의 신청이나 지적소관청의 직권으로 일정사항을 지적공부에 등록하도록 의무화되어 있다.

(3) 지적공부

① "지적공부"란 토지대장, 임야대장, 공유지연명부, 대지권등록부, 지적도, 임야도 및 경계점좌표등록부 등 지적측량 등을 통하여 조사된 토지의 표시와 해당 토지의 소유자 등을 기록한 대장 및 도면(정보처리시스템을 통하여 기록 · 저장된 것을 포함한다)을 말한다(법 제2조 제19호).

② 지적공부는 지번 · 지목 · 경계(또는 좌표) · 면적 등을 신규등록할 토지가 생기거나 토지의 이동이 있을 때에 등록해야 하는 장부이며, 이를 관리하는 지적소관청은 시장 · 군수 또는 구청장이다.

핵심 다지기

지적의 3대 구성요소

토 지	국가의 통치권이 미치는 전 국토
등 록	토지에 관한 일정한 사항을 지적공부에 기록하는 행위
지적공부	토지에 대한 물리적 현황 및 법적 권리관계 등을 등록·공시하기 위한 공적 장부

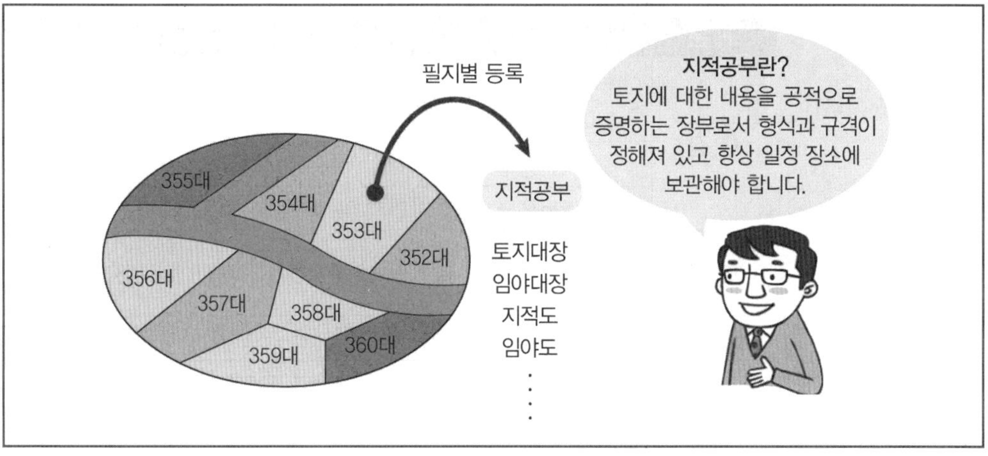

② 「공간정보의 구축 및 관리 등에 관한 법률」의 목적

이 법은 측량의 기준 및 절차와 지적공부·부동산종합공부의 작성 및 관리 등에 관한 사항을 규정함으로써 국토의 효율적 관리 및 국민의 소유권 보호에 기여함을 목적으로 한다(법 제1조).

핵심 다지기

「공간정보의 구축 및 관리 등에 관한 법률」의 목적 및 내용

목 적	내 용
• 국토의 효율적 관리 • 국민의 소유권 보호	• 측량의 기준 및 절차 • 지적공부·부동산종합공부의 작성 및 관리

3 「공간정보의 구축 및 관리 등에 관한 법률」상 용어의 정의(법 제2조)

<table>
<tr><td>지적소관청</td><td>지적공부를 관리하는 특별자치시장, 시장(자치구가 아닌 구를 두는 시의 시장은 제외) · 군수 또는 구청장(자치구가 아닌 구의 구청장을 포함)을 말한다.</td></tr>
<tr><td>지적공부</td><td>토지대장, 임야대장, 공유지연명부, 대지권등록부, 지적도, 임야도 및 경계점좌표등록부 등 지적측량 등을 통하여 조사된 토지의 표시와 해당 토지의 소유자 등을 기록한 대장 및 도면(정보처리시스템을 통하여 기록 · 저장된 것을 포함)을 말한다.
<table>
<tr><th>구 분</th><th>종 류</th><th>내 용</th></tr>
<tr><td rowspan="3">대 장</td><td>• 토지대장
• 임야대장</td><td>토지의 표시 및 소유자 등을 등록하는 공부</td></tr>
<tr><td>공유지연명부</td><td>공유자의 지분을 등록하는 공부</td></tr>
<tr><td>대지권등록부</td><td>대지권의 비율 등을 등록하는 공부</td></tr>
<tr><td>도 면</td><td>• 지적도
• 임야도</td><td>토지의 경계점들을 직선으로 표시한 공부</td></tr>
<tr><td colspan="2">경계점좌표등록부</td><td>토지의 경계점을 좌표의 형태로 등록하는 공부</td></tr>
</table></td></tr>
<tr><td>부동산
종합공부</td><td>① 토지의 표시와 소유자에 관한 사항
② 건축물의 표시와 소유자에 관한 사항
③ 토지의 이용 및 규제에 관한 사항
④ 부동산의 가격에 관한 사항
⑤ 부동산의 권리에 관한 사항 등 부동산에 관한 종합정보를 정보관리체계를 통하여 기록 · 저장한 것을 말한다.</td></tr>
<tr><td>연속지적도</td><td>지적측량을 하지 아니하고 전산화된 지적도 및 임야도 파일을 이용하여, 도면상 경계점들을 연결하여 작성한 도면으로서 측량에 활용할 수 없는 도면을 말한다.</td></tr>
<tr><td>토지의 표시</td><td>지적공부에 토지의 소재 · 지번 · 지목 · 면적 · 경계 또는 좌표를 등록한 것을 말한다.</td></tr>
<tr><td>필 지</td><td>대통령령으로 정하는 바에 따라 구획되는 토지의 등록단위를 말한다.</td></tr>
<tr><td>지 번</td><td>필지에 부여하여 지적공부에 등록한 번호를 말한다.</td></tr>
<tr><td>지번부여지역</td><td>지번을 부여하는 단위지역으로서 동 · 리 또는 이에 준하는 지역을 말한다.</td></tr>
<tr><td>지 목</td><td>토지의 주된 용도에 따라 토지의 종류를 구분하여 지적공부에 등록한 것을 말한다.</td></tr>
<tr><td>경계점</td><td>필지를 구획하는 선의 굴곡점으로서 지적도나 임야도에 도해 형태로 등록하거나 경계점좌표등록부에 좌표 형태로 등록하는 점을 말한다.</td></tr>
<tr><td>경 계</td><td>필지별로 경계점들을 직선으로 연결하여 지적공부에 등록한 선을 말한다.</td></tr>
<tr><td>면 적</td><td>지적공부에 등록한 필지의 수평면상 넓이를 말한다.</td></tr>
<tr><td>토지의 이동</td><td>토지의 표시를 ① 새로 정하거나 ② 변경 또는 ③ 말소하는 것을 말한다.</td></tr>
</table>

신규등록	새로 조성된 토지와 지적공부에 등록되어 있지 아니한 토지를 지적공부에 등록하는 것을 말한다.
등록전환	임야대장 및 임야도에 등록된 토지를 토지대장 및 지적도에 옮겨 등록하는 것을 말한다.
분 할	지적공부에 등록된 1필지를 2필지 이상으로 나누어 등록하는 것을 말한다.
합 병	지적공부에 등록된 2필지 이상을 1필지로 합하여 등록하는 것을 말한다.
지목변경	지적공부에 등록된 지목을 다른 지목으로 바꾸어 등록하는 것을 말한다.
축척변경	지적도에 등록된 경계점의 정밀도를 높이기 위하여 작은 축척을 큰 축척으로 변경하여 등록하는 것을 말한다.
지적측량	토지를 ① 지적공부에 등록하거나 ② 지적공부에 등록된 경계점을 지상에 복원하기 위하여 필지의 경계 또는 좌표와 면적을 정하는 측량을 말한다.
지적기준점	① 시·도지사나 지적소관청은 지적기준점성과와 그 측량기록을 보관하고 일반인이 열람할 수 있도록 하여야 한다(법 제27조 제1항). ② 지적기준점의 성과 등을 열람하거나 등본을 발급받으려는 자는 지적삼각점성과에 대해서는 시·도지사 또는 지적소관청에게 신청하고, 지적삼각보조점성과 및 지적도근점성과에 대해서는 지적소관청에 신청하여야 한다.

02 지적제도의 기본이념 및 분류

1 「공간정보의 구축 및 관리 등에 관한 법률」의 기본이념

(1) 지적국정주의

① 지적공부의 등록사항, 즉 토지의 지번·지목·경계 또는 좌표와 면적 등은 국가의 공권력에 의하여 국가만이 이를 결정할 수 있는 권한을 가진다는 이념이다.

② 지적사무는 전국적으로 표준화되고 통일성·획일성 있게 수행되어야 하는 국가사무이기 때문에 지적제도 창설 당시부터 '국정주의'를 채택하여 시행하고 있음은 당연한 것이며, 대부분의 국가에서도 '국정주의'의 이념을 채택하여 지적제도를 운용하고 있다.

(2) 지적형식주의

① 국가의 통치권이 미치는 모든 영토를 필지 단위로 구획하여 지번·지목·경계 또는 좌표와 면적 등을 정하여 국가기관인 지적소관청이 갖춰 두고 있는 공적 장부인 지적공부에 등록·공시하여야만 공식적인 효력이 인정된다는 이념이다.

② 지적공부에 등록된 사항을 기본으로 토지등기와 각종 토지정책의 입안·결정·집행 및 평가를 하고 있는 것은 이러한 '형식주의' 이념에 의한 공시효력을 인정하고 있기 때문이다.

(3) 지적공개주의

① 지적공부에 등록되어 있는 모든 사항은 토지소유자나 이해관계인은 물론이고, 일반 국민들에게도 신속·정확하게 공개하여 그 내용을 정확하게 알고 정당하게 이용할 수 있도록 하여야 한다는 이념이다.

② 「공간정보의 구축 및 관리 등에 관한 법률」에 따르면 지적공부의 등록사항을 3가지 형식으로 공시한다.

㉠ 지적공부를 직접 열람하거나 등본에 의하여 외부에서 알 수 있는 방법

㉡ 지적공부에 등록된 사항을 실지에 복원하여 등록된 결정사항을 실지로 알아내는 방법

㉢ 지적공부에 등록된 사항과 실제현황이 명확하게 일치하지 않을 경우에는 실제현황에 따르는 방법

(4) 직권등록주의

① 국가의 통치권이 미치는 모든 영토는 필지 단위로 구획하여 국가기관인 지적소관청이 강제적으로 지적공부에 등록·공시하여야 한다는 이념이다.

② 「공간정보의 구축 및 관리 등에 관한 법률」은 이러한 직권등록주의에 입각하여 토지소유자의 신청이 없는 경우에도 지적소관청이 직권으로 지적정리를 할 수 있도록 함으로써 등록이 누락되거나 등록사항이 실제와 부합하지 아니하는 사례를 방지하고 있다.

(5) 실질적 심사주의

① 지적공부에 새로 등록하는 사항이나 이미 등록된 사항의 변경·등록은 국가기관인 지적소관청이 공간정보의 구축 및 관리 등에 관한 법령이 정한 절차상의 적법성뿐만 아니라 실체법상의 사실관계와 부합하는지의 여부까지 조사하여 지적공부에 등록하여야 한다는 이념이다.

② 따라서 지적소관청은 토지소유자의 신청이 없더라도 필요하다면 직권으로 조사·확인·측량을 실시하여 지적공부의 등록사항을 실제현황과 부합하도록 변경·정리하여야 한다.

2 지적제도의 분류

(1) 도해지적

① 도해지적은 토지의 경계점들을 직선으로 연결하여 도면에 표시하는 지적제도를 말한다.

② 도해지적은 지적도 또는 임야도에 등록된 경계선에 의하여 대상토지의 형상을 시각적으로 용이하게 파악할 수 있고 측량에 소요되는 비용이 비교적 저렴하며, 고도의 기술을 요하지 아니하는 장점이 있다. 그러나 도면조제・면적측정 등에 오차를 내포하고 있어 고도의 정밀성을 요구하는 경우에는 부적합한 제도이다.

(2) 경계점좌표지적

① 경계점좌표지적은 토지의 경계점 위치를 좌표로 표시하는 지적제도를 말한다. 이 경계점좌표지적은 도해지적에 비하여 정밀도는 높지만 그 과정이 복잡하고 경비가 많이 소요되므로 특별한 경우 이외에는 전면적으로 채택하기에는 어려움이 많은 실정이다.

② 경계점좌표지적에서는 토지의 경계점을 하나도 빠짐없이 좌표로 나타내게 되므로 1필지의 면적이 넓고 굴곡점이 가장 적은 정사각형에 가까운 형태의 토지들이 있는 지역이어야만 적용하기에 편리하다. 그리고 좌표만으로는 토지의 경계를 쉽사리 파악하기가 매우 어려우므로 경계점좌표지적을 채택한 경우에도 안내도 역할을 하는 지적도와 같은 도면을 따로 작성하게 된다.

③ 우리나라는 지가가 높은 대도시지역과 도시개발사업지구 등에 부분적으로 경계점좌표지적제도를 채택하고 있으나, 선진국에서는 전국적으로 경계점좌표지적제도를 채택하여 운용하고 있어 측량착오에 따른 민원이 발생하는 사례를 최소화하고 있다.

핵심 다지기

도해지적과 수치지적의 비교

구 분	도해(圖解)지적	수치(數値)지적
공부비율	3,570만 필지(93.9%)	233만 필지(6.1%)
측량기준	지적・임야도	경계점좌표등록부
도면축척	1/1,200, 1/2,400, 1/3,000, 1/6,000	없음
오차한계	36cm~180cm(도면축척별 상이)	10cm
측량수행	한국국토정보공사 전담	민간에 개방(2004년~)
시장규모	3,654억원(79%)	969억원(21%)

3 지적제도와 부동산등기제도의 비교

부동산등기제도가 토지와 건물에 대한 권리관계를 공시하는 제도인 데 비하여, 지적제도는 토지에 대한 사실관계를 공시하는 제도이다. 부동산등기제도가 무형적인 권리관계를 공시함으로써 국민의 재산권을 보호하고 거래의 안전을 도모하는 제도라면, 지적제도는 권리의 대상인 토지의 구체적인 범위를 명확하게 결정해 줌으로써 부동산등기제도가 기능을 제대로 발휘할 수 있도록 뒷받침하는 제도이다.

구 분	지적제도	부동산등기제도
근거법률	공간정보의 구축 및 관리 등에 관한 법률	부동산등기법
내 용	토지의 사실관계의 공시	토지와 건물의 권리관계의 공시
기본이념	• 국정주의 • 형식주의 • 공개주의 • 직권등록주의 • 실질적 심사주의	• 국가배상주의 • 형식주의 • 공개주의 • 당사자신청주의 • 형식적 심사주의
담당기관	행정부	사법부
공부의 편제방법	• 동·리별 지번 순 • 물적 편성주의	• 동·리별 지번 순 • 물적 편성주의
등록사항	• 대장(토지에 관한 사항·소유권에 관한 사항) • 도면(토지의 소재·지번·지목·경계 등)	• 표제부(토지·건물의 표시사항) • 갑구(소유권에 관한 사항) • 을구(소유권 이외의 권리에 관한 사항)
등록필지수	전 국토의 100%	전 국토의 90%
신청방법	단독신청	공동신청
관할구역	행정구역 중심	재판관할구역 중심
심사방법	실질적 심사주의	형식적 심사주의
공신력	없음	없음

MEMO

Chapter 02

토지의 등록

단원 열기

「공간정보의 구축 및 관리 등에 관한 법률」에서 가장 출제비중이 높은 부분으로서, 구체적이고 정확한 학습을 요구하는 단원이다. 필지의 성립요건 등을 이해하여야 하며, 특히 지번·지목·경계·좌표·면적 등 등록사항별 구체적 특징들은 지금까지 매회 빠지지 않고 출제되는 중요한 부분이므로 유의하여야 한다.

01 토지의 등록단위(필지)

1 의 의

필지란 토지의 소유권이 미치는 범위를 확정하기 위하여 대통령령이 정하는 바에 따라 구획되는 토지의 등록단위를 말한다. 모든 토지는 하나의 필지 단위로 지적공부에 등록한다.

여기서 하나의 필지란 넓이와 형태에 관계없이 하나의 지번, 지목을 갖는 범위 내의 토지로서 지적도·임야도에서는 선으로 연결한 범위 내의 토지이며, 경계점좌표등록부에서는 좌표로 연결된 범위 내의 토지를 말한다.

2 양입지

1필지의 성립요건에서 본다면 소유자와 지목이 동일하고 지반이 연속된 토지만을 1필지로 획정할 수 있는 것이지만, 예외적으로 소유자가 동일하고 지반이 연속된 토지로서 일정한 요건을 갖춘 토지는 주된 용도의 토지에 편입하여 1필지로 할 수 있다. 이처럼 주된 용도의 토지에 편입되어 1필지로 획정되는 종된 용도의 토지를 '양입지'라고 한다.

☑ **양입지의 요건**

요 건	① 주된 용도의 토지의 편의를 위해 설치된 도로, 구거 등의 부지일 것 ② 주된 용도의 토지에 접속되거나 둘러싸인 다른 지목의 협소한 토지일 것
제한요건	다음의 경우에는 주된 용도의 토지에 편입되지 않고, 별개의 필지로 획정되어야 한다. ① 종된 용도의 토지의 지목이 '대'인 경우 ② 종된 용도의 토지의 면적이 주된 용도의 토지 면적의 10%를 초과하는 경우 ③ 종된 용도의 토지의 면적이 330m²를 초과하는 경우

02 토지의 등록

1 토지의 조사 · 등록

등록의 주체	**국토교통부장관**은 모든 토지에 대하여 필지별로 소재, 지번, 지목, 면적, 경계 또는 좌표 등을 조사 · 측량하여 지적공부에 등록하여야 한다.
관리의 주체	지적공부에 등록하는 지번, 지목, 면적, 경계 또는 좌표는 토지의 이동이 있을 때 토지소유자의 신청을 받아 **지적소관청**이 결정한다. 다만, 신청이 없으면 지적소관청이 **직권**으로 조사 · 측량하여 결정할 수 있다.

심화 학습 지적소관청의 직권에 의한 등록절차(규칙 제59조)

1. **토지이동현황 조사계획**
   지적소관청은 토지의 이동현황을 직권으로 조사 · 측량하여 토지의 지번 · 지목 · 면적 · 경계 또는 좌표를 결정하려는 때에는 **토지이동현황 조사계획**을 수립하여야 한다. 이 경우 토지이동현황 조사계획은 **시 · 군 · 구**별로 수립하되, 부득이한 사유가 있는 때에는 **읍 · 면 · 동**별로 수립할 수 있다.
2. **토지이동 조사부**
   지적소관청은 토지이동현황 조사계획에 따라 토지의 이동현황을 조사한 때에는 토지이동 조사부에 토지의 이동현황을 적어야 한다.
3. **지적공부의 정리**
   지적소관청은 토지이동현황 조사 결과에 따라 토지의 지번 · 지목 · 면적 · 경계 또는 좌표를 결정한 때에는 이에 따라 지적공부를 정리하여야 한다.
4. **토지이동 조서**
   지적소관청은 지적공부를 정리하려는 때에는 토지이동 조사부를 근거로 토지이동 조서를 작성하여 토지이동정리 결의서에 첨부하여야 하며, 토지이동 조서의 아래 부분 여백에 '직권정리'라고 적어야 한다.

예제

1. 공간정보의 구축 및 관리 등에 관한 법령상 토지의 조사·등록 등에 관한 내용이다. (　　)에 들어갈 사항으로 옳은 것은? 제23회

> (㉠)은(는) (㉡)에 대하여 필지별로 소재·지번·지목·면적·경계 또는 좌표 등을 조사·측량하여 지적공부에 등록하여야 한다. 지적공부에 등록하는 지번·지목·면적·경계 또는 좌표는 (㉢)이 있을 때 토지소유자의 신청을 받아 (㉣)이 결정한다.

① ㉠: 지적소관청, ㉡: 모든 토지, ㉢: 토지의 이용, ㉣: 국토교통부장관
② ㉠: 지적측량수행자, ㉡: 관리 토지, ㉢: 토지의 이동, ㉣: 국토교통부장관
③ ㉠: 지적측량수행자, ㉡: 모든 토지, ㉢: 토지의 이동, ㉣: 지적소관청
④ ㉠: 국토교통부장관, ㉡: 관리 토지, ㉢: 토지의 이용, ㉣: 지적소관청
⑤ ㉠: 국토교통부장관, ㉡: 모든 토지, ㉢: 토지의 이동, ㉣: 지적소관청

해설 (㉠ 국토교통부장관)은 (㉡ 모든 토지)에 대하여 필지별로 소재·지번·지목·면적·경계 또는 좌표 등을 조사·측량하여 지적공부에 등록하여야 한다. 지적공부에 등록하는 지번·지목·면적·경계 또는 좌표는 (㉢ 토지의 이동)이 있을 때 토지소유자의 신청을 받아 (㉣ 지적소관청)이 결정한다. ◆ 정답 ⑤

2. 토지의 이동이 있을 때 토지소유자의 신청이 없어 지적소관청이 토지의 이동현황을 직권으로 조사·측량하여 토지의 지번·지목·면적·경계 또는 좌표를 결정하기 위해 수립하는 계획은? 제32회

① 토지이동현황 조사계획
② 토지조사계획
③ 토지등록계획
④ 토지조사·측량계획
⑤ 토지조사·등록계획

해설 ① 지적소관청은 토지의 이동현황을 직권으로 조사·측량하여 토지의 지번·지목·면적·경계 또는 좌표를 결정하려는 때에는 토지이동현황 조사계획을 수립하여야 한다. ◆ 정답 ①

3. 공간정보의 구축 및 관리 등에 관한 법령상 토지의 조사·등록에 관한 설명이다. (　　)에 들어갈 내용으로 옳은 것은? 제33회

> 지적소관청은 토지의 이동현황을 직권으로 조사·측량하여 토지의 지번·지목·면적·경계 또는 좌표를 결정하려는 때에는 토지이동현황 조사계획을 수립하여야 한다. 이 경우 토지이동현황 조사계획은 (㉠)별로 수립하되, 부득이한 사유가 있는 때에는 (㉡)별로 수립할 수 있다.

① ㉠: 시·군·구, ㉡: 읍·면·동
② ㉠: 시·군·구, ㉡: 시·도
③ ㉠: 읍·면·동, ㉡: 시·군·구
④ ㉠: 읍·면·동, ㉡: 시·도
⑤ ㉠: 시·도, ㉡: 시·군·구

◆ 정답 ①

2 지 번

(1) 의 의

지번이란 지적소관청이 지번부여지역별로 필지마다 순차적으로 부여하여 지적공부에 등록한 번호를 말한다. 이와 같이 토지에 지번을 부여함으로써 해당 토지를 특정시킬 수 있고, 해당 토지에 개별성을 부여함과 동시에 토지의 위치를 정확하게 파악할 수 있다.

(2) 지번의 표기

① 지번은 **지적소관청**이 **지번부여지역**별로 차례대로 부여한다.

② 지번은 **북서**에서 **남동**으로 순차적으로 부여하여야 한다.

③ 지번은 본번과 부번으로 구성하되, 본번과 부번 사이에 "－" 표시로 연결한다. 이 경우 "－" 표시는 "의"라고 읽는다.

④ 지번은 아라비아 숫자로 표기하되, 임야대장 및 임야도에 등록하는 토지의 지번은 숫자 앞에 "산"자를 붙인다.

☑ **지번표기의 예**

구 분	단식 지번	복식 지번
토지대장등록지의 지번	945번지	945－1번지
임야대장등록지의 지번	산 945번지	산 945－1번지

(3) 지번의 변경

① 지적소관청은 지적공부에 등록된 지번을 변경할 필요가 있다고 인정하면 시・도지사나 대도시 시장의 **승인**을 받아 지번부여지역의 전부 또는 일부에 대하여 지번을 새로 부여할 수 있다(법 제66조 제2항).

② 지번을 변경할 때는 지적확정측량을 실시한 지역의 부여방법을 준용한다(영 제56조 제3항 제6호).

(4) 결 번

지적소관청은 행정구역의 변경, 도시개발사업의 시행, 지번변경, 축척변경, 지번정정 등의 사유로 지번에 결번이 생긴 때에는 지체 없이 그 사유를 **결번대장**에 적어 영구히 보존하여야 한다.

⑸ 지번의 부여방법

① 진행방향에 따른 분류

㉠ 사행식: 필지의 배열이 불규칙한 지역에서 지번순서가 끊어지지 않게 순차적으로 지번을 부여하는 방식으로 농촌지역의 지번부여에 적합한 방식이다.

㉡ 기우식(교호식): 도로를 중심으로 하여 한 쪽은 홀수인 기수로, 그 반대쪽은 짝수인 우수로 지번을 부여하는 방법으로 시가지 지역의 지번부여에 적합한 방식이다.

㉢ 블록식: 지번부여지역을 단지로 세분하여 단지의 순서에 따라 순차적으로 지번을 붙이는 방법이다.

② 기번위치에 따른 분류

㉠ 북동기번법: 북동쪽에서 기번하여 남서쪽으로 순차적으로 지번을 부여하는 것으로서 한자로 지번을 부여하는 경우 적합한 방식이다.

㉡ 북서기번법: 북서쪽에서 기번하여 남동쪽으로 순차적으로 지번을 부여하는 것으로서 아라비아 숫자로 지번을 부여하는 경우 적합한 방식이다.

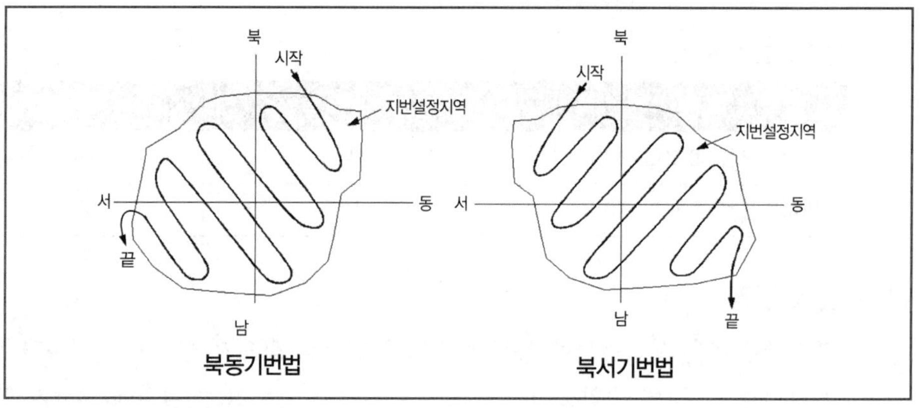

③ 부여단위에 따른 분류

㉠ 지역단위법: 지번부여지역을 세분하지 아니하고 지번부여지역 전체를 대상으로 하여 순차적으로 지번을 부여하는 방식을 말한다.

㉡ 도엽단위법: 지번부여지역을 지적도 또는 임야도의 도엽별로 세분하여 도엽의 순서에 따라 순차적으로 지번을 붙이는 방식을 말한다.

㉢ 단지단위법: 1개의 지번부여지역을 단지단위로 세분하여 단지의 순서에 따라 순차적으로 지번을 부여하는 방법으로, 다수의 소규모 단지로 구성된 도시개발사업지구 및 경지정리지구 등의 지번부여에 적합한 방식이다.

(6) 「**공간정보의 구축 및 관리 등에 관한 법률**」 **규정에 따른 지번의 부여방법**(영 제56조 제3항)

① **신규등록 및 등록전환에 따른 지번부여**(제2호)

원 칙	그 지번부여지역에서 **인접토지의 본번에 부번**을 붙여서 부여한다.
예 외	다만, 다음의 경우에는 그 지번부여지역의 **최종 본번**의 다음 순번부터 **본번**으로 하여 순차적으로 지번을 부여할 수 있다. ㉠ 대상토지가 그 지번부여지역의 최종 지번의 토지에 **인접하여** 있는 경우 ㉡ 대상토지가 이미 등록된 토지와 **멀리 떨어져** 있어서 등록된 토지의 본번에 부번을 부여하는 것이 불합리한 경우 ㉢ 대상토지가 **여러 필지**로 되어 있는 경우

② **분할에 따른 지번부여**(제3호)

원 칙	분할 후의 필지 중 1필지의 지번은 **분할 전의 지번**으로 하고, 나머지 필지의 지번은 본번의 **최종 부번** 다음 순번으로 **부번**을 부여한다.
예 외	주거·사무실 등의 건축물이 있는 필지에 대해서는 분할 전의 지번을 우선하여 부여하여야 한다.

③ **합병에 따른 지번부여**(제4호)

원 칙	합병 대상 지번 중 **선순위**의 지번을 그 지번으로 하되, 본번으로 된 지번이 있을 때에는 본번 중 **선순위**의 지번을 합병 후의 지번으로 한다.
예 외	토지소유자가 합병 전의 필지에 주거·사무실 등의 건축물이 있어서 그 건축물이 위치한 지번을 합병 후의 지번으로 **신청**할 때에는 **그 지번**을 합병 후의 지번으로 부여하여야 한다.

④ **지적확정측량 실시지역**(도시개발사업지역)**의 지번부여**(제5호)

원 칙	종전 지번 중 본번으로 부여한다. 다만, 다음의 지번은 제외한다. ㉠ 지적확정측량을 실시한 지역의 종전의 지번과 지적확정측량을 실시한 지역 밖에 있는 본번이 **같은 지번이 있을 때 그 지번** ㉡ 지적확정측량을 실시한 지역의 **경계에 걸쳐 있는 지번**
예 외	부여할 수 있는 종전 지번의 수가 새로 부여할 지번의 수보다 적을 때에는 ㉠ **블록 단위**로 하나의 본번을 부여한 후 필지별로 부번을 부여하거나, ㉡ 그 지번부여지역의 **최종 본번 다음 순번부터 본번**으로 하여 차례로 지번을 부여할 수 있다.

⑤ **기타 지역**(제6호): 다음의 경우에는 지적확정측량을 실시한 지역의 지번부여방법을 준용한다.

㉠ 지번부여지역의 **지번**을 **변경**할 때

㉡ **행정구역 개편**에 따라 새로 지번을 부여할 때

㉢ **축척변경** 시행지역의 필지에 지번을 부여할 때

예 제

1. 공간정보의 구축 및 관리 등에 관한 법령상 지번의 구성 및 부여방법 등에 관한 설명으로 틀린 것은? 제29회

① 지번은 아라비아 숫자로 표기하되, 임야대장 및 임야도에 등록하는 토지의 지번은 숫자 앞에 "산"자를 붙인다.

② 지번은 북서에서 남동으로 순차적으로 부여한다.

③ 지번은 본번과 부번으로 구성하되, 본번과 부번 사이에 "−" 표시로 연결한다.

④ 지번은 국토교통부장관이 시・군・구별로 차례대로 부여한다.

⑤ 분할의 경우에는 분할 후의 필지 중 1필지의 지번은 분할 전의 지번으로 하고, 나머지 필지의 지번은 본번의 최종 부번 다음 순번으로 부번을 부여한다.

해설 ④ 지번은 지적소관청이 지번부여지역별로 차례대로 부여한다. 정답 ④

2. 공간정보의 구축 및 관리 등에 관한 법령상 지번의 구성 및 부여방법 등에 관한 설명으로 틀린 것은? 제24회

① 지번은 아라비아 숫자로 표기하되, 임야대장 및 임야도에 등록하는 토지의 지번은 숫자 앞에 '산'자를 붙인다.

② 지번은 본번과 부번으로 구성하되, 본번과 부번 사이에 '−' 표시로 연결한다. 이 경우 '−' 표시는 '의'라고 읽는다.

③ 축척변경 시행지역의 필지에 지번을 부여할 때에는 그 지번부여지역에서 인접토지의 본번에 부번을 붙여서 지번을 부여하여야 한다.

④ 신규등록 대상토지가 그 지번부여지역의 최종 지번의 토지에 인접하여 있는 경우에는 그 지번부여지역의 최종 본번의 다음 순번부터 본번으로 하여 순차적으로 지번을 부여할 수 있다.

⑤ 행정구역 개편에 따라 새로 지번을 부여할 때에는 도시개발사업 등이 완료됨에 따라 지적확정측량을 실시한 지역의 지번부여방법을 준용한다.

해설 ③ 축척변경 시행지역, 지번변경지역, 행정구역 개편지역에서는 지적확정측량을 실시한 지역의 각 필지에 지번을 새로 부여하는 방법을 준용하여 지번을 부여하여야 한다. 정답 ③

3 지 목

(1) 의 의

지목이란 지적소관청이 행하는 행정처분으로 토지의 주된 사용 목적 또는 용도에 따라 토지의 종류를 구분·표시하는 법률상의 명칭을 말하는 것이고, 공간정보의 구축 및 관리 등에 관한 법령에서는 28가지로 용도에 따른 구분을 하여 지적공부에 등록하고 있다(법정지목제도).

(2) 지목의 설정방법

① **1필 1목의 원칙**: 하나의 필지에는 하나의 지목만을 표시하여야 한다. 따라서 1필지가 2개 이상의 지목에 해당할 때에는 그중에서 가장 주된 지목 1개만을 지목으로 하여야 한다.

② **주지목추종의 원칙**: 1필지가 둘 이상의 용도로 활용되는 경우에는 주된 용도에 따라 지목을 설정하여야 한다. 따라서 주된 토지의 편의를 위해 설치된 작은 면적의 도로, 구거 등은 이를 주된 토지에 합쳐서 주된 토지의 지목으로 한다.

③ **영속성의 원칙**(일시변경불변의 원칙): 다른 지목에 해당하는 용도로 변경시킬 목적이 아니라 토지가 일시적 또는 임시적인 용도로 사용되는 경우에는 지목을 변경하지 아니한다.

④ **사용목적추종의 원칙**: 도시계획사업, 도시개발사업, 농지개량사업, 공업단지조성사업 등의 공사가 준공된 토지는 사용목적에 따라 지목을 설정하여야 한다. 따라서 택지조성을 목적으로 시행한 도시개발사업지구 내 각 필지의 지목은 '대'로 설정하여야 하며, 도시계획법령에 의하여 공원이나 학교용지 등으로 지정된 경우에는 그 지정 목적에 부합하도록 지목을 설정하여야 한다.

(3) **지목의 구분**(영 제58조)

1	전	① **물을 상시적으로 이용하지 아니하고** 곡물·원예작물·약초·뽕나무·닥나무·묘목·관상수 등의 식물을 주로 재배하는 토지 ② 죽순을 재배하는 토지
2	답	**물을 상시적으로 이용하여** 벼·연·미나리·왕골 등의 식물을 주로 재배하는 토지
3	유 지	① 연·왕골 등이 자생하는 **배수가 잘 되지 않는 토지** ② 물이 고이거나 상시적으로 물을 저장하고 있는 **댐·저수지·소류지·호수·연못** 등의 토지
4	구 거	① 용수 또는 배수를 위하여 일정한 형태를 갖춘 **인공적인 수로**·둑 및 그 부속시설물의 부지 ② **자연의 유수**(流水)가 있거나 있을 것으로 예상되는 **소규모 수로**부지
5	하 천	**자연의 유수**(流水)가 있거나 있을 것으로 예상되는 토지
6	광천지	지하에서 온수·약수·석유류 등이 **용출**되는 용출구와 그 유지(維持)에 사용되는 부지
7	양어장	육상에 인공으로 조성된 수산생물의 번식 또는 양식을 위한 시설을 갖춘 부지와 이에 접속된 부속시설물의 부지
8	수도용지	물을 정수하여 공급하기 위한 **취수·저수·도수**(導水)**·정수·송수 및 배수 시설**의 부지 및 이에 접속된 부속시설물의 부지
9	제 방	조수·자연유수·모래·바람 등을 막기 위하여 설치된 방조제·방수제·방사제·방파제 등의 부지
10	염 전	바닷물을 끌어들여 소금을 채취하기 위하여 조성된 토지와 이에 접속된 제염장 등 부속시설물의 부지 ⏰ 천일제염 방식에 의하지 아니하고 동력에 의하여 바닷물을 끌어들여 소금을 제조하는 공장시설물의 부지 ⇨ 공장용지
11	과수원	① 사과·배·밤·호두·귤나무 등 **과수류**를 집단적으로 재배하는 토지 ② 과수원에 접속된 저장고 등 **부속시설물의 부지** ⏰ 과수원에 접속된 주거용 건축물의 부지 ⇨ 대
12	목장용지	① 축산업 및 낙농업을 하기 위하여 초지를 조성한 토지 ② 가축을 사육하는 축사 등의 부지 ③ 목장용지에 접속된 부속시설물의 부지 ⏰ 목장용지에 접속된 주거용 건축물의 부지 ⇨ 대
13	임 야	산림 및 원야(原野)를 이루고 있는 **수림지·죽림지·암석지·자갈땅·모래땅·습지·황무지** 등의 토지
14	대	① 영구적 건축물 중 주거·사무실·점포와 박물관·극장·미술관 등 문화시설과 이에 접속된 정원 및 부속시설물의 부지 ② 「국토의 계획 및 이용에 관한 법률」 등에 따른 **택지조성공사가 준공된 토지**

15	공장용지	① 제조업을 하고 있는 공장시설물의 부지 ② 관계 법령에 따른 공장부지 조성공사가 준공된 토지 ③ 공장용지와 같은 구역 안에 있는 의료시설 등 부속시설물의 부지
16	학교용지	학교의 교사와 이에 접속된 체육장 등 부속시설물의 부지
17	종교용지	종교의식을 위하여 예배 · 법요 · 설교 · 제사 등을 하기 위한 **교회 · 사찰 · 향교 · 사당** 등 건축물 부지와 이에 접속된 부속시설물의 부지
18	주차장	① 자동차 등의 주차에 필요한 독립적인 시설을 갖춘 부지와 주차전용 건축물 및 이에 접속된 부속시설물의 부지 ② **시설물부지 인근에 설치된 부설주차장** ⏰ 노상주차장, 부설주차장, 자동차 등의 판매목적으로 설치된 물류장 및 야외전시장 ⇨ 주차장 ×
19	주유소용지	① 석유 · 석유제품, 액화석유가스, 전기 또는 수소 등의 **판매**를 위하여 일정한 설비를 갖춘 시설물의 부지 ② 저유소 및 원유저장소의 부지와 이에 접속된 부속시설물의 부지 ⏰ 자동차 · 선박 · 기차 등의 제작 또는 정비공장 안에 설치된 급유 · 송유시설 등의 부지 ⇨ 주유소용지 ×
20	창고용지	물건 등을 보관 또는 저장하기 위하여 독립적으로 설치된 보관시설물의 부지와 이에 접속된 부속시설물의 부지
21	도 로	① 보행 또는 차량운행에 이용되는 토지 및 「도로법」 등 관계 법령에 따른 도로 ② 고속도로 안의 휴게소 부지 ③ 2필지 이상에 진입하는 **통로** ⏰ 아파트 · 공장 등 단일 용도의 일정한 단지 안에 설치된 통로 ⇨ 도로 ×
22	철도용지	교통 운수를 위하여 일정한 궤도 등의 설비 · 형태를 갖추어 이용되는 토지와 이에 접속된 역사 · 차고 · 공작창 등 부속시설물의 부지
23	공 원	「국토의 계획 및 이용에 관한 법률」에 따라 공원 또는 녹지로 결정 · 고시된 토지
24	묘 지	① 사람의 시체나 유골이 매장된 토지 ② 「도시공원 및 녹지 등에 관한 법률」에 따른 **묘지공원**으로 결정 · 고시된 토지 ③ **봉안시설**과 이에 접속된 부속시설물 부지 ⏰ 묘지의 관리를 위한 건축물의 부지 ⇨ 대
25	체육용지	종합운동장 · 실내체육관 · 야구장 · 골프장 · 스키장 · 승마장 · 경륜장 등 체육시설의 토지와 이에 접속된 부속시설물의 부지 ⏰ 체육시설로서 영속성과 독립성이 미흡한 정구장 · 골프연습장 · 실내수영장 및 체육도장과 유수(流水)를 이용한 요트장 및 카누장 등의 토지 ⇨ 체육용지 ×
26	유원지	위락 · 휴양 등에 적합한 시설물을 종합적으로 갖춘 수영장 · 유선장 · 낚시터 · 어린이놀이터 · 동물원 · 식물원 · 민속촌 · 경마장 · 야영장 등의 토지
27	사적지	국가유산으로 지정된 유적 · 고적 · 기념물 등을 보존하기 위한 토지 ⏰ 학교용지 · 공원 · 종교용지 등 다른 지목으로 된 토지 안에 있는 유적 · 고적 · 기념물 등을 보호하기 위하여 구획된 토지 ⇨ 사적지 ×

28	잡종지	① 갈대밭, 실외에 물건을 쌓아두는 곳, **돌을 캐내는 곳, 흙을 파내는 곳,** 야외시장 및 공동우물 ⚠ 원상회복을 조건으로 돌 · 흙을 캐내거나 파내는 곳으로 허가된 토지 ⇨ 잡종지 × ② 변전소, 송신소, 수신소 및 **송유시설** 등의 부지 ③ 여객자동차터미널, 자동차운전학원 및 폐차장 등 자동차와 관련된 독립적인 시설물을 갖춘 부지 ④ 공항시설 및 항만시설 부지 ⑤ 도축장, 쓰레기처리장 및 오물처리장 등의 부지 ⑥ 그 밖에 다른 지목에 속하지 않는 토지

(4) 지목의 표기방법

① 지목을 토지대장과 임야대장에 등록할 때에는 지목명칭 전체를 기록하여야 한다.

② 지적도와 임야도에 등록할 때에는 다음 표와 같이 지목을 뜻하는 부호(지목명칭의 두문자 또는 차문자)로 기록하여야 한다.

지 목	부 호	지 목	부 호
전	전	철도용지	철
답	답	제 방	제
과수원	과	하 천	천
목장용지	목	구 거	구
임 야	임	유 지	유
광천지	광	양어장	양
염 전	염	수도용지	수
대	대	공 원	공
공장용지	장	체육용지	체
학교용지	학	유원지	원
주차장	차	종교용지	종
주유소용지	주	사적지	사
창고용지	창	묘 지	묘
도 로	도	잡종지	잡

예 제

1. 지목의 구분기준에 관한 설명으로 옳은 것은? 제22회

① 산림 및 원야를 이루고 있는 자갈땅·모래땅·습지·황무지 등의 토지는 "잡종지"로 한다.
② 물건 등을 보관하거나 저장하기 위하여 독립적으로 설치된 보관시설물의 부지와 이에 접속된 부속시설물의 부지는 "창고용지"로 한다.
③ 과수류를 집단적으로 재배하는 토지와 이에 접속된 주거용 건축물의 부지는 "과수원"으로 한다.
④ 용수 또는 배수를 위하여 일정한 형태를 갖춘 인공적인 수로·둑 및 그 부속시설물의 부지는 "유지"로 한다.
⑤ 지하에서 석유류 등이 용출되는 용출구와 그 유지에 사용되는 부지는 "주유소용지"로 한다.

해설 ① 산림 및 원야를 이루고 있는 자갈땅·모래땅·습지·황무지 등의 토지는 "임야"로 한다.
③ 과수류를 집단적으로 재배하는 토지는 "과수원"으로, 이에 접속된 주거용 건축물 부지는 "대"로 한다.
④ 용수 또는 배수를 위하여 일정한 형태를 갖춘 인공적인 수로·둑 및 그 부속시설물의 부지는 "구거"로 한다.
⑤ 지하에서 석유류 등이 용출되는 용출구와 그 유지에 사용되는 부지는 "광천지"로 한다. 정답 ②

2. 지목의 구분에 관한 설명으로 옳은 것은? 제29회

① 일반 공중의 보건·휴양 및 정서생활에 이용하기 위한 시설을 갖춘 토지로서 「국토의 계획 및 이용에 관한 법률」에 따라 공원 또는 녹지로 결정·고시된 토지는 "체육용지"로 한다.
② 온수·약수·석유류 등을 일정한 장소로 운송하는 송수관·송유관 및 저장시설의 부지는 "광천지"로 한다.
③ 물을 상시적으로 직접 이용하여 연(蓮)·미나리·왕골 등의 식물을 주로 재배하는 토지는 "답"으로 한다.
④ 해상에 인공으로 조성된 수산생물의 번식 또는 양식을 위한 시설을 갖춘 부지는 "양어장"으로 한다.
⑤ 자연의 유수(流水)가 있거나 있을 것으로 예상되는 소규모 수로부지는 "하천"으로 한다.

해설 ① 일반 공중의 보건, 휴양 및 정서생활에 이용하기 위한 시설을 갖춘 토지로서 「국토의 계획 및 이용에 관한 법률」에 따라 공원 또는 녹지로 결정, 고시된 토지는 "공원"으로 한다.
② 지하에서 온수·약수·석유류 등이 용출되는 용출구와 그 유지에 사용되는 부지는 "광천지"로 하여야 한다. 다만, 온수·약수·석유류 등을 일정한 장소로 운송하는 송수관·송유관 및 저장시설의 부지는 "광천지"로 할 수 없다.
④ 육상에 인공으로 조성된 수산생물의 번식 또는 양식을 위한 시설을 갖춘 부지는 "양어장"으로 한다.
⑤ 자연의 유수가 있거나 있을 것으로 예상되는 소규모 수로부지는 "구거"로 한다.

정답 ③

3. 공간정보의 구축 및 관리 등에 관한 법령상 지목을 도로로 정할 수 없는 것은? (단, 아파트 · 공장 등 단일 용도의 일정한 단지 안에 설치된 통로 등은 제외함) **제31회**

① 일반 공중(公衆)의 교통 운수를 위하여 보행이나 차량운행에 필요한 일정한 설비 또는 형태를 갖추어 이용되는 토지

② 「도로법」 등 관계 법령에 따라 도로로 개설된 토지

③ 고속도로의 휴게소 부지

④ 2필지 이상에 진입하는 통로로 이용되는 토지

⑤ 교통 운수를 위하여 일정한 궤도 등의 설비와 형태를 갖추어 이용되는 토지

해설 ⑤ 교통 운수를 위하여 일정한 궤도 등의 설비와 형태를 갖추어 이용되는 토지의 지목은 '철도용지'로 하여야 한다. **정답 ⑤**

---

4 경 계

(1) 의 의

① "경계"란 필지별로 경계점들을 직선으로 연결하여 지적공부에 등록한 선을 말한다(법 제2조 제26호). 따라서 법이 규정하는 경계는 자연적인 경계가 아닌 인위적으로 구획된 도면상의 경계를 의미한다.

② 경계는 소유권이 미치는 범위와 면적 등을 정하는 기준이 되는 것이므로 지적국정주의의 원칙에 따라 국가는 반드시 지적측량을 실시하여 경계를 결정한다.

③ 한편, 경계점이란 필지를 구획하는 선의 굴곡점으로서 지적도나 임야도에 도해 형태로 등록하거나, 경계점좌표등록부에 좌표 형태로 등록하는 점을 말한다(법 제2조 제25호).

넓혀 보기

실제의 경계와 지적공부상의 경계

1. **실제의 경계**
   실제 토지 위에 설치한 담장이나 전 · 답 등의 구획된 둑 또는 주요 지형 · 지물에 의하여 구획된 구거 등을 의미하는 것으로 일반적으로 지표상의 경계를 뜻한다.
2. **지적공부상의 경계**
   자연적 또는 인위적인 사유로 항상 변하고 있는 지표상의 경계를 지적소관청이 지적측량을 실시하여 소유권이 미치는 범위와 면적 등을 정하여 지적도 또는 임야도에 등록 · 공시한 구획선을 말한다.

(2) 지상 경계의 결정

토지의 지상경계는 둑, 담장이나 그 밖에 구획의 목표가 될 만한 구조물 및 경계점표지 등으로 구분한다. 이 경우 지상 경계의 결정기준은 다음의 구분에 따른다(영 제55조 제1항).

① 연접되어 있는 토지 간에 높낮이 차이가 없는 경우에는 그 구조물 등의 **중앙**을 경계로 한다.

② 연접되어 있는 토지 간에 높낮이 차이가 있는 경우에는 그 구조물 등의 **하단부**를 경계로 한다.

③ 도로 · 구거 등의 토지에 절토(땅깎기)된 부분이 있는 경우에는 그 경사면의 **상단부**를 경계로 한다.

④ 토지가 해면 또는 수면에 접하는 경우에는 **최대만조위** 또는 **최대만수위**가 되는 선을 경계로 한다.

⑤ 공유수면매립지의 토지 중 제방 등을 토지에 편입하여 등록하는 경우에는 **바깥쪽 어깨부분**을 경계로 한다.

지상 경계 결정기준

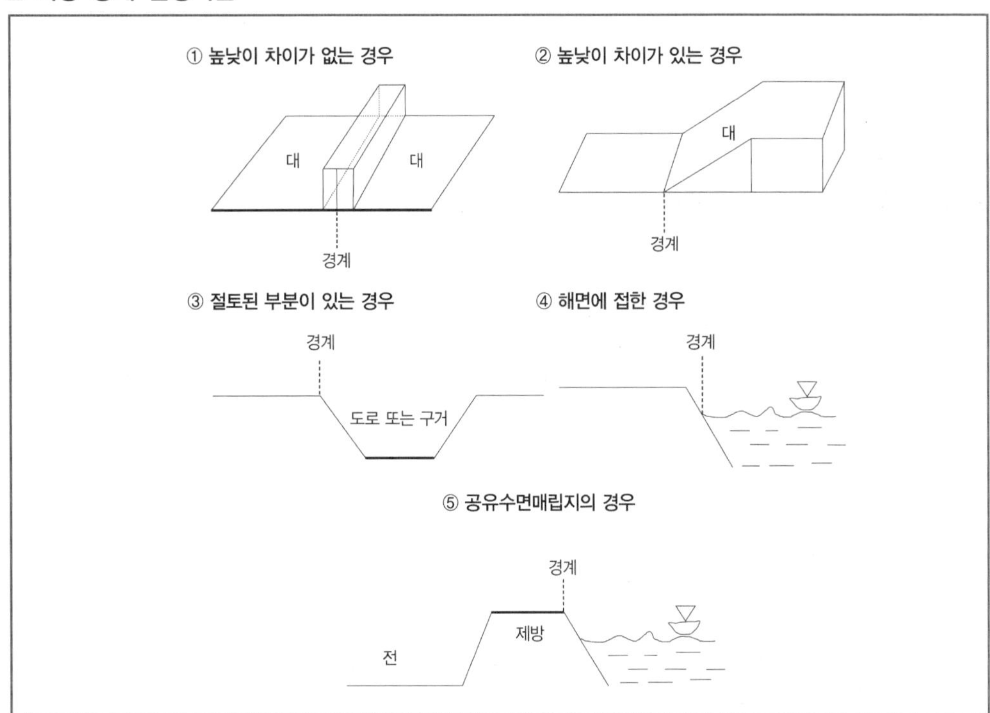

(3) 분할에 따른 지상 경계의 결정

분할에 따른 지상 경계는 지상건축물을 걸리게 결정해서는 아니 된다. 다만, 다음의 어느 하나에 해당하는 경우에는 그러하지 아니하다(영 제55조 제4항).

① 법원의 확정**판결**이 있는 경우

② **공공사업** 등에 따라 학교용지·도로·철도용지·제방·하천·구거·유지·수도용지 등의 지목으로 되는 토지를 분할하는 경우

③ **도시개발사업** 등의 사업시행자가 사업지구의 경계를 결정하기 위하여 토지를 분할하는 경우

④ 「국토의 계획 및 이용에 관한 법률」에 따른 도시·군관리계획 결정고시와 지형도면 고시가 된 지역의 **도시·군관리계획선**에 따라 토지를 분할하는 경우

예 제

1. 공간정보의 구축 및 관리 등에 관한 법령상 지상경계의 결정기준으로 옳은 것은? (단, 지상경계의 구획을 형성하는 구조물 등의 소유자가 다른 경우는 제외함) **제32회**

① 연접되는 토지 간에 높낮이 차이가 있는 경우: 그 구조물 등의 하단부
② 공유수면매립지의 토지 중 제방 등을 토지에 편입하여 등록하는 경우: 그 경사면의 하단부
③ 도로·구거 등의 토지에 절토(땅깎기)된 부분이 있는 경우: 바깥쪽 어깨부분
④ 토지가 해면 또는 수면에 접하는 경우: 최소만조위 또는 최소만수위가 되는 선
⑤ 연접되는 토지 간에 높낮이 차이가 없는 경우: 그 구조물 등의 상단부

해설 ② 공유수면매립지의 토지 중 제방 등을 토지에 편입하여 등록하는 경우: 바깥쪽 어깨부분
③ 도로·구거 등의 토지에 절토(땅깎기)된 부분이 있는 경우: 그 경사면의 상단부
④ 토지가 해면 또는 수면에 접하는 경우: 최대만조위 또는 최대만수위가 되는 선
⑤ 연접되는 토지 간에 높낮이 차이가 없는 경우: 그 구조물 등의 중앙 **정답 ①**

2. 분할에 따른 지상 경계를 지상건축물에 걸리게 결정할 수 없는 경우는? **제24회**

① 소유권이전 및 매매를 위하여 토지를 분할하는 경우
② 법원의 확정판결에 따라 토지를 분할하는 경우
③ 도시개발사업 시행자가 사업지구의 경계를 결정하기 위하여 토지를 분할하는 경우
④ 「국토의 계획 및 이용에 관한 법률」에 따른 도시·군관리계획 결정고시와 지형도면 고시가 된 지역의 도시·군관리계획선에 따라 토지를 분할하는 경우
⑤ 공공사업 등에 따라 학교용지·도로·철도용지·제방 등의 지목으로 되는 토지를 분할하는 경우

해설 분할에 따른 지상 경계는 지상건축물을 걸리게 결정해서는 아니 된다. 다만, 다음의 어느 하나에 해당하는 경우에는 그러하지 아니하다(영 제55조 제4항).

① 법원의 확정판결에 따라 토지를 분할하는 경우
② 공공사업 등에 따라 학교용지·도로·철도용지 등의 지목으로 되는 토지를 분할하는 경우
③ 도시개발사업 사업시행자가 사업지구의 경계를 결정하기 위하여 토지를 분할하는 경우
④ 「국토의 계획 및 이용에 관한 법률」 규정에 따른 도시·군관리계획 결정고시와 지형도면 고시가 된 지역의 도시·군관리계획선에 따라 토지를 분할하는 경우

정답 ①

(4) **지상 경계의 위치표시**(법 제65조)

① 토지의 지상 경계는 둑, 담장이나 그 밖에 구획의 목표가 될 만한 구조물 및 경계점표지 등으로 구분한다.

② 지적소관청은 토지의 이동(異動)에 따라 지상 경계를 새로 정한 경우에는 **지상경계점등록부**를 작성・관리하여야 한다.

☑ **지상경계점등록부**

지 상 경 계 점 등 록 부

<table>
<tr><td rowspan="2">토지의 소재</td><td>시・도</td><td>시・군・구</td><td colspan="2">읍・면</td><td colspan="2">동・리</td></tr>
<tr><td>지번</td><td>공부상 지목</td><td>실제 토지 이용 지목</td><td></td><td>면적(m^2)</td><td></td></tr>
<tr><td colspan="7"></td></tr>
<tr><td colspan="3" rowspan="9">위치도

(토지의 위치를 나타낼 수 있는 개략적 도면)</td><td colspan="2">토지이용계획</td><td colspan="2"></td></tr>
<tr><td colspan="2">개별공시지가</td><td colspan="2"></td></tr>
<tr><td colspan="2" rowspan="2">측 량 자</td><td colspan="2">년 월 일</td></tr>
<tr><td colspan="2"></td></tr>
<tr><td colspan="2" rowspan="2">검 사 자</td><td colspan="2">년 월 일</td></tr>
<tr><td colspan="2"></td></tr>
<tr><td colspan="2" rowspan="2">입 회 인</td><td colspan="2">측량의뢰인 :</td></tr>
<tr><td colspan="2">이해관계인 :</td></tr>
<tr><td colspan="4"></td></tr>
<tr><td colspan="7">경계점 위치 설명도</td></tr>
</table>

경계점좌표(경계점좌표등록부 시행지역만 해당함)

부호	좌표		부호	좌표	
	X	Y		X	Y
1	m	m		m	m
2					

경계점 위치 사진

번호		표지의 종류		번호		표지의 종류	
		위치				위치	

번호		표지의 종류		번호		표지의 종류	
		위치				위치	

(5) 합병지역의 경계 결정

신규등록 · 등록전환 · 분할 및 경계정정의 경우에는 새로 측량을 실시하여 경계를 결정하게 되지만, 토지를 합병하는 경우에는 합병으로 필요 없게 된 경계 부분을 말소하여 경계를 정한다.

(6) 행정구역의 경계 결정

행정구역의 경계선인 동 · 리의 경계선을 결정할 때 도로나 하천, 구거 등을 따라 경계선을 정하는 경우에는 도로나 하천, 구거 등의 중앙을 경계로 설정한다. 다만, 지적소관청이 필요로 하는 경우에는 그러하지 아니하다.

예제

공간정보의 구축 및 관리 등에 관한 법령상 지상경계점등록부의 등록사항에 해당하는 것을 모두 고른 것은? 제26회

㉠ 경계점표지의 종류 및 경계점 위치
㉡ 공부상 지목과 실제 토지이용 지목
㉢ 토지소유자와 인접토지소유자의 서명 · 날인
㉣ 경계점 위치 설명도와 경계점의 사진 파일

① ㉠, ㉣　　② ㉡, ㉢
③ ㉢, ㉣　　④ ㉠, ㉡, ㉣
⑤ ㉠, ㉡, ㉢, ㉣

해설 ㉢ 지상경계점등록부에는 토지소유자를 등록하지 않는다. ◆ 정답 ④

5 면 적

(1) 의 의

면적이란 지적측량에 의하여 지적공부에 등록된 토지의 수평면적을 의미한다. 따라서 '임야' 또는 '전'과 같이 경사를 이루고 있는 토지의 면적은 도면상의 면적이나 경사면상의 면적이 아닌 수평면적을 지적공부에 등록하고 있기 때문에, 실제 지표면상의 면적은 지적공부에 등록된 면적보다 크게 된다.

(2) 면적의 등록단위

면적의 단위는 제곱미터로 한다(법 제68조 제1항). 따라서 토지대장이나 임야대장에 등록할 때의 토지의 면적은 '평'이 아닌 제곱미터(m^2)로 표시한다.

(3) 면적의 축척별 등록단위

구 분	축 척	등록단위	최소면적
지적도	1/500 1/600	0.1m^2	※1필지 면적이 0.1m^2 미만인 경우 ⇨ **0.1m^{2}로 등록**
지적도	1/1,000 1/1,200 1/2,400 1/3,000 1/6,000	1m^2	※1필지 면적이 1m^2 미만인 경우 ⇨ **1m^{2}로 등록**
임야도	1/3,000 1/6,000	1m^2	※1필지 면적이 1m^2 미만인 경우 ⇨ **1m^{2}로 등록**

(4) 면적의 결정방법

① 토지대장 및 임야대장에 등록하는 면적은 제곱미터를 단위로 하여 이를 정한다. 그러나 축척이 1/600인 지역과 경계점좌표등록부 시행지역에서의 면적은 제곱미터 이하 한자리 단위로 표시한다.

② **면적 결정에서 끝수처리**

㉠ 토지의 면적에 1m^2 미만의 끝수가 있는 경우 0.5m^2 미만인 때에는 버리고, 0.5m^{2}를 초과하는 때에는 올리며, 0.5m^{2}인 때에는 구하고자 하는 끝자리의 숫자가 0 또는 짝수이면 버리고 홀수이면 올린다. 다만, 1필지의 면적이 1m^2 미만인 때에는 1m^{2}로 한다.

㉡ 지적도의 축척이 1/600인 지역과 경계점좌표등록부 시행지역의 토지의 면적은 제곱미터 이하 한자리 단위로 하되, 0.1m^2 미만의 끝수가 있는 경우 0.05m^2 미만인 때에는 버리고, 0.05m^{2}를 초과하는 때에는 올리며, 0.05m^{2}인 때에는 구하고자 하는 끝자리의 숫자가 0 또는 짝수이면 버리고 홀수이면 올린다. 다만, 1필지의 면적이 0.1m^2 미만인 때에는 0.1m^{2}로 한다.

㉢ 방위각의 각치(角値), 종횡선의 수치 또는 거리를 계산할 때에는 구하고자 하는 끝자리의 다음 숫자가 5 미만인 때에는 버리고, 5를 초과하는 때에는 올리며, 5인 때에는 구하고자 하는 끝자리의 숫자가 0 또는 짝수이면 버리고 홀수이면 올린다. 다만, 전자계산조직에 의하여 연산하는 때에는 최종수치에 한하여 이를 적용한다.

면적 결정례

1/500, 1/600 축척	1/1000, 1/1200, 1/2400, 1/3000, 1/6000 축척
$123.36m^2$ ⇨ $123.4m^2$ $123.34m^2$ ⇨ $123.3m^2$	$123.6m^2$ ⇨ $124m^2$ $123.4m^2$ ⇨ $123m^2$
$123.35m^2$ ⇨ $123.4m^2$ $123.45m^2$ ⇨ $123.4m^2$	$123.5m^2$ ⇨ $124m^2$ $124.5m^2$ ⇨ $124m^2$
$0.03m^2$ ⇨ $0.1m^2$	$0.3m^2$ ⇨ $1m^2$
$123.441m^2$ ⇨ $123.4m^2$ $123.451m^2$ ⇨ $123.5m^2$	$123.41m^2$ ⇨ $123m^2$ $123.51m^2$ ⇨ $124m^2$

(5) 면적측정의 대상

지적측량을 실시하여 필지 단위로 경계를 설정한 후(경계측량), 그 경계선을 기준으로 면적을 측정하여야 한다. 경계측량 실시 후 면적측정을 하여야 할 대상은 다음과 같다.

구분	내용	
면적측정을 하여야 하는 경우	① 지적공부의 복구	② 토지의 신규등록
	③ 등록전환	④ 분할
	⑤ 축척변경	⑥ 면적 또는 경계의 정정
	⑦ 도시개발사업 등으로 인하여 토지의 표시를 새로이 결정하는 경우	
면적측정을 하지 않는 경우	① 합병	② 지목변경
	③ 지적공부의 재작성	④ 면적의 환산

(6) 면적측정방법

① **전자면적 측정기**: 평판측량을 실시하여 필지의 경계를 지적도나 임야도에 등록하는 지역에 사용한다.

② **좌표면적 계산법**: 경위의측량방법을 실시하여 필지의 경계점을 경계점좌표등록부에 등록하는 지역에 사용한다. 면적은 좌표에 의하여 수학적 계산으로 산출한다.

지 역	축 척	측량방법	경계점좌표등록부	면적측정 방법
농 · 어촌지역	1/1200	**평판측량**	**없음**	**전자면적측정기**
도시개발사업지역 (지적확정측량 실시지역)	1/500 1/600	**경위의측량**	**있음**	**좌표면적계산법**

(7) 토지이동에 따른 면적 결정시 오차의 처리(영 제19조)

① **등록전환을 하는 경우**: 임야대장의 면적과 등록전환될 면적의 차이가 허용범위 이내인 경우에는 등록전환될 면적을 등록전환 면적으로 결정하고, 허용범위를 초과하는 경우에는 임야대장의 면적 또는 임야도의 경계를 지적소관청이 직권으로 정정하여야 한다.

② **토지를 분할하는 경우**: 분할 전후 면적의 차이가 허용범위 이내인 경우에는 그 오차를 분할 후의 각 필지의 면적에 따라 나누고, 허용범위를 초과하는 경우에는 지적공부상의 면적 또는 경계를 정정하여야 한다.

넓혀 보기

경계점좌표등록부가 있는 지역의 토지분할을 위해 면적을 정하는 경우

1. 분할 후 각 필지의 면적합계가 분할 전 면적보다 많은 경우에는 구하려는 끝자리의 다음 숫자가 작은 것부터 순차적으로 버려서 정하되, 분할 전 면적에 증감이 없도록 하여야 한다.
2. 분할 후 각 필지의 면적합계가 분할 전 면적보다 적은 경우에는 구하려는 끝자리의 다음 숫자가 큰 것부터 순차적으로 올려서 정하되, 분할 전 면적에 증감이 없도록 하여야 한다.

예제

1. 경위의측량방법에 의하여 지적확정측량을 시행하는 지역에서 1필지의 면적을 산출한 결과 730.45m²인 경우 지적공부에 등록할 면적으로 옳은 것은? 제16회

① 730m² ② 730.4m²
③ 730.45m² ④ 730.5m²
⑤ 731m²

정답 ②

2. 경계점좌표등록부에 등록하는 지역에서 1필지의 면적측정을 위해 계산한 값이 1,029.551m²인 경우 토지대장에 등록할 면적으로 옳은 것은? 제27회

① 1,029.55m² ② 1,029.56m²
③ 1,029.5m² ④ 1,029.6m²
⑤ 1,030.0m²

정답 ④

3. 공간정보의 구축 및 관리 등에 관한 법령상 세부측량시 필지마다 면적을 측정하여야 하는 경우가 아닌 것은? 제24회

① 지적공부의 복구를 하는 경우
② 등록전환을 하는 경우
③ 지목변경을 하는 경우
④ 축척변경을 하는 경우
⑤ 도시개발사업 등으로 인한 토지의 이동에 따라 토지의 표시를 새로 결정하는 경우

해설 ③ 지목변경을 하는 경우에는 면적측정의 대상이 아니다. 정답 ③

4. 면적에 관한 설명 중 틀린 것은? 제18회

① 경위의측량방법으로 세부측량을 한 지역의 필지별 면적측정은 전자면적측정기에 의한다.
② 경계점좌표등록부에 등록하는 지역의 토지 면적은 m² 이하 한자리 단위로 결정한다.
③ '면적'이란 지적공부에 등록된 필지의 수평면상의 넓이를 말한다.
④ 신규등록·등록전환을 하는 때에는 새로이 측량하여 각 필지의 면적을 정한다.
⑤ 토지합병을 하는 경우의 면적결정은 합병 전의 각 필지의 면적을 합산하여 그 필지의 면적으로 한다.

해설 ① 경위의측량방법으로 세부측량을 한 지역의 필지별 면적측정은 좌표면적계산법에 의한다.

정답 ①

지적공부

단원 열기

지적공부의 종류와 등록사항, 지적공부의 보존 및 공개에 관한 사항, 부동산종합공부의 등록사항 및 열람 등에 중점을 두고 학습하여야 한다. 특히 부동산종합공부의 등록사항도 당분간 자주 출제가 예상되는 중요한 항목이므로 분명하게 개념을 숙지하여야 한다.

01 지적공부의 종류

지적공부는 토지의 소재, 지번, 지목, 경계 또는 좌표와 면적 등 지적에 관한 내용을 등록하여 공적으로 증명하는 장부로서 크게 대장(토지대장 · 임야대장 · 공유지연명부 · 대지권등록부) · 도면(지적도 · 임야도) 및 경계점좌표등록부로 구성되어 있으며, 정보처리시스템을 통하여 기록 · 저장된 것을 포함한다.

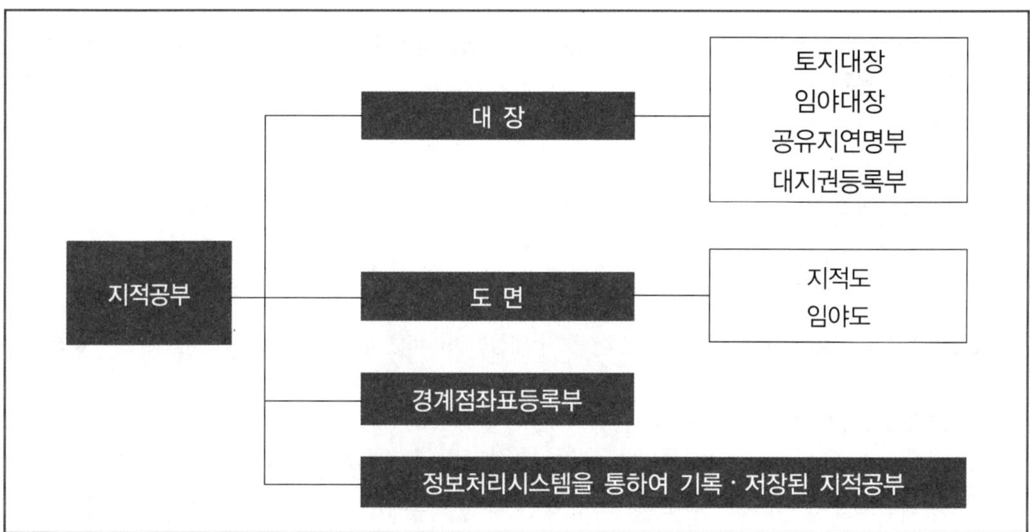

정보처리시스템을 통하여 기록 · 저장된 지적공부

1. 정보처리시스템에 의해 처리할 수 있는 형태로 작성된 자기디스크 · 자기테이프 등에 지적공부의 등록사항을 기록 · 저장 및 관리하는 집합물을 말한다.
2. 지적공부에 등록할 사항을 정보처리시스템을 통하여 기록 · 저장된 지적공부에서 관리하는 경우에는 이를 해당 지적공부에 등록하지 아니할 수 있다.

1 토지대장 · 임야대장

(1) 토지대장

토지대장이란 임야대장에 등록할 것으로 정한 토지를 제외한 모든 토지의 일정사항을 등록하는 지적공부이다.

(2) 임야대장

임야대장이란 토지대장의 등록에서 제외된 임야나 그 밖에 정부가 임야대장에 등록할 것으로 정한 토지(산간벽지, 소면적의 토지, 도서 등)를 그 대상으로 하여 그에 대한 내용을 표시, 등록하는 지적공부이다.

☑ **토지대장**

<table>
<tr><td>고유번호</td><td colspan="3"></td><td rowspan="3">토지 대장</td><td>도면번호</td><td></td><td>발급번호</td><td></td></tr>
<tr><td>토지소재</td><td colspan="3"></td><td>장 번 호</td><td></td><td>처리시각</td><td></td></tr>
<tr><td>지 번</td><td></td><td>축 척</td><td></td><td>비 고</td><td></td><td>발 급 자</td><td></td></tr>
</table>

<table>
<tr><td colspan="3">토 지 표 시</td><td colspan="3">소 유 자</td></tr>
<tr><td rowspan="2">지 목</td><td rowspan="2">면 적(m²)</td><td rowspan="2">토지이동 사유</td><td>변 동 일 자</td><td colspan="2">주 소</td></tr>
<tr><td>변 동 원 인</td><td>성명 또는 명칭</td><td>등 록 번 호</td></tr>
<tr><td rowspan="2"></td><td rowspan="2"></td><td rowspan="2"></td><td>년 월 일</td><td></td><td></td></tr>
<tr><td></td><td></td><td></td></tr>
<tr><td rowspan="2"></td><td rowspan="2"></td><td rowspan="2"></td><td>년 월 일</td><td></td><td></td></tr>
<tr><td></td><td></td><td></td></tr>
</table>

<table>
<tr><td>등 급 수 정
연 월 일</td><td></td><td></td><td></td><td></td><td></td><td></td><td></td><td></td><td></td><td></td><td></td><td></td><td></td><td></td></tr>
<tr><td>토 지 등 급
(기준수확량등급)</td><td>( )</td><td>( )</td><td>( )</td><td>( )</td><td>( )</td><td>( )</td><td>( )</td><td>( )</td><td>( )</td><td>( )</td><td>( )</td><td>( )</td><td>( )</td><td>( )</td></tr>
<tr><td>개별공시지가 기준일</td><td></td><td></td><td></td><td></td><td></td><td></td><td></td><td></td><td></td><td></td><td></td><td></td><td colspan="2">용도지역 등</td></tr>
<tr><td>개별공시지가(원/m²)</td><td></td><td></td><td></td><td></td><td></td><td></td><td></td><td></td><td></td><td></td><td></td><td></td><td colspan="2"></td></tr>
</table>

(3) 등록사항

① **토지의 고유번호**: 각 필지를 서로 구별하기 위하여 필지마다 개별적으로 붙이는 번호를 의미하는데, 행정구역을 표시하는 10자리 숫자와 지적공부의 종류를 표시하는 1자리 숫자 및 지번을 표시하는 8자리 숫자로 구성되어 있다.

넓혀 보기

고유번호의 구성체계

1316000101	—	1	0365 — 0072
행정구역번호		지적공부번호	지번에 관한 번호

1. **행정구역에 관한 번호**: 10자리 수로 표시
   (시·도: 2자리 수로 표시, 시·군·구: 3자리 수로 표시, 읍·면·동: 3자리 수로 표시, 리: 2자리 수로 표시)
2. **지적공부에 관한 번호**: 1자리 수로 표시
   (1: 토지대장등록토지, 2: 임야대장등록토지)
3. **지번에 관한 번호**: 8자리 수로 표시
   (본번: 4자리 수로 표시, 부번: 4자리 수로 표시)

② **토지의 소재**: 토지의 위치를 나타내는 것으로 시·도, 시·군·구 이하 최하위 행정 단위인 읍·면·동·리까지 기록한다.

③ **지번**: 개별 필지마다 붙이는 번호로서 아라비아 숫자로 기록하며, 임야대장인 경우에는 지번 앞에 '산'자를 기록한다.

④ **지목**: 각 필지 단위로 해당 지목의 코드번호와 정식명칭(한글로 기록)을 기록한다.

⑤ **축척**: 도면의 축척은 1: 500, 1: 600과 같은 형태로 등록한다.

⑥ **면적**: 지적측량에 의한 면적으로서 제곱미터(m^2) 단위로 표시한다.

⑦ **개별공시지가와 그 기준일**: 토지의 과세기준으로서 2002년부터 등록사항에 추가되었다.

⑧ **토지의 이동사유**: 토지이동의 일자와 해당 사유(신규등록, 분할 등)를 기록한다.

⑨ **소유자의 성명 또는 명칭, 주소 및 주민등록번호**: 지적공부에 등록된 소유자는 크게 자연인, 국가, 지방자치단체, 법인, 비법인 사단·재단, 외국인, 외국정부·국제기관 등으로 구분된다. 소유자가 국가, 기타 단체 또는 외국인인 경우에는 그 등록번호를 기록한다.

⑩ 지적도 또는 임야도의 번호와 필지별 토지대장 또는 임야대장의 장번호

⑪ 토지소유자가 변경된 날과 그 원인

⑫ 토지등급 또는 기준수확량등급과 그 설정·수정 연월일

⑬ 그 밖에 국토교통부장관이 정하는 사항

2 공유지연명부

(1) 의 의

공유지연명부란 1필지에 대해 토지소유자가 2인 이상인 경우에 소유권표시사항을 체계적이며 효율적으로 등록·관리하기 위하여 대장 이외에 별도로 작성하는 장부이다. 「공간정보의 구축 및 관리 등에 관한 법률」상의 다른 지적공부와 같이 지적서고에 보관된다.

☑ **공유지연명부**

<table>
<tr><td>고유번호</td><td></td><td colspan="2">공 유 지 연 명 부</td><td>장 번 호</td><td></td></tr>
<tr><td>토지 소재</td><td></td><td>지 번</td><td></td><td>비 고</td><td></td></tr>
<tr><td rowspan="3">순 번</td><td>변 동 일 자</td><td rowspan="3">소유권 지분</td><td colspan="3">소 유 자</td></tr>
<tr><td rowspan="2">변 동 원 인</td><td colspan="2" rowspan="2">주 소</td><td>등록번호</td></tr>
<tr><td>성명 또는 명칭</td></tr>
<tr><td></td><td>년 월 일</td><td></td><td colspan="2" rowspan="2"></td><td></td></tr>
<tr><td></td><td></td><td></td><td></td></tr>
<tr><td></td><td>년 월 일</td><td></td><td colspan="2" rowspan="2"></td><td></td></tr>
<tr><td></td><td></td><td></td><td></td></tr>
<tr><td></td><td>년 월 일</td><td></td><td colspan="2" rowspan="2"></td><td></td></tr>
<tr><td></td><td></td><td></td><td></td></tr>
<tr><td></td><td>년 월 일</td><td></td><td colspan="2" rowspan="2"></td><td></td></tr>
<tr><td></td><td></td><td></td><td></td></tr>
<tr><td></td><td>년 월 일</td><td></td><td colspan="2" rowspan="2"></td><td></td></tr>
<tr><td></td><td></td><td></td><td></td></tr>
<tr><td></td><td>년 월 일</td><td></td><td colspan="2" rowspan="2"></td><td></td></tr>
<tr><td></td><td></td><td></td><td></td></tr>
<tr><td></td><td>년 월 일</td><td></td><td colspan="2" rowspan="2"></td><td></td></tr>
<tr><td></td><td></td><td></td><td></td></tr>
<tr><td></td><td>년 월 일</td><td></td><td colspan="2" rowspan="2"></td><td></td></tr>
<tr><td></td><td></td><td></td><td></td></tr>
</table>

(2) 등록사항

① 토지의 소재
② 지 번
③ 소유권 지분
④ 소유자의 성명 또는 명칭, 주소 및 주민등록번호
⑤ 토지의 고유번호
⑥ 필지별 공유지연명부의 장번호
⑦ 토지소유자가 변경된 날과 그 원인

(3) 정리방법

토지대장 또는 임야대장의 소유자란에는 토지등기기록에 선순위로 등기된 공유자 '○○○외 ○인'이라고 등록하여야 하며, 공유지연명부에는 모든 공유자에 관한 지분 · 성명 또는 명칭 · 주소 · 주민등록번호 등을 등록하여야 한다.

(4) 보 관

지적소관청은 대장에 등록하는 1필지의 토지소유자가 2인 이상일 때, 즉 대장에 등록하는 1필지의 토지가 공유지인 때에는 공유지연명부를 작성하고 갖춰 두어야 하며 지적서고에 보관한다.

3 대지권등록부

(1) 의 의

구분소유자가 전유부분을 소유하기 위하여 건물의 대지에 대하여 가지는 권리를 대지권이라고 하는데, 「집합건물의 소유 및 관리에 관한 법률」에 따라 대지권표시의 등기를 한 토지에 대하여 지적공부 정리의 효율화를 위해서 토지대장 또는 임야대장 이외에 작성하는 장부를 대지권등록부라고 한다.

☑ 대지권등록부

고유번호		대 지 권 등 록 부		전유부분 건물표시		장번호	
토지소재		지 번		대지권 비율		건물명칭	

지 번										
대지권 비율										

변 동 일 자 변 동 원 인	소유권 지분	소 유 자 주 소	소 유 자 등 록 번 호 성명 또는 명칭
년 월 일			
년 월 일			
년 월 일			
년 월 일			

(2) 등록사항

① 토지의 소재	② 지 번
③ 대지권 비율	④ 소유자의 성명 또는 명칭, 주소 및 주민등록번호
⑤ 토지의 고유번호	⑥ 전유부분의 건물표시
⑦ 건물의 명칭	⑧ 집합건물별 대지권등록부의 장번호
⑨ 토지소유자가 변경된 날과 그 원인	⑩ 소유권 지분

4 도면(지적도 · 임야도)

(1) 의 의

지적도	토지대장에 등록된 토지에 관한 사항을 도면으로 표시하여 놓은 지적공부
임야도	임야대장에 등록된 토지에 관한 사항을 도면으로 표시하여 놓은 지적공부

경계점좌표등록부를 갖추어 두지 않는 지역의 지적도

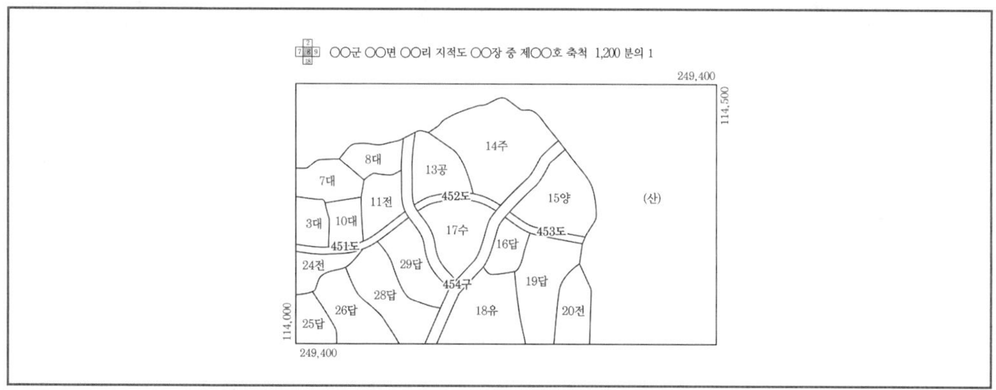

경계점좌표등록부를 갖추어 두는 지역의 지적도

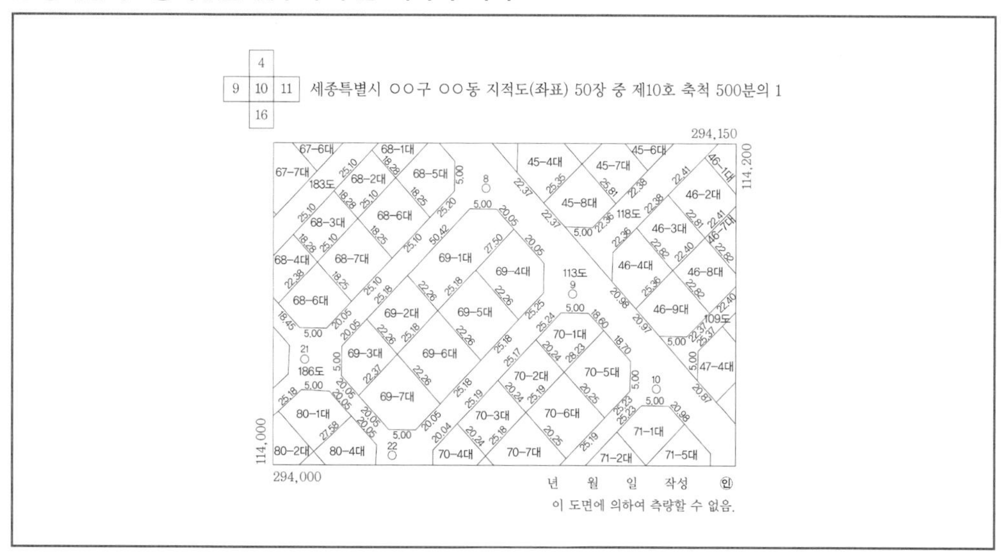

심화 학습 **경계점좌표등록부를 갖추어 두는 지역의 지적도**(규칙 제69조 제3항)

① 경계점좌표등록부를 갖추어 두는 지역의 지적도에는 도면의 제명 끝에 '(좌표)'라고 표시하여야 한다.
② 경계점좌표등록부를 갖추어 두는 지역의 지적도에는 도곽선의 오른쪽 끝에 '이 도면에 의하여 측량할 수 없음'이라고 기록하여야 한다.
③ 경계점좌표등록부를 갖추어 두는 지역의 지적도에는 '좌표에 의하여 계산된 경계점 간의 거리'를 등록하여야 한다.

심화 학습 **지적기준점**

① 시·도지사나 지적소관청은 지적기준점성과와 그 측량기록을 보관하고 일반인이 열람할 수 있도록 하여야 한다(법 제27조 제1항).
② 지적기준점의 성과 등을 열람하거나 등본을 발급받으려는 자는 지적삼각점성과에 대해서는 시·도지사 또는 지적소관청에 신청하고, 지적삼각보조점성과 및 지적도근점성과에 대해서는 지적소관청에 신청하여야 한다.

구 분	지적기준점성과의 열람·발급신청
지적삼각점	시·도지사 또는 지적소관청
지적삼각보조점	지적소관청
지적도근점	지적소관청

(2) 등록사항

① **토지의 소재**: 동·리의 말단 행정 단위까지 기록한다.

② **지번**: 각 필지의 경계선 안에 아라비아 숫자로 표시하고 임야대장 등록지는 지번 앞에 '산'자를 붙여야 한다.

③ **지목**: 지번 오른쪽 옆에 부호로 표시한다.

④ **경계**: 경계점을 직선으로 연결한 선으로, 경계점좌표등록부 시행지역의 경우 좌표의 연결로 등록한다.

⑤ **지적도면의 색인도**: 도곽선의 좌측 상단에 있는 토지의 소재 앞에 인접도면의 연결순서를 표시하기 위하여 기록한 도표와 번호를 말한다.

⑥ **지적도면의 제명 및 축척**: '지적도(임야도) ○○장 중 제○○호'이라고 등록한다.

⑦ **도곽선과 그 수치**: 도곽선은 인접도면과의 접합 등에 따른 기준선으로서의 역할을 하며, 지적도와 임야도에 등록하여야 한다.

⑧ **좌표에 의하여 계산된 경계점 간의 거리**: 경계점좌표등록부를 갖춰 두는 지역의 지적도에는 각 필지별 경계점 간의 거리를 cm 단위까지 등록하여야 한다.

⑨ **삼각점 및 지적기준점의 위치**: 삼각점과 지적삼각점, 지적삼각보조점, 지적도근점 등 지적기준점의 위치를 도면에 등록하여야 한다.

⑩ 건축물 및 구조물 등의 위치

(3) 도면의 법정축척

① **지적도의 법정축척**: 지적도에는 1/500, 1/600, 1/1,000, 1/1,200, 1/2,400, 1/3,000, 1/6,000 축척을 사용한다.

② **임야도의 법정축척**: 임야도에는 1/3,000, 1/6,000 축척을 사용하고 있다.

임야도

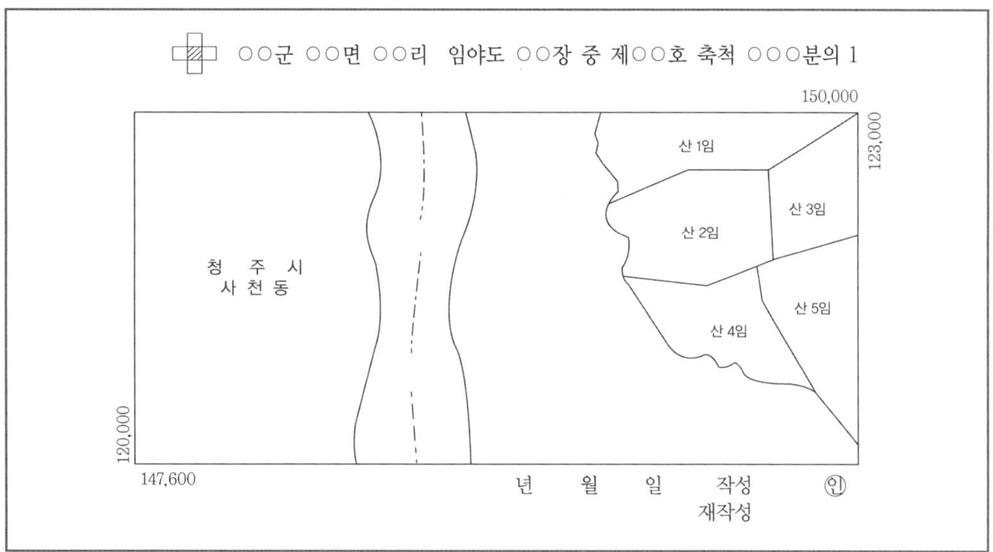

지적도와 지형도의 비교

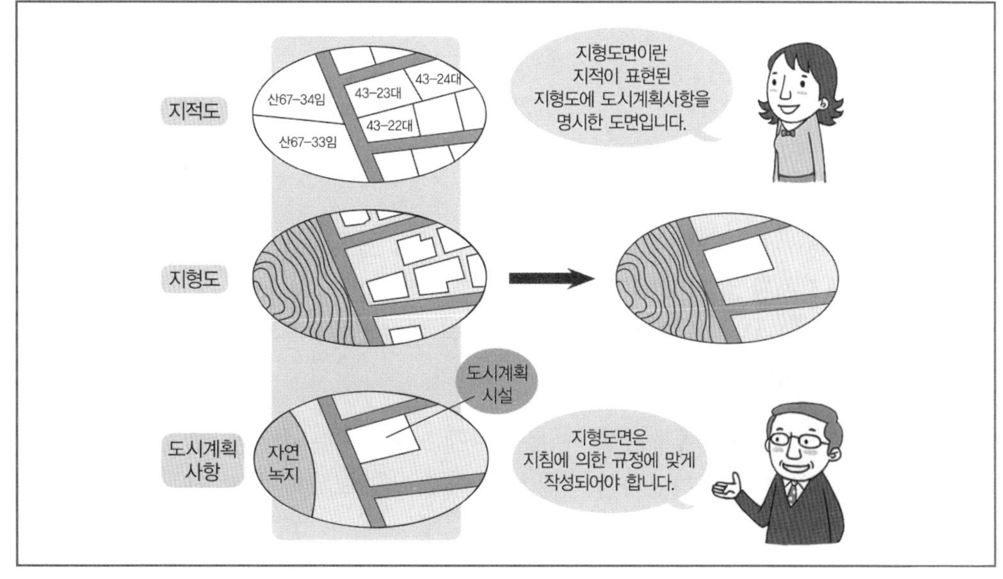

5 경계점좌표등록부

(1) 의 의

경계점좌표등록부는 각 필지 단위로 경계점의 위치를 좌표로 등록·공시하는 지적공부를 말한다.

☑ 경계점좌표등록부

<table>
<tr><td>토지소재</td><td></td><td colspan="8" rowspan="3">경 계 점 좌 표 등 록 부</td><td>발급번호</td><td></td></tr>
<tr><td>지 번</td><td></td><td>처리시각</td><td></td></tr>
<tr><td>출력축척</td><td></td><td>발 급 자</td><td></td></tr>
<tr><td colspan="2" rowspan="9"></td><td rowspan="2">부 호</td><td colspan="7">좌 표</td><td colspan="2" rowspan="9"></td></tr>
<tr><td colspan="4">X</td><td colspan="3">Y</td></tr>
<tr><td></td><td colspan="4">m</td><td colspan="3">m</td></tr>
<tr><td></td><td colspan="4"></td><td colspan="3"></td></tr>
<tr><td></td><td colspan="4"></td><td colspan="3"></td></tr>
<tr><td></td><td colspan="4">m</td><td colspan="3">m</td></tr>
<tr><td></td><td colspan="4"></td><td colspan="3"></td></tr>
<tr><td></td><td colspan="4"></td><td colspan="3"></td></tr>
<tr><td></td><td colspan="4"></td><td colspan="3"></td></tr>
</table>

(2) 등록사항

① 토지의 소재	② 지 번
③ 좌 표	④ 토지의 고유번호
⑤ 지적도면의 번호	⑥ 필지별 경계점좌표등록부의 장번호
⑦ 부호 및 부호도	

(3) 작성 및 보관

① **작성**: 지적소관청은 도시개발사업, 농어촌정비사업 그 밖에 토지개발사업 등에 따라 새로이 지적공부에 등록하는 토지에 대하여 경계점좌표등록부를 작성하고 갖춰 두어야 한다(법 제73조).

② **보관**: 경계점좌표등록부는 토지의 각 경계점의 위치를 좌표로 등록하므로 이것만으로는 토지의 형상을 판단하기 어렵기 때문에 이를 보완하기 위하여 지적도면을 함께 갖춰 두도록 하고 있다.

☑ 지적공부의 등록사항 총정리

구 분	대 장				도 면		경계점좌표등록부
	토지대장	임야대장	공유지연명부	대지권등록부	지적도	임야도	
소재 · 지번	●	●	●	●	●	●	●
고유번호	●	●	●	●			●
지 목	● (정식명칭)	● (정식명칭)			● (부호)	● (부호)	
축 척	●	●			●	●	
소유자 (성명 · 주소 · 주민등록번호 · 소유권변동원인)	●	●	●	●			
소유권의 지분			●	●			
면 적 토지이동사유 개별공시지가	●	●					
대지권의 비율 건물의 명칭				●			
좌 표 부호(도)							●
도면의 제명 색인도 도곽선 도곽선 수치 경 계 지적기준점 위치 건축물 · 구조물의 위치					●	●	

예 제

1. 지적도 및 임야도의 등록사항만으로 나열된 것은? 제22회

① 토지의 소재, 지번, 건축물의 번호, 삼각점
② 지번, 경계, 건축물 및 구조물 등의 위치, 삼각점 및 지적기준점의 위치
③ 토지의 소재, 지번, 토지의 고유번호, 삼각점 및 지적기준점의 위치
④ 지목, 부호 및 부호도, 도곽선과 그 수치, 토지의 고유번호
⑤ 지목, 도곽선과 그 수치, 토지의 고유번호, 건축물 및 구조물 등의 위치

해설 ① 건축물의 번호, ③ 토지의 고유번호, ④ 부호 및 부호도, 토지의 고유번호, ⑤ 토지의 고유번호는 지적도 및 임야도의 등록사항이 아니다. **정답** ②

2. 지적공부와 등록사항을 연결한 것으로 틀린 것은? 제24회

① 지적도 – 토지의 소재
② 토지대장 – 토지의 이동사유
③ 공유지연명부 – 소유권지분
④ 대지권등록부 – 전유부분의 건물표시
⑤ 경계점좌표등록부 – 색인도

해설 ⑤ 색인도는 도면의 등록사항이다. **정답** ⑤

3. 공유지연명부와 대지권등록부의 공통된 등록사항을 모두 고른 것은? 제29회

㉠ 대지권 비율	㉡ 토지소유자가 변경된 날과 그 원인
㉢ 토지의 소재	㉣ 토지의 고유번호
㉤ 소유권지분	

① ㉠, ㉢, ㉣ ② ㉠, ㉢, ㉤
③ ㉡, ㉢, ㉣ ④ ㉠, ㉡, ㉣, ㉤
⑤ ㉡, ㉢, ㉣, ㉤

해설 ㉠ 대지권 비율은 대지권등록부에는 등록하지만 공유지연명부에는 등록하지 않는다. **정답** ⑤

4. 공간정보의 구축 및 관리 등에 관한 법령상 지적기준점성과와 지적기준점성과의 열람 및 등본 발급 신청기관의 연결이 옳은 것은? 제31회

① 지적삼각점성과 – 시 · 도지사 또는 지적소관청
② 지적삼각보조점성과 – 시 · 도지사 또는 지적소관청
③ 지적삼각보조점성과 – 지적소관청 또는 한국국토정보공사
④ 지적도근점성과 – 시 · 도지사 또는 한국국토정보공사
⑤ 지적도근점성과 – 지적소관청 또는 한국국토정보공사

정답 ①

02 지적공부의 보존 · 공개 및 이용

1 지적공부의 보존 및 반출(법 제69조)

(1) 보 존

① 지적소관청은 해당 청사에 지적서고를 설치하고 그 곳에 지적공부(정보처리시스템을 통하여 기록 · 저장한 경우는 제외한다)를 **영구**히 **보존**하여야 한다(제1항).

② 지적공부를 정보처리시스템을 통하여 기록 · 저장한 경우 관할 시 · 도지사, 시장 · 군수 또는 구청장은 그 지적공부를 지적정보관리체계에 **영구**히 **보존**하여야 한다(제2항).

③ 카드로 된 토지대장 · 임야대장 · 공유지연명부 · 대지권등록부 및 경계점좌표등록부는 **100장** 단위로 바인더(binder)에 넣어 보관하여야 한다.

(2) 반 출

다음 어느 하나에 해당하는 경우 외에는 해당 청사 밖으로 지적공부를 반출할 수 없다.

① **천재지변**이나 그 밖에 이에 준하는 재난을 피하기 위하여 필요한 경우

② 관할 시 · 도지사 또는 대도시 시장의 **승인**을 받은 경우

2 지적공부의 공개(열람 및 등본 발급)

(1) 지적공부를 **열람**하거나 그 등본을 **발급**받으려는 자는 해당 지적소관청에 그 열람 또는 발급을 신청하여야 한다.

(2) 정보처리시스템을 통하여 기록 · 저장된 지적공부를 **열람**하거나 그 등본을 **발급**받으려는 경우에는 특별자치시장, 시장 · 군수 또는 구청장이나 읍 · 면 · 동의 장에게 신청할 수 있다.

넓혀 보기

지적서고의 설치기준

1. 지적서고는 지적사무를 처리하는 사무실과 연접(連接)하여 설치하여야 한다.
2. 지적서고의 구조는 다음의 기준에 따라야 한다.
   - 창문과 출입문은 2중으로 하되, 바깥쪽 문은 반드시 철제로 하고 안쪽 문은 곤충 · 쥐 등의 침입을 막을 수 있도록 철망 등을 설치할 것
   - 온도 및 습도 자동조절장치를 설치하고, 연중 평균온도는 섭씨 20±5도를, 연중 평균습도는 65±5퍼센트를 유지할 것
3. 지적공부 보관상자는 벽으로부터 15센티미터 이상 띄워야 하며, 높이 10센티미터 이상의 깔판 위에 올려놓아야 한다.

예제

1. 공간정보의 구축 및 관리 등에 관한 법령상 지적공부의 보존 및 보관방법 등에 관한 설명으로 틀린 것은? (단, 정보처리시스템을 통하여 기록·저장한 지적공부는 제외함) 제31회

① 지적소관청은 해당 청사에 지적서고를 설치하고 그 곳에 지적공부를 영구히 보존하여야 한다.

② 국토교통부장관의 승인을 받은 경우 지적공부를 해당 청사 밖으로 반출할 수 있다.

③ 지적서고는 지적사무를 처리하는 사무실과 연접(連接)하여 설치하여야 한다.

④ 지적도면은 지번부여지역별로 도면번호순으로 보관하되, 각 장별로 보호대에 넣어야 한다.

⑤ 카드로 된 토지대장·임야대장·공유지연명부·대지권등록부 및 경계점좌표등록부는 100장 단위로 바인더(binder)에 넣어 보관하여야 한다.

해설 ② 지적공부를 해당 청사 밖으로 반출하기 위해서는 국토교통부장관이 아닌 시·도지사 또는 대도시 시장의 승인을 받아야 한다.

정답 ②

2. 공간정보의 구축 및 관리 등에 관한 법령상 지적공부의 보존 등에 관한 설명으로 옳은 것을 모두 고른 것은? 제32회

㉠ 지적서고는 지적사무를 처리하는 사무실과 연접(連接)하여 설치하여야 한다.
㉡ 지적소관청은 천재지변이나 그 밖에 이에 준하는 재난을 피하기 위하여 필요한 경우에는 지적공부를 해당 청사 밖으로 반출할 수 있다.
㉢ 지적공부를 정보처리시스템을 통하여 기록·저장한 경우 관할 시·도지사, 시장·군수 또는 구청장은 그 지적공부를 지적정보관리체계에 영구히 보존하여야 한다.
㉣ 카드로 된 토지대장·임야대장 등은 200장 단위로 바인더(binder)에 넣어 보관하여야 한다.

① ㉠, ㉢
② ㉡, ㉣
③ ㉢, ㉣
④ ㉠, ㉡, ㉢
⑤ ㉠, ㉡, ㉣

해설 ㉣ 카드로 된 토지대장·임야대장 등은 100장 단위로 바인더(binder)에 넣어 보관하여야 한다.

정답 ④

03 지적공부의 복구

1 지적공부의 복구

(1) 지적소관청(정보처리시스템을 통하여 기록·저장한 지적공부의 경우에는 시·도지사, 시장·군수 또는 구청장)은 지적공부의 전부 또는 일부가 멸실되거나 훼손된 경우에는 대통령령으로 정하는 바에 따라 **지체 없이** 이를 복구하여야 한다(법 제74조).

(2) 지적공부를 복구할 때에는 멸실, 훼손 당시의 지적공부와 가장 부합된다고 인정되는 관계 자료에 따라 토지의 표시에 관한 사항을 복구하여야 한다. 다만, 소유자에 관한 사항은 부동산등기부나 법원의 확정판결에 따라 복구하여야 한다(영 제61조 제1항).

2 복구자료

(1) **토지의 표시에 관한 사항**(규칙 제72조)

토지의 표시에 관한 사항은 멸실·훼손 당시의 지적공부와 가장 부합된다고 인정되는 다음의 관계 자료에 따라 복구하여야 한다.

① 지적공부의 등본 ② 측량 결과도 ③ 토지이동정리 결의서 ④ 토지(건물)등기사항증명서 등 등기사실을 증명하는 서류 ⑤ 지적소관청이 작성하거나 발행한 지적공부의 등록내용을 증명하는 서류 ⑥ 정보관리체계에 따라 복제된 지적공부 ⑦ 법원의 확정판결서 정본 또는 사본

다만, 지적측량 수행**계획**서, 토지이용**계획**확인서, 지적측량 **의뢰**서, 지적측량**준비**도 등은 토지표시의 복구자료에 해당하지 않는다.

(2) **소유자에 관한 사항**(영 제61조 제1항)

소유자에 관한 사항은 부동산**등기부**나 법원의 확정**판결**에 따라 복구하여야 한다.

3 복구절차(규칙 제73조)

(1) **복구자료의 조사**

지적소관청은 지적공부를 복구하려는 경우에는 복구자료를 조사하여야 한다.

(2) 지적복구자료 조사서 · 복구자료도 작성

지적소관청은 조사된 복구자료 중 토지대장 · 임야대장 및 공유지연명부의 등록 내용을 증명하는 서류 등에 따라 지적복구자료 조사서를 작성하고, 지적도면의 등록 내용을 증명하는 서류 등에 따라 복구자료도를 작성하여야 한다.

(3) 복구자료도에 따른 사실조사와 지적측량(지적복구측량)

① 작성된 복구자료도에 따라 측정한 면적과 지적복구자료 조사서의 조사된 면적의 증감이 허용범위를 초과하거나 복구자료도를 작성할 복구자료가 없는 경우에는 복구측량을 하여야 한다.

② 작성된 지적복구자료 조사서의 조사된 면적이 허용범위 이내인 경우에는 그 면적을 복구면적으로 결정하여야 한다.

(4) 경계점표지의 설치

복구측량을 한 결과가 복구자료와 부합하지 아니하는 때에는 토지소유자 및 이해관계인의 동의를 받아 경계 또는 면적 등을 조정할 수 있다. 이 경우 경계를 조정한 때에는 경계점표지를 설치하여야 한다.

(5) 복구할 토지의 표시사항 등의 게시

지적소관청은 복구자료의 조사 또는 복구측량 등이 완료되어 지적공부를 복구하려는 경우에는 복구하려는 토지의 표시 등을 시 · 군 · 구 게시판 및 인터넷 홈페이지에 15일 이상 게시하여야 한다.

(6) 이의신청

복구하려는 토지의 표시 등에 이의가 있는 자는 게시기간 내에 지적소관청에 이의신청을 할 수 있다.

(7) 대장 또는 도면의 복구

지적소관청은 토지의 표시 등 게시 및 이의신청 절차를 이행한 때에는 지적복구자료 조사서 · 복구자료도 또는 복구측량 결과도 등에 따라 토지대장 · 임야대장 · 공유지연명부 또는 지적도면을 복구하여야 한다.

지적공부 복구절차

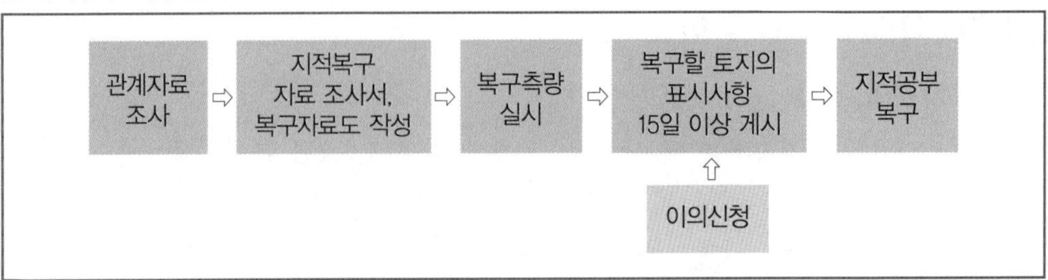

예제

1. 공간정보의 구축 및 관리 등에 관한 법령상 지적공부(정보처리시스템을 통하여 기록 · 저장한 경우는 제외)**의 복구에 관한 설명으로 틀린 것은?** 제28회

① 지적소관청은 지적공부의 전부 또는 일부가 멸실되거나 훼손된 경우에는 지체 없이 이를 복구하여야 한다.

② 지적공부를 복구할 때 소유자에 관한 사항은 부동산등기부나 법원의 확정판결에 따라 복구하여야 한다.

③ 토지이동정리 결의서는 지적공부의 복구에 관한 관계 자료에 해당한다.

④ 복구자료도에 따라 측정한 면적과 지적복구자료 조사서의 조사된 면적의 증감이 허용범위를 초과하는 경우에는 복구측량을 하여야 한다.

⑤ 지적소관청이 지적공부를 복구하려는 경우에는 해당 토지의 소유자에게 지적공부의 복구신청을 하도록 통지하여야 한다.

해설 ⑤ 지적소관청은 지적공부의 전부 또는 일부가 멸실되거나 훼손된 경우에는 지체 없이 이를 복구하여야 한다. 토지 소유자에게 지적공부의 복구신청을 하도록 통지할 필요는 없다. 정답 ⑤

2. 공간정보의 구축 및 관리 등에 관한 법령상 지적공부의 복구 및 복구절차 등에 관한 설명으로 틀린 것은? 제31회 변형

① 지적소관청(정보처리시스템을 통하여 기록 · 저장한 지적공부의 경우에는 시 · 도지사, 시장 · 군수 또는 구청장)은 지적공부의 전부 또는 일부가 멸실되거나 훼손된 경우에는 지체 없이 이를 복구하여야 한다.

② 지적공부를 복구할 때에는 멸실 · 훼손 당시의 지적공부와 가장 부합된다고 인정되는 관계 자료에 따라 토지의 표시에 관한 사항을 복구하여야 한다. 다만, 소유자에 관한 사항은 부동산등기부나 법원의 확정판결에 따라 복구하여야 한다.

③ 지적공부의 등본, 개별공시지가 자료, 측량의뢰서, 법원의 확정판결서 정본 또는 사본은 지적공부의 복구자료이다.

④ 지적소관청은 조사된 복구자료 중 토지대장 · 임야대장 및 공유지연명부의 등록 내용을 증명하는 서류 등에 따라 지적복구자료 조사서를 작성하고, 지적도면의 등록 내용을 증명하는 서류 등에 따라 복구자료도를 작성하여야 한다.

⑤ 복구자료도에 따라 측정한 면적과 지적복구자료 조사서의 조사된 면적의 증감이 오차의 허용범위를 초과하거나 복구자료도를 작성할 복구자료가 없는 경우에는 복구측량을 하여야 한다.

해설 ③ 개별공시지가 자료, 측량의뢰서는 지적공부의 복구자료에 해당하지 않는다. 정답 ③

04 부동산종합공부

1 부동산종합공부의 등록사항(법 제76조의3)

(1) **토지의 표시와 소유자에 관한 사항**

이 법에 따른 지적공부의 내용

(2) **건축물의 표시와 소유자에 관한 사항**(토지에 건축물이 있는 경우만 해당한다)

「건축법」 제38조에 따른 건축물대장의 내용

(3) **부동산의 가격에 관한 사항**

「부동산 가격공시에 관한 법률」 제10조에 따른 개별공시지가, 같은 법 제16조, 제17조 및 제18조에 따른 개별주택가격 및 공동주택가격 공시내용

(4) **부동산의 권리에 관한 사항**

「부동산등기법」 제48조에 따른 부동산의 권리에 관한 사항

(5) **토지의 이용 및 규제에 관한 사항**

「토지이용규제 기본법」 제10조에 따른 토지이용계획확인서의 내용

2 부동산종합공부의 관리 및 운영(법 제76조의2)

(1) **지적소관청**은 부동산의 효율적 이용과 부동산과 관련된 정보의 종합적 관리・운영을 위하여 부동산종합공부를 **관리・운영**한다.

(2) **지적소관청**은 부동산종합공부를 **영구**히 **보존**하여야 하며, 부동산종합공부의 멸실 또는 훼손에 대비하여 이를 별도로 복제하여 관리하는 정보관리체계를 구축하여야 한다.

(3) **지적소관청**은 부동산종합공부의 정확한 등록 및 관리를 위하여 필요한 경우에는 등록사항을 관리하는 기관의 장에게 관련 **자료의 제출을 요구**할 수 있다.

(4) 부동산종합공부의 등록사항을 관리하는 기관의 장은 **지적소관청**에 상시적으로 **관련 정보를 제공**하여야 한다.

3 부동산종합공부의 열람 및 발급신청(법 제76조의4)

부동산종합공부를 **열람**하거나 부동산종합공부 기록사항의 전부 또는 일부에 관한 증명서(부동산종합증명서)를 **발급**받으려는 자는 지적소관청이나 읍・면・동의 장에게 신청할 수 있다.

PART 01

4 부동산종합공부의 등록사항 정정신청(영 제62조의3)

(1) 지적소관청은 부동산종합공부의 등록사항 정정을 위하여 등록사항 상호간에 일치하지 아니하는 사항(불일치 등록사항)을 확인 및 관리하여야 한다.

(2) 지적소관청은 **불일치 등록사항**에 대해서는 등록사항을 관리하는 기관의 장에게 그 내용을 **통지**하여 등록사항 **정정을 요청**할 수 있다.

☑ 부동산종합증명서

고유번호		**부동산종합증명서(토지,건축물)**	건축물 명칭		장번호	
소재지			건축물 동명칭		대장유형	

토지 표시 (관련 필지가 다수일 경우 별도 발급)							**건축물 표시** (*표시 항목이 총괄일 경우 합계를 표시)			
구분	법정동	지번	지목	면적(㎡)	개별공시지가 (원/㎡)		* 대지면적(㎡)		* 주용도	
					기준일자	공시지가	* 건축면적(㎡)		주구조	
							* 연면적(㎡)		지붕	
							* 건폐율(%)		높이	
							* 용적율(%)		층수(지상/지하)	
							* 건물수		* 부속건물(동/㎡)	
							* 허가일자		* 가구/세대/호	
							* 착공일자		* 주차 대수	
							* 사용승인일자		* 승강기	

토지, 건축물 소유자 현황 (집합건물일 경우 건축물 소유자는 기재하지 않음, 토지는 건축물의 대표지번을 기준으로 작성됨)					
구분	변동일자	변동원인	성명 또는 명칭	등록번호	주소
토지					
건축물					

등기 특정 권리사항 (등기기록의 권리정보 중 일부 특정권리의 유무만 기재한 것임. 기준시점 : 0000년/00월/00일 00시:00분)				
구분	소유권	용익권 (지상권, 지역권, 전세권, 임차권)	담보권 (저당권, 근저당권, 질권, 근질권)	기타(압류, 가압류, 가처분, 경매개시결정, 강제관리, 가등기, 환매특약)
유/무(토지)				
유/무(건축물)				

토지이용 계획	「국토의 계획 및 이용에 관한 법률」에 따른 지역·지구 등	다른 법령 등에 따른 지역·지구 등	「토지이용규제 기본법 시행령」 제9조제4항 각호에 해당되는 사항

이 부동산종합증명서는 부동산종합공부의 기록사항과 틀림없음을 증명합니다.

년 월 일

특별자치시장
시장 · 군수 · 구청장 [직인]
경제자유구역청장

예제

1. 공간정보의 구축 및 관리 등에 관한 법령상 부동산종합공부의 등록사항에 해당하지 않는 것은? 제33회

① 토지의 이용 및 규제에 관한 사항: 「토지이용규제 기본법」 제10조에 따른 토지이용계획확인서의 내용
② 건축물의 표시와 소유자에 관한 사항(토지에 건축물이 있는 경우만 해당한다): 「건축법」 제38조에 따른 건축물대장의 내용
③ 토지의 표시와 소유자에 관한 사항: 「공간정보의 구축 및 관리 등에 관한 법률」에 따른 지적공부의 내용
④ 부동산의 가격에 관한 사항: 「부동산 가격공시에 관한 법률」 제10조에 따른 개별공시지가, 같은 법 제16조, 제17조 및 제18조에 따른 개별주택가격 및 공동주택가격 공시내용
⑤ 부동산의 효율적 이용과 토지의 적성에 관한 종합적 관리·운영을 위하여 필요한 사항: 「국토의 계획 및 이용에 관한 법률」 제20조 및 제27조에 따른 토지적성평가서의 내용

해설 ⑤ 부동산의 효율적 이용과 토지의 적성에 관한 종합적 관리·운영을 위하여 필요한 사항은 부동산종합공부의 등록사항에 해당하지 않는다. **정답 ⑤**

2. 부동산종합공부에 관한 설명으로 틀린 것은? 제25회

① 지적소관청은 부동산의 효율적 이용과 부동산과 관련된 정보의 종합적 관리·운영을 위하여 부동산종합공부를 관리·운영한다.
② 지적소관청은 부동산종합공부를 영구히 보존하여야 하며, 멸실 또는 훼손에 대비하여 이를 별도로 복제하여 관리하는 정보관리체계를 구축하여야 한다.
③ 지적소관청은 부동산종합공부의 불일치 등록사항에 대하여는 등록사항을 정정하고, 등록사항을 관리하는 기관의 장에게 그 내용을 통지하여야 한다.
④ 지적소관청은 부동산종합공부의 정확한 등록 및 관리를 위하여 필요한 경우에는 부동산종합공부의 등록사항을 관리하는 기관의 장에게 관련 자료의 제출을 요구할 수 있다.
⑤ 부동산종합공부의 등록사항을 관리하는 기관의 장은 지적소관청에 상시적으로 관련 정보를 제공하여야 한다.

해설 ③ 지적소관청은 '불일치 등록사항'에 대해서는 그 등록사항을 관리하는 기관의 장에게 그 내용을 통지하여 등록사항 정정을 요청할 수 있다(영 제62조의3 제2항). **정답 ③**

3. 부동산종합공부에 관한 설명으로 틀린 것은? 제32회

① 지적소관청은 「건축법」 제38조에 따른 건축물대장의 내용에서 건축물의 표시와 소유자에 관한 사항(토지에 건축물이 있는 경우만 해당)을 부동산종합공부에 등록하여야 한다.

② 지적소관청은 「부동산등기법」 제48조에 따른 부동산의 권리에 관한 사항을 부동산종합공부에 등록하여야 한다.

③ 지적소관청은 부동산의 효율적 이용과 부동산과 관련된 정보의 종합적 관리·운영을 위하여 부동산종합공부를 관리·운영한다.

④ 지적소관청은 부동산종합공부를 영구히 보존하여야 하며, 부동산종합공부의 멸실 또는 훼손에 대비하여 이를 별도로 복제하여 관리하는 정보관리체계를 구축하여야 한다.

⑤ 부동산종합공부를 열람하려는 자는 지적소관청이나 읍·면·동의 장에게 신청할 수 있으며, 부동산종합공부 기록사항의 전부 또는 일부에 관한 증명서를 발급받으려는 자는 시·도지사에게 신청하여야 한다.

해설 ⑤ 부동산종합공부를 열람하거나 기록사항의 전부 또는 일부에 관한 증명서를 발급받으려는 자는 시·도지사가 아닌 지적소관청이나 읍·면·동의 장에게 신청하여야 한다. **정답 ⑤**

05 지적전산자료의 이용 및 활용

(1) 지적공부에 관한 전산자료(연속지적도를 포함하며, 이하 '지적전산자료'라 함)를 이용하거나 활용하려는 자는 다음의 구분에 따라 신청하여야 한다(법 제76조 제1항).

전국 단위의 지적전산자료	국토교통부장관, 시·도지사 또는 지적소관청
시·도 단위의 지적전산자료	시·도지사 또는 지적소관청
시·군·구 단위의 지적전산자료	지적소관청

(2) 지적전산자료를 신청하려는 자는 지적전산자료의 이용 또는 활용 목적 등에 관하여 미리 관계 중앙행정기관의 **심사**를 받아야 한다. 다만, **중앙행정기관의 장**, 그 소속 기관의 장 또는 **지방자치단체의 장**이 신청하는 경우에는 그러하지 아니하다(법 제76조 제2항).

(3) 다음의 어느 하나에 해당하는 경우에는 관계 중앙행정기관의 심사를 받지 아니할 수 있다(법 제76조 제3항).

1. **토지소유자**가 자기 토지에 대한 지적전산자료를 신청하는 경우
2. 토지소유자가 사망하여 그 **상속인**이 피상속인의 토지에 대한 지적전산자료를 신청하는 경우
3. 「개인정보 보호법」 제2조 제1호에 따른 개인정보를 제외한 지적전산자료를 신청하는 경우

(4) 지적전산자료를 이용하거나 활용하려는 자는 다음의 사항을 적은 신청서를 관계 중앙행정기관의 장에게 제출하여 심사를 신청하여야 한다(영 제62조 제1항).

> 1. 자료의 이용 또는 활용 목적 및 근거
> 2. 자료의 범위 및 내용
> 3. 자료의 제공 방식, 보관 기관 및 안전관리대책 등

06 지적도면의 복사

(1) 신 청

국가기관, 지방자치단체 또는 지적측량수행자가 지적도면(정보처리시스템에 구축된 지적도면 데이터 파일을 포함한다)을 복사하려는 경우에는 지적도면 복사의 목적, 사업계획 등을 적은 신청서를 지적소관청에 제출하여야 한다.

(2) 복 사

지적도면의 복사신청을 받은 지적소관청은 신청 내용을 심사한 후 그 타당성을 인정하는 때에 지적도면을 복사할 수 있게 하여야 한다. 이 경우 복사 과정에서 지적도면을 손상시킬 염려가 있으면 지적도면의 복사를 정지시킬 수 있다. 또한 복사한 지적도면은 신청 당시의 목적 이외의 용도로는 사용할 수 없다.

07 지적정보 전담 관리기구

(1) 설치 및 운영

국토교통부장관은 지적공부의 효율적인 관리 및 활용을 위하여 지적정보 전담 관리기구를 설치・운영한다(제1항).

(2) 자료의 요청

국토교통부장관은 지적공부를 과세나 부동산정책자료 등으로 활용하기 위하여 주민등록전산자료, 가족관계등록전산자료, 부동산등기전산자료 또는 공시지가전산자료 등을 관리하는 기관에 그 자료를 요청할 수 있으며 요청을 받은 관리기관의 장은 특별한 사정이 없으면 그 요청을 따라야 한다(제2항).

MEMO

Chapter 04

토지의 이동 및 지적정리

단원 열기

학습분량도 많고 또 그에 따른 출제비중도 높은 단원이다. 먼저 신규등록 · 등록전환 · 분할 · 합병 · 지목변경 · 바다로 된 토지의 등록말소 · 등록사항의 정정 · 축척변경 등의 경우 대상토지, 요건 및 절차 등을 세밀하게 숙지해 두어야 한다. 아울러 토지이동의 신청방법 및 지적정리 부분도 최근 들어 소홀히 할 수 없는 중요한 부분이므로 유의하여야 한다.

01 토지이동의 의의

(1) 토지의 이동이란 토지의 표시를 새로 정하거나 변경 또는 말소하는 것을 말한다. 즉, 토지의 이동은 토지 자체의 물리적 변동이 아닌 토지표시사항을 새로 정하거나 지적공부상의 변경, 말소를 의미하므로 신규등록, 등록전환, 분할, 합병, 지목변경과 축척변경, 각종 개발사업으로 인한 토지이동, 바다로 된 토지의 등록말소, 등록사항의 정정에 의하여 토지표시부분이 정정되는 경우도 토지이동에 해당된다.

(2) 그러나 토지소유권의 변동이나 토지소유자의 주소변경, 토지등급 · 기준수확량등급의 변경, 개별공시지가의 변경 등은 토지이동에 해당하지 않는다.

☑ 토지이동의 분류

토지이동에 해당하는 것	지적측량을 요하는 경우	신규등록, 등록전환, 분할, 등록사항의 정정, 바다로 된 토지의 등록말소, 축척변경 등
	토지이동조사를 요하는 경우	합병, 지목변경
토지이동에 해당하지 않는 것	토지소유자의 변경, 토지소유자의 주소변경, 등급수정, 개별공시지가의 변경 등	

예 제

공간정보의 구축 및 관리 등에 관한 법령상 토지소유자가 지적소관청에 신청할 수 있는 토지의 이동 종목이 아닌 것은? 제25회

① 신규등록
② 분할
③ 지목변경
④ 등록전환
⑤ 소유자변경

정답 ⑤

☑ 토지이동 신청서

토지이동 신청서

※ 뒤쪽의 수수료와 처리기간을 확인하시고, [ ]에는 해당되는 곳에 √ 표시를 합니다. (앞 쪽)

접수번호	접수일	발급일	처리기간 뒤 쪽 참조

신청구분	[ ]토지(임야)신규등록 [ ]토지(임야)분할 [ ]토지(임야)지목변경 [ ]등록전환 [ ]토지(임야)합병 [ ]토지(임야)등록사항정정 [ ]기타

신청인	성명	(주민)등록번호
	주소	전화번호

신 청 내 용

토지소재			이동전			이동후			토지이동 결의일 및 이동사유
시·군·구	읍·면	동·리	지번	지목	면적(m^2)	지번	지목	면적(m^2)	

위와 같이 관계 증명 서류를 첨부하여 신청합니다.

년 월 일

신청인 (서명 또는 인)

시장·군수·구청장 귀하

수입증지 첨부란
「공간정보의 구축 및 관리 등에 관한 법률 시행규칙」 제115조제1항에 따른 수수료(뒷면 참조)

02 토지이동의 종류와 특징

1 신규등록

(1) 의 의

신규등록이란 지적공부에 등록되지 않은 토지를 새로 지적공부에 등록하는 것을 말한다.

(2) 대상토지

지적공부에 새로 등록하여야 할 신규등록 대상토지는 다음과 같다.

① 지적공부에 등록되지 않은 토지 ② 공유수면매립지 ③ 등록되지 않은 섬

(3) 신 청

신규등록할 토지가 있으면 토지소유자는 그 사유가 발생한 날부터 60일 이내에 지적소관청에 신규등록을 신청하여야 한다(법 제77조).

(4) 첨부서류

신규등록을 신청할 때에는 그 신규등록 사유를 적은 신청서에 다음의 서류를 첨부하여 지적소관청에 제출하여야 한다.

① **소유권에 관한 서류**

㉠ 법원의 확정**판결서** 정본 또는 사본 ㉡ 「공유수면 관리 및 매립에 관한 법률」에 따른 **준공검사확인증** 사본 ㉢ 도시계획구역의 토지를 그 지방자치단체의 명의로 등록하는 때에는 **기획재정부장관과 협의한 문서**의 사본 ㉣ 그 밖에 소유권을 증명할 수 있는 서류의 사본

② **제출의 면제**: 소유권을 증명할 수 있는 서류를 해당 지적소관청이 관리하는 경우에는 지적소관청의 확인으로 그 서류의 제출을 갈음할 수 있다.

(5) 절 차

① 신규등록을 하기 위해서는 반드시 지적측량을 실시하고, 측량성과도 및 신청서를 바탕으로 하여 새로운 토지표시사항을 지적공부에 등록하여야 한다.

② 신규등록하는 토지의 소유자는 지적소관청이 직접 조사하여 등록한다(법 제88조 제1항).

③ 토지를 신규등록한 경우 지적소관청은 관할 등기관서에 **등기촉탁을 할 필요가 없다**.

예 제

1. 토지소유자가 신규등록을 신청할 때에는 신규등록 사유를 적은 신청서에 해당 서류를 첨부하여 지적소관청에 제출하여야 한다. 이 경우 첨부해야 할 해당 서류가 아닌 것은? 제23회

① 법원의 확정판결서 정본 또는 사본
② 「공유수면 관리 및 매립에 관한 법률」에 따른 준공검사확인증 사본
③ 도시계획구역의 토지를 그 지방자치단체의 명의로 등록하는 때에는 기획재정부장관과 협의한 문서의 사본
④ 지형도면에 고시된 도시관리계획도 사본
⑤ 소유권을 증명할 수 있는 서류의 사본

정답 ④

2. 신규등록에 관한 설명 중 틀린 것은? 제18회 변형

① '신규등록'이라 함은 새로이 조성된 토지 및 등록이 누락되어 있는 토지를 지적공부에 등록하는 것을 말한다.
② 신규등록할 토지가 있는 때에는 60일 이내에 지적소관청에 신청하여야 한다.
③ 토지소유자의 신청에 의하여 신규등록을 한 경우 지적소관청은 토지표시에 관한 사항을 지체 없이 등기관서에 그 등기를 촉탁하여야 한다.
④ 「공유수면 관리 및 매립에 관한 법률」에 따른 신규등록을 신청하는 때에는 신규등록 사유를 기재한 신청서에 「공유수면 관리 및 매립에 관한 법률」에 따른 준공검사확인증 사본을 첨부하여 지적소관청에 제출하여야 한다.
⑤ 신규등록 신청시 첨부해야 하는 서류를 그 지적소관청이 관리하는 경우에는 지적소관청의 확인으로써 그 서류의 제출에 갈음할 수 있다.

해설 ③ 신규등록을 한 경우 지적소관청은 등기관서에 등기촉탁을 할 필요가 없다. 정답 ③

2 등록전환

(1) 의 의

등록전환이란 임야대장 및 임야도에 등록된 토지를 토지대장 및 지적도에 옮겨 등록하는 것을 말한다(법 제2조 제30호). 이는 축척이 작은 임야대장 · 임야도의 등록토지를 축척이 큰 토지대장 · 지적도에 옮겨 등록함으로써 도면의 정밀도와 토지의 이용도를 높이고 지적관리를 한층 더 합리화하려는 데 그 목적이 있다.

(2) 대상토지

① 「산지관리법」에 따른 산지전용허가 · 신고, 산지일시사용허가 · 신고, 「건축법」에 따른 건축허가 · 신고 또는 그 밖의 관계 법령에 따른 개발행위 허가 등을 받은 경우

② 대부분의 토지가 등록전환되어 나머지 토지를 임야도에 계속 존치하는 것이 불합리한 경우

③ 임야도에 등록된 토지가 사실상 형질변경되었으나 지목변경을 할 수 없는 경우

④ 도시 · 군관리계획선에 따라 토지를 분할하는 경우

(3) 신 청

토지소유자는 등록전환할 토지가 있으면 그 사유가 발생한 날부터 **60일** 이내에 지적소관청에 등록전환을 신청하여야 한다(법 제78조).

(4) 면적의 결정방법

① 임야대장의 면적과 등록전환될 면적의 차이가 **허용범위 이내인 경우**에는 등록전환될 면적을 등록전환 면적으로 결정한다.

② 임야대장의 면적과 등록전환될 면적의 차이가 **허용범위를 초과하는 경우**에는 임야대장의 면적 또는 임야도의 경계를 지적소관청이 **직권**으로 **정정**하여야 한다.

(5) 절 차

① 등록전환을 하기 위해서는 반드시 지적측량을 실시한 후 등록전환 측량성과도를 토대로 신청서를 작성하여야 한다.

② 등록전환을 하는 경우에는 이미 등록된 인접토지와 동일한 축척으로 등록하여야 한다.

예제

1. 등록전환에 관한 설명으로 틀린 것은? 제22회 변형

① 토지소유자는 등록전환할 토지가 있으면 그 사유가 발생한 날부터 60일 이내에 지적소관청에 등록전환을 신청하여야 한다.

② 「산지관리법」에 따른 산지전용허가·신고, 산지일시사용허가·신고, 「건축법」에 따른 건축허가·신고 또는 그 밖의 관계 법령에 따른 개발행위 허가 등을 받은 경우에는 등록전환을 신청할 수 있다.

③ 임야도에 등록된 토지가 사실상 형질변경되었으나, 지목변경을 할 수 없는 경우에는 등록전환을 신청할 수 있다.

④ 등록전환에 따른 면적을 정할 때 임야대장의 면적과 등록전환될 면적의 차이가 오차의 허용범위 이내인 경우, 임야대장의 면적을 등록전환 면적으로 결정한다.

⑤ 지적소관청은 등록전환에 따라 지적공부를 정리한 경우, 지체 없이 관할 등기관서에 토지의 표시변경에 관한 등기를 촉탁하여야 한다.

해설 ④ 등록전환에 따른 면적을 정할 때 임야대장의 면적과 등록전환될 면적의 차이가 오차의 허용범위 이내인 경우, 등록전환될 면적을 등록전환 면적으로 결정한다. 정답 ④

2. 공간정보의 구축 및 관리 등에 관한 법령상 등록전환을 할 때 임야대장의 면적과 등록전환될 면적의 차이가 오차의 허용범위를 초과하는 경우 처리방법으로 옳은 것은? 제31회

① 지적소관청이 임야대장의 면적 또는 임야도의 경계를 직권으로 정정하여야 한다.

② 지적소관청이 시·도지사의 승인을 받아 허용범위를 초과하는 면적을 등록전환 면적으로 결정하여야 한다.

③ 지적측량수행자가 지적소관청의 승인을 받아 허용범위를 초과하는 면적을 등록전환 면적으로 결정하여야 한다.

④ 지적측량수행자가 토지소유자와 합의한 면적을 등록전환 면적으로 결정하여야 한다.

⑤ 지적측량수행자가 임야대장의 면적 또는 임야도의 경계를 직권으로 정정하여야 한다.

해설 ① 임야대장의 면적과 등록전환될 면적 차이가 법령에 규정된 허용범위를 초과하는 경우 임야대장의 면적 또는 임야도의 경계는 지적소관청의 직권에 의하여 정정하여야 한다. 정답 ①

3 분 할

(1) 의 의

분할이란 지적공부에 등록된 1필지의 토지를 2필지 이상으로 나누어 등록하는 것을 말한다. 분할을 할 때에는 지적측량을 하여 각 필지의 경계(또는 좌표) 및 면적을 정하여야 하며, 분할 후의 면적의 합은 분할 전의 면적과 같아야 한다.

(2) 대상토지

다음의 어느 하나에 해당하는 경우에는 분할을 신청할 수 있다(영 제65조).

① 1필지의 일부가 형질변경 등으로 용도가 변경된 경우 ② 소유권이전·매매 등을 위하여 필요한 경우 ③ 토지이용상 불합리한 지상 경계를 시정하기 위한 경우

(3) 신 청

토지소유자는 지적공부에 등록된 1필지의 일부가 형질변경 등으로 용도가 변경된 때에는 용도가 변경된 날부터 **60일** 이내에 지적소관청에 토지의 분할을 신청하여야 한다(법 제79조). 그러나 소유권이전·매매 등을 위하여 필요한 경우, 토지이용상 불합리한 지상 경계를 시정하기 위한 경우에는 신청의무가 없다.

(4) 첨부서류

토지소유자가 토지의 분할을 신청하고자 하는 때에는 분할 사유를 기록한 신청서에 다음의 서류를 첨부하여야 한다.

① 1필지의 일부가 형질변경 등으로 용도가 변경되어 분할을 신청하는 때에는 지목변경 신청서 ② 분할 허가 대상인 토지의 경우에는 분할 허가서 사본 ③ 법원의 확정판결에 따라 하는 분할의 경우에는 확정판결서 정본 또는 사본

예제

토지의 분할에 관한 설명으로 틀린 것은? 제20회

① 토지이용상 불합리한 지상 경계를 시정하기 위한 경우에는 분할을 신청할 수 있다.
② 지적공부에 등록된 1필지의 일부가 관계 법령에 따른 형질변경 등으로 용도가 다르게 된 때에는 지적소관청에 토지의 분할을 신청하여야 한다.
③ 토지를 분할하는 경우 주거·사무실 등의 건축물이 있는 필지에 대하여는 분할 전의 지번을 우선하여 부여하여야 한다.
④ 공공사업으로 도로를 개설하기 위하여 토지를 분할하는 경우에는 지상건축물이 걸리게 지상 경계를 결정하여서는 아니 된다.
⑤ 토지의 매매를 위하여 필요한 경우에는 분할을 신청할 수 있다.

해설 ④ 분할에 따른 지상 경계는 지상건축물을 걸리게 결정해서는 아니 된다. 다만, 다음에 해당하는 경우에는 그러하지 아니하다(영 제55조 제4항).

1. 법원의 확정판결에 따라 토지를 분할하는 경우
2. 공공사업 등에 따라 학교용지·도로·철도용지 등의 지목으로 되는 토지를 분할하는 경우
3. 도시개발사업 사업시행자가 사업지구의 경계를 결정하기 위하여 토지를 분할하는 경우
4. 「국토의 계획 및 이용에 관한 법률」 규정에 따른 도시·군관리계획 결정고시와 지형도면 고시가 된 지역의 도시·군관리계획선에 따라 토지를 분할하는 경우

정답 ④

4 합 병

(1) 의 의

합병이란 분할과는 반대로 지적공부에 등록된 2필지 이상의 토지를 하나의 필지로 합하여 등록하는 것을 말한다. 합병의 경우에는 신규등록이나 등록전환 또는 분할과 달리 지적측량을 요하지 않는다.

(2) 대상토지

토지소유자는 다음의 어느 하나에 해당하는 토지로서 합병하여야 할 토지가 있으면 그 사유가 발생한 날부터 **60일** 이내에 지적소관청에 합병을 신청하여야 한다.

① 「주택법」에 따른 공동주택의 부지
② 도로, 제방, 하천, 구거, 유지, 공장용지, 학교용지, 철도용지, 수도용지, 공원, 체육용지 등의 토지로서 합병하여야 할 토지

(3) 절 차

합병에 따른 경계·좌표 또는 면적은 따로 지적측량을 하지 아니하고 다음의 구분에 따라 결정한다.

① **합병 후 필지의 경계 또는 좌표**: 합병 전 각 필지의 경계 또는 좌표 중 합병으로 필요 없게 된 부분을 말소하여 결정한다.

② **합병 후 필지의 면적**: 합병 전 각 필지의 면적을 합산하여 결정한다.

(4) 합병의 제한

다음 중 어느 하나에 해당하는 경우에는 합병신청을 할 수 없다(법 제80조 제3항).

① 합병하려는 토지의 **지번부여지역**이 서로 다른 경우

② 합병하려는 토지의 **지목**이 서로 다른 경우

③ 합병하려는 토지의 **소유자**가 서로 다른 경우

④ 합병하려는 토지의 지적도 및 임야도의 **축척**이 서로 다른 경우

⑤ 합병하려는 각 필지가 서로 **연접**하지 않은 경우

⑥ 합병하려는 토지가 **등기된 토지와 등기되지 아니한 토지**인 경우

⑦ 합병하려는 토지에 **합병이 가능한 등기 외의 등기**가 있는 경우

> ※ 합병이 가능한 등기
> ㉠ 소유권·지상권·전세권 또는 임차권의 등기
> ㉡ 승역지에 대한 지역권의 등기
> ㉢ 합병하려는 토지 전부에 대한 등기원인 및 그 연월일과 접수번호가 같은 저당권의 등기
> ㉣ 합병하려는 토지 전부에 대한 등기사항이 같은 신탁등기

> ※ 합병이 불가능한 등기
> ㉠ 요역지에 대한 지역권의 등기
> ㉡ 저당권·가등기·가압류·가처분·경매개시결정에 관한 등기
> ㉢ 합병하려는 토지 전부에 대한 등기원인 및 그 연월일과 접수번호가 다른 저당권의 등기
> ㉣ 합병하려는 토지 전부에 대한 등기사항이 다른 신탁등기

⑧ 합병하려는 토지의 소유자별 **공유지분**이 서로 다른 경우

⑨ 합병하려는 토지 소유자의 **주소**가 서로 다른 경우

> 다만, 지적소관청이 등기사항증명서, 주민등록표 초본 등을 확인한 결과 토지 소유자가 동일인임을 확인할 수 있는 경우에는 제외한다.

⑩ 합병하려는 토지가 구획정리, 경지정리 또는 축척변경을 시행하고 있는 지역의 토지와 그 지역 밖의 토지인 경우

⑪ 합병하려는 각 필지의 지목은 같으나 일부 토지의 용도가 다르게 되어 분할대상 토지인 경우

다만, 합병신청과 동시에 분할신청을 하는 경우에는 합병신청을 할 수 있다.

예제

1. 공간정보의 구축 및 관리 등에 관한 법령상 토지의 합병 및 지적공부의 정리 등에 관한 설명으로 틀린 것은? 제30회

① 합병에 따른 면적은 따로 지적측량을 하지 않고 합병 전 각 필지의 면적을 합산하여 합병 후 필지의 면적으로 결정한다.
② 토지소유자가 합병 전의 필지에 주거・사무실 등의 건축물이 있어서 그 건축물이 위치한 지번을 합병 후의 지번으로 신청할 때에는 그 지번을 합병 후의 지번으로 부여하여야 한다.
③ 합병에 따른 경계는 따로 지적측량을 하지 않고 합병 전 각 필지의 경계 중 합병으로 필요 없게 된 부분을 말소하여 합병 후 필지의 경계로 결정한다.
④ 지적소관청은 토지소유자의 합병신청에 의하여 토지의 이동이 있는 경우에는 지적공부를 정리하여야 하며, 이 경우에는 토지이동정리 결의서를 작성하여야 한다.
⑤ 토지소유자는 도로, 제방, 하천, 구거, 유지의 토지로서 합병하여야 할 토지가 있으면 그 사유가 발생한 날부터 90일 이내에 지적소관청에 합병을 신청하여야 한다.

해설 ⑤ 토지소유자는 도로, 제방, 하천, 구거, 유지의 토지로서 합병하여야 할 토지가 있으면 그 사유가 발생한 날부터 60일 이내에 지적소관청에 합병을 신청하여야 한다. **정답** ⑤

2. 甲이 자신의 소유인 A 토지와 B 토지를 합병하여 합필등기를 신청하고자 한다. 합필등기를 신청할 수 없는 사유에 해당하는 것은? (단, 이해관계인의 승낙은 없는 것으로 본다) 제22회

① A 토지에 乙의 가압류등기, B 토지에 丙의 가압류등기가 있는 경우
② A, B 토지 모두에 등기원인 및 그 연월일과 접수번호가 동일한 乙의 전세권등기가 있는 경우
③ A, B 토지 모두에 등기원인 및 그 연월일과 접수번호가 동일한 乙의 저당권등기가 있는 경우
④ A 토지에 乙의 지상권등기, B 토지에 丙의 지상권등기가 있는 경우
⑤ A 토지에 乙의 전세권등기, B 토지에 丙의 전세권등기가 있는 경우

해설 ① 가등기・가압류・가처분・경매개시결정에 관한 등기가 있는 경우에는 토지의 합병이 제한된다.
정답 ①

5 지목변경

(1) 의 의

지목변경은 지적공부에 등록된 지목을 다른 지목으로 바꾸어 등록하는 것을 말한다.

(2) 대상토지(영 제67조 제1항)

① 「국토의 계획 및 이용에 관한 법률」 등 관계 법령에 따른 토지의 형질변경 등의 공사가 준공된 경우

② 토지나 건축물의 용도가 변경된 경우

③ 도시개발사업 등의 원활한 추진을 위하여 사업시행자가 공사 준공 전에 토지의 합병을 신청하는 경우

(3) 신 청

토지소유자는 지목변경할 토지가 있으면 그 사유가 발생한 날부터 **60일** 이내에 지적소관청에 지목변경을 신청하여야 한다(법 제81조).

(4) 절 차

지목변경 신청에 따른 첨부서류를 해당 지적소관청이 관리하는 경우에는 지적소관청의 확인으로 그 서류의 제출에 갈음할 수 있다.

예제

지목변경 신청에 관한 설명으로 틀린 것은? 제22회

① 토지소유자는 지목변경을 할 토지가 있으면 그 사유가 발생한 날부터 60일 이내에 지적소관청에 지목변경을 신청하여야 한다.
② 「국토의 계획 및 이용에 관한 법률」 등 관계 법령에 따른 토지의 형질변경 등의 공사가 준공된 경우에는 지목변경을 신청할 수 있다.
③ 전·답·과수원 상호간의 지목변경을 신청하는 경우에는 토지의 용도가 변경되었음을 증명하는 서류의 사본 첨부를 생략할 수 있다.
④ 지목변경 신청에 따른 첨부서류를 해당 지적소관청이 관리하는 경우에는 시·도지사의 확인으로 그 서류의 제출에 갈음할 수 있다.
⑤ 「도시개발법」에 따른 도시개발사업의 원활한 추진을 위하여 사업시행자가 공사 준공 전에 토지의 합병을 신청하는 경우에는 지목변경을 신청할 수 있다.

해설 ④ 지목변경 신청에 따른 첨부서류를 해당 지적소관청이 관리하는 경우에는 지적소관청의 확인으로 그 서류의 제출에 갈음할 수 있다.

정답 ④

6 바다로 된 토지의 등록말소

(1) 의 의

바다로 된 토지의 등록말소란 지적공부에 등록된 토지가 지형의 변화 등으로 바다로 된 경우로서 원상으로 회복될 수 없거나 다른 지목의 토지로 될 가능성이 없는 경우에는 토지소유자의 신청에 의하거나 직권으로 그 토지에 관한 지적공부의 등록사항을 말소하는 행정처분을 말한다.

(2) 대상토지

지적공부에 등록된 토지가 지형의 변화 등으로 바다로 된 경우로서 원상으로 회복될 수 없거나 다른 지목의 토지로 될 가능성이 없는 경우가 이에 해당한다.

(3) 신 청

지적소관청은 이러한 경우에는 지적공부에 등록된 토지소유자에게 지적공부의 등록말소 신청을 하도록 통지하여야 하며, 통지를 받은 토지소유자는 통지를 받은 날부터 **90일** 이내에 지적소관청에 등록말소 신청을 해야 한다(법 제82조).

(4) 직권말소

지적소관청으로부터 토지소유자가 등록말소 신청을 하도록 통지받은 날부터 **90일** 이내에 신청하여야 하나, 등록말소 신청을 하지 아니하는 때에는 지적소관청이 **직권**으로 그 지적공부의 등록사항을 말소하여야 한다(법 제82조 제2항, 영 제68조 제1항).

(5) 회복등록

지적소관청은 이미 바다로 되어 등록말소된 토지가 지형의 변화 등으로 다시 토지가 된 경우에는 지적측량성과 및 등록말소 당시의 지적공부 등 관계자료에 따라 토지로 **회복등록을 할 수 있다**(법 제82조 제3항, 영 제68조 제2항).

(6) 통 지

지적소관청은 지적공부의 등록사항을 말소 또는 회복등록한 때에는 그 정리결과를 토지소유자 및 해당 공유수면의 관리청에 **통지**하여야 한다.

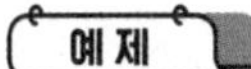

예 제

토지의 이동신청에 관한 설명으로 틀린 것은? **제21회 변형**

① 공유수면매립 준공에 의하여 신규등록할 토지가 있는 경우 토지소유자는 그 사유가 발생한 날부터 60일 이내에 관청에 신규등록을 신청하여야 한다.

② 임야도에 등록된 토지를 도시·군관리계획선에 따라 분할하는 경우 토지소유자는 등록전환을 신청할 수 있다.

③ 토지소유자는 「주택법」에 따른 공동주택의 부지로서 합병할 토지가 있으면 그 사유가 발생한 날부터 60일 이내에 지적소관청에 합병을 신청하여야 한다.

④ 토지소유자는 토지나 건축물의 용도가 변경되어 지목변경을 하여야 할 토지가 있으면 그 사유가 발생한 날부터 60일 이내에 지적소관청에 지목변경을 신청하여야 한다.

⑤ 바다로 되어 말소된 토지가 지형의 변화 등으로 다시 토지가 된 경우 토지소유자는 그 사유가 발생한 날부터 90일 이내에 토지의 회복등록을 지적소관청에 신청하여야 한다.

해설 ⑤ 바다로 되어 말소된 토지가 지형의 변화 등으로 다시 토지가 된 경우 지적소관청은 토지의 표시 및 소유자에 관한 사항을 회복등록할 수 있다. **정답** ⑤

핵심 다지기

토지이동의 대상토지

종 류	대상토지	신청의무
신규등록	① 새로 조성된 토지 ② 지적공부에 등록되어 있지 아니한 토지	60일
등록전환	① 「산지관리법」에 따른 산지전용허가 · 신고, 산지일시사용허가 · 신고, 「건축법」에 따른 건축허가 · 신고 또는 그 밖의 관계 법령에 따른 개발행위 허가 등을 받은 경우 ② 대부분의 토지가 등록전환되어 나머지 토지를 임야도에 계속 존치하는 것이 불합리한 경우 ③ 임야도에 등록된 토지가 사실상 형질변경 되었으나 지목변경을 할 수 없는 경우 ④ 도시 · 군관리계획선에 따라 토지를 분할하는 경우	60일
분 할	① 1필지의 일부가 형질변경 등으로 용도가 다르게 된 경우	60일
	② 소유권이전 · 매매 등을 위하여 필요한 경우 ③ 토지이용상 불합리한 지상 경계를 시정하기 위한 경우	없음
합 병	① 「주택법」에 따른 공동주택부지의 경우 ② 도로, 제방, 하천, 구거, 유지, 공장용지, 학교용지, 철도용지, 수도용지, 공원, 체육용지 등의 지목으로서 연접하여 있으나 구획 내에 2필지 이상으로 등록된 경우	60일
지목변경	① 「국토의 계획 및 이용에 관한 법률」 등 관계 법령에 따른 토지의 형질변경 등의 공사가 준공된 경우 ② 토지 또는 건축물의 용도가 변경된 경우 ③ 도시개발사업 등의 원활한 사업추진을 위하여 사업시행자가 공사 준공 전에 토지합병을 신청한 경우	60일
바다로 된 토지의 등록말소	지적공부에 등록된 토지가 지형의 변화 등으로 바다로 된 경우로서 원상(原狀)으로 회복될 수 없거나 다른 지목의 토지로 될 가능성이 없는 경우	90일

☑ 토지이동의 신청의무 관련조문

구분	내용
신규등록	법 제77조: 토지소유자는 신규등록할 토지가 있으면 그 사유가 발생한 날부터 60일 이내에 지적소관청에 신규등록을 신청하여야 한다.
등록전환	• 법 제78조: 토지소유자는 등록전환할 토지가 있으면 그 사유가 발생한 날부터 60일 이내에 지적소관청에 등록전환을 신청하여야 한다. • 영 제64조: 등록전환을 신청할 수 있는 경우는 다음과 같다. 1. 「산지관리법」에 따른 산지전용허가 · 신고, 산지일시사용허가 · 신고, 「건축법」에 따른 건축허가 · 신고 또는 그 밖의 관계 법령에 따른 개발행위 허가 등을 받은 경우 2. 대부분의 토지가 등록전환되어 나머지 토지를 임야도에 계속 존치하는 것이 불합리한 경우 3. 임야도에 등록된 토지가 사실상 형질변경되었으나 지목변경을 할 수 없는 경우 4. 도시 · 군관리계획선에 따라 토지를 분할하는 경우
분 할	법 제79조 및 영 제65조 ① 다음의 어느 하나에 해당하는 경우에는 분할을 신청할 수 있다. 1. 소유권이전, 매매 등을 위하여 필요한 경우 2. 토지이용상 불합리한 지상 경계를 시정하기 위한 경우 ② 토지소유자는 지적공부에 등록된 1필지의 일부가 형질변경 등으로 용도가 변경된 경우에는 용도가 변경된 날부터 60일 이내에 지적소관청에 토지의 분할을 신청하여야 한다.
합 병	법 제80조: 토지소유자는 ㉠ 「주택법」에 따른 공동주택의 부지, ㉡ 도로 · 제방 · 하천 · 구거 · 유지 · 공장용지 · 학교용지 · 철도용지 · 수도용지 · 공원 · 체육용지 등의 토지로서 합병하여야 할 토지가 있으면 그 사유가 발생한 날부터 60일 이내에 지적소관청에 합병을 신청하여야 한다.
지목변경	• 법 제81조: 토지소유자는 지목변경을 할 토지가 있으면 그 사유가 발생한 날부터 60일 이내에 지적소관청에 지목변경을 신청하여야 한다. • 영 제67조: 다음의 어느 하나에 해당하는 경우에는 지목변경을 신청할 수 있다. 1. 「국토의 계획 및 이용에 관한 법률」 등 관계 법령에 따른 토지의 형질변경 등의 공사가 준공된 경우 2. 토지나 건축물의 용도가 변경된 경우 3. 도시개발사업 등의 원활한 추진을 위하여 사업시행자가 공사 준공 전에 토지의 합병을 신청하는 경우

7 등록사항의 정정

(1) 의 의

지적공부의 등록사항에 잘못이 있는 경우에 이를 정정하는 것으로서 토지소유자가 일정한 첨부서면을 갖추어 그 정정을 신청하는 경우와 지적소관청이 직권으로 정정하는 두 가지 방법이 인정되고 있다.

(2) 지적소관청의 직권정정

지적소관청은 지적공부의 등록사항에 잘못이 있음을 발견하면 직권으로 조사・측량하여 정정할 수 있다(법 제84조 제2항).

① **지적측량성과**와 **다르게** 정리된 경우

② **토지이동정리 결의서**의 내용과 **다르게** 정리된 경우

③ 지적공부의 작성 또는 재작성 당시 **잘못** 정리된 경우

④ 지적공부의 등록사항이 **잘못** 입력된 경우

⑤ 면적 환산이 **잘못**된 경우

⑥ 지적도 및 임야도에 등록된 필지가 **면적의 증감 없이** 경계의 위치만 **잘못**된 경우

⑦ 임야대장의 면적과 등록전환될 면적의 차이가 허용범위를 **초과**하는 경우

⑧ 지적위원회의 **의결서 내용에 따라** 지적공부의 등록사항을 **정정**하여야 하는 경우

⑨ 토지합필등기신청의 각하에 따른 등기관의 통지가 있는 경우(지적소관청의 착오로 잘못 합병한 경우만 해당함)

넓혀 보기

직권정정 절차

1. 지적소관청은 직권정정 사유 중 어느 하나에 해당하는 토지가 있을 때에는 지체 없이 관계 서류에 따라 지적공부의 등록사항을 정정하여야 한다.
2. 지적공부의 등록사항 중 경계나 면적 등 측량을 수반하는 토지의 표시가 잘못된 경우에는 지적소관청은 그 정정이 완료될 때까지 지적측량을 정지시킬 수 있다. 다만, 잘못 표시된 사항의 정정을 위한 지적측량은 그러하지 아니하다.

(3) 토지소유자의 신청정정

토지소유자는 지적공부의 등록사항에 잘못이 있음을 발견하면 지적소관청에 그 정정을 신청할 수 있다(법 제84조 제1항).

① **토지의 표시정정**

㉠ 토지소유자가 지적공부의 등록사항에 대한 정정을 신청할 때, 경계 또는 면적의 변경을 가져오는 경우에는 정정사유를 적은 신청서에 **등록사항정정 측량성과도**를 함께 첨부하여 지적소관청에 제출하여야 한다.

㉡ 토지소유자가 등록사항의 정정을 신청함에 있어 그 정정으로 인접 토지의 경계가 변경되는 경우에는 인접 토지소유자의 **승낙서** 또는 이에 대항할 수 있는 **확정판결서**를 지적소관청에 제출하여야 한다.

② **소유자의 표시정정**

㉠ 정정사항이 토지소유자에 관한 사항인 경우에는 **등기필증, 등기완료통지서, 등기사항증명서 또는 등기관서에서 제공한 등기전산정보자료**에 따라 정정하여야 한다.

㉡ 미등기 토지에 대하여 토지소유자의 성명 또는 명칭, 주민등록번호, 주소 등에 관한 사항의 정정을 신청한 경우에는 **가족관계 기록사항에 관한 증명서**에 따라 정정하여야 한다.

심화 학습 **등록사항 정정 대상토지의 관리**(규칙 제94조)

① 지적소관청은 토지의 표시가 잘못되었음을 발견하였을 때에는 지체 없이 등록사항 정정에 필요한 서류와 등록사항 정정 측량성과도를 작성하고, 토지이동정리 결의서를 작성한 후 대장의 사유란에 "**등록사항 정정 대상토지**"라고 적고, 토지소유자에게 등록사항 정정 신청을 할 수 있도록 그 사유를 **통지**하여야 한다.
② 제1항에 따른 등록사항 정정 대상토지에 대한 대장을 열람하게 하거나 등본을 발급하는 때에는 "**등록사항 정정 대상토지**"라고 적은 부분을 **흑백의 반전**(反轉)으로 표시하거나 **붉은색**으로 적어야 한다.

예제

1. 지적소관청이 지적공부의 등록사항에 잘못이 있는지를 직권으로 조사·측량하여 정정할 수 있는 경우를 모두 고른 것은? 제30회

> ㉠ 지적공부의 작성 또는 재작성 당시 잘못 정리된 경우
> ㉡ 지적도에 등록된 필지의 경계가 지상 경계와 일치하지 않아 면적의 증감이 있는 경우
> ㉢ 측량 준비 파일과 다르게 정리된 경우
> ㉣ 지적공부의 등록사항이 잘못 입력된 경우

① ㉢
② ㉣
③ ㉠, ㉣
④ ㉡, ㉢
⑤ ㉠, ㉢, ㉣

해설 ㉡ 도면에 등록된 필지가 면적의 증감 없이 경계의 위치만 잘못된 경우는 직권으로 정정할 수 있지만, 지적도에 등록된 필지의 경계가 지상 경계와 일치하지 않아 면적의 증감이 있는 경우는 직권정정 사항으로 볼 수 없다.
㉢ 지적측량성과와 다르게 정리된 경우에는 직권으로 정정할 수 있지만, 측량 준비 파일과 다르게 정리된 경우는 직권정정 사항으로 볼 수 없다.

정답 ③

2. 지적공부의 등록사항정정에 관한 설명으로 틀린 것은? 제20회 변형

① 지적도 및 임야도에 등록된 필지가 면적의 증감 없이 경계의 위치만 잘못 등록된 경우 지적소관청이 직권으로 조사·측량하여 정정할 수 있다.
② 토지소유자가 경계 또는 면적의 변경을 가져오는 등록사항에 대한 정정신청을 하는 때에는 정정사유를 기록한 신청서에 등록사항정정 측량성과도를 첨부하여 지적소관청에 제출하여야 한다.
③ 등록사항정정 대상토지에 대한 대장을 열람하게 하거나 등본을 발급하는 때에는 '등록사항정정 대상토지'라고 기록한 부분을 흑백의 반전으로 표시하거나 붉은색으로 기록하여야 한다.
④ 등기된 토지의 지적공부 등록사항정정 내용이 토지의 표시에 관한 사항인 경우 등기필증, 등기사항증명서 또는 등기관서에서 제공한 등기전산정보자료에 의하여 정정하여야 한다.
⑤ 등록사항정정 신청사항이 미등기 토지의 소유자 성명에 관한 사항으로서 명백히 잘못 기록된 경우에는 가족관계 기록사항에 관한 증명서에 따라 정정할 수 있다.

해설 ④ 등기된 토지의 지적공부 등록사항정정 내용이 소유자의 표시에 관한 사항인 경우 등기필증, 등기사항증명서, 등기완료통지서 또는 등기관서에서 제공한 등기전산정보자료에 의하여 정정하여야 한다.

정답 ④

8 축척변경

(1) 의 의

축척변경이란 지적소관청이 지적도에 등록된 경계점의 정밀도를 높이기 위하여 작은 축척을 큰 축척으로 변경하여 등록하는 것을 말한다(법 제2조 제34호).

(2) 요 건

① 지적소관청은 지적도가 다음의 사유 중 어느 하나에 해당하는 경우에는 토지소유자의 신청 또는 지적소관청의 직권으로 일정한 지역을 정하여 그 지역의 축척을 변경할 수 있다(법 제83조 제2항).

㉠ 잦은 토지의 이동으로 인하여 1필지의 규모가 작아서 소축척으로는 지적측량성과의 결정이나 토지의 이동에 따른 정리를 하기가 곤란한 경우 ㉡ 하나의 지번부여지역에 서로 다른 축척의 지적도가 있는 경우 ㉢ 그 밖에 지적공부를 관리하기 위하여 필요하다고 인정되는 경우

② 지적소관청이 축척변경을 하려면 축척변경 시행지역의 토지소유자의 3분의 2 이상의 동의를 받아 축척변경위원회의 의결을 거친 후 시・도지사 또는 대도시 시장의 승인을 받아야 한다(법 제83조 제3항 본문).

(3) 절 차

축척변경은 토지소유자의 동의, 축척변경위원회의 의결, 축척변경 승인신청 및 통지, 축척변경 시행공고, 경계점표지의 설치, 토지의 표시사항의 결정, 지번별조서의 작성, 청산금의 산출・납부고지・이의신청, 축척변경의 확정공고 등의 절차를 거치게 된다.

① 토지소유자의 동의 및 축척변경위원회의 의결: 지적소관청은 축척변경을 하고자 하는 때에는 축척변경위원회의 의결을 거치기 전에 축척변경 시행지역 안의 토지소유자의 3분의 2 이상의 동의를 받아야 한다. 그 후 지적소관청은 5명 이상 10명 이내로 구성하되, 위원의 2분의 1 이상을 토지소유자로 하는 축척변경위원회의 의결을 거쳐야 한다.

② 축척변경 승인신청 및 통지(영 제70조): 지적소관청은 축척변경을 할 때에는 축척변경 사유를 적은 승인신청서에 다음의 서류를 첨부하여 시・도지사 또는 대도시 시장에게 제출하여야 한다.

㉠ 축척변경의 사유 ㉡ 지번 등 명세 ㉢ 토지소유자의 동의서 ㉣ 축척변경위원회의 의결서 사본

ⓜ 그 밖에 축척변경 승인을 위하여 시·도지사 또는 대도시 시장이 필요하다고 인정하는 서류

한편, 축척변경 신청을 받은 시·도지사 또는 대도시 시장은 축척변경 사유 등을 심사한 후 그 승인 여부를 지적소관청에 통지하여야 한다.

③ **축척변경 시행공고**(영 제71조): 지적소관청은 축척변경의 시행에 관하여 시·도지사 또는 대도시 시장으로부터 축척변경 승인을 받았을 때에는 지체 없이 다음 사항을 20일 이상 공고하여야 하며, 시행공고는 시·군·구(자치구가 아닌 구를 포함한다) 및 축척변경 시행지역 동·리의 게시판에 주민이 볼 수 있도록 게시하여야 한다.

㉠ 축척변경의 목적, 시행지역 및 시행기간 ㉡ 축척변경의 시행에 관한 세부계획 ㉢ 축척변경의 시행에 따른 청산방법 ㉣ 축척변경의 시행에 따른 토지소유자 등의 협조에 관한 사항

④ **경계점표지의 설치**(영 제71조 제3항): 축척변경 시행지역의 토지소유자 또는 점유자는 시행공고가 된 날(시행공고일)부터 30일 이내에 시행공고일 현재 점유하고 있는 경계에 국토교통부령으로 정하는 경계점표지를 설치하여야 한다.

⑤ **토지표시사항의 결정**(영 제72조)

㉠ 지적소관청은 축척변경 시행지역의 각 필지별 지번·지목·면적·경계 또는 좌표를 새로 정하여야 한다.

㉡ 지적소관청이 축척변경을 위한 측량을 할 때에는 토지소유자 또는 점유자가 설치한 경계점표지를 기준으로 새로운 축척에 따라 면적·경계 또는 좌표를 정하여야 한다.

㉢ 축척변경위원회의 의결 및 시·도지사 또는 대도시 시장의 승인 없이 축척을 변경할 때에는 영 제72조 제1항에도 불구하고 각 필지별 지번·지목 및 경계는 종전의 지적공부에 따르고 면적만 새로 정하여야 한다.

㉣ ㉢에 따라 면적을 새로 정하는 때에는 축척변경 측량결과도에 따라야 하며, 축척변경 측량결과도에 따라 면적을 측정한 결과 축척변경 전의 면적과 축척변경 후의 면적의 오차가 영 제19조 제1항 제2호 가목의 계산식에 따른 허용범위 이내인 경우에는 축척변경 전의 면적을 결정면적으로 하고, 허용면적을 초과하는 경우에는 축척변경 후의 면적을 결정면적으로 한다(규칙 제87조).

⑥ **지번별 조서의 작성**(영 제73조): 지적소관청은 축척변경에 관한 측량을 완료하였을 때에는 시행공고일 현재의 지적공부상의 면적과 측량 후의 면적을 비교하여 그 변동사항을 표시한 축척변경 지번별 조서를 작성하여야 한다.

⑦ **축척변경 시행기간 중 지적공부정리 등의 정지**(영 제74조) : 지적소관청은 축척변경 시행기간 중에는 축척변경 시행지역의 지적공부정리와 경계복원측량(경계점표지의 설치를 위한 경계복원측량은 제외한다)을 축척변경 확정공고일까지 정지하여야 한다. 다만, 축척변경위원회의 의결이 있는 경우에는 그러하지 아니하다.

⑧ **축척변경에 따른 청산금의 산정**(영 제75조)

㉠ 청산금은 축척변경으로 인한 면적의 증감이 있을 경우 징수하거나 지급하는 금액을 말한다. 지적소관청은 축척변경에 관한 측량을 한 결과 측량 전에 비하여 면적의 증감이 있는 경우에는 그 증감면적에 대하여 청산을 하여야 한다. 다만, 다음에 해당하는 경우에는 그러하지 아니하다(제1항).

ⓐ 필지별 증감면적이 영 제19조 제1항 제2호 가목의 규정에 따른 허용범위 이내인 경우(다만, 축척변경위원회의 의결이 있는 경우는 제외한다) ⓑ 토지소유자 전원이 청산하지 아니하기로 합의하여 서면으로 제출한 경우

㉡ 증감면적에 대한 청산을 할 때에는 축척변경위원회의 의결을 거쳐 지번별로 제곱미터당 금액을 정하여야 한다. 이 경우 지적소관청은 시행공고일 현재를 기준으로 그 축척변경 시행지역의 토지에 대하여 지번별 제곱미터당 금액을 미리 조사하여 축척변경위원회에 제출하여야 한다(제2항).

㉢ 청산금은 축척변경 지번별 조서의 필지별 증감면적에 지번별 제곱미터당 금액을 곱하여 산정한다(제3항).

㉣ 지적소관청은 청산금을 산정하였을 때에는 청산금 조서(축척변경 지번별 조서에 필지별 청산금 명세를 적은 것)를 작성하고, 청산금이 결정되었다는 뜻을 시・군・구 및 축척변경 시행지역 동・리의 게시판에 15일 이상 공고하여 일반인이 열람할 수 있게 하여야 한다(제4항).

㉤ 청산금을 산정한 결과 증가된 면적에 대한 청산금의 합계와 감소된 면적에 대한 청산금의 합계에 차액이 생긴 경우 초과액은 그 지방자치단체의 수입으로 하고, 부족액은 그 지방자치단체가 부담한다(제5항).

⑨ **청산금의 납부고지 등**(영 제76조)

㉠ 지적소관청은 청산금의 결정을 공고한 날부터 20일 이내에 토지소유자에게 청산금의 납부고지 또는 수령통지를 하여야 한다(제1항).

㉡ 납부고지를 받은 자는 그 고지를 받은 날부터 6개월 이내에 청산금을 지적소관청에 내야 한다(제2항).

㉢ 지적소관청은 수령통지를 한 날부터 6개월 이내에 청산금을 지급하여야 한다(제3항).

㉣ 지적소관청은 청산금을 지급받을 자가 행방불명 등으로 받을 수 없거나 받기를 거부할 때에는 그 청산금을 공탁할 수 있다(제4항).

⑩ **청산금에 관한 이의신청**(영 제77조)

㉠ 납부고지되거나 수령통지된 청산금에 관하여 이의가 있는 자는 납부고지 또는 수령통지를 받은 날부터 1개월 이내에 지적소관청에 이의신청을 할 수 있다(제1항).

㉡ 이의신청을 받은 지적소관청은 1개월 이내에 축척변경위원회의 심의·의결을 거쳐 그 인용 여부를 결정한 후 지체 없이 그 내용을 이의신청인에게 통지하여야 한다(제2항).

⑪ **축척변경의 확정공고**(영 제78조)

㉠ 청산금의 납부 및 지급이 완료되었을 때에는 지적소관청은 지체 없이 축척변경의 확정공고를 하여야 한다(제1항).

㉡ 지적소관청은 ㉠에 따른 확정공고를 하였을 때에는 지체 없이 축척변경에 따라 확정된 사항을 지적공부에 등록하여야 한다(제2항).

㉢ 축척변경 시행지역의 토지는 확정공고일에 토지의 이동이 있는 것으로 본다(제3항).

⑫ **지적공부의 등록 및 등기촉탁**: 지적소관청은 확정공고를 한 때에는 지체 없이 축척변경에 따라 확정된 사항을 지적공부에 등록해야 하며, 지적공부에 등록한 후 관할 등기소에 등기를 촉탁하여야 한다. 이때 토지대장은 확정공고된 축척변경 지번별 조서에 따라 작성하며, 지적도는 확정측량결과도 또는 경계점좌표에 따라 작성한다(규칙 제92조 제2항).

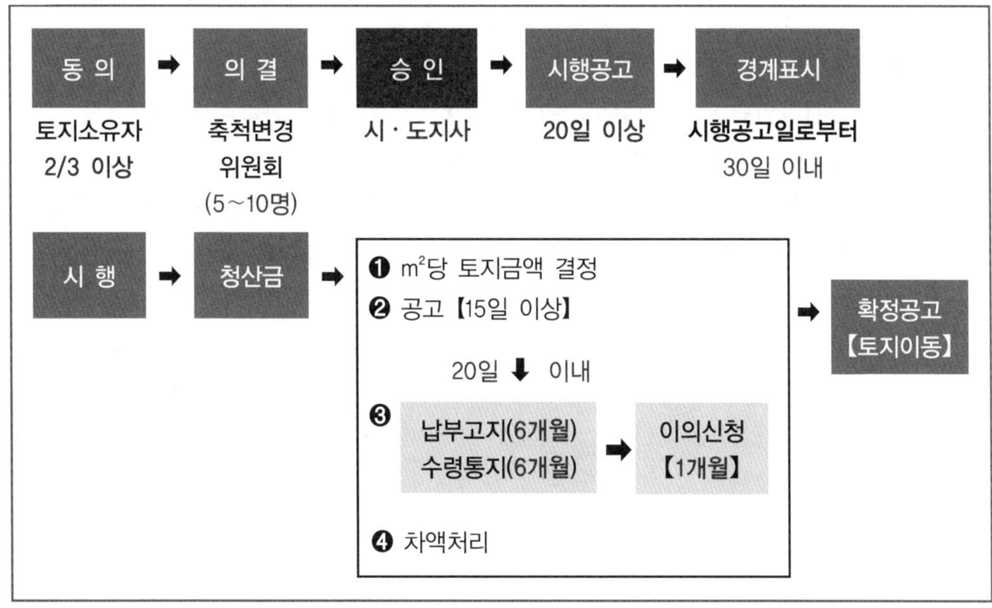

(4) 축척변경위원회

① **구성**(영 제79조)

㉠ **5명 이상 10명 이내의 위원**으로 구성하되, 위원의 **2분의 1 이상**을 **토지소유자**로 하여야 한다. 이 경우 그 축척변경 시행지역의 토지소유자가 **5명 이하**일 때에는 **토지소유자 전원**을 위원으로 위촉하여야 한다.

㉡ 위원은 해당 축척변경 시행지역의 토지소유자로서 지역 사정에 정통한 사람과 지적에 관하여 전문지식을 가진 사람 중에서 지적소관청이 위촉하고, 위원장은 위원 중에서 지적소관청이 지명한다.

㉢ 축척변경위원회의 위원에게는 예산의 범위에서 출석수당과 여비, 그 밖의 실비를 지급할 수 있다. 다만, 공무원인 위원이 그 소관 업무와 직접적으로 관련되어 출석하는 경우에는 그러하지 아니하다.

② **심의 · 의결**(영 제80조) : 축척변경위원회는 지적소관청이 회부하는 다음 사항을 심의 · 의결한다.

㉠ 지번별 **제곱미터당 금액**의 결정 ㉡ **청산금**의 산정에 관한 사항 ㉢ **청산금**의 이의신청에 관한 사항 ㉣ 축척변경 시행계획에 관한 사항 ㉤ 축척변경과 관련하여 지적소관청이 회의에 부치는 사항

③ **회의**(영 제81조)

㉠ 축척변경위원회의 회의는 위원장을 포함한 재적위원 **과반수의 출석**으로 개의하고, 출석위원 **과반수의 찬성**으로 의결한다.

㉡ 위원장은 축척변경위원회의 회의를 소집할 때에는 회의일시 · 장소 및 심의안건을 회의 개최 **5일 전**까지 각 위원에게 서면으로 통지하여야 한다.

예제

1. 공간정보의 구축 및 관리 등에 관한 법령상 축척변경사업에 따른 청산금에 관한 내용이다. (　)에 들어갈 사항으로 옳은 것은? 제26회

- 지적소관청이 납부고지하거나 수령통지한 청산금에 관하여 이의가 있는 자는 납부고지 또는 수령통지를 받은 날부터 (㉠) 이내에 지적소관청에 이의신청을 할 수 있다.
- 지적소관청으로부터 청산금의 납부고지를 받은 자는 그 고지를 받은 날부터 (㉡) 이내에 청산금을 지적소관청에 내야 한다.

① ㉠: 15일, ㉡: 6개월
② ㉠: 1개월, ㉡: 3개월
③ ㉠: 1개월, ㉡: 6개월
④ ㉠: 3개월, ㉡: 6개월
⑤ ㉠: 3개월, ㉡: 1년

정답 ③

2. 공간정보의 구축 및 관리 등에 관한 법령상 축척변경에 관한 설명이다. (　) 안에 들어갈 내용으로 옳은 것은? 제28회

- 지적소관청은 축척변경을 하려면 축척변경 시행지역의 토지소유자 (㉠)의 동의를 받아 축척변경위원회의 의결을 거친 후 (㉡)의 승인을 받아야 한다.
- 축척변경 시행지역의 토지소유자 또는 점유자는 시행공고일부터 (㉢) 이내에 시행공고일 현재 점유하고 있는 경계에 경계점표지를 설치하여야 한다.

	㉠	㉡	㉢
①	2분의 1 이상	국토교통부장관	30일
②	2분의 1 이상	시・도지사 또는 대도시 시장	60일
③	2분의 1 이상	국토교통부장관	60일
④	3분의 2 이상	시・도지사 또는 대도시 시장	30일
⑤	3분의 2 이상	국토교통부장관	60일

정답 ④

03 토지이동의 신청 및 신고

1 토지소유자의 신청

토지소유자는 토지의 이동사유가 발생하면 이를 지적소관청에 신청하여야 한다. 다만, 신청이 없으면 지적소관청이 직권으로 조사・측량하여 결정할 수 있다.

2 도시개발사업 등 시행지역의 토지이동 신청의 특례

(1) 다음과 같은 사업과 관련하여 토지의 이동이 필요한 경우에는 해당 사업의 시행자가 지적소관청에 토지의 이동을 신청하여야 한다(법 제86조 제2항).

① 「도시개발법」에 따른 도시**개발**사업 ② 「농어촌정비법」에 따른 농어촌**정비**사업 ③ 그 밖에 대통령령으로 정하는 토지**개발**사업

(2) 도시개발사업 등의 착수 또는 변경의 신고가 된 토지의 소유자가 해당 토지의 이동을 원하는 경우에는 해당 사업의 시행자에게 그 토지의 이동을 신청하도록 요청하여야 하며, 요청을 받은 시행자는 해당 사업에 지장이 없다고 판단되면 지적소관청에 그 이동을 신청하여야 한다(법 제86조 제4항).

(3) 「주택법」의 규정에 따른 주택건설사업의 시행자가 파산 등의 이유로 토지의 이동신청을 할 수 없을 때에는 그 주택의 시공을 보증한 자 또는 입주예정자 등이 신청할 수 있다(영 제83조 제4항).

(4) 사업시행자는 토지이동 **신청**과 사업완료 **신고**를 함께 하여야 한다. 다만, 신청 대상지역이 환지를 수반하는 경우에는 사업완료 신고로써 신청을 갈음할 수 있다(영 제83조 제3항).

(5) 도시개발사업 등의 착수・변경 또는 완료 사실의 신고는 그 사유가 발생한 날부터 **15일 이내**에 하여야 한다(영 제83조 제2항).

심화 학습 토지이동의 시기

도시개발사업 등으로 인한 토지의 이동은 토지의 형질변경 등의 **공사가 준공된 때** 그 이동이 이루어진 것으로 본다.

환지처분의 절차

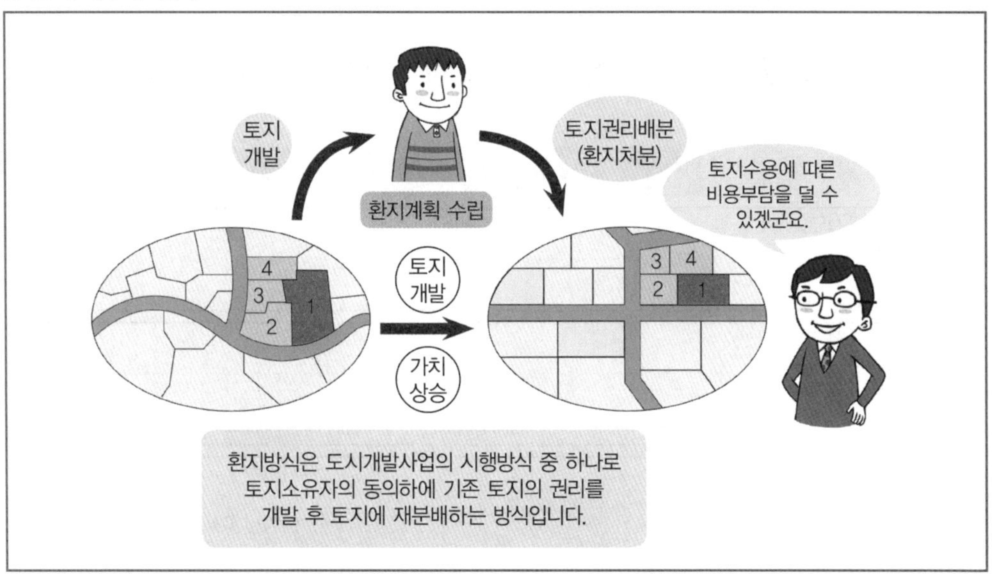

3 토지이동 신청의 대위

다음에 해당하는 자는 「공간정보의 구축 및 관리 등에 관한 법률」에 따라 토지소유자가 하여야 하는 신청을 대신할 수 있다. 다만, 등록사항 정정 대상토지는 제외한다(법 제87조).

(1) **공공사업 등에 따라 학교용지 · 도로 · 철도용지 · 제방 · 하천 · 구거 · 유지 · 수도용지 등의 지목으로 되는 토지인 경우**: 해당 사업의 시행자

(2) **국가나 지방자치단체가 취득하는 토지인 경우**: 해당 토지를 관리하는 행정기관의 장 또는 지방자치단체의 장

(3) **「주택법」에 따른 공동주택의 부지인 경우**: 「집합건물의 소유 및 관리에 관한 법률」에 따른 관리인(관리인이 없는 경우에는 공유자가 선임한 대표자) 또는 해당 사업의 시행자

(4) 「민법」 제404조에 따른 채권자

☑ 사업 착수(시행)·변경·완료 신고서

도시개발사업 등의 착수(시행)·변경·완료 신고서

접수번호	접수일	처리기간 90일

신고인 (사업시행자)	성명(명칭)	등록번호
	주소	
신고사항	사 업 명	
	토지소재 시·도 시·군·구 읍·면 동·리	
인가내용	구분	지번수
	면적(㎡)	인가년월일
	사업기간	기타

「공간정보의 구축 및 관리 등에 관한 법률」 제86조제1항, 같은 법 시행령 제83조제2항 및 같은 법 시행규칙 제95조에 따라 위와 같이 신고합니다.

년 월 일

신고인(사업시행자)

(서명 또는 인)

시장·군수·구청장 귀하

첨부서류	1. 착수(시행)·변경 신고의 경우(변경신고의 경우는 변경된 부분만 해당합니다) 가. 사업인가서 나. 지번별 조서 다. 사업계획도 2. 완료 신고의 경우(지적측량수행자가 측량검사를 의뢰하면서 미리 제출한 서류는 첨부하지 않습니다) 가. 확정될 토지의 지번별 조서 및 종전 토지의 지번별 조서 나. 환지처분과 같은 효력이 있는 고시된 환지계획서. 다만, 환지를 수반하지 아니하는 사업인 경우에는 사업의 완료를 증명하는 서류를 말합니다.	착수·변경 신고 : 수수료 없음. 완료신고: 확정 후 1필지당1,400원

처리절차

신고서 작성	→	접 수	→	지적공부 정리
사업시행자		시·군·구 담당부서		시·군·구 담당부서

예제

1. 다음은 공간정보의 구축 및 관리 등에 관한 법령상 도시개발사업 등 시행지역의 토지이동 신청 특례에 관한 설명이다. (　　)에 들어갈 내용으로 옳은 것은? 제31회

> • 「도시개발법」에 따른 도시개발사업, 「농어촌정비법」에 따른 농어촌정비사업 등의 사업시행자는 그 사업의 착수·변경 및 완료 사실을 (㉠)에(게) 신고하여야 한다.
> • 도시개발사업 등의 착수·변경 또는 완료 사실의 신고는 그 사유가 발생한 날부터 (㉡) 이내에 하여야 한다.

① ㉠: 시·도지사, ㉡: 15일
② ㉠: 시·도지사, ㉡: 30일
③ ㉠: 시·도지사, ㉡: 60일
④ ㉠: 지적소관청, ㉡: 15일
⑤ ㉠: 지적소관청, ㉡: 30일

정답 ④

2. 다음 중 공간정보의 구축 및 관리 등에 관한 법령상 토지소유자가 하여야 하는 토지의 이동신청을 대신할 수 있는 자가 아닌 것은? 제24회

① 「민법」 제404조에 따른 채권자
② 주차전용 건축물 및 이에 접속된 부속시설물의 부지인 경우는 해당 토지를 관리하는 관리인
③ 국가나 지방자치단체가 취득하는 토지인 경우는 해당 토지를 관리하는 행정기관의 장 또는 지방자치단체의 장
④ 공공사업 등에 따라 하천·구거·유지·수도용지 등의 지목으로 되는 토지인 경우는 해당 사업의 시행자
⑤ 「주택법」에 따른 공동주택의 부지인 경우는 「집합건물의 소유 및 관리에 관한 법률」에 따른 관리인(관리인이 없는 경우에는 공유자가 선임한 대표자) 또는 해당 사업의 시행자

정답 ④

04 지적정리

1 지적공부의 정리

(1) 의 의

지적소관청은 지적공부가 다음에 해당하는 경우에는 지적공부를 정리하여야 한다. 이 경우 이미 작성된 지적공부에 정리할 수 없을 때에는 새로 작성하여야 한다(영 제84조 제1항).

> ① 지번을 변경하는 경우
> ② 지적공부를 복구하는 경우
> ③ 신규등록 · 등록전환 · 분할 · 합병 · 지목변경 등 토지의 이동이 있는 경우

(2) 정리방법

지적소관청은 지적공부의 등록사항에 관한 토지의 이동이 있는 경우에는 **토지이동정리 결의서**를, 토지소유자의 변동 등에 따라 지적공부를 정리하려는 경우에는 **소유자정리 결의서**를 각각 작성하여 지적공부를 정리하여야 한다.

☑ **토지이동정리 결의서**

토 지 이 동 정 리 결 의 서

번 호	제 - 호	토 지 이 동 정 리 종 목	결 재				
결 의 일	년 월 일						
보 존 기 간	영 구						

관 계 공 부 정 리		토지 소재	이 동 전			이 동 후			증 감		비 고
확 인			지목	면적(㎡)	지번 수	지목	면적(㎡)	지번 수	면적(㎡)	지번 수	
토 지 대 장 정 리											
임 야 대 장 정 리											
경계점좌표등록부정리											
지 적 도 정 리											
임 야 도 정 리											
등 기 촉 탁 대 장 정 리											
소 유 자 통 지											

2 토지소유자의 정리(법 제88조)

(1) 지적공부에 등록된 토지소유자의 변경사항은 등기관서에서 등기한 것을 증명하는 등기필증, 등기완료통지서, 등기사항증명서 또는 등기관서에서 제공한 등기전산정보자료에 따라 정리한다. 다만, **신규등록**하는 토지의 소유자는 **지적소관청**이 직접 조사하여 등록한다.

(2) 등기부에 적혀 있는 토지의 표시가 지적공부와 일치하지 아니하면 등기필증, 등기완료통지서, 등기사항증명서 또는 등기관서에서 제공한 등기전산정보자료에 따라 **토지소유자를 정리할 수 없다**. 이 경우 토지의 표시와 지적공부가 일치하지 아니하다는 사실을 관할 등기관서에 **통지**하여야 한다.

(3) 지적소관청은 필요하다고 인정하는 경우에는 관할 등기관서의 등기부를 열람하여 지적공부와 부동산등기부가 일치하는지 여부를 조사·확인하여야 하며, 일치하지 아니하는 사항을 발견하면 등기사항증명서 또는 등기관서에서 제공한 등기전산정보자료에 따라 지적공부를 직권으로 정리하거나, 토지소유자나 그 밖의 이해관계인에게 그 지적공부와 부동산등기부가 일치하게 하는 데에 필요한 신청 등을 하도록 요구할 수 있다.

(4) 「국유재산법」 규정에 따라 총괄청이나 중앙관서의 장이 소유자 없는 부동산에 대하여 국유재산으로 소유자 등록을 신청하는 경우 지적소관청은 지적공부에 해당 토지의 소유자가 등록되지 아니한 경우에만 등록할 수 있다.

(5) 지적소관청 소속 공무원이 지적공부와 부동산등기부의 부합 여부를 확인하기 위하여 등기부를 열람하거나, 등기사항증명서의 발급을 신청하거나, 등기전산정보자료의 제공을 요청하는 경우 그 수수료는 무료로 한다.

3 등기의 촉탁

(1) 의 의

등기촉탁이란 토지의 소재·지번·지목·면적·경계 등 토지의 표시사항을 변경·정리한 경우에 토지소유자를 대신하여 지적소관청이 관할 등기관서에 등기신청하는 것을 말한다. 즉, 토지의 표시 변경에 관한 등기를 할 필요가 있는 경우에는 지적소관청은 지체 없이 관할 등기관서에 그 등기를 촉탁하여야 한다. 이 경우 그 등기촉탁은 국가가 국가를 위하여 하는 등기로 본다(법 제89조).

(2) 등기촉탁의 대상

지적소관청은 다음에 해당하는 지적공부의 정리로 인하여 토지의 표시 변경에 관한 등기를 할 필요가 있는 경우에는 지체 없이 관할 등기관서에 그 등기를 촉탁하여야 한다(법 제89조).

① 지적공부에 등록된 토지의 표시사항을 변경 · 정리한 경우
② 지번 변경을 한 경우
③ 바다로 된 토지의 등록을 말소하거나 회복한 경우
④ 축척변경을 한 경우
⑤ 행정구역의 개편으로 새로 지번을 정한 경우
⑥ 직권으로 등록사항을 정정한 경우

4 지적정리의 통지

(1) 통지대상

지적소관청이 다음의 사항을 지적공부에 등록하거나 지적공부를 복구 또는 말소하거나 등기촉탁을 하였으면 해당 토지소유자에게 통지하여야 한다(법 제90조).

① 지적소관청이 직권으로 조사 · 측량하여 토지의 이동정리를 한 경우
② 지번 변경을 한 경우
③ 지적공부를 복구한 경우
④ 바다로 된 토지의 등록말소를 직권으로 정리한 경우
⑤ 지적소관청의 직권으로 등록사항을 정정하는 경우
⑥ 행정구역 개편으로 지적소관청이 새로 지번을 부여한 경우
⑦ 도시개발사업 등의 사업시행자가 토지의 이동신청을 하여 정리한 경우
⑧ 토지소유자가 하여야 할 신청을 대위하여 정리한 경우
⑨ 토지표시의 변경에 관한 등기촉탁을 한 경우

(2) 통지시기

① 지적소관청이 토지소유자에게 지적정리 등을 통지하여야 하는 시기는 다음과 같다(영 제85조).

㉠ 토지의 표시에 관한 변경등기가 필요한 경우
⇨ 그 등기완료통지서를 접수한 날부터 **15일** 이내
㉡ 토지의 표시에 관한 변경등기가 필요하지 아니한 경우
⇨ 지적공부에 등록한 날부터 **7일** 이내

② 다만, 통지받을 자의 주소 또는 거소를 알 수 없는 때에는 일간신문, 해당 시 · 군 · 구의 공보 또는 인터넷 홈페이지에 공고하여야 한다.

예제

1. 공간정보의 구축 및 관리 등에 관한 법령상 토지소유자의 정리에 관한 설명이다. (   )에 들어갈 내용으로 옳은 것은? 제33회

> 지적공부에 등록된 토지소유자의 변경사항은 등기관서에서 등기한 것을 증명하는 등기필증, 등기완료통지서, 등기사항증명서 또는 등기관서에서 제공한 등기전산정보자료에 따라 정리한다. 다만, (㉠)하는 토지의 소유자는 (㉡)이(가) 직접 조사하여 등록한다.

① ㉠: 축척변경, ㉡: 등기관
② ㉠: 축척변경, ㉡: 시・도지사
③ ㉠: 신규등록, ㉡: 등기관
④ ㉠: 신규등록, ㉡: 지적소관청
⑤ ㉠: 등록전환, ㉡: 시・도지사

정답 ④

2. 지적공부에 등록된 토지소유자의 변경사항은 등기관서에서 등기한 것을 증명하는 등기완료통지서 등에 의하여 정리할 수 있다. 이 경우 등기부에 기재된 토지의 표시가 지적공부와 부합하지 않을 때의 설명 중 옳은 것은? 제16회

① 지적공부를 등기완료통지내역에 의하여 정리하고, 부합하지 않는 사실을 관할 등기관서에 통지한다.
② 지적공부를 등기완료통지내역에 의하여 정리할 수 없으며, 그 뜻을 관할 등기관서에 통지한다.
③ 지적공부를 등기완료통지내역에 의하여 정리할 수 없으며, 그 뜻을 관할 등기관서에 통지하지 않아도 된다.
④ 지적공부를 등기완료통지내역에 의하여 정리만 하면 된다.
⑤ 지적공부를 등기완료통지내역에 의하여 정리하고, 정리한 사항을 관할 등기관서에 통지한다.

정답 ②

3. 공간정보의 구축 및 관리 등에 관한 법령상 지적소관청은 토지의 이동 등으로 토지의 표시 변경에 관한 등기를 할 필요가 있는 경우에는 지체 없이 관할 등기관서에 그 등기를 촉탁하여야 한다. 등기촉탁 대상이 아닌 것은? 제28회

① 지번부여지역의 전부 또는 일부에 대하여 지번을 새로 부여한 경우
② 바다로 된 토지의 등록을 말소한 경우
③ 하나의 지번부여지역에 서로 다른 축척의 지적도가 있어 축척을 변경한 경우
④ 지적소관청이 신규등록하는 토지의 소유자를 직접 조사하여 등록한 경우
⑤ 지적소관청이 직권으로 조사・측량하여 지적공부의 등록사항을 정정한 경우

해설 ④ 신규등록의 경우에는 등기촉탁의 대상이 아니다.

정답 ④

4. 공간정보의 구축 및 관리 등에 관한 법령상 지적정리를 한 때 지적소관청이 토지소유자에게 통지하여야 하는 경우가 아닌 것은? 제20회

① 바다로 된 토지에 대하여 토지소유자의 등록말소신청이 없어 지적소관청이 직권으로 지적공부를 말소한 때

② 지적공부의 전부 또는 일부가 멸실·훼손되어 이를 복구한 때

③ 지번부여지역의 일부가 행정구역의 개편으로 다른 지번부여지역에 속하게 되어 새로이 지번을 부여하여 지적공부에 등록한 때

④ 등기관서의 등기완료통지서에 의하여 지적공부에 등록된 토지소유자의 변경사항을 정리한 때

⑤ 토지표시의 변경에 관한 등기를 할 필요가 있는 경우로서 토지표시의 변경에 관한 등기촉탁을 한 때

해설 ④ 등기관서의 등기완료통지서에 의하여 지적공부에 등록된 토지소유자의 변경사항을 정리한 때에는 지적정리 사실을 토지소유자에게 통지할 필요가 없다.

정답 ④

5. 다음은 지적소관청이 토지소유자에게 지적정리 등을 통지하여야 하는 시기에 관한 내용이다. ( )에 들어갈 사항으로 옳은 것은? 제23회

- 토지의 표시에 관한 변경등기가 필요하지 아니한 경우: 지적공부에 등록한 날부터 (㉠) 이내
- 토지의 표시에 관한 변경등기가 필요한 경우: 그 등기완료의 통지서를 접수한 날부터 (㉡) 이내

① ㉠: 7일, ㉡: 15일
② ㉠: 15일, ㉡: 7일
③ ㉠: 30일, ㉡: 30일
④ ㉠: 60일, ㉡: 30일
⑤ ㉠: 30일, ㉡: 60일

정답 ③

MEMO

지적측량

단원 열기

지적측량의 대상과 특성 및 법률적 효력, 지적측량의 구분에 대해 전반적으로 이해하여야 하며, 특히 지적측량 의뢰절차, 지적위원회 및 지적측량 적부심사 청구절차 등은 최근 들어 비중 있게 다루어지고 있으므로 꼼꼼한 학습을 요하는 항목이다.

01 지적측량

1 의 의

지적측량은 국토의 기본자료를 효율적으로 관리하기 위하여 토지의 소재·지번·지목·면적·경계 및 위치와 소유자 등 토지에 관련된 필요한 정보를 수집하고 물권이 미치는 한계를 밝히는 역할을 수행한다. 즉, 규범 속에서 국가가 시행하는 행정처분으로 볼 수 있다. 따라서 지적측량은 기속측량이며 사법측량의 성격을 가지고 있다.

지적측량이란?
토지를 지적공부에 등록하거나 지적공부에 등록된 경계점을 지상에 복원할 목적으로 각 필지의 경계 또는 좌표와 면적을 정하는 측량을 말합니다.

넓혀 보기

기속측량과 사법측량

1. **기속측량**
   기속측량은 법률로 정하여진 규정에 따라 시행하는 행정행위로서 지적측량의 성과는 새로운 기술이 개발되더라도 법률이 정한 내용과 다른 방법으로 측량성과를 결정할 수 없다는 것을 말한다.
2. **사법측량**
   사법측량은 토지에 대하여 물권이 미치는 범위·위치·수량 등을 결정하고 보장하는 것으로 지적측량은 규제된 방법과 절차에 따라 토지에 대하여 물권이 미치는 범위인 1필지의 경계를 지상에 확정해야 함을 말한다.

2 목 적

(1) 지적측량이란 토지를 지적공부에 등록하거나 지적공부에 등록된 경계점을 지상에 복원하기 위하여 각 필지의 경계 또는 좌표와 면적을 정하는 측량을 말한다(법 제2조 제4호).

02 지적측량의 대상

지적측량은 지적공부에 등록할 경계 또는 좌표와 면적을 정하거나 이를 지상에 복원하기 위한 측량과 지적도와 임야도에 등록된 경계와의 위치관계를 표시하기 위한 측량을 대상으로 하는데 지적측량의 구분은 다음과 같다(법 제23조).

① 기초측량	**지적기준점**을 정하는 경우
② 지적확정측량	도시**개발**사업 등의 시행지역에서 토지의 이동이 있는 경우
③ 지적복구측량	지적공부를 **복구**하는 경우
④ 신규등록측량	토지를 **신규등록**하는 경우
⑤ 등록전환측량	토지를 **등록전환**하는 경우
⑥ 분할측량	토지를 **분할**하는 경우
⑦ 등록말소측량	바다가 된 토지의 **등록말소**를 하는 경우
⑧ 등록사항정정측량	지적공부의 **등록사항정정**을 하는 경우
⑨ 축척변경측량	**축척변경**을 하는 경우
⑩ 경계복원측량	**경계**점을 지상에 **복원**하는 경우
⑪ 지적현황측량	지상건축물 등의 **현황**을 도면에 등록된 경계와 대비하여 표시하는 데 필요한 경우
⑫ 지적재조사측량	**지적재조사**사업에 따라 토지의 이동이 있는 경우
⑬ 검사측량	지적측량성과를 **검사**하는 경우

심화학습 관련 조문 및 예규

1. 토지를 **합병**하는 경우에는 합병측량을 하지 아니한다.
2. 경계복원측량 및 지적현황측량은 면적측정을 하지 아니한다.
3. **경계복원측량** 및 **지적현황측량**은 검사측량을 하지 아니한다.
4. **지적재조사측량** 및 **검사측량**은 토지소유자 등 이해관계인이 지적측량수행자에게 의뢰할 수 없다.

예제

1. 공간정보의 구축 및 관리 등에 관한 법령상 지적측량을 하여야 하는 경우가 아닌 것은?

제24회

① 지적측량성과를 검사하는 경우
② 경계점을 지상에 복원하는 경우
③ 지상건축물 등의 현황을 지적도 및 임야도에 등록된 경계와 대비하여 표시하는 데에 필요한 경우
④ 위성기준점 및 공공기준점을 설치하는 경우
⑤ 바다가 된 토지의 등록을 말소하는 경우로서 지적측량을 할 필요가 있는 경우

해설 ④ 위성기준점 및 공공기준점을 설치하는 경우는 지적측량의 대상에 해당하지 않는다.

정답 ④

2. 지적측량을 하여야 하는 경우가 아닌 것은? 제22회

① 소유권이전, 매매 등을 위하여 분할하는 경우로서 측량을 할 필요가 있는 경우
② 공유수면매립 등으로 토지를 신규등록하는 경우로서 측량을 할 필요가 있는 경우
③ 「도시개발법」에 따른 도시개발사업 시행지역에서 토지의 이동이 있는 경우로서 측량을 할 필요가 있는 경우
④ 지적공부의 등록사항을 정정하는 경우로서 측량을 할 필요가 있는 경우
⑤ 지적공부에 등록된 지목이 불분명하여 지적공부를 재작성하는 경우로서 측량을 할 필요가 있는 경우

해설 ⑤ 지적공부를 재작성하는 경우에는 지적측량의 대상에 해당하지 않는다. 정답 ⑤

3. 공간정보의 구축 및 관리 등에 관한 법령상 토지소유자 등 이해관계인이 지적측량수행자에게 지적측량을 의뢰할 수 없는 경우는? 제28회

① 바다가 된 토지의 등록을 말소하는 경우로서 지적측량을 할 필요가 있는 경우
② 토지를 등록전환하는 경우로서 지적측량을 할 필요가 있는 경우
③ 지적공부의 등록사항을 정정하는 경우로서 지적측량을 할 필요가 있는 경우
④ 도시개발사업 등의 시행지역에서 토지의 이동이 있는 경우로서 지적측량을 할 필요가 있는 경우
⑤ 「지적재조사에 관한 특별법」에 따른 지적재조사사업에 따라 토지의 이동이 있는 경우로서 지적측량을 할 필요가 있는 경우

해설 ⑤ 지적재조사측량과 검사측량은 토지소유자 등 이해관계인이 지적측량수행자에게 의뢰할 수 없는 지적측량이다(법 제24조 제1항).

정답 ⑤

03 지적측량의 의뢰 및 시행

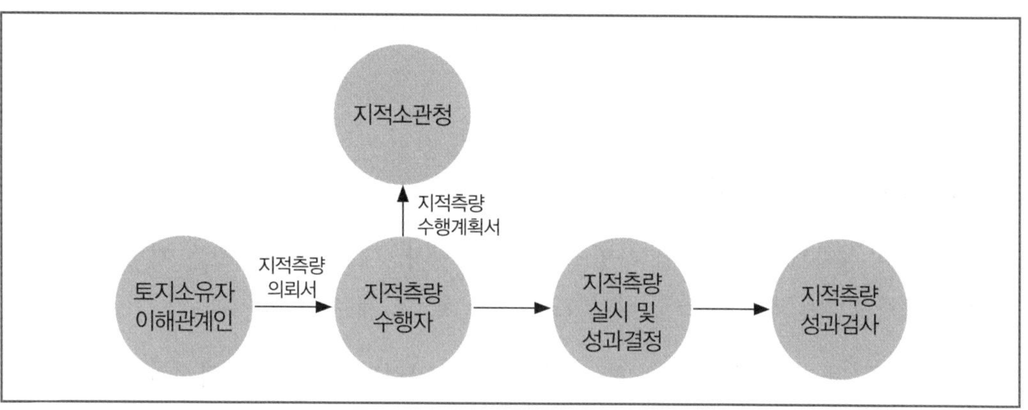

1 지적측량의 의뢰

토지소유자 등 이해관계인은 지적측량을 하여야 할 필요가 있는 때에는 **지적측량수행자**에게 해당 지적측량을 의뢰하여야 한다. 지적측량수행자에는 지적측량업을 등록한 자와 한국국토정보공사가 있다.

2 지적측량 의뢰서 제출

(1) 지적측량을 의뢰하고자 하는 자는 지적측량 의뢰서에 의뢰사유를 증명하는 서류를 첨부하여 **지적측량수행자**에게 제출하여야 한다.

(2) 지적측량수행자에게 지적측량을 의뢰하는 자는 지적측량수행자에게 지적측량 수수료를 지급하여야 한다. 지적측량 수수료는 국토교통부령으로 정한다.

3 지적측량 수행계획서 제출

지적측량수행자가 지적측량 의뢰를 받은 때에는 측량기간·측량일자 및 측량수수료 등을 기록한 **지적측량 수행계획서**를 그 다음 날까지 **지적소관청**에 제출하여야 한다.

4 지적측량의 실시

(1) 지적측량의 측량기간은 **5일**로 하며, 측량검사기간은 **4일**로 한다.

(2) 다만, 지적기준점을 설치하여 측량 또는 측량검사를 하는 경우 지적기준점이 15점 이하인 때에는 **4일**을, 15점을 초과하는 때에는 4일에 15점을 초과하는 **4점**마다 **1일**을 가산한다.

(3) 위와 같은 기준에도 불구하고 지적측량의뢰인과 지적측량수행자가 서로 합의하여 따로 기간을 정하는 경우에는 그 기간에 따르되, 전체기간의 **4분의** 3은 측량기간으로, 전체기간의 **4분의** 1은 측량검사기간으로 본다.

5 지적측량성과의 검사

(1) 지적측량수행자가 지적측량을 하였으면 **시 · 도지사, 대도시 시장** 또는 **지적소관청**으로부터 측량성과에 대한 검사를 받아야 한다(법 제25조 제1항).

(2) 지적공부를 정리하지 아니하는 **경계복원측량** 및 **지적현황측량**은 측량성과에 대한 검사를 받지 아니한다(법 제25조 제1항).

핵심 다지기

검사측량

지적삼각점측량성과 및 경위의측량방법으로 실시한 지적확정측량성과인 경우에는 다음의 구분에 따라 검사를 받아야 한다.

1. 국토교통부장관이 정하여 고시하는 면적 규모 이상의 지적확정측량성과인 경우에는 시 · 도지사 또는 대도시 시장에게 검사를 받아야 한다.
2. 국토교통부장관이 정하여 고시하는 면적 규모 미만의 지적확정측량성과인 경우에는 지적소관청에게 검사를 받아야 한다.

6 지적측량성과도의 발급

지적소관청은 지적측량성과도를 지적측량수행자에게 발급하여야 하며, 지적측량수행자는 측량의뢰인에게 그 지적측량성과도를 포함한 지적측량 결과부를 지체 없이 발급하여야 한다.

04 지적측량의 방법

지적측량은 사용하는 기록에 따라 평판측량 · 경위의측량 · 전파기 또는 광파기측량 · 사진측량 및 위성측량 등의 방법으로 실시하고 있다. 일반적으로 평판측량방법은 도해측량에 의한 세부측량에, 경위의측량방법과 전파기 또는 광파기측량방법은 경계점좌표등록부 시행지역의 세부측량 또는 기초측량에 각각 활용한다.

(1) 평판측량, 전자평판측량방법

평판에 측량준비도를 붙여 조준의로 목표물의 방향, 거리, 높이 차 등을 관측하여 직접 현장에서 도면상의 위치를 결정하는 측량방법이다.

(2) 경위의측량방법

경위의라는 측량기록을 가지고 측량하는 방법으로 수치측량에 의한 세부측량이나 기초측량에 활용된다.

(3) 전파기 · 광파기측량방법

전자파나 광파를 이용한 컴퓨터가 내장된 측량기록을 가지고 측량하는 방법이다.

(4) 사진측량방법

항공기 등을 이용하여 지적측량을 영상화하는 측량방법으로서 기초측량과 세부측량에 활용된다.

(5) 위성측량방법

인공위성으로부터 송신되는 전파신호를 수신하여 측점의 3차원 위치를 결정하는 측량방법으로 주로 기초측량에 이용된다.

예 제

1. 다음은 지적측량의 기간에 관한 내용이다. (　　)에 들어갈 내용으로 옳은 것은? 제22회

> 지적측량의 측량기간은 (㉠)로 하며, 측량검사기간은 (㉡)로 한다. 다만, 지적기준점을 설치하여 측량 또는 측량검사를 하는 경우 지적기준점이 15점 이하인 경우에는 4일을, 15점을 초과하는 경우에는 4일에 15점을 초과하는 (㉢)마다 1일을 가산한다. 이와 같은 기준에도 불구하고, 지적측량의뢰인과 지적측량수행자가 서로 합의하여 따로 기간을 정하는 경우에는 그 기간에 따르되, 전체기간의 (㉣)은 측량기간으로, 전체기간의 (㉤)은(는) 측량검사기간으로 본다.

① ㉠: 4일, ㉡: 3일, ㉢: 5점, ㉣: 4분의 3, ㉤: 4분의 1
② ㉠: 4일, ㉡: 3일, ㉢: 4점, ㉣: 5분의 3, ㉤: 5분의 2
③ ㉠: 5일, ㉡: 4일, ㉢: 4점, ㉣: 4분의 3, ㉤: 4분의 1
④ ㉠: 5일, ㉡: 4일, ㉢: 4점, ㉣: 5분의 3, ㉤: 5분의 2
⑤ ㉠: 5일, ㉡: 4일, ㉢: 5점, ㉣: 4분의 3, ㉤: 5분의 2

정답 ③

2. 공간정보의 구축 및 관리 등에 관한 법령상 다음의 예시에 따를 경우 지적측량의 측량기간과 측량검사기간으로 옳은 것은? 제28회

> • 지적기준점의 설치가 필요 없는 경우임
> • 지적측량의뢰인과 지적측량수행자가 서로 합의하여 측량기간과 측량검사기간을 합쳐 40일로 정함

	측량기간	측량검사기간
①	33일	7일
②	30일	10일
③	26일	14일
④	25일	15일
⑤	20일	20일

해설 ② 지적측량의뢰인과 지적측량수행자가 서로 합의하여 측량기간과 측량검사기간을 합쳐 40일로 정한 경우 측량기간은 3/4 (30일)이고, 측량검사기간은 1/4 (10일)이다.

정답 ②

05 지적측량 적부심사 청구절차

(1) 적부심사의 청구

토지소유자, 이해관계인 또는 지적측량수행자는 지적측량성과에 대하여 다툼이 있는 경우에는 대통령령으로 정하는 바에 따라 관할 **시 · 도지사**를 거쳐 **지방지적위원회**에 지적측량 적부심사를 청구할 수 있다(법 제29조 제1항).

(2) 지방지적위원회 회부

지적측량 적부심사 청구를 받은 시 · 도지사는 30일 이내에 다음의 사항을 조사하여 지방지적위원회에 회부하여야 한다(법 제29조 제2항).

① 다툼이 되는 지적측량의 경위 및 그 성과 ② 해당 토지에 대한 토지이동 및 소유권 변동 연혁 ③ 해당 토지 주변의 측량기준점, 경계, 주요 구조물 등 현황 실측도

(3) 심의 · 의결

지적측량 적부심사 청구를 회부받은 지방지적위원회는 그 심사청구를 회부받은 날부터 **60일** 이내에 심의 · 의결하여야 한다. 다만, 부득이한 경우에는 그 심의기간을 해당 지적위원회의 의결을 거쳐 **30일** 이내에서 **한 번만 연장**할 수 있다(법 제29조 제3항).

(4) 송 부

지방지적위원회는 지적측량 적부심사를 의결하였으면 의결서를 작성하여 **시 · 도지사**에게 송부하여야 한다(법 제29조 제4항).

(5) 통 지

시 · 도지사는 의결서를 받은 날부터 **7일** 이내에 지적측량 적부심사 청구인 및 이해관계인에게 그 의결서를 통지하여야 한다(법 제29조 제5항).

⑹ 재심사 청구

시・도지사로부터 의결서를 받은 자가 지방지적위원회의 의결에 불복하는 경우에는 그 의결서를 받은 날부터 **90일** 이내에 **국토교통부장관**을 거쳐 **중앙지적위원회**에 재심사를 청구할 수 있다(법 제29조 제6항).

⑺ 의결서의 송부

시・도지사는 지방지적위원회의 의결서를 받은 후 해당 지적측량 적부심사 청구인 및 이해관계인이 재심사를 청구하지 아니하면 그 의결서 사본을 지적소관청에 보내야 하며, 재심사에 따라 국토교통부장관으로부터 중앙지적위원회의 의결서를 받은 경우에는 그 의결서 사본에 지방지적위원회의 의결서 사본을 첨부하여 지적소관청에 보내야 한다(법 제29조 제9항).

⑻ 등록사항의 정정

지방지적위원회 또는 중앙지적위원회의 의결서 사본을 받은 지적소관청은 그 내용에 따라 지적공부의 등록사항을 정정하거나 측량성과를 수정하여야 한다(법 제29조 제10항).

지적측량 적부심사 절차도

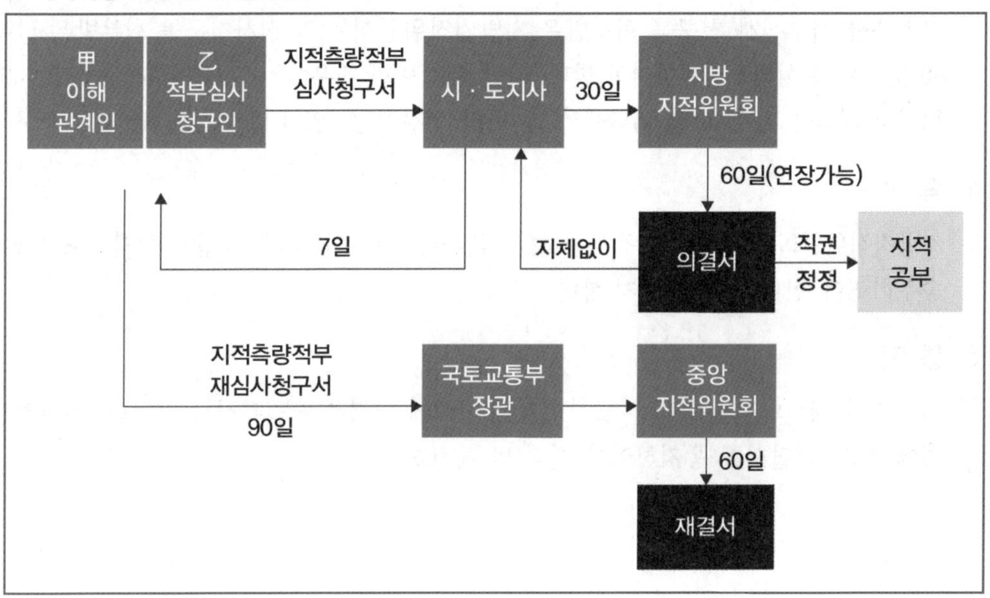

06 중앙지적위원회

지적측량 적부심사에 대한 재심사를 심의·의결하기 위하여 국토교통부에 중앙지적위원회를 두고, 지적측량에 대한 적부심사 청구사항을 심의·의결하기 위하여 특별시·광역시·특별자치시·도 또는 특별자치도에 지방지적위원회를 둔다(법 제28조).

1 구 성

① 중앙지적위원회는 위원장 및 부위원장 각 1명을 포함하여 **5명 이상 10명 이하의 위원**으로 구성한다.

② 위원장은 국토교통부 지적업무 담당 국장이, 부위원장은 국토교통부 지적업무 담당 과장이 된다.

③ 위원은 지적에 관한 학식과 경험이 풍부한 자 중에서 국토교통부장관이 임명 또는 위촉한다.

④ 위원장 및 부위원장을 제외한 위원의 임기는 2년으로 한다.

⑤ 위원회의 간사는 국토교통부의 지적업무 담당 공무원 중에서 국토교통부장관이 임명하며, 회의준비·회의록 작성 및 회의 결과에 따른 업무 등 중앙지적위원회의 서무를 담당한다.

⑥ 위원회의 위원에게는 예산의 범위 안에서 출석수당과 여비, 그 밖의 실비를 지급할 수 있다. 다만, 공무원인 위원이 그 소관 업무와 직접적으로 관련되어 출석하는 경우에는 그러하지 아니하다.

2 심의·의결사항

① 지적측량 적부심사(適否審査)에 대한 **재심사**(再審査)

지방지적위원회 – 지적측량 적부의 심사

② 지적 관련 정책 **개발** 및 업무 **개선** 등에 관한 사항

③ 지적측량기술의 **연구·개발 및 보급**에 관한 사항

④ 지적기술자의 **양성**, **업무정지 처분 및 징계요구**에 관한 사항

3 회 의

① 중앙지적위원회 위원장은 중앙지적위원회의 회의를 소집하고 그 의장이 된다.

② 회의는 위원장 및 부위원장을 포함한 재적위원 **과반수**의 출석으로 개의하고, 출석위원 **과반수**의 찬성으로 의결한다.

③ 위원회는 관계인을 출석하게 하여 의견을 들을 수 있으며, 필요한 경우에는 현지조사를 할 수 있다.

④ 위원장이 위원회의 회의를 소집하는 때에는 회의 일시·장소 및 심의 안건을 회의 **5일 전**까지 각 위원에게 서면으로 통지하여야 한다.

⑤ 위원이 지적측량 적부의 재심사에 있어서 해당 측량 사안에 관하여 관련이 있는 경우에는 해당 안건의 심의 또는 의결에 참석할 수 없다.

⑥ 중앙지적위원회가 현지조사를 하고자 하는 때에는 관계공무원을 지정하여 지적측량 및 자료조사 등 현지조사를 하고 그 결과를 보고하게 할 수 있다.

중앙지적위원회와 축척변경위원회의 비교

구 분	중앙지적위원회(영 제20조)	축척변경위원회(영 제79조)
구 성	**5명 이상 10명 이하**의 위원으로 구성	**5명 이상 10명 이하**의 위원으로 구성 (1/2 이상을 토지소유자로 함)
회 의	① **과반수**의 출석으로 개의하고, 출석위원 **과반수**의 찬성으로 의결 ② 회의 **5일** 전까지 각 위원에게 서면으로 통지	
심의·의결	① 지적측량적부의 **재심사** ※ **지방지적위원회 ➡ 지적측량적부의 심사** ② 지적 관련 정책 **개발** 및 업무 **개선** ③ 지적측량기술의 연구·**개발** 및 **보급** ④ 지적기술자의 **양성**에 관한 사항 ⑤ 지적기술자의 **업무정지** 및 **징계요구**	① 지번별 제곱미터당 **금액**의 결정 ② **청산금**의 산정에 관한 사항 ③ **청산금**의 이의신청에 관한 사항 ④ 축척변경 시행계획에 관한 사항 ⑤ 그 밖에 축척변경과 관련하여 지적소관청이 회의에 부치는 사항
위원장	국장	위원 중 지적소관청이 지명
부위원장	과장	×
위원임기	2년	×

예제

1. 공간정보의 구축 및 관리 등에 관한 법령상 지적측량성과에 대하여 다툼이 있는 경우에 토지소유자, 이해관계인 또는 지적측량수행자가 관할 시·도지사를 거쳐 지적측량 적부심사를 청구할 수 있는 위원회는? 제26회

① 지적재조사위원회 ② 지방지적위원회
③ 축척변경위원회 ④ 토지수용위원회
⑤ 국가지명위원회

정답 ②

2. 경계분쟁이 있는 중개대상토지에 대하여 중앙지적위원회의 지적측량 적부재심사 결과 '지적공부에 등록된 경계 및 면적을 정정하라'는 의결 주문의 내용이 기재된 의결서 사본이 지적소관청에 접수되었다. 이에 대한 지적소관청의 처리방법으로 옳은 것은? 제15회 추가

① 당해 지적소관청이 직권으로 지체 없이 경계 및 면적을 정정하여야 한다.
② 토지소유자의 정정신청이 있을 경우에만 정정할 수 있다.
③ 잘못 등록된 토지의 표시사항이 상당기간 경과된 경우에는 정정할 수 없다.
④ 지적공부에 등록된 면적증감이 없는 경우에만 정정할 수 있다.
⑤ 확정판결 및 이해관계인의 승낙서 또는 이에 대항할 수 있는 판결서의 정본에 의해서만 정정할 수 있다.

해설 ① 지적위원회 의결서 내용에 따라 지적공부의 등록사항을 정정하는 경우에는 지적소관청의 직권에 의하여야 한다.

정답 ①

3. 공간정보의 구축 및 관리 등에 관한 법령상 중앙지적위원회의 구성 및 회의 등에 관한 설명으로 틀린 것은? 제27회

① 위원장은 국토교통부의 지적업무 담당 국장이, 부위원장은 국토교통부의 지적업무 담당 과장이 된다.
② 중앙지적위원회는 관계인을 출석하게 하여 의견을 들을 수 있으며, 필요하면 현지조사를 할 수 있다.
③ 중앙지적위원회는 위원장 1명과 부위원장 1명을 포함하여 5명 이상 10명 이하의 위원으로 구성한다.
④ 중앙지적위원회의 회의는 재적위원 과반수의 출석으로 개의(開議)하고, 출석위원 과반수의 찬성으로 의결한다.
⑤ 위원장이 중앙지적위원회의 회의를 소집할 때에는 회의 일시·장소 및 심의 안건을 회의 7일 전까지 각 위원에게 서면으로 통지하여야 한다.

해설 ⑤ 위원장이 중앙지적위원회의 회의를 소집할 때에는 회의 일시·장소 및 심의 안건을 회의 5일 전까지 각 위원에게 서면으로 통지하여야 한다.

정답 ⑤

박문각 공인중개사

제1장 등기절차 총론
제2장 소유권에 관한 등기
제3장 소유권 외의 권리에 관한 등기
제4장 각종의 등기절차

부동산등기법

등기절차 총론

단원 열기 최근 들어 가장 출제비중이 높아지고 있는 중요한 단원이며, 학습하여야 할 내용도 많고 또 어렵게 느껴지는 단원이다. 이 단원에서는 먼저 등기의 신청에서 등기완료시까지의 전반적인 흐름을 이해한 후, 등기신청적격, 등기의 단독신청·대위신청, 직권에 의한 등기, 촉탁에 의한 등기와 등기신청에 필요한 정보, 등기완료 후의 절차, 등기의 각하사유 등을 항목별로 정확하게 숙지하고 있어야 한다.

01 신청주의

1 의 의

「부동산등기법」은 "등기는 당사자의 신청 또는 관공서의 촉탁에 따라 한다. 다만, 법률에 다른 규정이 있는 경우에는 그러하지 아니하다(법 제22조 제1항)."고 규정하여 신청주의 원칙을 취하고 있다. 따라서, 등기는 그 종류가 무엇이냐를 불문하고 원칙적으로 당사자의 신청 또는 관공서의 촉탁에 따라서만 이를 할 수 있고, 이러한 신청 또는 촉탁에 따르지 않는 등기는 예외적으로 법률에 특별한 규정이 있는 경우에 한하여 할 수 있다. 등기는 원칙적으로 신청·접수·심사·수리(또는 각하)의 일련의 과정을 거쳐 이루어지게 된다.

(1) 당사자의 신청

① 등기절차는 당사자의 신청이 있을 때에 개시되는 것이 원칙이다(법 제22조). 왜냐하면 사권(私權)에 관한 부동산등기는 바로 그 권리자의 의사에 따라 신청하게 하는 것이 사적 자치의 원칙에 가장 적합한 것이며 또한 부동산에 관한 권리에 관계되는 자, 즉 부동산등기에 관하여 적극적인 이해관계를 가지는 당사자의 신청을 바탕으로 하여 등기를 할 때에 진정한 등기를 가장 잘 보장할 수 있기 때문이다.

② 신청주의의 원칙상 등기를 신청할 것인가의 여부는 당사자의 자유이며 등기신청을 강제하는 것은 사적 자치의 원칙에 위배되는 것이나, 특별법상 또는 「부동산등기법」상 등기신청의무 등이 부과되는 경우가 있다.

③ 「부동산등기법」상 신청이 강제되는 것은 토지 또는 건물의 분할, 멸실 등으로 인한 변경등기, 멸실등기이며, 특별법상으로는 「부동산등기 특별조치법」 제2조, 「부동산 실권리자명의 등기에 관한 법률」 제10조 등이 있다.

(2) 관공서의 촉탁

등기절차는 관공서의 촉탁에 따라서도 개시된다(법 제98조). 촉탁에 따른 등기절차는 신청에 갈음하여 촉탁이라는 관공서의 일방적 행위에 따른다는 특색이 있을 뿐, 원칙적으로 신청에 따른 등기에 관한 규정을 준용하는 것으로 하고 있다(법 제22조 제2항). 따라서 촉탁에 따른 등기는 신청주의의 범주에 속한다고 할 수 있으며, 촉탁에 따르지 아니하고 등기권리자와 등기의무자의 공동신청에 따를 수도 있다(대판 1977.5.24, 77다206).

넓혀 보기

촉탁하는 등기

구 분	촉탁하는 등기	촉탁관서
민사 집행법	경매개시결정등기	집행법원
	경락대금 완납 후 경락인 앞으로의 소유권이전등기	
	경락대금 완납 후 경락인 앞으로 소유권이전등기시 경락인이 인수하지 아니하는 부동산 위의 부담에 관한 기입의 말소등기	
	경락대금 완납 후 경락인 앞으로 소유권이전등기시에 경매개시결정등기의 말소등기	
	가압류, 가처분에 관한 등기	
주택임대차 보호법	임차권등기명령에 따른 등기	지방법원 지원, 시·군 법원

2 신청주의 원칙의 예외

등기절차는 당사자의 신청이나 관공서의 촉탁이 없더라도, '법률에 다른 규정이 있는 경우'에는 예외적으로 개시될 수 있다(법 제22조 제1항). 그러한 예외적인 경우로서 현행법은 등기관의 직권에 의한 경우와 법원의 명령에 의한 경우의 두 가지를 규정하고 있다.

넓혀 보기

법원의 명령에 의한 등기

1. 등기신청인 등이 등기관의 처분에 대하여 이의신청을 한 경우 등기관은 그 이의신청에 대하여 이유 없다고 판단하면 관할 지방법원으로 이의신청서를 송부한다. 이의신청서를 송부받은 법원은 이의신청에 대하여 이유 있다고 판단되면 등기관에게 상당한 처분(각하된 등기의 실행 또는 실행된 등기의 말소) 또는 가등기를 명할 수 있다. 이와 같이 등기관의 처분에 대한 이의신청이 있는 경우에 법원의 명령에 의하여 하는 등기가 명령에 의한 등기이다.
2. 법원의 임차권등기명령에 따른 임차권등기는 법원(관공서)의 촉탁에 따른 등기(「주택임대차보호법」 제3조의3)이고, 가등기가처분명령에 따른 가등기는 가등기권리자의 (단독)신청에 따른 등기(법 제89조)임에 유의하여야 한다.

02 1등기기록, 등기필정보, 등기완료통지서, 신청정보

[건물] 서울특별시 강남구 서초동 100　　　　고유번호 1355-2001-003654

【 표 제 부 】	(건물의 표시)			
표시번호	접 수	소재지번	건물내역	등기원인 및 기타사항
1	○년○월○일	서울시 서초구 서초동 100	시멘트벽돌 슬라브지붕 2층주택 120.34㎡ 지하실 40㎡	도면편철장 제5책 37면

【 갑 구 】	(소유권에 관한 사항)			
순위번호	등기목적	접 수	등기원인	권리자 및 기타사항
1	소유권보존	○년○월○일 제4562호		**소유자 박 철수** 770724-1234567 서울 동작구 상도동
2	소유권이전	○년○월○일 제3877호	○년○월○일 매매	**소유자 김 영희** 880521-2256418 서울 강남구 역삼동

【 을 구 】	(소유권 이외의 권리에 관한 사항)			
순위번호	등기목적	접 수	등기원인	권리자 및 기타사항
1	**저당권설정**	○년○월○일 제8755호	○년○월○일 설정계약	**저당권자 ㈜ 우리은행** 110111-2365321 서울 강남구 신사동 채권액 금 2억원 채무자 김 영희 서울 강남구 역삼동
2	**전세권설정**	○년○월○일 제3123호	○년○월○일 설정계약	**전세권자 이 동백** 900402-1234567 서울 종로구 관수동 전 세 금 금 1억원 범 위 건물전부

등기필정보 및 등기완료통지

권 리 자: 박철수
(주민)등록번호: 750826 - *******
주 소: 서울시 서초구 서초동 216 삼풍아파트 101-306
부동산고유번호: 1102 - 2017 - 002634
부 동 산 소 재: [건물] 서울특별시 서초구 서초동 216
접 수 일 자: 2017년 9월 15일 접 수 번 호: 9578
등 기 목 적: 소유권이전
등기원인및일자: 2017년 9월 8일 매매

▶ 부착기준선

일련번호: WTDI-UPRV-P6H1
비밀번호 (기록순서: 순번 - 비밀번호)

01-7952	11-7072	21-2009	31-8842	41-3168
02-5790	12-7320	22-5102	32-1924	42-7064
03-1568	13-9724	23-1903	33-1690	43-4443
04-8861	14-8752	24-5554	34-3155	44-6994
05-1205	15-8608	25-7023	35-9695	45-2263
06-8893	16-5164	26-3856	36-6031	46-2140
07-5311	17-1538	27-2339	37-8569	47-3151
08-3481	18-3188	28-8119	38-9800	48-5318
09-7450	19-7312	29-1505	39-6977	49-1314
10-1176	20-1396	30-3488	40-6557	50-6459

2017년 9월 20일

서울중앙지방법원 등기국

◈ 보안스티커 안에는 다음 번 등기신청시에 필요한 일련번호와 50개의 비밀번호가 기록되어 있습니다.

◈ 등기신청시 일련번호와 비밀번호 1개를 임의로 선택하여 해당 순번과 함께 신청서에 기록하면 종래의 등기필증을 첨부한 것과 동일한 효력이 있으며, 등기필정보 및 등기완료통지서면 자체를 첨부하는 것이 아님을 유의하시기 바랍니다.

◈ 따라서 등기신청서 등기필정보 및 등기완료통지서면을 거래상대방이나 대리인에게 줄 필요가 없고, 대리인에게 위임한 경우에는 일련번호와 비밀번호 50개 중 1개와 해당 순번만 알려 주시면 됩니다.

◈ 만일 등기필정보의 비밀번호 등을 다른 사람이 안 경우에는 종래의 등기필증을 분실한 것과 마찬가지의 위험이 발생하므로 관리에 철저를 기하시기 바랍니다.

등기필정보 및 등기완료통지서는 종래의 등기필증을 대신하여 발행된 것으로 분실시 재발급되지 아니하니 보관에 각별히 유의하시기 바랍니다.

등 기 완 료 통 지 서

아래의 등기신청에 대해서 등기가 완료되었습니다.

신　청　인: 박철수
(주민)등록번호: 750826 - *******
주　　　소: 서울시 서초구 서초동 216 삼풍아파트 101 - 306

부동산고유번호: 1102 - 2017 - 002634
부 동 산 소 재: [토지] 서울특별시 서초구 서초동 216

접 수 일 자: 2017년 9월 15일
접 수 번 호: 9320
등 기 목 적: 소유권이전
등기원인및일자: 2017년 9월 8일 매매

2017년 9월 20일

서울중앙지방법원 등기국

소유권이전등기신청정보(매매)

접수	년 월 일	처리인	등기관 확인	각종 통지
	제 호			

① 부동산의 표시(거래신고관리번호/거래가액)				
【토지】: 소재, 지번, 지목, 면적 【건물】: 소재, 지번, 종류, 구조, 면적 1. 서울특별시 서초구 서초동 217 대 300m² 2. 서울특별시 서초구 서초동 217 시멘트 벽돌조 슬래브지붕 2층 주택 1층 150m² 2층 120m² — 이상 — 거래신고관리번호: 12345-2020-7-1234560 거래가액: 금 300,000,000원				
② 등기의 목적	소유권이전			
③ 등기원인과 그 연월일	2020년 7월 8일 매매			
④ 이전할 지분				
구 분	성명 (상호·명칭)	주민등록번호 (등기용등록번호)	주소(소재지)	지분 (개인별)
⑤ 등기의무자	박 철 수	750826-1256417	서울특별시 서초구 서초동 100	
⑥ 등기권리자	김 영 희	801212-2177884	서울특별시 관악구 남부순환로 27 (신림동)	

⑦ 시가표준액 및 국민주택채권매입금액		
부동산 표시	부동산별 시가표준액	부동산별 국민주택채권매입금액
1. 공동주택	금 200,000,000원	금 4,600,000원
⑦ 국 민 주 택 채 권 매 입 총 액		금 4,600,000원
⑦ 국 민 주 택 채 권 발 행 번 호		7506-20-0486-1288
⑧ 취득세(등록면허세) 금 3,000,000원	⑧ 지방교육세 금 300,000원	
	⑧ 농어촌특별세 금 1,950,000원	
⑨ 세 액 합 계	금 5,250,000원	
⑩ 등 기 신 청 수 수 료	금 14,000원	
	납부번호: ○○-○○-○○○○○○○○○-○	
	일괄납부: 건 원	

⑪ 등기의무자의 등기필정보		
부동산고유번호	1102-2017-002634	
성명(명칭)	일련번호	비밀번호
박 철 수	A77C-LO71-35J5	40-6567

⑫ 첨 부 정 보	
• **매매계약서** **1통**	• 취득세(등록면허세)영수필확인서 1통
• **토지·건축물대장정보** **1통**	• 부동산거래계약신고필증 1통
• **주소증명정보 【주민등록표】** **각 1통**	• 매매목록 1통

2020년 7월 10일

⑬ 위 신청인

박 철 수 ㊞ (전화: 200-7766)

김 영 희 ㊞ (전화: 300-7766)

[등기소의 표시] 서울중앙 지방법원 등기국 귀중

03 등기신청적격

등기신청적격이란 등기신청절차에서 당사자(등기권리자나 등기의무자)가 될 수 있는 법률상의 자격, 즉 등기신청의 당사자능력을 의미한다. 권리능력이 있는 자연인과 법인은 모두가 등기신청의 당사자능력이 인정된다.

등기신청적격이 있는 경우	등기신청적격이 없는 경우
① 자연인, 법인, 외국인	① 태아
② 법인 아닌 사단・재단(종중・아파트 입주자 대표회의)	
③ 학교법인	③ 학교(국립・공립・사립)
④ 특별법상 조합(농협, 축협, 수협 등)	④ 민법상 조합
⑤ 지방자치단체(시・도/시・군・구)	⑤ 읍・면・동・리

심화 학습 관련 판례

① 법인 아닌 사단・재단의 경우에는 법인 아닌 사단・재단 명의로 대표자가 등기를 신청하여야 한다.
② 민법상 조합의 경우에는 그 조합 명의로는 등기를 신청할 수 없으므로, 조합원 전원 명의로 합유등기를 신청하여야 한다.
③ 자연부락(동・리)의 구성원들이 법인 아닌 사단을 설립한 경우에는 자연부락(동・리) 명의로 그 대표자가 등기를 신청하여야 한다.

(1) 자연인

① 모든 자연인은 등기신청의 당사자능력이 있으므로 그 명의의 등기권리자나 등기의무자가 될 수 있다.

② 태아로 있는 동안에는 권리주체성이 인정되지 않으므로 법정대리인도 있을 수 없으며 태아의 등기신청적격도 당연히 인정되지 않는다.

(2) 법 인

법인은 정관으로 정한 목적의 범위 내에서 권리와 의무의 주체가 되므로(「민법」 제34조), 법인 명의로 등기권리자와 등기의무자가 될 수 있다.

(3) 법인 아닌 사단 또는 재단

① 법인 아닌 사단이나 재단에 속하는 부동산의 등기에 관하여서는 그 사단 또는 재단 명의 대표자가 등기를 신청하여야 한다.

② 아파트 입주자대표회의 명의로 그 대표자 또는 관리인이 등기를 신청하여야 한다.

(4) 학 교

① 사립학교는 법인 아닌 사단이나 재단에 해당하지 아니하므로 학교 명의로 등기를 신청할 수는 없고, 설립자 명의로 등기를 신청하여야 한다(예규 제1621호).

② 국립학교인 경우에는 국가명의로, 공립학교인 경우에는 지방자치단체명의로 그 소유의 부동산을 등기하여야 한다.

(5) 조 합

① 「민법」상 조합의 재산은 그 조합원 전원의 합유이므로(「민법」 제704조) 조합 명의로는 등기를 신청할 수 없고, 조합원 전원 명의로 합유등기를 신청할 수 있을 뿐이다.

② 다만, 특별법상의 조합 등은 법인이므로 법인인 조합 명의로 등기를 신청할 수 있다.

(6) 지방자치단체

① 공법인(국가 · 지방자치단체 등)도 등기명의인이 될 수 있다. 다만, 여기서 지방자치단체는 특별시 · 광역시 · 도 · 군 · 구만을 의미하므로, 읍 · 면 · 동 · 리 명의로는 등기할 수 없다는 점에 유의하여야 한다.

② 자연부락(동 · 리)이 그 부락주민을 구성원으로 하여 의사결정기관과 대표자를 두어 독자적인 활동을 하는 경우에는 법인 아닌 사단으로 보아 등기능력이 있다(대판 98다33512).

예 제

등기신청적격에 관한 설명으로 옳은 것은? 제19회

① 아파트 입주자대표회의의 명의로 그 대표자 또는 관리인이 등기를 신청할 수 없다.
② 국립대학교는 학교 명의로 등기를 신청할 수 없지만, 사립대학교는 학교 명의로 등기를 신청할 수 있다.
③ 특별법에 의하여 설립된 농업협동조합의 부동산은 조합원의 합유로 등기하여야 한다.
④ 지방자치단체도 등기신청의 당사자능력이 인정되므로 읍 · 면도 등기신청적격이 인정된다.
⑤ 동(洞) 명의로 동민들이 법인 아닌 사단을 설립한 경우에는 그 대표자가 동 명의로 등기신청을 할 수 있다.

해설 ① 아파트 입주자대표회의는 비법인 사단으로서 등기할 수 있다.
② 학교는 교육을 위하여 이용하는 시설물에 불과하므로 그 명의로는 등기할 수 없다. 국립대학교의 경우는 '국'으로, 사립대학교의 경우는 '학교법인(재단법인)'으로 등기를 신청하여야 한다.
③ 특별법에 의하여 설립된 농업협동조합은 조합원 명의가 아닌 농업협동조합 명의로 등기할 수 있다.
④ 지방자치단체(특별시 · 광역시 · 도, 시 · 군 · 자치구) 명의로는 등기할 수 있지만 읍 · 면 · 동 · 리 명의로는 등기할 수 없다. 다만, 동 · 리의 경우 단체성이 인정되는 경우 비법인사단으로서 등기될 수 있다.

정답 ⑤

04 공동신청

(1) 의 의

등기는 원칙적으로 등기권리자와 등기의무자 또는 그의 대리인이 공동으로 신청하여야 한다(법 제23조 제1항).

(2) 등기의무자와 등기권리자의 구분

등기의 종류	원 인	등기의무자	등기권리자
소유권보존등기	신 청	×	소유자
	말 소		
소유권이전등기	상 속	×	상속인
	토지수용	×	사업시행자
	매 매	매도인	매수인
	유 증	유언집행자 또는 상속인	수증자
저당권설정등기		저당권설정자	저당권자
저당권변경등기	채권액 증액	저당권설정자	저당권자
	채권액 감액	저당권자	저당권설정자
저당권이전등기		저당권양도인	저당권양수인
저당권말소등기		저당권자	저당권설정자

① **소유권보존등기를 신청하는 경우**: 소유권보존등기는 법 제65조에 규정된 신청권자가 단독신청하는 등기이므로, 공동신청을 전제로 하는 절차상 등기권리자, 등기의무자가 문제되지 않는다.

② **소유권이전등기를 신청하는 경우**(매매): 매도인 甲과 매수인 乙이 소유권이전등기를 신청하는 경우 소유권을 상실하는 甲은 등기의무자이고, 소유권을 취득하는 乙은 등기권리자이다.

③ **저당권설정등기를 신청하는 경우**: 甲 소유의 부동산에 乙 명의의 저당권설정등기를 신청할 경우에는 甲은 등기의무자이고, 乙은 등기권리자이다.

④ **채권액을 증액하는 저당권변경등기를 신청하는 경우**: 채권액을 증액하는 저당권변경등기를 신청하는 경우에는 변경등기로 인해 불이익을 받는 저당권설정자 甲이 등기의무자이고, 이익을 얻는 자인 저당권자 乙이 등기권리자이다.

⑤ **채권액을 감액하는 저당권변경등기를 신청하는 경우**: 채권액을 감액하는 저당권변경등기를 신청하는 경우에는 변경등기로 인해 불이익을 받는 저당권자 乙이 등기의무자이고, 이익을 얻는 자인 저당권설정자 甲이 등기권리자이다.

⑥ **저당권이전등기를 신청하는 경우**: 乙 명의의 저당권등기를 丙에게 이전하는 경우 저당권을 상실하는 乙은 등기의무자이고, 새로이 저당권을 취득하는 丙은 등기권리자이다.

⑦ **저당권말소등기를 신청하는 경우**: 乙 명의의 저당권등기를 말소하는 경우 저당권을 상실하는 乙은 등기의무자이고, 이익을 얻는 자인 저당권설정자 甲은 등기권리자이다.

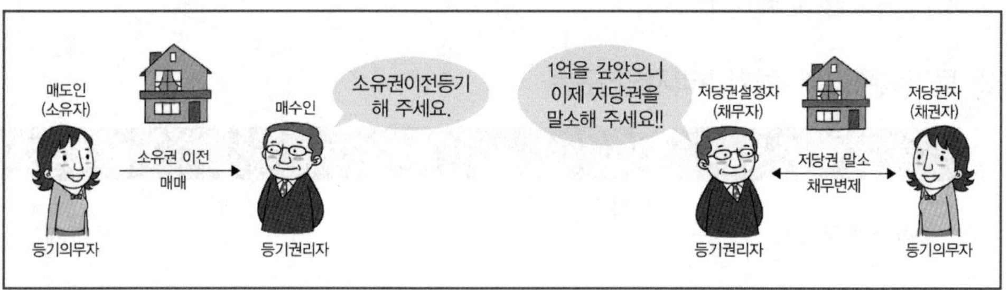

넓혀 보기

등기의무자와 등기권리자

1. **절차법상의 의미**
「부동산등기법」상 등기권리자란 등기소에 신청한 등기가 마쳐졌을 때, 권리의 취득 기타 이익을 받는 자를 말하며, 반대로 등기의무자란 등기가 마쳐졌을 때 권리의 상실 기타의 불이익을 받는 자를 말한다.

2. **실체법상의 의미**
「민법」 등 실체법상으로는 등기신청에 협력할 것을 요구할 수 있는 권리인 등기청구권을 가지는 자가 등기권리자이고, 등기청구권에 대응하는 의무자, 즉 등기신청에 협력할 의무를 부담하는 자가 등기의무자이다.

05 단독신청

공동신청에 의하지 않더라도 등기의 진정을 보장할 수 있는 특별한 사정이 있거나 또는 등기의 성질상 등기의무자가 있을 수 없는 경우에는 예외적으로 단독신청이 허용된다.

(1) 판결에 의한 등기

① **의의**: 등기신청행위는 등기소에 대한 의사표시이기 때문에 등기협력의무자가 임의로 등기신청을 하지 않는 경우 등기청구권자는 등기협력의무자의 등기신청의 의사표시에 갈음하는 재판을 청구할 수 있다(「민법」 제389조 제2항). 따라서 「부동산등기법」은 "등기절차의 이행 또는 인수를 명하는 판결에 의한 등기는 승소한 등기권리자 또는 등기의무자가 단독으로 신청한다."고 규정하고 있다(법 제23조).

② **이행판결**: 법 제23조 제4항 전단의 판결은 '의사표시 내지 의사의 진술을 명하는 이행판결'을 의미하며, 확인판결과 형성판결은 이에 포함되지 않는다.

☑ **등기원인과 그 연월일**(예규 제1692호)

이행판결	• 등기원인: 법률행위(판결주문에 명시된 등기원인) • 등기원인일자: 법률행위일(판결주문에 명시된 등기원인의 연월일)	
형성판결	• 등기원인: 판결에서 행한 형성처분 • 등기원인일자: 판결확정일	
	공유물분할판결	• 등기원인: 공유물분할 • 등기원인일자: 판결확정일
	사해행위취소판결	• 등기원인: 사해행위취소 • 등기원인일자: 판결확정일
	재산분할심판	• 등기원인: 재산분할 • 등기원인일자: 심판확정일

③ **확정판결**: 법 제23조 제4항의 판결은 확정판결임을 요한다. 의사의 진술을 명하는 판결이 확정된 때에 의사의 진술, 즉 등기신청이 있는 것으로 의제되기 때문이다.

④ **법 제23조 제4항의 판결에 준하는 집행권원**: 확정판결과 동일한 효력이 있는 기타의 집행권원, 즉 화해조서 · 인낙조서 · 조정조서(「민사조정법」 제29조) 등에 등기절차의 이행을 명하는 조항이 있는 경우에는 위 조서 등에 의하여 단독으로 등기를 신청할 수 있다.

⑤ **공유물분할판결**: 공유물분할판결은 형성판결에 해당하나, 그 소송의 당사자는 원고 또는 피고를 불문하고 그 확정판결을 첨부하여 공유물분할절차에 따른 등기를 등기권리자 또는 등기의무자 단독으로 신청한다(법 제23조 제4항 후단, 예규 제1692호).

핵심 다지기

판결에 의한 등기

1. 등기절차의 이행 또는 인수를 명하는 판결에 의한 등기는 승소한 등기권리자 또는 등기의무자가 단독으로 신청한다(법 제23조).
2. 공유물을 분할하는 판결에 의한 등기는 등기권리자 또는 등기의무자가 단독으로 신청한다(법 제23조).
3. 승소한 등기권리자는 등기필정보를 등기소에 제공할 필요가 없지만, 승소한 등기의무자는 등기필정보를 등기소에 제공하여야 한다.
4. 소유권이전등기절차의 이행을 명하는 확정판결을 받았다면 그 확정시기가 언제인가에 관계없이 등기를 신청할 수 있다.
5. 법 제23조의 판결은 확정판결을 의미하므로 반드시 확정증명서를 첨부하여야 한다. 그러나 송달증명을 첨부하거나 집행문을 부여받을 필요는 없다.

(2) 말소등기

① 등기명의인인 사람의 **사망** 또는 법인의 **해산**으로 권리가 소멸한다는 약정이 등기되어 있는 경우에 사람의 사망 또는 법인의 해산으로 그 권리가 소멸하였을 때에는, 등기권리자는 그 사실을 증명하여 단독으로 해당 등기의 말소를 신청할 수 있다(법 제55조).

② 등기권리자가 등기의무자의 **소재불명**으로 인하여 공동으로 등기의 말소를 신청할 수 없을 때에는 「민사소송법」에 따라 공시최고(公示催告)를 신청할 수 있다. 이 경우에 **제권판결**(除權判決)이 있으면 등기권리자가 그 사실을 증명하여 단독으로 등기의 말소를 신청할 수 있다.

③ 소유권과 소유권을 목적으로 한 다른 권리, 소유권 이외의 권리와 그를 목적으로 한 다른 권리가 동일인에게 귀속되어 그 다른 권리들이 **혼동**에 의하여 소멸하는 경우(「민법」 제191조), 소유자 또는 소유권 이외의 권리자는 단독으로 말소등기를 신청할 수 있다.

(3) 소유권보존등기

미등기 부동산의 소유권보존등기는 법 제65조 각 호에 규정된 자가 단독으로 신청할 수 있다. 또한 소유권보존등기의 말소등기도 등기명의인이 단독으로 신청한다(법 제23조 제2항).

(4) 소유권이전등기(상속)

상속으로 인한 등기(상속등기)는 등기권리자가 단독으로 그 신청을 할 수 있다(법 제23조).

넓혀 보기

법인의 합병

회사합병의 경우 합병 후 존속하는 회사 또는 합병으로 인하여 설립된 회사는 합병으로 인하여 소멸하는 회사의 권리·의무를 포괄적으로 승계한다. 회사합병을 원인으로 한 권리이전등기는 상속의 경우와 마찬가지로 단독으로 신청할 수 있다(법 제23조 제3항).

(5) 소유권이전등기(토지수용)

토지수용에 의한 소유권이전등기는 등기권리자가 단독으로 신청할 수 있다(법 제99조 제1항).

(6) 신탁등기

① 신탁재산에 속하는 부동산의 신탁등기는 수탁자(受託者)가 단독으로 신청한다(법 제23조 제7항).

② 수탁자가 타인에게 신탁재산에 대하여 신탁을 설정하는 경우 해당 신탁재산에 속하는 부동산에 관한 권리이전등기에 대하여는 새로운 신탁의 수탁자를 등기권리자로 하고 원래 신탁의 수탁자를 등기의무자로 한다. 이 경우 해당 신탁재산에 속하는 부동산의 신탁등기는 새로운 신탁의 수탁자가 단독으로 신청한다(법 제23조 제8항).

(7) 변경등기

① **부동산의 표시변경등기**는 소유권의 등기명의인이 1개월 이내에 단독으로 이를 신청하여야 한다(법 제23조 제5항).

② **등기명의인 표시변경등기**는 그 등기명의인이 단독으로 신청할 수 있다(법 제23조 제6항).

(8) 멸실등기

부동산이 멸실된 경우 소유권의 등기명의인은 1개월 이내에 단독으로 멸실등기를 신청하여야 한다(법 제39조, 제43조).

(9) 가등기

① 신청방법

㉠ 가등기는 가등기권리자와 가등기의무자가 공동으로 신청하는 것이 원칙이다(법 제23조 제1항).

㉡ 가등기권리자는 목적부동산의 소재지를 관할하는 **법원의 가처분명령**을 받아 가등기를 단독으로 신청할 수 있다(규칙 제145조).

㉢ 가등기권리자는 **가등기의무자의 승낙서**를 첨부정보로 제공하여 가등기를 단독으로 신청할 수 있다(규칙 제145조).

② 말소방법

㉠ 가등기의 말소등기는 등기권리자와 등기의무자의 공동신청에 의하여 말소할 수 있다(법 제23조 제1항).

㉡ **가등기명의인**이 가등기의 말소를 단독으로 신청할 수 있다(법 제93조 제1항).

㉢ **가등기의무자**나 등기상 **이해관계인**은 가등기명의인의 **승낙**을 받아 가등기의 말소등기를 말소신청 할 수 있다(법 제93조 제2항).

예제

1. 판결에 의한 소유권이전등기신청에 관한 설명으로 옳은 것은? 제19회

① 판결에 의하여 소유권이전등기를 신청하는 경우, 그 판결주문에 등기원인일의 기록이 없으면 등기신청서에 판결송달일을 등기원인일로 기록하여야 한다.

② 소유권이전등기의 이행판결에 가집행이 붙은 경우, 판결이 확정되지 아니하여도 가집행선고에 의한 소유권이전등기를 신청할 수 있다.

③ 판결에 의한 소유권이전등기신청서에는 판결정본과 그 판결에 대한 송달증명서를 첨부하여야 한다.

④ 공유물분할판결이 확정되면 그 소송의 피고도 단독으로 공유물분할을 원인으로 한 지분이전등기를 신청할 수 있다.

⑤ 소유권이전등기절차 이행을 명하는 판결이 확정된 후 10년이 경과하면 그 판결에 의한 소유권이전등기를 신청할 수 없다.

해설 ① 이행판결에 의하여 소유권이전등기를 신청하는 경우에는 그 판결에서 인정되는 법률행위(매매계약, 증여계약 등)가 등기원인이 되고, 그 법률행위 일자가 등기원인일자가 된다. 다만, 그 판결주문에 등기원인일의 기재가 없으면 확정판결의 선고일자를 등기원인일자로 기재하여야 한다.
② 소유권이전등기의 이행판결에 가집행이 붙은 경우에도, 판결이 확정되지 아니한 경우에는 소유권이전등기를 신청할 수 없다.
③ 판결에 의한 소유권이전등기신청서에는 판결정본과 그 판결에 대한 확정증명서를 첨부하여야 한다.
⑤ 소유권이전등기절차 이행을 명하는 판결은 소멸시효가 진행되지 않기 때문에 확정시기가 언제인지 상관없이 소유권이전등기를 신청할 수 있다. 정답 ④

2. 확정판결에 의한 등기신청에 관한 설명으로 틀린 것은? 제24회

① 공유물분할판결을 첨부하여 등기권리자가 단독으로 공유물분할을 원인으로 한 지분이전등기를 신청할 수 있다.
② 승소한 등기권리자가 판결에 의한 등기신청을 하지 않는 경우에는 패소한 등기의무자도 그 판결에 의한 등기신청을 할 수 있다.
③ 승소한 등기권리자가 그 소송의 변론종결 후 사망하였다면, 상속인이 그 판결에 의해 직접 자기명의로 등기를 신청할 수 있다.
④ 채권자 대위소송에서 채무자가 그 소송이 제기된 사실을 알았을 경우, 채무자도 채권자가 얻은 승소판결에 의하여 단독으로 그 등기를 신청할 수 있다.
⑤ 등기절차의 이행을 명하는 판결이 확정된 후, 10년이 지난 경우에도 그 판결에 의한 등기신청을 할 수 있다.

해설 ② 판결에 의한 등기는 승소한 등기권리자 또는 등기의무자만으로 단독신청할 수 있다(법 제23조 제4항).
정답 ②

3. 소유권이전등기에 관한 내용으로 틀린 것은? 제26회

① 상속을 원인으로 하여 농지에 대한 소유권이전등기를 신청하는 경우, 농지취득자격증명은 필요하지 않다.
② 소유권의 일부에 대한 이전등기를 신청하는 경우, 이전되는 지분을 신청정보의 내용으로 등기소에 제공하여야 한다.
③ 소유권이 대지권으로 등기된 구분건물의 등기기록에는 건물만에 관한 소유권이전등기를 할 수 없다.
④ 소유권이전등기절차의 이행을 명하는 확정판결이 있는 경우, 그 판결 확정 후 10년을 경과하면 그 판결에 의한 등기를 신청할 수 없다.
⑤ 승소한 등기권리자가 단독으로 판결에 의한 소유권이전등기를 신청하는 경우, 등기의무자의 권리에 관한 등기필정보를 제공할 필요가 없다.

해설 ④ 소유권이전등기절차의 이행을 명하는 확정판결을 받았다면 그 확정시기가 언제인가에 관계없이 그 판결에 의한 소유권이전등기를 신청할 수 있다(예규 제1692호). 정답 ④

☑ **소유권이전등기신청**(판결)

소유권이전등기신청(판결)

접 수	년 월 일	처리인	등기관 확인	각종 통지
	제 호			

① 부동산의 표시				
1. 서울특별시 서초구 서초동 100 대 300m² 2. 서울특별시 서초구 서초동 100 [도로명주소] 서울특별시 서초구 서초대로 88길 10 시멘트 벽돌조 슬래브지붕 2층 주택 1층 100m² 2층 100m² 이 상				
② 등기원인과 그 연월일	2024년 4월 5일 매매			
③ 등기의 목적	소유권이전			
④ 이전할 지분				
구 분	성명 (상호・명칭)	주민등록번호 (등기용등록번호)	주소(소재지)	지분 (개인별)
⑤ 등기의무자	박 철 수	700101-1234567	서울특별시 서초구 서초대로 88길 20	
⑥ 등기권리자	김 영 희	801231-2234567	서울특별시 중구 다동길 96	

⑦ 시가표준액 및 국민주택채권매입금액		
부동산 표시	부동산별 시가표준액	부동산별 국민주택채권매입금액
1. 주　택	금　　　원	금　　　원
2.	금　　　원	금　　　원
3.	금　　　원	금　　　원
⑦ 국 민 주 택 채 권 매 입 총 액		금　　　원
⑦ 국 민 주 택 채 권 발 행 번 호		1234-12-1234-1234
⑧ 취득세(등록면허세) 금　　　원		⑧ 지방교육세 금　　　원
		⑧ 농어촌특별세 금　　　원
⑨ 세　액　합　계	금　　　원	
⑩ 등 기 신 청 수 수 료	금　　　원	
	납부번호 : 12-12-12345678-0	
	일괄납부 :　　　건　　　원	
⑪ 등기의무자의 등기필정보		
부동산고유번호		
성명(명칭)	일련번호	비밀번호
⑫ 첨　부　서　면		
• 판결정본(검인) 1통 • 확정증명서 1통	• 취득세(등록면허세)영수필확인서 1통 • 등기신청수수료 영수필확인서 1통 • 토지 · 건축물대장등본 각 1통 • 주민등록표초본 각 1통 ~~• 위임장 통~~	

삭1행

2024년　5월　26일

⑬ 위 신청인 김　영　희　㊞　(전화 : 010－1234－5678)

서울중앙 지방법원　　　　등기국 귀중

06 대위신청

(1) 포괄승계인

등기원인이 발생한 후에 등기권리자 또는 등기의무자에 대하여 상속이나 그밖의 포괄승계가 있는 경우에는 상속인이나 그 밖의 포괄승계인이 그 등기를 신청할 수 있다(법 제27조).

① 甲이 乙에게 부동산을 매도하였으나 소유권이전등기를 하기 전에 매도인 甲이 사망하여 그 지위를 丙이 상속한 경우, 丙명의의 **상속등기를 하지 아니하고** 甲으로부터 乙에게 직접 소유권이전등기를 한다.

② 매도인 甲과 매매계약을 체결한 매수인 乙이 사망하여 丁이 상속을 한 경우에는 甲으로부터 丁에게 **직접** 소유권이전등기를 하여야 한다.

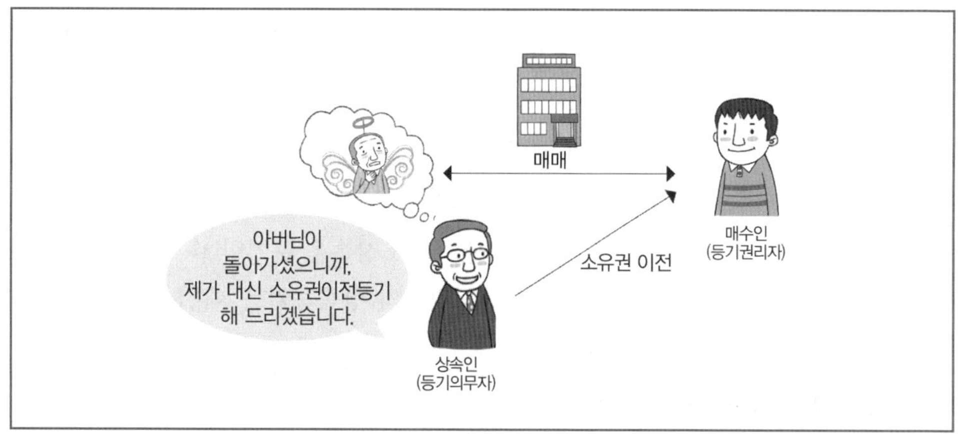

③ 포괄승계인에 의한 등기는 신청정보의 등기의무자 표시가 등기기록과 일치하지 아니한 경우에 해당하더라도 각하할 수 없다.

넓혀 보기

예규 및 선례

1. 가등기의무자가 사망하고 그 상속인이 가등기권리자와 공동으로 가등기에 기한 본등기를 신청하는 경우에는 피상속인으로부터 **직접** 등기권리자 앞으로 등기를 할 수 있다(예규 제1632호).
2. 소유권이전등기청구권가등기의 권리자가 사망한 때에는 그 상속인은 **상속등기를 하지 않고** 직접 상속인 명의로 가등기에 기한 본등기를 신청할 수 있다(등기선례 제5-577호).
3. 소유권이전등기청구의 소에서 원고인 등기권리자가 판결확정 후 사망한 경우에, 그 상속인은 판결에 의하여 **직접** 상속인 명의로 소유권이전등기를 신청할 수 있다(등기선례 제7-107호).

(2) 채권자

채권자가 자기의 채권을 보전하기 위하여 채무자의 권리를 행사할 수 있으며(「민법」 제404조 제1항), 「부동산등기법」 제28조는 "채권자가 「민법」 제404조의 규정에 따라 채무자를 대위하여 등기를 신청할 때에는 등기관이 대위자의 성명 또는 명칭, 주소 또는 사무소 소재지 및 대위원인을 기록하여야 한다."고 규정함으로써 채권자가 「민법」상의 채권자대위권에 터잡아 채무자의 등기신청권을 대위행사할 수 있음을 확인하고 있다.

① 甲, 乙, 丙 순으로 매매가 이루어졌으나 등기명의인이 甲인 경우 최종매수인 丙은 乙을 대위하여 소유권이전등기를 신청할 수 있다.

> ㉠ 채권자가 대위등기를 신청하는 경우에는 신청정보에 채권자 표시와 대위원인을 기록하고 **대위원인을 증명하는 정보**를 첨부하여야 한다.
> ㉡ 등기관은 채권자 대위에 의한 등기가 마쳐진 경우에는 **채권자** 및 **채무자**에게 **등기완료통지**를 하여야 한다.

② 甲이 미등기부동산을 乙에게 매도하였음에도 甲 앞으로의 소유권보존등기신청을 게을리 하는 때에는 乙이 甲명의로 **소유권보존등기**를 대위신청할 수 있다.

③ 저당권설정자가 사망한 경우, 그의 상속인이 상속을 포기할 수 있는 기간이라도 당해 부동산의 저당권자(채권자)는 상속인 명의의 **상속등기**를 대위신청 할 수 있다.

넓혀 보기

채권자대위신청의 구체적 사례

등기를 완료한 후 등기관은 피대위자와 등기를 신청한 대위채권자에게 등기완료통지를 한다(규칙 제53조). 다만 대위자에게는 전자신청을 한 경우에는 전자적으로 송부하고, 방문신청의 경우에는 인터넷등기소에 게시하는 것이 원칙이나, 피대위자에게는 전자신청이든 방문신청이든 등기기록상 주소로 우편송달하여야 한다(예규 제1623호).

(3) 위탁자 또는 수익자

① 위탁자 또는 수익자는 수탁자를 대위하여 **신탁등기**를 신청할 수 있다.

② 위탁자 또는 수익자는 수탁자를 대위하여 **신탁등기의 말소등기**를 신청할 수 있다.

(4) 대지 소유자

건물 멸실의 경우에 있어서 건물소유권의 등기명의인이 1개월 이내에 **멸실 등기**를 신청하지 아니한 때에는 그 건물대지의 소유자가 건물소유권의 등기명의인을 대위하여 그 등기를 신청할 수 있다(법 제43조 제2항).

예제

1. 등기신청에 관한 설명 중 틀린 것은? 제18회

① 법인 아닌 사단에 속하는 부동산에 관한 등기는 그 사단의 명의로 신청할 수 있다.
② 근저당권설정자가 사망한 경우 근저당권자는 임의경매신청을 하기 위하여 근저당권의 목적인 부동산의 상속등기를 대위신청할 수 있다.
③ 甲, 乙 간의 매매 후 등기 전에 매수인 乙이 사망한 경우 乙의 상속인 丙은 甲과 공동으로 丙 명의의 소유권이전등기를 신청할 수 있다.
④ 甲·乙·丙·丁 순으로 매매가 이루어졌으나 등기명의인이 甲인 경우 최종매수인 丁은 乙과 丙을 순차로 대위하여 소유권이전등기를 신청할 수 있다.
⑤ 민법상 조합을 등기의무자로 한 근저당권설정등기는 신청할 수 없지만, 채무자로 표시한 근저당권설정등기는 신청할 수 있다.

해설 ⑤ 민법상 조합은 조합 자체로서는 당사자 적격이 없어 권리와 의무의 주체가 되지 못한다. 따라서 조합 자체로는 근저당권설정등기 절차에서 등기권리자와 등기의무자의 지위를 가질 수 없고, 또한 채무자의 지위도 가질 수 없다. ◆ 정답 ⑤

2. 채권자 甲이 채권자대위권에 의하여 채무자 乙을 대위하여 등기신청하는 경우에 관한 설명으로 옳은 것을 모두 고른 것은? 제31회

> ㉠ 乙에게 등기신청권이 없으면 甲은 대위등기를 신청할 수 없다.
> ㉡ 대위등기신청에서는 乙이 등기신청인이다.
> ㉢ 대위등기를 신청할 때 대위원인을 증명하는 정보를 첨부하여야 한다.
> ㉣ 대위신청에 따른 등기를 한 경우, 등기관은 乙에게 등기완료의 통지를 하여야 한다.

① ㉠, ㉡
② ㉠, ㉢
③ ㉡, ㉣
④ ㉠, ㉢, ㉣
⑤ ㉡, ㉢, ㉣

해설 ㉡ 채권자 甲이 채권자대위권에 의하여 채무자 乙을 대위하여 등기신청하는 경우이므로 등기신청인은 乙이 아닌 甲이 되어야 한다. ◆ 정답 ④

07 등기신청에 필요한 정보

등기를 신청할 때에는 소정의 사항을 기록한 신청정보 및 첨부정보를 제공하여야 한다(규칙 제43조, 제46조).

1 등기신청정보

등기의 신청은 1건당 1개의 부동산에 관한 신청정보를 제공하는 방법으로 하여야 한다.

넓혀 보기

일괄신청의 구체적 사례

1. **공동저당권설정등기**
   같은 채권의 담보를 위하여 여러 개의 부동산에 대한 저당권설정등기를 신청하는 경우에는 1건의 신청정보로 저당권설정등기를 신청할 수 있다(규칙 제47조).
2. **소유권이전등기와 신탁등기**
   신탁등기의 신청은 해당 신탁으로 인한 권리의 이전 또는 보존이나 설정등기의 신청과 함께 1건의 신청정보로 일괄하여 하여야 한다. 다만, 수익자나 위탁자가 수탁자를 대위하여 신탁등기를 신청하는 경우에는 그러하지 아니하다(예규 제1694호).

(1) 신청정보의 내용

① **필요적 정보사항**: 신청정보가 유효하기 위하여 반드시 그 내용으로 해야 할 사항으로서, 그 정보가 없으면 신청정보의 제공이 대법원규칙으로 정하는 방식에 맞지 아니하여 등기신청이 각하될 수 있는 경우를 말한다(법 제29조 제5호).

☑ **필요적 정보사항**(규칙 제43조)

1. 부동산의 표시에 관한 사항
   ① 토지: 소재와 지번, 지목, 면적
   ② 건물: 소재, 지번 및 건물번호, 건물의 종류, 구조와 면적 등
2. 신청인의 성명, 주소 및 주민등록번호
3. 신청인이 법인인 경우에는 그 대표자의 성명과 주소
4. 대리인에 의하여 등기를 신청하는 경우에는 그 성명과 주소
5. 등기원인과 그 연월일
6. 등기의 목적
7. 등기필정보(다만, 공동신청 또는 승소한 등기의무자의 단독신청에 의하여 권리에 관한 등기를 신청하는 경우로 한정한다)
8. 등기소의 표시
9. 신청연월일

넓혀 보기

등기필정보

1. 등기필정보를 가지고 있는 자가 등기의무자가 되어 등기를 신청하는 경우에는 등기신청정보에 등기의무자의 등기필정보를 제공하여야 한다(규칙 제3조 제1항 제7조).

등기필정보의 제공을 요하는 경우	등기필정보의 제공을 요하지 않는 경우
• 공동신청하는 등기 ① 소유권이전등기(매매 · 증여 · 교환 · 유증) ② 소유권 외의 권리의 설정등기	• 단독신청하는 등기 ① 소유권이전등기(상속 · 합병 · 토지수용) ② 소유권보존등기 ③ 부동산변경등기 ④ 등기명의인표시변경등기
승소한 등기의무자가 판결에 의하여 단독신청하는 경우	승소한 등기권리자가 판결에 의하여 단독신청하는 경우

2. 등기필정보가 없는 경우의 본인확인방법

확인조서	등기의무자 또는 그 법정대리인(이하 '등기의무자 등')이 등기소에 출석하여 등기관으로부터 등기의무자 등임을 확인받아야 한다(법 제51조).
확인정보	등기신청인의 대리인이 등기의무자 또는 그 법정대리인으로부터 위임받았음을 확인한 경우에는 그 확인정보를 첨부정보로서 등기소에 제공하는 방식으로 등기의무자의 출석에 갈음할 수 있다(규칙 제111조 제2항).
공증서면	신청정보 중 등기의무자 등의 작성부분에 관하여 공증을 받은 경우 이를 첨부정보로 등기소에 제공하는 방식으로 등기의무자의 출석에 갈음할 수 있다(법 제51조 단서).

② **임의적 정보사항**: 신청정보로 할 것인지 여부가 당사자의 의사에 맡겨져 있는 사항으로서, 이를 신청정보의 내용으로 제공하지 않아도 그 등기신청이 부적법한 것은 아니다.

㉠ 「부동산등기법」 제54조는 "등기원인에 권리의 소멸에 관한 약정이 있을 경우 신청인은 그 약정에 관한 등기를 신청할 수 있다."고 규정하여 권리의 소멸에 관한 약정을 일반적 · 임의적 정보사항으로서 규정하고 있다.

㉡ 「민법」 제268조 제1항 단서는 "공유자는 공유물에 대하여 5년 내의 기간으로 분할하지 아니할 것을 약정할 수 있다."고 규정하여 공유물불분할약정을 일반적 · 임의적 정보사항으로 규정하고 있다.

1. 환매특약이 있는 경우 환매권에 관한 사항
2. 등기원인에 등기의 목적인 권리의 소멸에 관한 약정이 있는 경우 그 소멸에 관한 사항
3. 등기권리자가 2인 이상인 경우 그 지분의 표시
4. 등기할 권리가 합유인 경우 합유라는 사실
5. 공유물의 불분할약정
6. 각종 권리에 관한 등기에서의 임의적 기록사항

예 제

1. 등기의무자의 등기필정보의 제공에 관한 설명으로 틀린 것은? 제20회 변형

① 등기의무자의 등기필정보는 등기신청정보에 부동산의 고유번호, 성명, 일련번호 및 비밀번호를 기록하는 방식으로 제공하여야 한다.
② 유증을 원인으로 하는 소유권이전등기를 신청할 경우에는 등기의무자의 등기필정보를 등기소에 제공할 필요가 없다.
③ 소유권보존등기 또는 상속으로 인한 소유권이전등기를 신청할 경우에는 등기의무자의 등기필정보를 등기소에 제공할 필요가 없다.
④ 승소한 등기권리자가 판결에 의하여 소유권이전등기를 신청할 경우에는 등기의무자의 등기필정보를 등기소에 제공할 필요가 없다.
⑤ 승소한 등기의무자가 단독으로 소유권이전등기를 신청할 경우에는 등기의무자의 등기필정보를 등기소에 제공하여야 한다.

해설 ② 유증을 원인으로 하는 소유권이전등기를 신청하는 경우에는 등기의무자와 등기권리자가 공동신청하여야 하므로 등기의무자의 등기필정보를 등기소에 제공하여야 한다. **정답** ②

2. 등기신청에 관한 설명으로 틀린 것은? 제23회

① 공동신청이 요구되는 등기라 하더라도 다른 일방의 의사표시를 명하는 이행판결이 있는 경우에는 단독으로 등기를 신청할 수 있다.
② 甲소유의 부동산에 관하여 甲과 乙이 매매계약을 체결한 후 아직 등기신청을 하지 않고 있는 동안, 매도인 甲이 사망한 경우에는 상속등기를 생략하고 甲의 상속인이 등기의무자가 되어 그 등기를 신청할 수 있다.
③ 유증으로 인한 소유권이전등기는 수증자를 등기권리자, 유언집행자 또는 상속인을 등기의무자로 하여 공동으로 신청하여야 한다.
④ 같은 채권의 담보를 위하여 소유자가 다른 여러 개의 부동산에 대한 저당권설정등기를 신청하는 경우, 1건의 신청정보로 일괄하여 신청할 수 없다.
⑤ 甲, 乙, 丙 순으로 소유권이전등기가 된 상태에서 甲이 乙과 丙을 상대로 원인무효에 따른 말소판결을 얻은 경우, 甲이 확정판결에 의해 丙 명의의 등기의 말소를 신청할 때에는 乙을 대위하여 신청하여야 한다.

해설 ④ 같은 채권의 담보를 위하여 소유자가 다른 여러 개의 부동산에 대한 저당권설정등기를 신청하는 경우, 1건의 신청정보로 일괄하여 신청할 수 있다. **정답** ④

2 등기원인을 증명하는 정보

등기를 신청할 때 신청정보와 함께 제공하여야 하는 '등기원인을 증명하는 정보'란 등기할 권리변동의 원인이 되는 법률행위 또는 법률사실의 성립을 증명하는 정보를 말한다. 여기에는 원칙적으로 부동산의 표시, 등기사항(등기원인 및 그 연월일), 당사자의 표시와 날인이 있어야 한다.

(1) 등기원인증명정보의 예

구 분	등기의 종류	등기원인증명정보
법률행위의 성립을 증명하는 정보	소유권이전등기	계약서(매매, 증여, 교환), 매각허가결정정본, 가족관계등록사항별 증명서, 유언증서, 사인증여증서
	권리의 설정등기	(근)저당권설정계약서, 전세권설정계약서
	말소등기	해지증서
법률사실을 증명하는 정보	수 용	협의성립확인서, 재결서
	경 매	경매개시결정정본
	판 결	판결정본

(2) 검 인

계약을 원인으로 한 소유권이전등기신청은 시장·군수 또는 그 권한을 위임받은 자의 검인을 받아야 하는데(「부동산등기 특별조치법」 제3조 제1항), 이 경우에는 부동산의 소재지를 관할하는 시장·군수 또는 그 권한의 위임을 받은 자의 검인을 받은 계약서에 검인신청인을 표시하여 관할 등기소에 제출하여야 한다.

구분	내용
검인을 받아야 하는 경우	• 소유권이전등기(매매·교환·증여) • 공유물분할계약서 • 양도담보계약서 • 명의신탁해지약정서 • 판결서 • 조서(화해·조정·인낙) • 소유권이전청구권가등기에 기한 본등기
검인을 받지 아니하는 경우	• 소유권이전등기(수용·상속·경매·취득시효·권리포기·진정명의회복) • 토지거래허가증, 주택거래신고필증, 부동산거래신고필증을 첨부한 경우 • 소유권이전청구권가등기 • 국가 또는 지방자치단체가 계약의 일방당사자인 경우

3 제3자의 허가 · 동의 · 승낙을 증명하는 정보

(1) 의 의

등기를 신청함에 있어서 등기원인에 대하여 제3자의 허가 · 동의 · 승낙을 요하는 경우에는 이를 증명하는 정보를 제공하여야 한다(규칙 제46조 제1항 제2호).

(2) 등기원인증서가 집행력 있는 판결인 경우의 특칙

등기원인증명정보가 집행력 있는 판결인 때에는 제3자의 허가정보 등의 제공은 요하지 아니한다(규칙 제46조 제3항).

넓혀 보기

관련 판례 및 예규

1. **등기원인증명정보가 집행력 있는 판결서인 경우**
   ① 등기원인증서가 집행력 있는 판결서인 경우에 등기원인에 대한 제3자의 동의나 승낙서는 첨부하지 않는 것이 원칙이지만 등기상 이해관계인의 승낙서의 첨부까지 면제되는 것은 아니다(규칙 제46조 제1항 제3호).
   ② 등기원인에 대하여 행정관청의 허가 · 동의 · 승낙을 받을 것이 요구되는 때에는 그 판결서에 해당 허가서 등의 현존사실이 기록되어 있는 경우에는 해당 행정관청의 허가서 등을 첨부하지 아니한다.
   ③ 한편, 소유권이전등기신청의 경우에는 등기원인에 대하여 행정관청의 허가 · 동의 · 승낙을 받을 것이 요구되는 때에는 해당 행정관청의 허가서 등의 현존사실이 판결서에 기록되어 있는 경우라도 그 허가서 등을 반드시 제출하여야 한다(등기예규 제1692호).

구 분	등기원인에 대한 제3자의 허가 · 동의 · 승낙정보	등기상 이해관계 있는 제3자의 승낙정보
수리요건	법 제29조 제9호	말소 및 말소회복
판결에 의한 등기	원칙적으로 제공 면제	면제되지 아니함

2. 농지취득자격증명이 제출되지 아니했음을 간과하고 경료된 등기는 당연무효는 아니며, 따라서 등기관이 이를 직권말소할 수는 없다(등기선례 제5-493호).

(3) 토지거래허가서

토지거래의 허가서정보가 필요한 경우는 ① 유상계약이나 예약에 의한 ② 소유권이전, 지상권설정 및 이전등기, 그 가등기를 신청하는 경우이다. 또한 ③ 허가받은 계약의 내용에 변경이 생긴 경우에도 허가를 받아야 한다(「부동산 거래신고 등에 관한 법률」 제11조 참조).

(4) 농지취득자격증명(예규 제1635호)

농지에 대한 소유권이전등기를 신청하는 때에는 농지취득자격증명정보를 첨부정보로서 등기소에 제공하여야 하는데, ① 유 · 무상을 불문하고 ② 법률행위에 의한 ③ 소유권이전등기에 한한다.

4 신청인의 주소를 증명하는 정보

(1) 등기를 신청하는 경우에는 신청정보와 함께 첨부정보로서 등기권리자(새로 등기명의인이 되는 경우로 한정한다)의 주소를 증명하는 정보를 등기소에 제공하여야 한다. 다만, **소유권 이전등기**를 신청하는 경우에는 **등기권리자**뿐만 아니라 **등기의무자**의 주소를 증명하는 정보도 제공하여야 한다(규칙 제46조 제1항 제6호).

(2) 등기기록에 새롭게 등기명의인이 되는 자의 주소를 증명하는 정보를 첨부정보로 등기소에 제공하게 하는 취지는 잘못된 주소로 등기되거나 허무인 명의로 등기되는 것을 막고 등기의무자의 동일성 여부를 판단하기 위한 것이다(등기선례 제2-91호, 제4-149호).

5 도 면

(1) 용익권에 관한 등기를 신청하는 경우

① 지상권, 지역권, 전세권, 임차권의 설정 범위가 부동산의 **일부**인 경우에는 그 부분을 표시한 지적도나 건물도면을 첨부정보로서 등기소에 제공하여야 한다(규칙 제128조 제2항).

② 부동산의 일부에 대한 전세권(임차권)설정등기 신청정보에는 첨부정보로서 등기소에 그 도면을 제공하여야 하나, 전세권(임차권)의 목적인 범위가 **건물의 일부로서 특정 층 전부**인 때에는 그 도면을 등기소에 제공할 필요가 없다(등기선례 제200707-4호).

(2) 건물의 소유권보존등기를 신청하는 경우

① 건물의 소유권보존등기를 신청하는 경우에 그 대지 위에 여러 개의 건물이 있을 때에는 그 대지 위에 있는 건물의 소재도를 첨부정보로서 등기소에 제공하여야 한다. 다만, 건물의 표시를 증명하는 정보로서 건축물대장 정보를 등기소에 제공한 경우에는 그러하지 아니하다(규칙 제121조 제3항).

② 구분건물에 대한 소유권보존등기를 신청하는 경우에는 1동의 건물의 소재도, 각 층의 평면도와 전유부분의 평면도를 첨부정보로서 등기소에 제공하여야 한다(규칙 제121조 제4항).

08 등기신청의 접수

전자신청에 의한 접수	부동산등기시스템에서 전자신청이 접수되면 신청정보가 자동으로 접수되고 등기기록에 자동으로 기록된다.
방문신청에 의한 접수	당사자나 그 대리인 본인 또는 허가받은 법무사 등의 사무원이 직접 등기소에 출석하여 등기신청서를 접수담당자에게 제출하여야 한다.
전자표준양식에 의한 접수	등기신청인이 인터넷등기소에 접속하여 신청정보를 작성하고 이를 출력한 서면과 제공서류를 등기소에 출석하여 제출하는 방식의 등기신청을 말한다.

1 **전자신청**(전산정보처리조직에 의한 등기신청)

부동산등기의 원칙적인 신청방법은 신청인 또는 그 대리인이 관할 등기소에 출석하여 소정의 신청서 및 첨부서면을 제출하는 것이었으나, 전자신청은 이와 같은 종이신청에 의하지 않고 신청인이 등기소에 출석할 필요 없이 신청서를 전자적으로 제출하는 방법에 의하는 것을 말한다.

2 전자신청을 할 수 있는 자

① 등기소에 출석하여 사용자등록을 한 '**자연인(외국인 포함)**'과 전자증명서를 발급받은 '**법인**'은 전자신청을 할 수 있다. 다만, **법인 아닌 사단 또는 재단**은 그 단체의 전자증명서를 발급받을 수 있는 방법이 없어 전자신청을 허용하지 않고 있다.

② 전자신청은 당사자 본인만이 할 수 있고 **타인을 대리할 수 없다**. 다만, 등기신청을 대리할 수 있는 **변호사나 법무사(자격자대리인)**는 다른 사람을 대리하여 전자신청을 할 수 있다.

3 사용자등록 절차

(1) 사용자등록의 신청

① 전산정보처리조직을 이용하여 등기를 신청하고자 하는 당사자 또는 자격자대리인은 미리 **사용자등록을 하여야 한다**(규칙 제68조).

② 자격자대리인에게 전자신청을 위임한 당사자는 **사용자등록을 할 필요가 없다**.

③ 사용자등록을 신청할 등기소는 관할의 제한이 없기 때문에 주소지나 사무소 소재지 관할 및 그 외의 등기소에 **직접 출석**하여 미리 사용자등록을 신청하여야 한다.

(2) 첨부서면

신청인은 사용자등록신청서에 **인감증명** 및 **주소증명서면**을 첨부하여야 한다.

(3) 사용자등록의 유효기간(규칙 제69조)

① 사용자등록의 유효기간은 **3년**으로 한다. 이 유효기간이 경과한 경우에는 사용자등록을 다시 하여야 한다.

② 한편, 사용자등록의 유효기간 만료일 3개월 전부터 만료일까지는 그 유효기간의 연장을 신청할 수 있다. 다만, 연장기간은 **3년**으로 하고, 연장 횟수는 제한되지 아니한다.

넓혀 보기

전자신청의 주요 특징

전자신청이란 신청인이 종이신청서를 작성하여 등기소에 출석·제출할 필요 없이 가상등기소인 인터넷등기소를 통하여 신청정보와 모든 첨부정보를 전자적으로 부동산등기시스템에 송신함으로써 등기신청, 접수 및 처리가 이루어지는 절차이다. 전자신청은 신청인이 인터넷등기소의 전자신청시스템에 로그인한 후에 그 안내에 따라 신청정보의 작성, 첨부정보의 입력, 전자위임장의 작성 및 승인, 신청 수수료의 전자결제, 신청정보의 전자적 제출, 등기완료 후 등기필정보의 전자적 수령 등의 순서로 진행된다.

1. **사용자등록**
   전자등기신청을 하고자 하는 당사자 또는 자격자대리인은 미리 사용자등록을 하여야 하는데, 사용자등록이란 전자신청을 하고자 하는 당사자 또는 자격자대리인이 등기소에 직접 출석하여 본인 여부에 대한 확인을 거친 후에 인터넷등기소의 전자신청시스템에 인증서정보 및 사용자등록번호를 등록하는 일련의 절차를 말한다.
2. **신청정보 및 첨부정보의 전자문서화**
   전자신청을 하기 위해서는 신청정보는 물론 첨부정보도 전자문서로 작성하여 전자신청시스템에 송신하여야 한다. 전자문서에는 작성자가 인증서를 이용하여 전자서명을 하여야 하고, 등록세 및 등기신청 수수료 등 등기신청과 관련된 의무사항의 이행 여부도 전자적으로 확인할 수 있어야 한다.
3. **출석신청주의의 배제**
   전자신청은 관할 등기소에 출석하지 않고 등기신청을 하는 경우이므로 당사자 또는 대리인이 출석하지 않았다고 하여 각하할 수 없다.

☑ **사용자등록신청서**

	본인확인	처 리 인
사용자등록신청서		

신청구분	□ 신규등록 □ 사용자등록 해지 □ 효력 정지 □ 효력 회복 □ 유효기간 연장 □ 사용자정보 변경			
신청인	성 명		주민등록번호	
	주 소			
	전화번호	(집) (휴대폰)		
	인터넷등기소 회원ID	(1순위) (2순위) (3순위)		
	전자우편 주소			
자격자정보	□ 법무사 □ 변호사		자격등록번호	
	사무소 소재지			
	전화번호	(사무실) (FAX)		
첨부서면	1. 주민등록표초본(또는 등본) 1통 2. 번역문 통 3. 인감증명서 1통 4. 자격자증명서면 사본 통			

주) 1. 외국인의 경우에는 주민등록번호란에 외국인등록번호나 국내거소신고번호를 기재합니다.
2. 신청서의 주민등록번호는 인터넷등기소에서 사용자등록시 사용할 개인인증서의 주민등록번호와 일치하여야 합니다.
3. 자격자정보란은 변호사나 법무사 등 자격자대리인만 기재합니다.
4. 자격등록번호란 법무사(변호사)등록증상의 번호를 말합니다.
5. 외국인의 경우에는 주민등록표초본(또는 등본) 대신 외국인등록사실증명이나 국내거소신고사실증명을 첨부하고, 그 증명서면에 기재된 성명이 외국문자로 되어 있으면 그 성명을 한글로 표기한 번역문을 함께 첨부하여야 합니다.

전자신청을 위한 사용자등록을 신청합니다.

년 월 일

신청인 인

지방법원 등기소(과) 귀중

예제

1. 전산정보처리조직에 의한 등기신청(이하 '전자신청'이라 함)**에 관련된 설명으로 틀린 것은?**

제20회

① 사용자등록을 한 법무사에게 전자신청에 관한 대리권을 수여한 등기권리자도 사용자등록을 하여야 법무사가 대리하여 전자신청을 할 수 있다.

② 최초로 사용자등록을 신청하는 당사자 또는 자격자대리인은 등기소에 출석하여야 한다.

③ 전자신청을 위한 사용자등록은 전국 어느 등기소에서나 신청할 수 있다.

④ 법인 아닌 사단은 전자신청을 할 수 없다.

⑤ 사용자등록 신청서에는 인감증명을 첨부하여야 한다.

해설 ① 사용자등록을 한 법무사에게 전자신청에 관한 대리권을 수여한 경우에 등기권리자는 사용자등록을 할 필요가 없다.

정답 ①

2. 전산정보처리조직에 의한 등기신청(이하 '전자신청'이라 한다)**에 관한 설명 중 틀린 것은?**

제18회 변형

① 전자신청을 할 수 있는 등기유형에는 일정한 제한이 있다.

② 법인 아닌 사단·재단은 전자신청을 할 수 없다.

③ 전자신청의 경우 접수번호는 전산정보처리조직에 의하여 자동적으로 생성된 접수번호를 부여한다.

④ 변호사나 법무사가 아닌 자도 위임이 있으면 다른 사람을 대리하여 전자신청을 할 수 있다.

⑤ 집단사건이나 판단이 어려운 사건은 지연처리사유를 등록하고 이들 신청사건보다 나중에 접수된 사건을 먼저 처리할 수 있다.

해설 ④ 변호사나 법무사가 아닌 자는 다른 사람을 대리하여 전자신청을 할 수 없다.

정답 ④

3. 등기신청에 관한 설명으로 옳은 것은?

제29회

① 외국인은 「출입국관리법」에 따라 외국인등록을 하더라도 전산정보처리조직에 의한 사용자등록을 할 수 없으므로 전자신청을 할 수 없다.

② 법인 아닌 사단이 등기권리자로서 등기신청을 하는 경우, 그 대표자의 성명 및 주소를 증명하는 정보를 첨부정보로 제공하여야 하지만 주민등록번호를 제공할 필요는 없다.

③ 이행판결에 의한 등기는 승소한 등기권리자 또는 패소한 등기의무자가 단독으로 신청한다.

④ 신탁재산에 속하는 부동산의 신탁등기는 신탁자와 수탁자가 공동으로 신청하여야 한다.

⑤ 전자표준양식에 의한 등기신청의 경우, 자격자대리인(법무사 등)이 아닌 자도 타인을 대리하여 등기를 신청할 수 있다.

해설 ① 외국인은 전산정보처리조직에 의한 사용자등록을 하여 전자신청을 할 수 있다.

② 법인 아닌 사단이 등기신청을 하기 위해서는 신청서에 법인 아닌 사단의 대표자 또는 관리인의 성명, 주소 및 주민등록번호를 기재하여야 한다.

③ 판결에 의한 등기는 승소한 등기권리자 또는 등기의무자가 단독으로 신청한다(법 제23조 제4항). 따라서 패소한 자는 등기신청을 할 수가 없다.

④ 신탁등기는 수탁자(受託者)가 단독으로 신청한다.

정답 ⑤

09 심 사

현행 「부동산등기법」은 형식적 심사주의를 취하고 있다. 즉, 등기관은 등기신청에 대하여 실체법상의 권리관계와 일치하는지 여부를 심사할 실질적 심사권한은 없고 오직 신청정보 및 첨부정보와 등기기록에 의하여 등기요건에 합당한지 여부를 심사할 형식적 권한밖에 없다(대결 1995.1.20, 94마535).

10 등기신청의 각하

(1) 의 의

등기신청의 각하란 등기관이 등기신청을 수리하지 아니하는 것, 즉 신청에 따른 등기기록상의 기록을 거부하는 것을 말한다. 법 제29조 각 호가 열거하고 있는 각하사유를 살펴보면 다음과 같다.

(2) 각하사유

① **사건이 그 등기소의 관할이 아닌 경우**(제1호) : 등기사무는 그 부동산소재지를 관할하는 지방법원·동 지원·등기소가 관할 등기소로서 이를 관장하므로(법 제7조 제1항), 이러한 등기소에 등기신청을 하지 아니하면 그 등기신청은 부적법하여 각하된다.

② **사건이 등기할 것이 아닌 경우**(제2호) : 사건이 등기할 것이 아닌 때란 등기신청이 그 취지 자체에 의하여 법률상 허용할 수 없음이 명백한 경우를 말한다(예규 제622호). 즉, 실체법상·절차법상·특별법상 등기할 사항이 아닌 물건·권리·권리변동 등에 관한 등기를 신청하는 경우를 말한다. 등기할 사건이 아님을 간과하고 실행된 등기도 당연무효이므로 직권말소 및 이의신청의 대상이 된다(법 제100조).

넓혀 보기

사건이 등기할 것이 아닌 경우(법 제29조 제2호)

1. 등기능력 없는 물건 또는 권리에 대한 등기를 신청한 경우
2. 법령에 근거가 없는 특약사항의 등기를 신청한 경우
3. 구분건물의 전유부분과 대지사용권의 분리처분 금지에 위반한 등기를 신청한 경우
4. 농지를 전세권설정의 목적으로 하는 등기를 신청한 경우
5. 저당권을 피담보채권과 분리하여 양도하거나, 피담보채권과 분리하여 다른 채권의 담보로 하는 등기를 신청한 경우
6. 일부지분에 대한 소유권보존등기를 신청한 경우
7. 공동상속인 중 일부가 자신의 상속지분만에 대한 상속등기를 신청한 경우
8. 관공서 또는 법원의 촉탁으로 실행되어야 할 등기를 신청한 경우
9. 이미 보존등기된 부동산에 대하여 다시 보존등기를 신청한 경우
10. 그 밖에 신청취지 자체에 의하여 법률상 허용될 수 없음이 명백한 등기를 신청한 경우

③ **신청할 권한이 없는 자가 신청한 경우**(제3호) : 등기기록상 등기명의인이 될 수 없는 등기신청 당사자능력이 없는 자가 신청한 경우를 포함한다.

④ **방문신청규정에 따라 등기를 신청할 때에 당사자나 그 대리인이 출석하지 아니한 경우**(제4호) : 당사자가 방문신청을 하는 경우에는 등기소에 출석하여야 한다. 다만, 전자신청을 하는 경우에는 등기소에 출석할 필요가 없다.

⑤ **신청정보의 제공이 대법원규칙으로 정한 방식에 맞지 아니한 경우**(제5호) : 신청정보의 필요적 사항이 누락된 경우, 등기원인증명정보에 적혀 있는 신청정보의 임의적 사항이 누락된 경우 등 신청정보가 법정의 방식에 적합하지 아니한 경우 등을 말한다.

⑥ **신청정보의 부동산 또는 등기의 목적인 권리의 표시가 등기기록과 일치하지 아니한 경우**(제6호) : 신청정보와 등기기록에 기록되어 있는 부동산의 표시(부동산의 지목 · 면적 등) · 권리의 표시(권리의 종류 · 존속기간 등)가 불일치하는 것을 말한다.

⑦ **신청정보의 등기의무자의 표시가 등기기록과 일치하지 아니한 경우**(제7호) : 등기명의인의 표시에 변경 또는 경정사유가 있는 경우에는 먼저 등기명의인의 표시변경 · 경정등기를 신청하여 그 등기가 경료된 후 다른 등기를 신청하여야 한다. 등기명의인의 표시변경 · 경정등기가 마쳐지지 않은 상태에서 다른 등기가 신청된 경우 그 등기신청은 각하된다.

⑧ **신청정보와 등기원인을 증명하는 정보가 일치하지 아니한 경우**(제8호) : '등기원인이 매매인데 신청정보에 증여로 되어 있는 경우' 또는 '매수인이 甲인데 乙로 되어 있는 경우' 등이 이에 해당한다.

⑨ **등기에 필요한 첨부정보를 제공하지 아니한 경우**(제9호) : 신청정보에 첨부하여야 하는 등기원인증명정보, 제3자의 허가정보, 대리인의 자격이 있음을 증명하는 정보, 주소증명정보, 주민등록번호증명정보, 도면, 대리인의 확인정보, 공증서면부본정보, 인감증명정보, 규약 · 공정증서정보, 제3자의 승낙정보 또는 이에 대항할 수 있는 재판이 있음을 증명하는 정보 등을 제공하지 아니한 경우를 말한다.

⑩ **취득세, 등록면허세 또는 수수료를 내지 아니하거나 등기신청과 관련하여 다른 법률에 따라 부과된 의무를 이행하지 아니한 경우**(제10호) : 등기관은 취득세 또는 등록면허세, 등기신청수수료의 납부 여부 및 국민주택채권 매입 의무 등을 이행했는지를 조사하여야 하며, 이를 위반한 경우 본 호 규정에 의하여 등기신청을 각하한다.

⑪ **신청정보 또는 등기기록의 부동산의 표시가 토지대장 · 임야대장 또는 건축물대장과 일치하지 아니한 경우**(제11호) : 대장상의 부동산표시와 등기기록상의 표시가 다른 경우에는 등기기록상의 표시변경등기를 하지 아니하고 다른 등기신청을 하면 본 호의 각하사유에 해당한다.

11 등기완료

(1) 등기필정보의 작성 및 통지

① 등기관이 새로운 권리에 관한 등기를 마쳤을 때에는 등기필정보를 작성하여 등기권리자에게 통지하여야 한다(법 제50조 제1항). 따라서 신청인이 아닌 등기권리자에 관해서는 등기필정보를 작성·통지하지 아니한다.

② 등기필정보는 특정 부동산에 관하여 특정인 명의로 등기가 완료되었다는 정보를 말하는데, 일련번호와 비밀번호(등기필정보의 일련번호는 영문 또는 아라비아 숫자를 조합한 12개로 구성하고 비밀번호는 50개를 부여함)로 구성된다.

③ 법정대리인이 등기를 신청한 경우에는 그 법정대리인, 법인의 대표자가 신청한 경우에는 그 대표자에게 등기필정보를 통지한다(규칙 제108조 제2항).

등기필정보를 작성·통지하는 경우	등기필정보를 작성·통지하지 않는 경우
① 등기명의인이 신청한 권리의 등기 ㉠ 소유권보존등기 ㉡ 소유권이전등기 ㉢ 소유권 외의 권리의 설정등기 ㉣ 소유권 외의 권리의 이전등기 ㉤ 가등기	① 등기명의인이 신청하지 아니한 등기 ㉠ **등기관**의 직권에 의한 소유권보존등기 ㉡ **채권자**대위에 의한 소유권이전등기 ㉢ **승소한 등기의무자**에 의한 소유권이전등기
② 권리자를 추가하는 변경·경정등기	② 변경·경정등기 ㉠ 부동산표시변경·경정등기 ㉡ 등기명의인표시변경·경정등기 ㉢ 권리의 변경·경정등기
	③ 관공서의 촉탁등기

④ 다음의 경우에는 등기필정보를 통지하지 아니한다(규칙 제109조).

> ㉠ 등기필정보를 통지받아야 할 사람이 그 통지를 원하지 않는다는 내용의 신고를 한 경우
> ㉡ 등기필정보를 전산정보처리조직으로 통지받아야 할 사람이 등기필정보를 수신이 가능한 때부터 3개월 이내에 전산정보처리조직을 이용하여 수신하지 않는 경우
> ㉢ 등기필정보통지서를 수령할 사람이 등기를 마친 때부터 3개월 이내에 그 서면을 수령하지 않은 경우

(2) 등기완료통지서의 작성 및 통지

① 등기필정보는 한정된 경우에만 작성·교부될 뿐이므로 등기가 완료되어도 아무런 통지를 하지 아니할 경우 절차적으로 등기완료사실을 알아야 하는 사람들이 그 사실을 모를 수가 있다. 따라서, 등기관이 등기를 완료한 때에는 등기완료통지서를 작성하여 신청인 및 다음에 해당하는 자에게 등기완료사실을 통지하여야 한다(규칙 제53조).

신청인에 대한 통지	㉠ 공동신청에서 등기필정보를 부여받는 등기권리자 ㉡ 공동신청이지만 등기필정보를 부여받지 않는 등기권리자 ㉢ 공동신청에서 등기의무자가 원하는 경우 ㉣ 승소한 등기의무자의 등기신청에 있어서 등기의무자 ㉤ 등기필정보를 제공해야 하는 등기신청에서 등기필정보를 제공하지 않고 확인정보 등을 제공한 등기신청에 있어서 등기의무자 ㉥ 대위채권자의 등기신청에 있어서 대위자 ㉦ 단독신청에서의 신청인
등기명의인에 대한 통지	㉠ 승소한 등기의무자의 등기신청에 있어서 등기권리자 ㉡ 대위채권자의 등기신청에 있어서 피대위자 ㉢ 소유권의 처분제한의 등기촉탁에 있어서 직권 소유권보존등기의 등기명의인 ㉣ 관공서의 등기촉탁에 있어서 그 관공서

② 등기권리자와 등기의무자가 공동으로 신청하는 경우에는 등기권리자에게만 통지하지만, 등기의무자가 신청서에 등기완료사실의 통지를 요청한다는 내용을 기록한 때에는 등기의무자에게도 통지하여야 한다.

③ **행정구역 또는 그 명칭이 변경된 경우**에 등기관은 직권으로 부동산의 표시변경등기 또는 등기명의인의 주소변경등기를 할 수 있는데(규칙 제54조), 이 경우에는 등기명의인에게 **등기완료통지를 할 필요가 없다**.

(3) 소유권변경사실에 대한 통지

① 등기관이 부동산소유권에 관한 아래의 등기를 한 때에는 지체 없이 그 사실을 토지의 경우에는 지적소관청에, 건물의 경우에는 건축물대장소관청에 각각 알려야 한다.

㉠ 소유권보존등기	㉡ 소유권이전등기
㉢ 소유권말소등기	㉣ 소유권말소회복등기
㉤ 소유권의 변경·경정등기	㉥ 소유권의 등기명의인표시변경등기

② 소유권변경사실의 통지는 전산정보처리조직을 이용하여 할 수 있다(규칙 제120조). 소유권변경사실의 통지는 「전자정부법」에 따라 행정정보 공동이용센터에 전송하는 방식으로 한다.

예제

1. 등기절차에 관한 설명으로 옳은 것은? 제27회

① 등기관의 처분에 대한 이의는 집행정지의 효력이 있다.
② 소유권이전등기신청시 등기의무자의 주소증명정보는 등기소에 제공하지 않는다.
③ 지방자치단체가 등기권리자인 경우, 등기관은 등기필정보를 작성·통지하지 않는다.
④ 자격자대리인이 아닌 사람도 타인을 대리하여 전자신청을 할 수 있다.
⑤ 전세권설정범위가 건물 전부인 경우, 전세권설정등기 신청시 건물도면을 첨부정보로서 등기소에 제공해야 한다.

해설 ① 등기관의 처분에 대한 이의는 집행정지의 효력이 없다.
② 소유권이전등기를 신청하는 경우에는 등기의무자의 주소증명정보를 등기소에 제공하여야 한다.
④ 자격자대리인이 아닌 사람은 타인을 대리하여 방문신청을 할 수는 있지만, 전자신청을 할 수는 없다.
⑤ 전세권설정등기신청시 전세권설정범위가 건물 일부인 경우에만, 건물도면을 첨부정보로서 등기소에 제공해야 한다.

정답 ③

2. 등기필정보에 관한 설명으로 틀린 것은? 제30회

① 승소한 등기의무자가 단독으로 등기신청을 한 경우, 등기필정보를 등기권리자에게 통지하지 않아도 된다.
② 등기관이 새로운 권리에 관한 등기를 마친 경우, 원칙적으로 등기필정보를 작성하여 등기권리자에게 통지해야 한다.
③ 등기권리자가 등기필정보를 분실한 경우, 관할 등기소에 재교부를 신청할 수 있다.
④ 승소한 등기의무자가 단독으로 권리에 관한 등기를 신청하는 경우, 그의 등기필정보를 등기소에 제공해야 한다.
⑤ 등기관이 법원의 촉탁에 따라 가압류등기를 하기 위해 직권으로 소유권보존등기를 한 경우, 소유자에게 등기필정보를 통지하지 않는다.

해설 ③ 등기필정보는 재교부신청을 할 수 없다.

정답 ③

12 등기관의 처분에 대한 이의

1 이의신청의 요건

등기관의 결정 또는 처분에 이의가 있는 자는 그 결정 또는 처분을 한 등기관이 속한 **지방법원**(관할 지방법원)에 이의신청을 할 수 있다. 등기관의 결정이란 법 제29조에 따른 각하결정 등을 말하고, 처분이란 그 밖에 등기신청의 접수, 등기의 실행 및 직권말소와 같이 등기관이 하여야 하는 것으로 정하고 있는 모든 처분을 말한다.

2 이의사유

(1) 등기신청의 각하결정에 대한 이의신청의 경우

등기관의 각하결정이 부당하다는 사유면 족하고 그 이의사유에 특별한 제한은 없다. 즉, 등기신청을 수리하여 등기를 실행하여야 함에도 불구하고 등기관이 법 제29조 제1호부터 제11호의 각하사유에 해당하는 하자가 있다는 이유로 등기신청을 각하하였다고 판단되는 경우 등기신청인은 그 등기를 실행하라는 이의신청을 할 수 있다.

(2) 등기를 실행한 처분에 대한 이의신청의 경우

등기신청이 법 제29조 제1호 또는 제2호에 해당하는 경우에 한하여 이의신청을 할 수 있고, 법 제29조 제3호 이하의 사유로는 이의신청의 방법으로 그 등기의 말소를 구할 수 없다.

핵심 다지기

이의신청의 허용여부

내 용	효 력	사 유	이의신청인	
			당사자	이해관계인
• 등기신청을 각하한 경우 • 신청한 등기를 게을리한 경우	–	–	○	×
• 각하사유임에도 등기가 실행된 경우	당연무효 ○	법 제29조 제1호 · 제2호	○	○
	당연무효 ×	법 제29조 제3호 이하	×	×

(3) 부당성 판단의 기준시점

등기관의 결정 또는 처분이 부당한지 여부는 그 결정 또는 처분을 한 시점을 기준으로 판단하여야 한다. 따라서 그 이후에 나타난 **새로운 사실**이나 **새로운 증거방법**을 이의사유로 삼을 수는 없다(법 제102조).

3 이의신청의 절차

(1) 이의신청인

등기관의 처분이 부당하다고 하여 법 제100조에 따라 이의신청을 할 수 있는 자는 등기상 직접적인 이해관계를 가진 자에 한한다. 따라서 **상속인이 아닌 자**는 상속등기가 위법하다 하여 이의신청을 할 수 없다.

(2) 이의신청의 방법

① 이의신청은 결정 또는 처분을 한 등기관이 속한 **등기소에 이의신청서를 제출하거나** 전산정보처리조직을 이용하여 이의신청정보를 보내는 방법으로 한다.

② 등기관은 이의가 이유 없다고 인정하면 이의신청일부터 **3일 이내**에 의견을 붙여 이의신청서 또는 이의신청정보를 관할 지방법원에 보내야 한다.

③ 등기를 마친 후에 이의신청이 있는 경우에는 **3일 이내**에 의견을 붙여 이의신청서 또는 이의신청정보를 관할 지방법원에 보내고 등기상 이해관계 있는 자에게 이의신청 사실을 알려야 한다.

④ 등기관의 처분이 부당하다고 하여 이의신청을 하는 경우에는 그 결정 또는 처분시에 제출되지 아니한 **새로운 사실**이나 **새로운 증거방법**으로써 이의사유를 삼을 수 없다.

(3) 이의신청의 기간

이의신청기간에는 제한이 없으므로 이의의 이익이 있는 한 **언제라도** 이의신청을 할 수 있다.

(4) 이의신청의 효력

① 등기관의 결정 또는 처분에 대한 이의는 **집행정지의 효력이 없다**(법 제104조). 따라서 등기관은 이의신청이 있어 그 취지를 부기등기를 한 경우에도 그 부동산에 대하여 다른 등기의 신청이 있으면 이를 접수하여 등기사무를 처리하여야 한다.

② 관할 지방법원은 이의에 대하여 결정하기 전에 등기관에게 **이의가 있다는 뜻의 부기등기**를 명령할 수 있다(법 제106조).

4 이의신청에 대한 등기관의 조치

(1) 등기신청의 각하결정에 대한 이의신청이 있는 경우

등기신청의 각하결정에 대한 이의가 이유 없다고 인정한 경우 등기관은 이의신청서가 접수된 날로부터 3일 이내에 의견서를 첨부하여 사건을 관할 지방법원에 송부하여야 한다(법 제103조 제3항). 등기신청의 각하결정에 대한 이의가 이유 있다고 인정된 경우에는 그 등기신청에 따라 등기를 실행하여야 한다.

(2) 등기를 실행한 처분에 대한 이의신청이 있는 경우

① 등기완료 후 법 제29조 제1호 또는 제2호에 해당한다는 이유로 등기실행처분에 대한 이의가 있는 경우에 등기관은 그 이의가 이유 없다고 인정한 때에는 그 등기에 대하여 이의 있다는 사실을 등기상 이해관계인에게 통지한 후 이의신청서가 접수된 날로부터 3일 이내에 의견서를 첨부하여 사건을 관할 지방법원에 송부하여야 한다.

② 등기관은 법 제29조 제1호 또는 제2호의 각하사유에 해당하는 등기가 마쳐졌다는 이유로 신청된 이의가 이유 있다고 인정한 때에는 법 제58조의 절차를 거쳐 그 등기를 직권말소하여야 한다.

5 이의신청에 대한 재판

(1) 의 의

등기관으로부터 이의신청서를 송부받은 관할 지방법원은 원칙적으로 이의에 대하여 변론을 열지 아니하고 그 신청서와 첨부서면에 의하여 재판을 한다. 이의에 대한 재판은 이유를 붙인 결정으로 이를 하여야 한다.

(2) 이의신청을 인용한 경우

관할 지방법원은 이의가 이유 있다고 인정한 때에는 등기관에게 상당한 처분을 명하고 그 취지를 결정등본에 의하여 등기관과 이의신청인 및 등기상의 이해관계인에게 송달하여야 한다.

(3) 이의신청을 기각(각하 포함)한 경우

관할 지방법원은 이의가 이유 없다고 인정한 때에는 그 신청을 기각(각하 포함)하고 그 결정등본을 등기관과 이의신청인에게 송달한다.

6 법원의 명령에 의한 등기

등기관의 처분에 대한 이의신청에 대하여 관할 지방법원이 이를 인용하여 등기를 명하거나 또는 이의에 대한 결정 전에 가등기 또는 이의가 있다는 취지의 부기등기를 명한 경우에는 등기관은 그 명령에 따른 등기를 하여야 한다.

☑ 이의신청

【갑구】	(소유권에 관한 사항)			
순위번호	등기목적	접 수	등기원인	권리자 및 기타사항
~~3~~	~~소유권 이전~~	~~2020년 10월 1일 제3441호~~	~~2020년 9월 31일 매매~~	~~소유자 박 철 수 830519－1234567 서울 송파구 풍납동 501~~
4	3번 소유권 이전등기 말소	(생략)	(생략)	(생략)
4－1	3번 소유권 이전등기 말소 이의	2020년 10월 30일 제2900호	2020년 10월 27일 서울 중앙지방 법원의 명령	이의신청인 박 철 수 830519－1234567 서울 송파구 풍납동 501

예 제

등기관의 결정 또는 처분에 대한 이의에 관한 설명으로 틀린 것을 모두 고른 것은? 제31회

> ㉠ 이의에는 집행정지의 효력이 있다.
> ㉡ 이의신청자는 새로운 사실을 근거로 이의신청을 할 수 있다.
> ㉢ 등기관의 결정에 이의가 있는 자는 관할 지방법원에 이의신청을 할 수 있다.
> ㉣ 등기관은 이의가 이유없다고 인정하면 이의신청일로부터 3일 이내에 의견을 붙여 이의신청서를 이의신청자에게 보내야 한다.

① ㉠, ㉢ ② ㉡, ㉣
③ ㉠, ㉡, ㉣ ④ ㉠, ㉢, ㉣
⑤ ㉡, ㉢, ㉣

해설 ㉠ 이의신청이 있더라도 다른 등기의 집행을 정지하는 효력은 없다.
㉡ 이의신청자는 새로운 사실이나 새로운 증거방법을 근거로 이의신청을 할 수는 없다.
㉣ 등기관은 이의가 이유없다고 인정하면 이의신청일로부터 3일 이내에 의견을 붙여 이의신청서를 이의신청자가 아닌 관할 지방법원에 보내야 한다.

정답 ③

소유권에 관한 등기

단원 열기 토지 및 건물의 소유권보존등기의 개시유형, 소유권보존등기를 신청할 수 있는 자의 범위, 그리고 매매, 환매특약부 매매, 토지수용, 진정명의회복, 상속, 유증, 신탁에 의한 소유권이전등기는 그 원인별 특징을 명확히 구분하면서 학습하여야 한다.

01 소유권보존등기

1 의 의

(1) 소유권보존등기는 아직 등기가 되지 아니한 특정의 부동산에 관하여 최초로 하는 등기로서, 새로 등기기록을 개설하여 부동산의 표시 및 소유권에 관한 사항을 기록하는 방법으로 행하여진다. 소유권보존등기는 원시취득 기타 법률의 규정에 의하여 이미 취득한 소유권의 존재를 대외적으로 공시하는 것일 뿐 그 등기에 의하여 새로 소유권이 창설되는 것은 아니다.

(2) 그러나, 특정의 부동산에 관하여 소유권보존등기가 경료되면 그 후 그 부동산의 표시 및 권리에 관한 변동은 이 소유권보존등기에 터잡아 이루어지게 되므로, 「부동산등기법」은 소유권보존등기와 실체적 권리관계와의 일치를 도모하기 위하여 소유권보존등기를 신청할 수 있는 자를 법정하고 소유권의 존재에 관하여 특별한 증명을 요구하고 있다.

(3) '1물 1권주의' 내지 '1부동산 1등기기록주의' 원칙상 소유권보존등기는 1개의 부동산의 전부에 대해서만 이를 할 수 있으며, 부동산의 특정 일부 또는 공유지분에 대해서는 이를 할 수 없다. 다만, 1동의 건물의 특정 일부(구분건물)는 구분소유권의 객체가 될 수 있으므로 이에 대해서는 소유권보존등기를 할 수 있다(「민법」 제215조).

(4) 수인의 공유에 속하는 부동산의 경우 공유자 중 1인이 자신의 지분만에 관하여 소유권보존등기를 신청할 수는 없다. 공유부동산은 공유자 전원이 전원명의로 소유권보존등기를 신청하거나 공유자 중 1인이 공유자 전원을 위하여 신청할 수 있다.

(5) 이중의 소유권보존등기는 허용되지 아니한다.

2 소유권보존등기의 개시유형

(1) 단독신청

건물을 신축하여 그 신축건물의 소유권을 취득한 자(대판 1965.4.6, 65다113) 또는 「공유수면 관리 및 매립에 관한 법률」의 매립지의 소유권을 취득한 국가 · 지방자치단체 · 매립면허취득자(「공유수면 관리 및 매립에 관한 법률」 제28조) 등 미등기 부동산에 대하여 소유권을 원시취득한 자는 소유권보존등기를 신청할 수 있다. 소유권의 원시취득은 법률의 규정에 의한 물권의 취득이므로 그 소유자는 보존등기를 하지 않아도 소유권을 취득하나, 보존등기를 하지 않으면 이를 처분하지 못한다(「민법」 제187조).

(2) 대위신청

미등기부동산을 乙에게 매도한 甲이 자기 앞으로의 소유권보존등기를 게을리 하는 때에는 매수인 乙이 甲의 소유권보존등기 신청권을 대위행사 할 수 있다.

(3) 단독신청

① 구조상 공용부분은 등기할 수 없으나, 규약상 공용부분은 등기할 수 있다. 이때 규약상 공용부분에 관한 등기는 표제부만을 두도록 하고 있고, 표제부에 공용부분이라는 뜻을 기록하고 갑구 · 을구의 소유권 기타의 모든 권리에 관한 등기는 말소하는 표시를 하여야 한다(규칙 제104조 제3항).

② 공용부분의 공유자가 제3자에게 규약상 공용부분을 처분하면서 규약을 폐지한 경우 새로운 소유자가 **소유권보존등기**를 단독신청하면 그 소유자 명의의 소유권보존등기와 공용부분이라는 뜻의 등기의 말소가 실행된다.

(4) 직 권

① **미등기 부동산에 대한 소유권 처분제한의 등기촉탁이 있는 경우**

㉠ 미등기 부동산에 대한 법원의 소유권의 **처분제한등기(가압류, 가처분, 경매개시결정)의 촉탁**이 있는 경우, 등기관은 직권으로 소유권보존등기를 하여야 한다.

㉡ 직권으로 소유권보존등기를 마친 경우 등기관은 소유권보존등기의 명의인에게 등기완료통지서를 작성하여 통지하여야 한다(예규 제1623호).

② **미등기주택에 대한 임차권의 등기촉탁이 있는 경우**: 미등기주택 임차인의 임차권등기명령신청에 따라 관할 법원의 **주택임차권등기촉탁**이 있는 경우 등기관은 직권으로 임대인 명의의 소유권보존등기를 하여야 한다. 이때 임차권등기는 을구에 한다(예규 제1688호).

☑ 직권소유권보존등기

【갑구】		(소유권에 관한 사항)		
순위 번호	등기 목적	접 수	등기원인	권리자 및 기타사항
1	소유권 보존			소유자 박 철 수 721024-1234567 서울 성북구 돈암동 41 가처분등기의 촉탁으로 인하여 2023년 3월 12일 등기
2	가처분	2023년 3월 12일 제17653호	2023년 12월 3일 서울민사지방법원의 가처분결정	금지사항 : 증여, 매매, 교환, 양도, 전세권, 저당권설정 등 일체의 처분 행위의 금지 권리자 김 영 희 900511-2256789 서울 성동구 행당동 128

예 제

1. 부동산등기에 관한 설명으로 틀린 것은? 제31회

① 규약에 따라 공용부분으로 등기된 후 그 규약이 폐지된 경우, 그 공용부분 취득자는 소유권이전등기를 신청하여야 한다.

② 등기할 건물이 구분건물인 경우에 등기관은 1동 건물의 등기기록의 표제부에는 소재와 지번, 건물명칭 및 번호를 기록하고, 전유부분의 등기기록의 표제부에는 건물번호를 기록하여야 한다.

③ 존재하지 아니하는 건물에 대한 등기가 있을 때 그 소유권의 등기명의인은 지체 없이 그 건물의 멸실등기를 신청하여야 한다.

④ 같은 지번 위에 1개의 건물만 있는 경우에는 건물의 등기기록의 표제부에 건물번호를 기록하지 않는다.

⑤ 부동산환매특약은 등기능력이 인정된다.

해설 ① 규약에 따라 공용부분으로 등기된 후 그 규약이 폐지된 경우, 그 공용부분 취득자는 소유권보존등기를 신청하여야 한다.

정답 ①

2. 미등기 부동산에 대하여 직권에 의한 소유권보존등기를 할 수 있는 경우에 해당하는 것은 모두 몇 개인가? 제21회

• 압류등기의 촉탁	• 처분금지가처분등기의 촉탁
• 경매개시결정등기의 촉탁	• 가등기가처분등기의 촉탁
• 임차권등기명령에 따른 주택임차권등기의 촉탁	
• 가압류등기의 촉탁	

① 1개
② 2개
③ 3개
④ 4개
⑤ 5개

해설 ④ 미등기 부동산에 대하여 집행법원의 소유권에 관한 가압류 · 가처분 등 보전처분, 경매개시결정, 임차권등기명령에 따른 주택임차권등기의 촉탁이 있으면 등기관은 직권으로 소유권보존등기를 하여야 한다.

정답 ④

3 소유권보존등기의 신청

(1) 등기를 신청할 수 있는 자

① **토지대장, 임야대장 또는 건축물대장에 최초의 소유자로 등록되어 있는 자 또는 그 상속인, 그 밖의 포괄승계인**(법 제65조 제1호)

구분	내용
최초의 소유자	① 대장에 **최초의 소유자**로 등록되어 있는 것을 증명하는 자는 소유권보존등기를 신청할 수 있다(등기예규 제1483호). ② 대장상 **소유권이전등록을 받은 소유자**는 직접 자기명의의 소유권보존등기를 신청할 수 없다. 다만, 미등기 토지의 지적공부상 **'국'으로부터 소유권이전등록을 받은 자**는 직접 자기명의로 소유권보존등기를 신청할 수 있다(등기예규 제1483호).
포괄 승계인	① **상속인**은 자신 앞으로 직접 소유권보존등기를 신청할 수 있다. ② **포괄적 유증을 받은 자**는 자신 앞으로 직접 소유권보존등기를 신청할 수 있다. ③ **특정적 유증을 받은 자**는 자신 앞으로 직접 소유권보존등기를 신청할 수 없다.

㉠ 대장(토지대장 · 임야대장 · 건축물대장)에 의하여 소유권보존등기를 신청할 수 있는 자는 원칙적으로 대장등본에 의하여 자기 또는 피상속인이 대장에 최초의 소유자로서 등록되어 있는 것을 증명하는 자이어야 한다(예규 제1483호).

㉡ 대장(토지대장 · 임야대장 · 건축물대장)등본에 의하여 대장상 소유권이전등록을 받은 소유명의인 및 그 상속인, 그 밖의 포괄승계인은 직접 자기명의로 소유권보존등기를 신청할 수 없고, 대장상 최초의 소유자명의로 보존등기를 한 다음 소유권이전등기를 하여야 한다. 다만, 미등기 토지의 지적공부상 '국'으로부터 소유권이전등록을 받은 경우(예규 제1483호)에는 직접 자기명의로 소유권보존등기를 신청할 수 있다.

㉢ 피상속인이 지적공부에 소유자로 등록되어 있는 것을 증명하는 상속인은 대장상의 소유자인 피상속인 명의로 소유권보존등기를 한 후 자기명의로 상속으로 인한 소유권이전등기를 할 필요 없이, 직접 자기명의로 소유권보존등기를 신청할 수 있다.

㉣ 회사합병으로 인한 존속법인, 포괄적 유증을 받은 자는 법 제65조 제1호 소정의 소유권보존등기를 신청할 수 있는 포괄승계인에 해당하지만, 특정적 유증을 받은 자는 이에 해당하지 않는다.

② **확정판결에 의하여 자기의 소유권을 증명하는 자**(법 제65조 제2호) : 토지대장 · 임야대장에 소유자로 등록되어 있음을 증명할 수 없는 경우 확정판결에 의하여 소유권을 증명하여 소유권보존등기를 신청할 수 있다.

㉠ 소유권을 증명하는 판결은 그 내용이 보존등기 신청인에게 소유권이 있음을 증명하는 확정판결이면 족하고, 그 **종류에 관하여는 아무런 제한이 없다**(대판 1994.3.11, 93다57704).

㉡ **토지대장 또는 임야대장**상의 소유자표시란이 공란으로 되어 있거나 소유자표시에 일부 누락 · 오류가 있어 대장상의 소유자를 특정할 수 없는 경우에는 지적공부의 작성권자인 **국가**를 상대로 한 판결을 받아야 보존등기를 신청할 수 있다(예규 제1483호).

㉢ **건축물대장**상의 소유자표시란에 오류가 있어 소유자를 특정할 수 없는 경우에는 건축물대장의 작성권자인 **시장 · 군수 · 구청장**을 상대로 한 판결을 받아야 하며, 국가를 상대로 소유권확인을 구할 확인의 이익은 없다(대판 1999.5.28, 99다2188).

③ **수용으로 인하여 소유권을 취득하였음을 증명하는 자**(법 제65조 제3호) : 미등기 토지를 수용한 기업자는 협의성립확인서 또는 재결서등본 등을 첨부하여 보존등기를 신청할 수 있다.

④ **건물의 경우 특별자치도지사, 시장, 군수 또는 구청장**(자치구의 구청장을 말한다)**의 확인에 의하여 자기의 소유권을 증명하는 자**(법 제65조 제4호) : 특별자치도지사, 시장, 군수 또는 구청장의 확인에 의하여 자기의 소유권을 증명하는 자(사실확인서)는 **건물**의 소유권보존등기를 신청할 수 있다.

넓혀 보기

사실확인서가 구법 제131조 제2호의 "기타 시, 구, 읍, 면의 장의 서면"에 해당하는지 여부

【선례요지】 구 「부동산등기법」 제131조 제2호 소정의 소유를 증명하는 "시, 구, 읍, 면의 장의 서면"에 해당하기 위해서는 시, 구, 읍, 면의 장이 발급한 증명서로서, 건물의 소재와 지번, 건물의 종류, 구조 및 면적 등 건물의 표시와 건물의 소유자의 성명이나 명칭과 주소나 사무소의 소재지 표시 등의 요건을 갖추어야 하고, 시, 구, 읍, 면의 장이 발급한 사실확인서가 위 요건을 모두 구비하였다면 "기타 시, 구, 읍, 면의 장의 서면"에 해당할 수 있다. 다만, 구체적인 경우에 그 해당 여부는 담당등기관이 판단할 사항이다(등기선례 제6-188호).

☑ 건물소유권보존등기 신청정보

건물소유권보존등기신청

<table>
<tr><td rowspan="2">접 수</td><td>년 월 일</td><td rowspan="2">처리인</td><td>등기관 확인</td><td>각종 통지</td></tr>
<tr><td>제 호</td><td></td><td></td></tr>
</table>

<table>
<tr><td colspan="5">① 부동산의 표시</td></tr>
<tr><td colspan="5">서울특별시 서초구 서초동 100
[도로명주소] 서울특별시 서초구 서초대로 88길 10
시멘트 벽돌조 스레트지붕 단층 주택 100m²
부속건물 시멘트 벽돌조 슬래브지붕 단층 창고 50m²

이 상</td></tr>
<tr><td colspan="2">② 등기의 목적</td><td colspan="3">소유권 보존</td></tr>
<tr><td colspan="2">③ 신청 근거 규정</td><td colspan="3">부동산등기법 제65조 제1호</td></tr>
<tr><td>구 분</td><td>성명
(상호・명칭)</td><td>주민등록번호
(등기용등록번호)</td><td>주소(소재지)</td><td>지분
(개인별)</td></tr>
<tr><td>④
신
청
인</td><td>이 대 백</td><td>700101－1234567</td><td>서울특별시
서초구 서초대로
88길 20
(서초동)</td><td></td></tr>
</table>

<table>
<tr><td colspan="4">⑤ 시가표준액 및 국민주택채권매입금액</td></tr>
<tr><td>부동산 표시</td><td>부동산별 시가표준액</td><td colspan="2">부동산별 국민주택채권매입금액</td></tr>
<tr><td>1. 건 물</td><td>금 원</td><td colspan="2">금 원</td></tr>
<tr><td>2.</td><td>금 원</td><td colspan="2">금 원</td></tr>
<tr><td>3.</td><td>금 원</td><td colspan="2">금 원</td></tr>
<tr><td colspan="2">⑤ 국 민 주 택 채 권 매 입 총 액</td><td colspan="2">금 원</td></tr>
<tr><td colspan="2">⑤ 국 민 주 택 채 권 발 행 번 호</td><td colspan="2"></td></tr>
<tr><td colspan="2" rowspan="2">⑥ 취득세(등록면허세) 금 5,000,000원</td><td colspan="2">⑥ 지방교육세 금 500,000원</td></tr>
<tr><td colspan="2">⑥ 농어촌특별세 금 ○○,○○○원</td></tr>
<tr><td>⑦ 세 액 합 계</td><td colspan="3">금 5,500,000원</td></tr>
<tr><td rowspan="3">⑧ 등 기 신 청 수 수 료</td><td colspan="3">금 15,000원</td></tr>
<tr><td colspan="3">납부번호 : 12－12－12345678－0</td></tr>
<tr><td colspan="3">일괄납부 : 건 원</td></tr>
<tr><td colspan="4">⑨ 첨 부 서 면</td></tr>
<tr><td colspan="2">• 건축물(토지)대장등본 1통
• 주소증명정보【주민등록표등(초)본】 1통</td><td colspan="2"><기타></td></tr>
<tr><td colspan="4">2024년 5월 26일

⑩ 위 신청인 이 대 백 ㊞ (전화 : 010－1234－5678)

서울중앙 지방법원 등기국 귀중</td></tr>
</table>

삭1행

(2) 신청정보의 내용

소유권보존등기를 신청하는 경우에는 일반적인 정보사항(규칙 제43조) 이외에도 법 제65조 각 호의 어느 하나에 따라 보존등기를 신청한다는 뜻(신청근거조항)을 신청정보의 내용으로 등기소에 제공하여야 한다(규칙 제121조 제1항). 그러나 **등기원인과 그 연월일**은 신청정보의 내용으로 등기소에 제공할 필요가 없다(규칙 제121조 제1항 단서).

(3) 첨부정보

① **소유권을 증명하는 정보**: 소유권보존등기를 신청하는 경우에는 등기원인이 '미등기 부동산의 현재 소유자라는 사실'이므로 이를 증명하기 위하여 법 제65조 각 호에 따라 신청하는 자마다 소유권을 증명하는 정보를 별도로 등기소에 제공하여야 한다.

② **대장정보**: 소유권보존등기를 신청하는 경우에 토지의 표시를 증명하는 토지대장 정보나 임야대장 정보 또는 건물의 표시를 증명하는 건축물대장 정보나 그 밖의 정보를 첨부정보로서 등기소에 제공하여야 한다(규칙 제121조 제2항).

③ **신청인의 주소를 증명하는 정보**: 소유권보존등기를 신청하는 경우에는 신청인의 주소를 증명하는 정보를 등기소에 제공하여야 한다.

(4) 소유권보존등기 완료 후의 절차

등기를 완료한 등기관은 등기명의인이 된 등기신청인에게 등기필정보 및 등기완료통지를 하여야 한다(법 제50조, 규칙 제53조).

〈토지등기기록 표제부〉

【표제부】		(토지의 표시)			
표시번호	접 수	소재지번	지 목	면 적	등기원인 및 기타사항
1	2024년 4월 9일	서울시 강남구 포이동 141－1	대	360m²	

〈건물등기기록 표제부〉

【표제부】		(건물의 표시)		
표시번호	접 수	소재, 지번, 건물명칭 및 번호	건물내역	등기원인 및 기타사항
1	2024년 5월 2일	서울시 관악구 봉천동 127	시멘트벽돌조 기와지붕 2층주택 79.34m² 지하실 40m²	도면편철장 제2책 17면

〈갑구 ⇨ 자연인〉

【갑구】		(소유권에 관한 사항)		
순위번호	등기목적	접 수	등기원인	권리자 및 기타사항
1	소유권보존	2020년 12월 4일 제4562호		소유자 박영숙 880724-2054137 서울 동작구 상도동 14

〈갑구 ⇨ 종중〉

【갑구】		(소유권에 관한 사항)		
순위번호	등기목적	접 수	등기원인	권리자 및 기타사항
1	소유권보존	2020년 5월 24일 제3562호		소유자 안동 김씨 종중 223011-1205413 서울 도봉구 쌍문동 114

〈갑구 ⇨ 공유인 경우〉

【갑구】		(소유권에 관한 사항)		
순위번호	등기목적	접 수	등기원인	권리자 및 기타사항
1	소유권보존	2020년 10월 7일 제24562호		공유자 지분 2분의 1 이대백 900724-1054131 서울 중랑구 면목동 41 지분 2분의 1 이동백 910812-1036513 서울 강남구 개포동 장미아파트 34-102

예제

1. 미등기 토지에 대하여 자기명의로 소유권보존등기를 신청할 수 없는 자는? 제18회

① 토지대장상 최초 소유자의 상속인
② 특별자치도지사, 시장, 군수 또는 구청장의 확인에 의하여 자기의 소유권을 증명하는 자
③ 판결에 의하여 자기의 소유권을 증명하는 자
④ 수용으로 인하여 소유권을 취득하였음을 증명하는 자
⑤ 미등기 토지의 지적공부상 '국(國)'으로부터 소유권이전등록을 받은 자

해설 ② 특별자치도지사, 시장, 군수 또는 구청장의 확인에 의하여 자기의 소유권을 증명하는 자는 건물에 대하여만 소유권보존등기를 신청할 수 있을 뿐이고 토지에 대하여는 소유권보존등기를 신청할 수 없다(법 제65조 제4호). ◆ 정답 ②

2. 소유권보존등기에 관한 설명으로 틀린 것은? (다툼이 있으면 판례에 따름) 제27회

① 甲이 신축한 미등기건물을 甲으로부터 매수한 乙은 甲명의로 소유권보존등기 후 소유권이전등기를 해야 한다.
② 미등기토지에 관한 소유권보존등기는 수용으로 인해 소유권을 취득했음을 증명하는 자도 신청할 수 있다.
③ 미등기토지에 대해 소유권처분제한의 등기촉탁이 있는 경우, 등기관이 직권으로 소유권보존등기를 한다.
④ 본 건물의 사용에만 제공되는 부속건물도 소유자의 신청에 따라 본 건물과 별도의 독립건물로 등기할 수 있다.
⑤ 토지대장상 최초의 소유자인 甲의 미등기토지가 상속된 경우, 甲명의로 보존등기를 한 후 상속인명의로 소유권이전등기를 한다.

해설 ⑤ 토지대장상 최초의 소유자인 甲의 미등기토지가 상속된 경우, 상속인 명의로 직접 소유권보존등기를 하여야 한다. ◆ 정답 ⑤

3. 소유권보존등기에 관한 설명으로 옳은 것은? 제29회

① 보존등기에는 등기원인과 그 연월일을 기록한다.
② 군수의 확인에 의하여 미등기 토지가 자기의 소유임을 증명하는 자는 보존등기를 신청할 수 있다.
③ 등기관이 미등기 부동산에 관하여 과세관청의 촉탁에 따라 체납처분으로 인한 압류등기를 하기 위해서는 직권으로 소유권보존등기를 하여야 한다.
④ 미등기 토지에 관한 소유권보존등기는 수용으로 인하여 소유권을 취득하였음을 증명하는 자도 신청할 수 있다.
⑤ 소유권보존등기를 신청하는 경우 신청인은 등기소에 등기필정보를 제공하여야 한다.

해설 ① 소유권보존등기는 등기원인 및 그 연월일이 존재하지 않으므로 이를 기록하지 않는다.
② 군수의 확인에 의하여 미등기 건물이 자기의 소유임을 증명하는 자는 보존등기를 신청할 수 있다.
③ 미등기 부동산에 관하여 법원의 가압류, 가처분, 경매개시결정의 등기, 그리고 임차권등기명령신청에 따른 임차권등기촉탁이 있는 경우에만 등기관은 직권으로 소유권보존등기를 할 수 있다. 따라서 체납처분으로 인한 압류등기를 하기 위해서는 직권으로 소유권보존등기를 할 수 없다.

⑤ 소유권보존등기를 신청하는 경우에 신청인은 등기의무자가 아니므로 등기소에 등기필정보를 제공할 필요가 없다.

정답 ④

4. 대장은 편성되어 있으나 미등기인 부동산의 소유권보존등기에 관한 설명으로 틀린 것은?

제33회

① 등기관이 보존등기를 할 때에는 등기원인과 그 연월일을 기록해야 한다.
② 대장에 최초 소유자로 등록된 자의 상속인은 보존등기를 신청할 수 있다.
③ 수용으로 인하여 소유권을 취득하였음을 증명하는 자는 미등기토지에 대한 보존등기를 신청할 수 있다.
④ 군수의 확인에 의해 미등기건물에 대한 자기의 소유권을 증명하는 자는 보존등기를 신청할 수 있다.
⑤ 등기관이 법원의 촉탁에 따라 소유권의 처분제한의 등기를 할 때는 직권으로 보존등기를 한다.

해설 ① 등기관이 소유권이전등기를 할 때에는 등기원인과 그 연월일을 기록하여야 하지만, 보존등기를 할 때는 이를 기록할 필요가 없다.

정답 ①

02 소유권이전등기(매매)

(1) 등기신청의무

부동산의 소유권이전을 내용으로 하는 계약을 체결한 자는 쌍무계약의 경우에는 **반대급부의 이행완료**일로부터 **60일 이내**에, 편무계약의 경우에는 그 **계약의 효력발생일**로부터 **60일 이내**에 소유권이전등기를 신청하여야 한다(「부동산등기 특별조치법」 제2조 제1항).

(2) 첨부정보

① **검인계약서**: 계약을 등기원인으로 한 소유권이전등기를 신청하는 때에는 계약의 일자·종류를 불문하고 검인받은 계약서 원본 또는 검인받은 확정판결정본을 등기원인을 증명하는 정보로서 등기소에 제공하여야 한다(「부동산등기 특별조치법」 제3조 제1항·제2항).

② **농지취득자격증명**: 매매 등을 원인으로 하여 농지를 취득하고자 하는 자는 농지의 소재지를 관할하는 시·구·읍·면의 장으로부터 농지취득자격증명을 발급받아 이를 등기소에 제공하여야 한다(「농지법」 제8조).

③ **토지거래허가정보**: 토지거래허가구역 내의 토지에 관한 소유권을 이전하는 계약을 체결하고자 하는 당사자는 토지거래허가정보를 등기소에 제공하여야 한다.

④ **신청인의 주소를 증명하는 정보**: 소유권이전등기를 신청하는 경우에는 신청인의 주소를 증명하는 정보를 등기소에 제공하여야 한다. 매매로 인한 소유권이전등기를 신청하는 경우와 같이 공동으로 신청하는 경우에는 등기권리자 및 등기의무자의 것을 모두 제출하여야 한다.

⑤ **대장정보**: 소유권이전등기를 신청하는 경우에는 대장등본 기타 부동산의 표시를 증명하는 정보를 등기소에 제공하여야 한다(규칙 제46조 제1항 제7호).

⑥ **부동산거래계약신고필증과 매매목록**

㉠ 매매에 관한 거래계약서를 등기원인을 증명하는 정보로 하여 소유권이전등기를 신청하는 경우에는 부동산거래계약신고필증을 첨부정보로 등기소에 제공하여야 한다(규칙 제124조, 예규 제1633호).

㉡ 매매에 관한 거래계약서를 등기원인을 증명하는 정보로 하여 소유권이전등기를 신청하는 경우에 1개의 신고필증에 2개 이상의 거래부동산이 기록되어 있는 경우 및 신고필증에 기록되어 있는 거래부동산이 1개라 하더라도 수인과 수인 사이의 매매인 경우에는 부동산거래계약신고필증 외에 매매목록도 첨부정보로 등기소에 제공하여야 한다(규칙 제124조, 예규 제1633호).

(3) 등기사항

① 순위번호, 등기의 목적, 접수연월일 및 접수번호, 등기원인 및 그 연월일, 권리자 등을 기록하고, 권리자가 2인 이상인 경우에는 권리자별 지분을 기록하여야 하며 등기할 권리가 합유인 때에는 그 뜻을 기록하여야 한다.

② 등기관이 소유권의 일부에 관한 이전등기를 할 때에는 이전되는 지분을 기록하여야 한다(법 제67조 제1항).

③ **공유물분할금지특약**: 등기원인에 '공유물분할금지의 약정'(「민법」 제268조 제1항)이 있을 때에는 그 약정에 관한 사항도 기록하여야 한다(법 제67조 제1항).

④ 「부동산 거래신고 등에 관한 법률」 제3조 제1항에서 정하는 계약을 등기원인으로 한 소유권이전등기를 하는 경우에는 거래가액을 기록한다. 한편 등기관이 거래가액을 등기할 때에는 다음의 구분에 따른 방법으로 한다(규칙 제124조, 제125조).

구분	방법
매매목록의 제공이 필요 없는 경우	등기기록 중 갑구의 권리자 및 기타사항란에 거래가액을 기록하는 방법
매매목록이 제공된 경우	거래가액과 부동산의 표시를 기록한 매매목록을 전자적으로 작성하여 번호를 부여하고 등기기록 중 갑구의 권리자 및 기타사항란에 그 매매목록의 번호를 기록하는 방법

넓혀 보기

소유권의 일부이전등기

1. 의 의

① 소유권의 일부이전이란 단독소유를 공유로 하거나, 공유물의 지분을 이전하는 것을 말한다. 또한, 소유권의 일부이전등기는 부동산의 일부이전등기와 구별됨을 유의하여야 한다. 즉, 1필의 토지의 일부 또는 1동의 건물의 일부를 양도하는 것은 여기서 말하는 소유권의 일부이전이 아니다. 그러한 경우에는 분필 또는 분할의 등기를 한 다음에 소유권이전등기를 하여야 한다.

② 소유권의 일부이전의 등기를 신청하는 경우에는 신청정보에 그 지분을 표시하고 만일 등기원인에 공유물불분할의 약정이 있는 때에는 이를 기록하여야 한다.

2. 등기의 목적 기록방법(예규 제1313호)

① 공유자인 甲의 지분을 전부 이전하는 경우 : '甲 지분 전부이전'으로 기록한다.

② 공유자인 甲의 지분을 일부 이전하는 경우 : '甲 지분 ○분의 ○ 중 일부(○분의 ○)이전'으로 기록한다. 이전하는 지분은 부동산 전체에 대한 지분을 명시하여 괄호 안에 기재하여야 한다.

3. 공유지분 기록방법

공유자의 지분이전등기시 각 공유자의 지분은 이전받는 지분을 기록하되 '공유자 지분 ○분의 ○'와 같이 부동산 전체에 대한 지분을 기록한다.

☑ 소유권의 일부이전등기

【갑구】		(소유권에 관한 사항)		
순위번호	등기목적	접 수	등기원인	권리자 및 기타사항
1	소유권보존	2001년 9월 20일 제39771호		소유자 김철수 480123－1476328 서울시 용산구 원효로2가 489
2	소유권일부이전	2002년 3월 13일 제13976호	2002년 3월 10일 매매	공유자 지분의 4분의 1 박계순 551210－1765243 안양시 만안구 안양3동 124

☑ 등기신청안내서

등기신청안내서 – 소유권이전등기신청

1. 매매로 인한 소유권이전등기란

부동산매매계약에 의하여 소유권을 이전하는 등기로, 이 신청에서는 매수인을 등기권리자, 매도인을 등기의무자라고 합니다.

2. 등기신청방법

① 공동신청
매매계약서에 의한 등기신청인 경우에는 매도인과 매수인이 본인임을 확인할 수 있는 주민등록증 등을 가지고 직접 등기소에 출석하여 공동으로 신청함이 원칙입니다.

② 단독신청
등기절차의 이행 또는 인수를 명하는 판결에 의한 등기는 승소한 등기권리자 또는 등기의무자가 단독으로 신청할 수 있습니다.

③ 대리인에 의한 신청
등기신청은 반드시 신청인 본인이 하여야 하는 것은 아니고 대리인이 하여도 됩니다. 등기권리자 또는 등기의무자 일방이 상대방의 대리인이 되거나 쌍방이 제3자에게 위임하여 등기신청을 할 수 있으나, 변호사 또는 법무사가 아닌 자는 신청서의 작성이나 그 서류의 제출대행을 업(業)으로 할 수 없습니다.

3. 등기신청서 기재요령

※ 신청서는 한글과 아라비아 숫자로 기재합니다. 부동산의 표시란이나 신청인란 등이 부족할 경우에는 별지를 사용하고, 별지를 포함한 신청서의 각 장 사이에는 간인(신청서에 서명을 하였을 때에는 각 장마다 연결되는 서명)을 하여야 합니다.

① 부동산의 표시란
매매목적물을 기재하되, 등기기록상 부동산의 표시와 일치하여야 합니다. 부동산이 토지(임야)인 경우에는 토지(임야)의 소재와 지번, 지목, 면적을 기재하고, 건물인 경우에는 건물의 소재와 지번, 도로명주소(등기기록 표제부에 기록되어 있는 경우), 구조, 면적, 건물의 종류, 건물의 번호가 있는 때에는 그 번호, 부속건물이 있는 때에는 그 종류, 구조와 면적을 기재하면 됩니다. 부동산거래계약신고필증에 기재된 거래신고관리번호와 거래가액을 기재합니다.
만일 등기기록과 토지(임야)・건축물대장의 부동산표시가 다른 때에는 먼저 부동산표시변경(또는 경정)등기를 하여야 합니다.

② 등기원인과 그 연월일란
등기원인은 '매매'로, 연월일은 매매계약서상 계약일을 기재합니다.

③ 등기의 목적란

소유권 전부이전의 경우에는 '소유권이전'으로, 소유권 일부이전의 경우에는 '소유권 일부이전'으로 기재합니다. 다만, 공유자(□□□)의 지분을 전부이전하는 경우에는 '갑구 ○번 □□□지분 전부이전'으로, 공유자의 지분 중 일부이전하는 경우에는 '갑구 ○번 □□□지분 공유자지분 △분의 △ 중 일부(○분의 ○)이전'으로 기재합니다.

예 ㉠ 단독소유자인 홍길동의 지분을 전부 이전하는 경우 '소유권이전'
㉡ 단독소유자인 홍길동의 지분을 일부 이전하는 경우 '소유권 일부이전'
㉢ 공유자인 홍길동의 지분을 전부 이전하는 경우 '갑구 ○번 홍길동지분 전부이전'
㉣ 공유자인 홍길동의 지분 2분의 1 중 2분의 1을 이전하는 경우 '갑구 ○번 홍길동지분 2분의 1 중 일부(4분의 1)이전'

④ 이전할 지분란

소유권 일부이전(공유지분 이전 포함)의 경우에만 그 이전받는 지분을 기재하되, '공유자 지분 ○분의 ○'과 같이 부동산 전체에 대한 지분을 기재합니다.

예 단독소유자인 홍길동의 지분을 일부 이전하는 경우, 공유자인 홍길동의 지분을 전부 이전하는 경우, 공유자인 홍길동의 지분을 일부 이전하는 경우 최종 이전하는 지분이 ○분의 ○이면, 모두 '공유자 지분 ○분의 ○'으로 기재

⑤ 등기의무자란

매도인의 성명, 주민등록번호, 주소를 기재하되, 등기기록상 소유자 표시와 일치하여야 합니다. 그러나 매도인이 법인인 경우에는 상호(명칭), 본점(주사무소 소재지), 등기용등록번호 및 대표자의 성명과 주소를 기재하고, 법인 아닌 사단이나 재단인 경우에는 상호(명칭), 본점(주사무소 소재지), 등기용등록번호 및 대표자(관리인)의 성명, 주민등록번호, 주소를 각 기재합니다.

⑥ 등기권리자란

매수인을 기재하는 란으로, 그 기재방법은 등기의무자란과 같습니다.

⑦ 시가표준액 및 국민주택채권매입금액, 국민주택채권매입총액란, 국민주택채권발행번호란

㉠ 부동산별 시가표준액란은 취득세(등록면허세)납부서(OCR용지)에 기재된 시가표준액을 기재하고 부동산별 국민주택채권매입금액란에는 시가표준액의 일정비율에 해당하는 국민주택채권매입금액을 기재합니다.

㉡ 부동산이 2개 이상인 경우에는 각 부동산별로 시가표준액 및 국민주택채권매입금액을 기재한 다음 국민주택채권 매입총액을 기재합니다.

㉢ 국민주택채권발행번호란에는 국민주택채권 매입시 국민주택채권사무취급기관에서 고지하는 채권발행번호를 기재하며, 하나의 신청사건에 하나의 채권발행번호를 기재하는 것이 원칙이며, 동일한 채권발행번호를 수 개 신청사건에 중복 기재할 수 없습니다.

⑧ 취득세(등록면허세)・지방교육세・농어촌특별세란

취득세(등록면허세)영수필확인서에 의하여 기재하며, 농어촌특별세는 납부액이 없는 경우 기재하지 않습니다.

⑨ 세액합계란

취득세(등록면허세)액, 지방교육세액, 농어촌특별세액의 합계를 기재합니다.

⑩ 등기신청수수료란

㉠ 부동산 1개당 15,000원의 등기신청수수료 납부액을 기재하며, 등기신청수수료를 은행 현금납부, 전자납부, 무인발급기 납부 등의 방법에 따라 납부한 후 등기신청서에 등기신청수수료 영수필확인서를 첨부하고 납부번호를 기재하여 제출합니다.

㉡ 여러 건의 등기신청에 대하여 수납금융기관에 현금으로 일괄납부하는 경우 첫 번째 등기신청서에 등기신청수수료 영수필확인서를 첨부하고 해당 등기신청수수료, 납부번호와 일괄납부 건수 및 일괄납부액을 기재하며, 나머지 신청서에는 해당 등기신청수수료와 전 사건에 일괄 납부한 취지를 기재합니다(일괄납부는 은행에 현금으로 납부하는 경우에만 가능함).

⑪ 등기의무자의 등기필정보란

㉠ 소유권 취득에 관한 등기를 완료하고 '등기필정보 및 등기완료통지서(정중앙에 보안스티커가 부착되어 있음)'를 교부받은 경우, 그 '등기필정보 및 등기완료통지서' 상에 기재된 부동산고유번호, 성명, 일련번호, 비밀번호를 각 기재하고 '등기필정보 및 등기완료통지서'를 제출하는 것이 아닙니다. 또한 이미 사용했던 비밀번호는 재사용을 못함을 유의(다만, 50개의 비밀번호를 모두 사용한 경우 사용했던 비밀번호를 재사용이 가능)하시기 바랍니다.

㉡ 소유권 취득에 관한 등기를 완료하고 '등기필증(접수인과 등기필인 날인되어 있음)'을 교부받은 경우, 그 '등기필증'을 제출하여야 하며, 이 란은 기재할 필요가 없습니다.

㉢ 교부받은 '등기필정보 및 등기완료통지서'나 '등기필증'을 멸실하여 부동산등기법 제51조에 의하여 확인서면 등을 첨부한 경우, 이 란은 기재할 필요가 없습니다.

⑫ 첨부서면란

등기신청서에 첨부한 서면을 각 기재합니다.

⑬ 신청인등란

㉠ 등기의무자와 등기권리자의 성명 및 전화번호를 기재하고, 각자의 인장을 날인하되, 등기의무자는 그의 인감을 날인하거나 본인서명사실확인서에 기재한 서명(전자본인서명확인서 발급증을 제출할 경우에도 서명)을 합니다. 그러나 신청인이 법인 또는 법인 아닌 사단이나 재단인 경우에는 상호(명칭)와 대표자(관리인)의 자격 및 성명을 기재하고, 법인이 등기의무자인 때에는 등기소의 증명을 얻은 그 대표자의 인감, 법인 아닌 사단이나 재단인 경우에는 대표자(관리인)의 개인인감을 날인하거나 본인서명사실확인서에 기재한 서명(전자본인서명확인서 발급증을 제출할 경우에도 서명)을 합니다.

㉡ 대리인이 등기신청을 하는 경우에는 그 대리인의 성명, 주소, 전화번호를 기재하고 대리인의 인장을 날인 또는 서명합니다.

4. 등기신청서에 첨부할 서면

<신청인>

① 위임장

등기신청을 법무사 등 대리인에게 위임하는 경우에 첨부합니다.

② 등기필증

등기의무자의 소유권에 관한 등기필증으로서 등기의무자가 소유권 취득시 등기소로부터 교부받은 등기필증을 첨부합니다. 단, 소유권 취득의 등기를 완료하고 등기필정보를 교부받은 경우에는 신청서에 그 등기필정보 상에 기재된 부동산고유번호, 성명, 일련번호, 비밀번호를 각 기재(등기필정보를 제출하는 것이 아니며 한번 사용한 비밀번호는 재사용을 못함) 함으로써 등기필증 첨부에 갈음합니다.

다만, 등기필증(등기필정보)을 멸실하여 첨부(기재)할 수 없는 경우에는 부동산등기법 제51조에 의하여 확인서면이나 확인조서 또는 공증서면 중 하나를 첨부합니다.

③ 매매계약서

계약으로 인한 소유권이전등기를 신청하는 경우에는 그 계약서에 기재된 거래금액이 1,000만원을 초과하는 경우에는 일정액의 전자수입인지를 첨부하여야 합니다. 다만, 계약서에 기재된 거래금액이 1억원 이하인 주택의 경우 인지세를 납부하지 않아도 됩니다.

④ 매매목록

거래신고의 대상이 되는 부동산이 2개 이상인 경우에 작성하고, 그 매매목록에는 거래가액과 목적부동산을 기재합니다. 단, 거래되는 부동산이 1개라 하더라도 여러 사람의 매도인과 여러 사람의 매수인 사이의 매매계약인 경우에는 매매목록을 작성합니다.

<시・구・군청, 읍・면 사무소, 동 주민센터>

① 부동산거래계약신고필증

2006. 1. 1. 이후 작성된 매매계약서를 등기원인증서로 하여 소유권이전등기를 신청하는 경우에는 관할 관청이 발급한 거래계약신고필증을 첨부하여야 합니다.

② 취득세(등록면허세)영수필확인서

시장, 구청장, 군수 등으로부터 취득세(등록면허세)납부서(OCR용지)를 발급받아 납세지를 관할하는 해당 금융기관에 세금을 납부한 후 취득세(등록면허세)영수필확인서와 영수증을 교부받아 영수증은 본인이 보관하고 취득세(등록면허세)영수필확인서만 신청서의 취득세(등록면허세)액표시란의 좌측상단 여백에 첨부하거나, 또는 지방세인터넷납부시스템에서 출력한 시가표준액이 표시되어 있는 취득세(등록면허세)납부확인서를 첨부합니다.

③ 토지・임야・건축물대장등본

등기신청대상 부동산의 종류에 따라 토지대장등본, 임야대장등본, 건축물대장등본(각, 발행일로부터 3월 이내)을 첨부합니다.

④ 인감증명서나 본인서명사실확인서 또는 전자본인서명확인서 발급증

부동산매수자란에 매수인의 성명(법인은 법인명), 주민등록번호(부동산등기용등록번호) 및 주소가 기재되어 있는 매도인의 부동산매도용 인감증명서(발행일로부터 3월 이내)를 첨부하거나, 인감증명을 갈음하여 『본인서명사실 확인 등에 관한 법률』에 따라 발급된 본인서명사실확인서 또는 전자본인서명확인서 발급증을 첨부할 수 있습니다.

⑤ 주민등록표초본(또는 등본)

㉠ 등기의무자의 주민등록표초본 또는 등본(각, 발행일로부터 3월 이내)을 첨부합니다. 다만, 등기기록상의 주소 또는 계약서상의 주소와 현재의 주소가 상이할 경우에는 반드시 주소변동내역이 포함된 주민등록표초본을 첨부합니다.

㉡ 등기권리자의 주민등록표초본 또는 등본(각, 발행일로부터 3월 이내)을 첨부합니다. 다만, 계약서상의 주소와 등기신청시의 주소가 상이할 경우에는 반드시 주소변동내역이 포함된 주민등록표초본을 첨부합니다.

<대한민국법원 인터넷등기소, 금융기관 등>

① 등기신청수수료

대한민국법원 인터넷등기소(http://www.iros.go.kr)를 이용하여 전자적인 방법(신용카드, 계좌이체, 선불형지급수단)으로 납부하고 출력한 등기신청수수료 영수필확인서를 첨부하거나, 법원행정처장이 지정하는 수납금융기관 또는 신청수수료 납부기능이 있는 무인발급기에 현금으로 납부한 후 발급받은 등기신청수수료 영수필확인서를 첨부합니다.

② 전자수입인지

전자수입인지 홈페이지(http://www.e-revenuestamp.or.kr, http://전자수입인지.kr)를 이용하여 전자적인 방법(신용카드, 계좌이체)으로 납부하고 출력한 전자수입인지를 첨부하거나, 우체국, 시중은행에서 현금으로 납부한 후 발급받은 전자수입인지를 첨부합니다.

<등기과・소>

• 법인등기사항전부(일부)증명서

신청인이 법인인 경우에는 법인등기사항전부증명서 또는 법인등기사항일부증명서(각, 발행일로부터 3월 이내)를 첨부합니다.

<기 타>

① 신청인이 재외국민이나 외국인 또는 법인 아닌 사단 또는 재단인 경우에는 신청서의 기재사항과 첨부서면이 다르거나 추가될 수 있으므로, "대법원 종합법률정보(http://glaw.scourt.go.kr)"의 규칙/예규/선례에서 『재외국민 및 외국인의 부동산등기신청절차에 관한 예규, 등기예규 제1686호』 및 『법인 아닌 사단의 등기신청에 관한 업무처리지침, 등기예규 제1621호』 등을 참고하시고, 기타 궁금한 사항은 변호사, 법무사 등 등기와 관련된 전문가에게 문의하시기 바랍니다.

② 제3자의 허가, 동의 또는 승낙을 증명하는 서면 등, 즉 부동산이 농지인 경우에는 농지취득자격증명(시・구・읍・면의 장이 발급), 토지거래허가구역인 경우에는 토지거래허가증(시장, 군수, 구청장 발급) 등을 첨부하여야 합니다.

5. 등기신청서류 편철순서

신청서, 취득세(등록면허세)영수필확인서, 등기신청수수료 영수필확인서, 매매목록, 위임장, 인감증명서나 본인서명사실확인서 또는 전자본인서명확인서 발급증, 주민등록표초(등)본, 토지(임야)대장등본, 부동산거래계약신고필증, 매매계약서, 등기필증 등의 순으로 편철해 주시면 업무처리에 편리합니다.

예제

1. 등기신청의무와 관련한 설명 중 옳은 것은? 제16회

① 부동산매매계약을 체결한 경우 매수인은 매매계약일로부터 60일 이내에 등기를 신청하여야 한다.

② 甲이 乙로부터 무상으로 토지를 증여받았다면 증여의 효력이 발생한 날로부터 60일 이내에 등기를 신청하여야 한다.

③ 건물을 신축할 경우 소유자는 준공검사일로부터 60일 이내에 보존등기를 신청하여야 한다.

④ 건물대지의 지번의 변경 또는 대지권의 변경이 있는 경우 소유자는 그 변경일로부터 60일 이내에 변경등기를 신청하여야 한다.

⑤ 토지의 지목변경이 있는 경우 그 토지 소유명의인은 60일 이내에 표시변경의 등기신청을 하여야 한다.

해설 ① 부동산매매계약을 체결한 경우 매수인은 잔금지급일로부터 60일 이내에 등기를 신청하여야 한다.
③ 미등기부동산의 경우 원칙적으로 소유권보존등기신청의무는 없다.
④ 건물대지의 지번의 변경 또는 대지권의 변경이 있는 경우 소유자는 그 변경일로부터 1개월 이내에 변경등기를 하여야 한다.
⑤ 토지의 지목변경이 있는 경우 그 토지 소유명의인은 1개월 이내에 표시변경의 등기신청을 하여야 한다.

정답 ②

2. 甲은 乙에게 甲 소유의 X부동산을 부담 없이 증여하기로 하였다. 「부동산등기 특별조치법」에 따른 부동산소유권등기의 신청에 관한 설명으로 틀린 것은? (다툼이 있으면 판례에 따름) 제25회

① 甲과 乙은 증여계약의 효력이 발생한 날부터 60일 이내에 X부동산에 대한 소유권이전등기를 신청하여야 한다.

② 특별한 사정이 없으면, 신청기간 내에 X부동산에 대한 소유권이전등기를 신청하지 않아도 원인된 계약은 효력을 잃지 않는다.

③ 甲이 X부동산에 대한 소유권보존등기를 신청할 수 있음에도 이를 하지 않고 乙에게 증여하는 계약을 체결하였다면, 증여계약의 체결일이 보존등기 신청기간의 기산일이다.

④ X부동산에 관한 소유권이전등기를 신청기간 내에 신청하지 않고 乙이 丙에게 소유권이전등기청구권을 양도하여도 당연히 그 양도행위의 사법상 효력이 부정되는 것은 아니다.

⑤ 만일 甲이 乙에게 X부동산을 매도하였다면, 계약으로 정한 이행기가 그 소유권이전등기 신청기간의 기산일이다.

해설 ⑤ 甲이 乙에게 X부동산을 매도하였다면, 반대급부의 이행완료일(잔금지급일)이 그 소유권이전등기 신청기간의 기산일이다.

정답 ⑤

03 소유권이전등기(환매특약부매매)

(1) 의 의

소유권이전을 목적으로 매매계약을 체결함에 있어서 매매당사자는 매매계약과 동시에 일정한 특약사항을 정하는 경우가 있다. 그 대표적인 것이 「민법」 및 「부동산등기법」이 인정하고 있는 환매의 특약이며, 매매목적물이 부동산인 경우에는 소유권이전등기를 할 때 그 특약을 등기할 수 있다(법 제52조 제6호).

(2) 효 력

환매란 매매계약과 동시에 특약으로 매도인이 환매할 권리를 보류한 경우에 그 영수한 대금 및 매수인이 부담한 매매비용을 반환하고 그 환매권을 일정한 기간(부동산의 경우에는 5년 이내, 동산의 경우에는 3년 이내) 내에 행사함으로써 매매목적물을 다시 환매하는 것을 말한다. 매매의 목적물이 부동산인 경우 매매에 의한 소유권이전등기와 동시에 환매권의 보류를 등기한 때에는 제3자에 대하여 그 효력이 있다(「민법」 제592조).

(3) 신청인

환매특약의 등기는 매도인을 등기권리자로 하고 매수인을 등기의무자로 하여 이들의 공동신청에 의한다. 소유권이전등기의 경우와는 정반대이다.

(4) 신청방법

① 환매특약의 등기는 환매특약부 매매로 인한 소유권이전등기와 **동시에 신청**하여야 한다(「민법」 제592조). 소유권이전등기를 신청한 후에 환매특약의 등기를 신청하면 법 제29조 제2호에 따라 각하하여야 한다.

② 한편, 환매특약의 등기와 소유권이전등기는 각각 **별개의 신청정보**로 신청하여야 한다. 소유권이전등기와 환매특약등기는 이와 같이 별개의 신청정보로 신청하여야 하나 동시에 신청하여야 하므로 접수장이나 신청정보 및 등기기록에는 동일한 접수번호가 부여되는 점을 유의하여야 한다.

③ 환매특약은 매매계약에 종된 계약이다. 소유권이전등기신청정보에만 각하사유가 있다고 하더라도 소유권이전등기신청뿐만 아니라 환매특약등기신청도 법 제29조에 따라 각하하여야 한다. 반대로, 환매특약등기신청정보에만 각하사유가 있는 경우에는 소유권이전등기만 실행하고 환매특약등기신청은 각하하여야 한다.

(5) 신청정보의 내용

① 환매특약의 등기를 신청하는 경우에는 신청정보에 매수인이 지급한 **매매대금 · 매매비용**을 기록하고, 등기원인에 환매기간이 정하여져 있는 때에는 환매기간을 기록하여야 한다. 매수인이 지급한 매매대금 및 매매비용은 신청정보의 필요적 정보사항이나, 환매기간은 임의적 정보사항이다(규칙 제113조).

② 환매특약등기의 신청에 있어서 등기의무자(매수인)는 등기필정보를 신청정보의 내용으로 등기소에 제공하지 아니한다.

(6) 환매특약등기의 실행

환매특약의 등기는 매수인의 소유권이전 등 권리취득의 등기에 부기등기로 한다. 환매특약등기와 소유권이전등기의 접수연월일 · 접수번호는 동일하여야 한다. 소유권이전등기의 등기원인은 '환매특약부 매매', 환매특약등기의 등기원인은 '특약'으로 기록한다.

(7) 환매권의 이전등기

환매권이 양도된 경우 환매권의 양수인은 매도인의 지위를 승계한다. 따라서 환매권의 이전등기는 양도인을 등기의무자로 하고 양수인을 등기권리자로 하여 이들의 공동신청에 의한다. 환매권이전등기는 부기등기의 부기등기로 하여야 한다.

(8) 환매권의 말소등기

① **직권에 의한 말소**: **환매권의 행사**에 따라 공동신청에 의하여 환매권자인 매도인 명의로 **소유권이전등기**를 하는 경우 등기관은 **직권**으로 환매특약등기의 **말소등기**를 하여야 한다.

② **공동신청에 의한 말소**: 환매권의 행사 이외의 사유(환매특약의 해제 · 무효 · 취소 또는 환매기간의 경과 등)로 환매권이 소멸되는 경우, 환매권의 말소등기는 환매권자인 매도인과 매수인의 **공동신청**에 의한다.

☑ 환매특약등기

【갑구】		(소유권에 관한 사항)		
순위번호	등기목적	접 수	등기원인	권리자 및 기타사항
1	소유권보존	1994년 6월 12일 제51032호		소유자 전철우 580812－1133445 서울 동작구 사당동 133
2	소유권이전	1995년 10월 22일 제84356호	1995년 10월 19일 환매특약부매매	소유자 이선희 440422－1298764 서울 중구 명동 234
~~2-1~~	~~환매특약~~	~~1995년 10월 22일~~ ~~제84356호~~	~~1995년 10월 19일 특약~~	~~환매대금 금 120,000,000원~~ ~~계약비용 금 3,500,000원~~ ~~환매기간 1997년 11월 14일까지~~ ~~환매권자 전철우~~ ~~580812－1133445~~ ~~서울 동작구 사당동 133~~
3	소유권이전	1997년 10월 14일 제78723호	1997년 10월 10일 환매	소유자 전철우 580812－1133445 서울 동작구 사당동 133
4	2-1 환매권 말소			3번 소유권이전등기로 인하여 1997년 10월 14일

예제

환매특약의 등기에 관한 설명으로 틀린 것은? 제33회

① 매매비용을 기록해야 한다.
② 매수인이 지급한 대금을 기록해야 한다.
③ 환매특약등기는 매매로 인한 소유권이전등기가 마쳐진 후에 신청해야 한다.
④ 환매기간은 등기원인에 그 사항이 정하여져 있는 경우에만 기록한다.
⑤ 환매에 따른 권리취득의 등기를 한 경우, 등기관은 특별한 사정이 없는 한 환매특약의 등기를 직권으로 말소해야 한다.

해설 ③ 매매로 인한 소유권이전등기와 환매특약등기는 별개의 신청정보로 반드시 동시에 신청하여야 한다.

정답 ③

04 소유권이전등기(토지수용)

(1) 의 의

① 토지수용이란 특정한 공익사업을 위하여 법정절차에 따라 토지에 관한 소유권 또는 소유권 이외의 권리를 강제적으로 취득하는 것을 말한다. 토지수용은 피수용자의 자유의사에 따라 그의 권리를 승계취득하는 것이 아니라 공익적 필요에 의하여 법률에 의해 강제적으로 원시취득하는 것이므로 등기 없이도 사업시행자는 완전한 권리를 취득하며 종전 권리자의 권리는 소멸하게 된다(「민법」 제187조).

② 미등기 토지를 수용하는 경우에는 기업자 명의로 소유권보존등기를 하나, 등기 토지를 수용하는 경우에는 원시취득임에도 불구하고 소유권이전등기를 한다.

(2) 토지수용의 효과

사업시행자가 재결 후 수용의 개시일까지 보상금을 지급 또는 공탁하면 사업시행자는 토지의 수용 개시일에 등기 없이 그 소유권을 **원시취득**하며, 그 토지에 관한 다른 권리는 소멸한다.

(3) 등기신청인(법 제99조)

토지수용으로 인한 소유권이전등기는 등기권리자(사업시행자)가 **단독신청**하는 등기이다. 관공서가 사업시행자인 경우에는 그 관공서는 소유권이전등기를 촉탁하여야 한다.

(4) 신청정보의 내용

등기원인은 '**토지수용**'으로, 등기원인일자는 '**수용의 개시일**'(협의성립일이나 재결일이 아니라, 기업자가 소유권을 취득하고 수용목적물상의 다른 권리가 소멸하는 수용한 날)을 신청정보의 내용으로 등기소에 제공하여야 한다(규칙 제156조 제1항).

(5) 첨부정보

① 수용으로 인한 소유권이전등기신청정보에는 일반적인 첨부정보 이외에 등기원인인 토지수용을 증명하는 정보로서 토지수용위원회의 협의성립확인서 또는 재결서 등본 등을 등기소에 제공하여야 한다(예규 제1388호).

② **토지거래허가정보, 농지취득자격증명**은 첨부정보로 등기소에 제공하지 아니한다.

③ 관공서인 사업시행자가 등기권리자 또는 등기의무자로서 등기를 촉탁 · 신청하는 경우에는 등기의무자의 등기필정보를 등기소에 제공할 필요가 없다(예규 제1625호).

⑹ 다른 권리의 직권말소 여부(예규 제1388호)

① 수용토지에 관한 제한물권(지상권 · 지역권 · 전세권 · 저당권 · 권리질권) 및 임차권에 관한 등기, 그리고 가등기 · 압류 · 가압류 · 가처분등기는 직권말소한다.

② 수용개시일 이후에 마쳐진 소유권이전등기는 직권말소한다.

③ 그 부동산을 위하여 존재하는 지역권의 등기는 직권말소하지 아니한다.

④ 토지수용위원회의 재결로써 존속이 인정된 권리의 등기는 직권말소하지 아니한다.

⑤ 수용개시일 이전에 마쳐진 소유권이전등기는 말소하지 아니한다.

⑥ 수용개시일 이후에 마쳐진 상속에 의한 소유권이전등기는 직권말소하지 아니한다. 단, 수용개시일 이전에 상속이 개시되었어야 한다.

☑ **정 리**

직권말소 하는 등기	① 수용토지에 설정된 지상권 · 지역권 · 전세권 · 저당권 · 권리질권 · 임차권 및 가등기 · 압류 · 가압류 · 가처분등기 ② 수용개시일 이후에 경료된 소유권이전등기
직권말소 하지 않는 등기	① 그 부동산을 위하여 존재하는 지역권의 등기 ② 토지수용위원회의 재결로써 존속이 인정된 권리의 등기 ③ 수용개시일 이전에 마쳐진 소유권이전등기 ④ 수용개시일 이후에 마쳐진 상속등기(단, 수용개시일 이전에 상속이 개시되었을 것)

⑺ 재결의 실효를 원인으로 한 소유권이전등기의 말소등기(예규 제1388호)

토지수용의 **재결실효**를 원인으로 하는 토지수용으로 인한 소유권이전등기의 **말소등기**는 피수용자가 단독으로 신청할 수는 없고 사업시행자와 **공동신청**하여야 한다.

☑ **토지수용에 따른 소유권이전등기**

【갑구】	(소유권에 관한 사항)			
순위번호	등기목적	접 수	등기원인	권리자 및 기타사항
1	소유권보존	(생략)		(생략)
2	소유권이전	2003년 6월 4일 제43987호	2003년 5월 15일 토지수용	소유자 대한민국 관리청 국토교통부

예제

1. 토지수용으로 인한 소유권이전등기를 하는 경우, 그 토지에 있던 다음의 등기 중 등기관이 직권으로 말소할 수 없는 것은? (단, 수용의 개시일은 2013. 4. 1.임) 제24회

① 2013. 2. 1. 상속을 원인으로 2013. 5. 1.에 한 소유권이전등기
② 2013. 2. 7. 매매를 원인으로 2013. 5. 7.에 한 소유권이전등기
③ 2013. 1. 2. 설정계약을 원인으로 2013. 1. 8.에 한 근저당권설정등기
④ 2013. 2. 5. 설정계약을 원인으로 2013. 2. 8.에 한 전세권설정등기
⑤ 2013. 5. 8. 매매예약을 원인으로 2013. 5. 9.에 한 소유권이전청구권가등기

해설 ① 수용개시일 이전의 상속을 원인으로 한 수용개시일 이후의 소유권이전등기는 말소하지 아니한다.

정답 ①

2. 소유권등기에 관한 내용으로 틀린 것은? 제27회

① 민법상 조합은 그 자체의 명의로 소유권등기를 신청할 수 없다.
② 수용에 의한 소유권이전등기를 할 경우, 그 부동산의 처분제한등기와 그 부동산을 위해 존재하는 지역권등기는 직권으로 말소할 수 없다.
③ 멸실된 건물의 소유자인 등기명의인이 멸실 후 1개월 이내에 그 건물의 멸실등기를 신청하지 않는 경우, 그 건물대지의 소유자가 대위하여 멸실등기를 신청할 수 있다.
④ 집합건물의 규약상 공용부분에 대해 공용부분이라는 뜻을 정한 규약을 폐지한 경우, 공용부분의 취득자는 지체 없이 소유권보존등기를 신청해야 한다.
⑤ 수용에 의한 소유권이전등기 완료 후 수용재결의 실효로 그 말소등기를 신청하는 경우, 피수용자 단독으로 기업자명의의 소유권이전등기 말소등기신청을 할 수 없다.

해설 ② 수용에 의한 소유권이전등기를 할 경우, 그 부동산을 위해 존재하는 지역권등기는 직권으로 말소하지 않지만, 그 부동산의 처분제한등기는 직권말소하여야 할 권리이다.

정답 ②

05 소유권이전등기(진정명의회복)

(1) 의 의

진정명의회복을 원인으로 한 소유권이전등기는 등기원인의 무효 등으로 인하여 등기기록상의 소유명의인이 무권리자인 경우에 진정한 권리자가 등기명의를 회복하기 위하여 무권리자 명의의 등기를 말소하지 아니하고 무권리자로부터 소유권이전등기를 하는 것을 말한다. 법률규정에 의한 물권변동의 한 경우이다(「민법」 제187조 참조).

(2) 등기신청인

① 진정한 권리자와 현재의 등기명의인의 공동신청

㉠ 진정한 권리자(이미 자기 앞으로 소유권을 표상하는 등기가 되어 있었던 자 또는 지적공부상의 소유자로 등록되어 있던 자로서 소유권보존등기를 신청할 수 있는 자, 상속인 기타의 포괄승계인 포함)는 현재의 등기명의인과 공동으로 진정명의회복을 원인으로 한 소유권이전등기를 신청할 수 있다.

㉡ 이미 자기 앞으로 소유권을 표상하는 등기가 되어 있었던 자는 매도인과 같은 종전의 등기기록상 소유자를 말하며, 지적공부상 소유자로 등록되어 있던 자로서 소유권보존등기를 신청할 수 있는 자는 원칙적으로 지적공부상 최초의 소유자로 등록된 자와 그 상속인 기타의 포괄승계인을 말한다.

② 진정한 권리자의 판결에 의한 단독신청

㉠ 진정한 권리자가 현재의 등기명의인을 상대로 진정명의회복을 등기원인으로 한 소유권이전등기절차의 이행을 명하는 판결을 받은 경우 진정한 권리자는 단독으로 진정명의회복을 원인으로 한 소유권이전등기를 신청할 수 있다.

㉡ 이미 자기 앞으로 소유권을 표상하는 등기가 되어 있었던 자는 매도인과 같은 종전의 등기기록상 소유자를 말하며, 법률의 규정에 의하여 소유권을 취득하였던 자는 상속・공용징수・경매・형성판결 등에 의하여 등기 없이도 소유권을 취득하였던 자를 말한다(「민법」 제187조 참조). 즉, 과거의 소유자는 현재의 등기명의인을 상대로 한 판결을 받아 단독으로 등기를 신청할 수 있다.

(3) 신청정보의 내용 및 첨부정보

① 신청정보의 내용

㉠ 진정명의회복을 원인으로 한 소유권이전등기신청정보에는 **등기원인**을 '진정명의회복'이라고 기록하나, 등기원인일자는 성질상 존재할 수 없으므로 **등기원인일자**는 기록할 필요가 없다(예규 제1631호).

㉡ 등기의무자의 등기필정보를 신청정보의 내용으로 등기소에 제공하여야 한다. 다만, 공동신청 또는 승소한 등기의무자의 단독신청에 의하여 권리에 관한 등기를 신청하는 경우로 한정한다(규칙 제43조 제1항 제7호).

② 첨부정보

㉠ 공동신청하는 경우에 무엇을 등기원인을 증명하는 정보로 판단할 것인가는 등기관이 개별적으로 판단하여야 한다. 그러나 판결에 의하여 단독으로 신청하는 경우에는 등기원인을 증명하는 정보로서 확정판결정본을 제공하여야 한다.

㉡ 진정명의회복을 원인으로 한 소유권이전등기는 법률의 규정에 의한 것으로서 계약을 원인으로 한 소유권이전등기가 아니므로 등기원인을 증명하는 정보에 검인을 받을 필요가 없으며, **토지거래허가증 · 농지취득자격증명** · 토지거래신고필증 등을 첨부할 필요도 없다.

☑ 진정명의회복으로 인한 소유권이전등기

【갑구】	(소유권에 관한 사항)			
순위 번호	등기목적	접 수	등기원인	권리자 및 기타사항
4	소유권이전	2000년 11월 2일 제80983호	진정명의회복	소유자 천태규 450812-1257654 서울 종로구 명륜동 42

판 례

1. 말소등기청구소송과 이전등기청구소송의 동일성

말소등기에 갈음하여 허용되는 진정명의회복을 원인으로 한 소유권이전등기청구권과 무효등기의 말소청구권은 어느 것이나 진정한 소유자의 등기명의를 회복하기 위한 것으로서 실질적으로 그 목적이 동일하고, 두 청구권 모두 소유권에 기한 방해배제청구권으로서 그 법적 근거와 성질이 동일하므로, 비록 전자는 이전등기, 후자는 말소등기의 형식을 취하고 있다 하더라도 그 소송물은 실질상 동일한 것으로 보아야 하고, 따라서 소유권이전등기말소청구소송에서 패소확정판결을 받았다면 그 기판력은 그 후 제기된 진정명의회복을 원인으로 한 소유권이전등기청구소송에도 미친다(대판 2001.9.20, 99다37894). 위 판례의 취지는 말소등기청구소송과 진정명의회복을 원인으로 한 이전등기청구소송은 동일한 소송물이어서, 어느 한 소송에서 패소한 자가 다른 소송을 제기하면 이는 중복제소에 해당하여 허용되지 아니한다는 것이다.

2. 말소등기신청의 허용 여부

진정명의회복등기판결에서 승소한 자가 그 판결에 기하여 말소등기를 신청하는 것은 허용되지 아니한다(등기선례 제7-226호).

06 소유권이전등기(상속)

(1) 의 의

상속이란 피상속인의 사망으로 인하여 상속인이 피상속인의 재산상 권리의무를 포괄적으로 승계하는 제도를 말한다(「민법」 제1005조). 상속인은 피상속인이 사망한 때 등기 없이 그 권리를 취득하나, 등기를 하여야 그 권리를 처분할 수 있다(「민법」 제187조). 상속에 있어서는 상속개시시의 법률이 적용되고, 실종선고에 따른 상속의 경우에는 사망한 것으로 간주되는 시기인 실종기간 만료시가 아니라 실종선고시의 법률이 적용된다.

(2) 등기신청인

① 상속으로 인한 등기는 등기권리자만으로 이를 **단독신청**할 수 있다(법 제23조 제3항).

② 저당권설정자가 사망한 후 그의 상속인이 상속을 포기할 수 있는 기간이라도 당해 부동산의 저당권자(채권자)는 상속인 명의의 상속등기를 **대위신청** 할 수 있다(등기예규 제55호).

③ 공동상속인 중 1인은 **자기의 상속지분**만에 관하여 상속으로 인한 소유권이전등기를 신청할 수 없다.

④ 공동상속인 중 1인은 **전원명의**의 상속으로 인한 소유권이전등기를 신청할 수 있다.

(3) 등기원인과 그 연월일

등기원인은 상속이며 상속등기의 등기원인일자는 **상속개시일**(피상속인의 사망일)이다.

(4) 첨부정보

① **등기원인을 증명하는 정보**: 상속을 증명하는 정보(피상속인의 가족관계증명서, 기본증명서 등)를 등기소에 제공하여야 한다(규칙 제46조 제1항).

② **상속재산분할협의서**: 공동상속인들 사이에 상속재산분할협의가 성립된 경우에는 상속재산분할협의서를 작성하여 등기소에 제공하여야 한다(규칙 제46조 제1항). 상속재산분할협의서에는 상속인 전원이 기명날인하고, 상속인 전원의 인감증명을 첨부정보로 등기소에 제공하여야 한다(규칙 제60조 제6호). 다만, 상속인 전원이 참여한 공정증서에 의한 상속재산분할협의서를 제공하는 경우, 상속인들의 인감증명을 제출할 필요가 없다.

③ **주소를 증명하는 정보**: 상속을 원인으로 하는 소유권이전등기를 신청하고자 할 때에는 등기권리자인 상속인 전원의 주소증명정보를 첨부정보로 제공하여야 한다.

④ **기타 첨부정보**: 상속을 원인으로 소유권이전등기를 할 때에는 대장정보(규칙 제46조 제1항 제7호), 주민등록번호를 증명하는 정보(규칙 제46조 제1항 제6호), 취득세영수필확인서(지방세법 시행령 제36조)를 첨부정보로 등기소에 제공하여야 한다. 한편, 피상속인의 인감증명과 등기필정보는 등기소에 제공할 필요가 없다.

⑤ **제3자의 허가, 승낙정보**: **토지거래허가정보** 또는 **농지취득자격증명정보**는 등기소에 제공할 필요가 없다.

넓혀 보기

상속권자 중 상속을 포기한 자가 있는 경우의 상속등기

【선례요지】 피상속인의 공동상속인 중 상속을 포기한 자가 있는 경우에는 그 상속분은 다른 상속인의 상속분의 비율로 그 상속인에게 귀속되며, 제1순위 상속인이 상속을 포기한 경우에는 차순위 상속인이 상속인이 된다. 이 경우 등기원인은 상속이며, 첨부서면으로 일반적인 상속등기신청서에 첨부되는 서면 외에 상속포기심판서정본을 제출하여야 한다(등기선례 제4-76호).

(5) 상속등기의 경정

① 상속으로 인하여 수인이 공동상속등기를 마친 후에 공동상속인 중의 1인 또는 수인에게 재산을 취득하게 하는 취지의 상속재산의 협의분할 또는 재판에 의한 분할을 한 경우에 그 등기의 신청절차는 권리를 취득하는 자가 등기권리자, 권리를 잃는 자가 등기의무자로서 **소유권의 경정등기**를 신청하여야 한다.

② 협의분할에 의한 상속등기는 법정상속분에 따른 상속등기 이후에도 할 수 있다. 이 경우 등기원인은 '협의분할에 의한 상속'이며, 그 연월일은 '협의가 성립한 날'로 하여 상속등기의 소유권경정등기를 한다(등기예규 제1675호).

상속등기의 경정

☑ **상속재산분할협의서**

상속재산분할협의서

20○○년 ○월 ○일 서울 서초구 서초동 123 – 45 홍길동의 사망으로 인하여 개시된 상속에 있어 공동상속인 김갑순, 홍일동, 홍이동, 홍삼동은 다음과 같이 상속재산을 분할하기로 협의한다.

1. 상속재산 중 서울 서초구 서초동 123 – 45 대 138m²는 김갑순의 소유로 한다.
2. 상속재산 중 ○○주식회사의 보통주식 ○○주는 홍일동의 소유로 한다.
3. 상속재산 중 ○○은행 ○○동 지점에 예금된 금 500만원은 홍이동의 소유로, ○○은행 ○○동 지점에 예금된 금 1,000만원은 홍삼동의 소유로 한다.
4. (기타사항)

위 협의의 성립을 증명하기 위하여 이 협의서 4통을 작성하고 아래에 각자 기명날인하여 1통씩 보관한다.

20○○년 ○월 ○일

공동상속인 김 갑 순 ㊞
서울 서초구 서초동 123 – 45

공동상속인 홍 일 동 ㊞
서울 서초구 서초동 123 – 45

공동상속인 홍 이 동 ㊞
서울 서초구 반포동 234 – 56

공동상속인 홍 삼 동 ㊞
서울 강동구 암사동 264

※ 상속재산의 협의분할은 상속인 전원이 참석해서 하여야 하며, 공동상속인 중에 미성년자가 있는 경우에는 특별대리인을 선임하여야 합니다.

☑ **소유권이전등기신청**(상속)

소유권이전등기신청(상속)

접 수	년 월 일	처리인	등기관 확인	각종 통지
	제 호			

① 부동산의 표시					
1. 서울특별시 서초구 서초동 100 대 300m² 2. 서울특별시 서초구 서초동 100 [도로명주소] 서울특별시 서초구 서초대로 88길 10 시멘트 벽돌조 슬래브지붕 2층 주택 1층 100m² 2층 100m² 이 상					
② 등기원인과 그 연월일	2017년 4월 3일 상속				
③ 등기의 목적	소유권이전				
④ 이전할 지분					
구 분	성 명	주민등록번호	주 소	상속분	지분 (개인별)
⑤ 피상속인	망 이도령	300101-1234567	서울특별시 중구 마장로길 88 (황학동)		
⑥ 등기권리자	김 복 순	300101-2345678	서울특별시 중구 다동길 96 (다동)	3/7	3/7
	이 대 영	550101-1234567	서울특별시 중구 다동길 96 (다동)	2/7	2/7
	이 갑 돌	600101-1234567	서울특별시 중구 다동길 96 (다동)	2/7	2/7

<table>
<tr><td colspan="4">⑦ 시가표준액 및 국민주택채권매입금액</td></tr>
<tr><td>부동산 표시</td><td>부동산별 시가표준액</td><td colspan="2">부동산별 국민주택채권매입금액</td></tr>
<tr><td>1. 주 택</td><td>금 300,000,000원</td><td colspan="2">금 12,600,000원</td></tr>
<tr><td>2.</td><td>금 원</td><td colspan="2">금 원</td></tr>
<tr><td>3.</td><td>금 원</td><td colspan="2">금 원</td></tr>
<tr><td colspan="2">⑦ 국 민 주 택 채 권 매 입 총 액</td><td colspan="2">금 12,600,000원</td></tr>
<tr><td colspan="2">⑦ 국 민 주 택 채 권 발 행 번 호</td><td colspan="2">1234-12-1234-1234</td></tr>
<tr><td colspan="2" rowspan="2">⑧ 취득세(등록면허세) 금 5,000,000원</td><td colspan="2">⑧ 지 방 교 육 세 금 500,000원</td></tr>
<tr><td colspan="2">⑧ 농어촌특별세 금 원</td></tr>
<tr><td colspan="2">⑨ 세 액 합 계</td><td colspan="2">금 5,500,000원</td></tr>
<tr><td colspan="2" rowspan="3">⑩ 등 기 신 청 수 수 료</td><td colspan="2">금 30,000원</td></tr>
<tr><td colspan="2">납부번호 : 12-12-12345678-0</td></tr>
<tr><td colspan="2">일괄납부 : 건 원</td></tr>
<tr><td colspan="4">⑪ 첨 부 서 면</td></tr>
<tr><td colspan="2">• 가족관계증명서(상세) 1통
• 기본증명서(상세) 1통
• 친양자입양관계증명서(상세) 1통
• 제적등본 1통
• 피상속인 및 상속인의
주민등록표초본 각 1통</td><td colspan="2">• 취득세(등록면허세)영수필확인서 1통
• 등기신청수수료 영수필확인서 1통
• 토지 · 건축물대장등본 각 1통
• 제적등본 1통
~~• 위임장 통~~ 삭1행
<기타></td></tr>
<tr><td colspan="4">2017년 5월 26일
⑫ 위 신청인 김 복 순 ㊞ (전화 : 010－1234－5678)
이 대 영 ㊞ (전화 : 010－1234－5679)
이 갑 돌 ㊞ (전화 : 010－1234－5680)
(또는)위 대리인 (전화 :)
서울중앙 지방법원 등기국 귀중</td></tr>
</table>

예제

소유권이전등기에 관한 설명으로 옳은 것을 모두 고른 것은? (다툼이 있으면 판례에 따름)

제29회 변형

㉠ 甲이 그 명의로 등기된 부동산을 乙에게 매도한 뒤 단독상속인 丙을 두고 사망한 경우, 丙은 자신을 등기의무자로 하여 甲에서 직접 乙로의 이전등기를 신청할 수는 없다.
㉡ 甲소유 토지에 대해 사업시행자 乙이 수용보상금을 지급한 뒤 乙 명의로 재결수용에 기한 소유권이전등기를 하는 경우, 수용개시일 후 甲이 丙에게 매매를 원인으로 경료한 소유권이전등기는 직권 말소된다.
㉢ 협의분할에 의한 상속등기를 신청하는 경우에 상속을 증명하는 서면은 첨부하여야 하지만, 등기의무자의 등기필정보는 제공할 필요가 없다.
㉣ 甲소유 토지에 대해 甲과 乙의 가장매매에 의해 乙 앞으로 소유권이전등기가 된 후에 선의의 丙 앞으로 저당권설정등기가 설정된 경우, 甲과 乙은 공동으로 진정명의회복을 위한 이전등기를 신청할 수 없다.

① ㉠, ㉡
② ㉠, ㉣
③ ㉡, ㉢
④ ㉢, ㉣
⑤ ㉡, ㉢, ㉣

해설 ㉠ 등기의무자가 사망한 경우에는 상속인이 등기의무자를 대위하여 신청할 수 있다. 따라서 甲이 그 명의로 등기된 부동산을 乙에게 매도한 뒤 단독상속인 丙을 두고 사망한 경우, 丙은 자신을 등기의무자로 하여 甲에서 직접 乙로의 이전등기를 신청할 수 있다.
㉣ 甲소유 토지에 대해 甲과 乙의 가장매매에 의해 乙 앞으로 소유권이전등기가 된 후에 선의의 丙 앞으로 저당권설정등기가 설정된 경우에는 소유권이전등기를 말소할 수 없다. 따라서 이 경우에 甲과 乙은 공동으로 진정명의회복을 위한 이전등기를 신청할 수 있다.

정답 ③

07 소유권이전등기(유증)

(1) 의 의

① 유증이란 유언에 의하여 무상으로 재산을 증여하는 상대방 없는 단독행위로서, 법정방식에 따라서 하여야 하며 원칙적으로 유언자의 사망시에 그 효력이 생긴다(「민법」 제1073조 제1항).

② 유증은 양도하는 재산이 특정된 것인지 특정되지 않은 것인지에 따라서 특정적 유증과 포괄적 유증으로 나누어진다.

③ 수증자는 유언자의 사망시에 생존하고 있어야 하지만, 태아는 유증에 관하여는 이미 출생한 것으로 간주되므로(「민법」 제1064조), 태아도 수증자가 될 수 있다.

(2) 등기신청인(예규 제1512호)

유증으로 인한 소유권이전등기는 수증자를 등기권리자로 하고 유언집행자 또는 상속인을 등기의무자로 하여 이들의 **공동신청**에 의한다.

(3) 신청정보의 내용

① 등기의 목적은 '소유권이전'으로 기록한다. 등기원인은 '○년 ○월 ○일 유증'으로 기록하되, 그 연월일은 **유증자가 사망한 날**을 기록한다.

② 유증에 의한 소유권이전등기를 공동신청하는 경우에는 **등기의무자의 등기필정보**를 신청정보의 내용으로 등기소에 제공하여야 한다(규칙 제43조 제1항 제7호).

(4) 첨부정보

① **등기원인을 증명하는 정보**: 유증을 원인으로 소유권이전등기를 신청하는 경우에는 유증의 사실을 증명하는 유언서를 등기원인을 증명하는 정보로서 등기소에 제공하여야 한다(규칙 제46조 제1항 제1호).

② **농지취득자격증명**: 상속의 경우와 같이 농지의 소유권이전등기신청시에는 원칙적으로 농지취득자격증명을 첨부정보로 등기소에 제공할 필요가 없다(예규 제1635호).

(5) **등기신청방법**(예규 제1512호)

① 유증으로 인한 소유권이전등기는 상속등기를 거치지 않고 유증자로부터 직접 수증자 명의로 등기를 신청하여야 한다.

② 미등기 부동산이 유증의 목적물인 경우에 포괄적 유증을 받은 자는 소유권보존등기를 신청할 수 있는 자에 해당하므로 직접 소유권보존등기신청을 할 수 있다. 다만, 특정적 유증을 받은 자는 소유권보존등기를 신청할 수 있는 자에 해당하지 아니하므로 유언집행자가 상속인 명의로 소유권보존등기를 한 후에 유증으로 인한 소유권이전등기를 신청하여야 함에 유의하여야 한다.

☑ **등기된 부동산과 미등기 부동산의 유증**

구분	내용
등기된 부동산	㉠ 유증으로 인한 소유권이전등기는 포괄유증이나 특정유증을 불문하고 등기의무자(유언집행자 또는 상속인)와 등기권리자(수증자)가 **공동신청**하여야 한다. ㉡ 유증으로 인한 소유권이전등기는 **상속등기를 거치지 않고** 유증자로부터 직접 수증자 명의로 등기를 신청하여야 한다.
미등기 부동산	㉠ 미등기부동산에 대하여 **포괄적 유증을 받은 자**는 자신 앞으로 직접 **소유권보존등기**를 신청할 수 있다. ㉡ 미등기부동산에 대하여 **특정적 유증을 받은 자**는 자신 앞으로 직접 소유권보존등기를 신청할 수 없다. 따라서 유언집행자가 상속인 명의로 먼저 **소유권보존등기**를 한 후에 특정적 유증을 받은 자 앞으로 **소유권이전등기**를 신청하여야 한다.

③ 유증으로 인한 소유권이전등기신청이 일부 상속인의 유류분을 **침해**하는 내용이라 하더라도 등기관은 이를 **수리**하여야 한다.

④ 유언자가 **생존** 중인 경우에는 유증으로 인한 소유권이전청구권보전의 가등기를 신청할 수 없다. 다만 유언자가 **사망**한 이후에는 가등기를 신청할 수 있다.

☑ **상속 · 유증 · 상속인에 의한 등기**

구 분	상속으로 인한 등기	유증으로 인한 등기	상속인에 의한 등기
등기원인	상속	유증	상속 이외의 원인
신청인	단독신청	공동신청	공동신청
등기원인을 증명하는 정보	가족관계 증명서	유언서	매매계약서 등
등기필정보	제공×	제공○	제공○

☑ **소유권이전등기신청**(유증)

소유권이전등기신청(유증)

접 수	년 월 일	처리인	등기관 확인	각종 통지
	제 호			

① 부동산의 표시				
1. 서울특별시 서초구 서초동 100 대 300m² 2. 서울특별시 서초구 서초동 100 [도로명주소] 서울특별시 서초구 서초대로 88길 10 시멘트 벽돌조 슬래브지붕 2층 주택 1층 100m² 2층 100m² 이 상				
② 등기원인과 그 연월일	2017년 4월 3일 유증			
③ 등기의 목적	소유권이전			
④ 이전할 지분				
구 분	성명 (상호 · 명칭)	주민등록번호 (등기용등록번호)	주소(소재지)	지분 (개인별)
⑤ 등기의무자	유증자 망 이가을 유언집행자(상속인) 이 갑 돌	400101-1234567 700101-1345678	서울특별시 중구 다동길 96 (다동) 서울특별시 중구 다동길 98 (다동)	
⑥ 등기권리자	수증자 이 대 백	801231-1234567	서울특별시 서초구 서초대로 88길 20 (서초동)	

⑦ 시가표준액 및 국민주택채권매입금액		
부동산 표시	부동산별 시가표준액	부동산별 국민주택채권매입금액
1. 주　택	금　300,000,000원	금　12,600,000원
2.	금　원	금　원
3.	금　원	금　원
⑦ 국 민 주 택 채 권 매 입 총 액		금　12,600,000원
⑦ 국 민 주 택 채 권 발 행 번 호		1234-12-1234-1234

⑧ 취득세(등록면허세) 금 5,000,000원	⑧ 지방교육세 금　500,000원
	⑧ 농어촌특별세 금　원
⑨ 세　액　합　계	금　5,500,000원
⑩ 등 기 신 청 수 수 료	금　30,000원
	납부번호 : 12-12-12345678-0
	일괄납부 :　건　원

⑪ 등기의무자의 등기필정보		
부동산고유번호	1102-2006-002095	
성명(명칭)	일련번호	비밀번호
이가을	Q77C-LO71-35J5	40-4636
부동산고유번호	1101-2016-001234	
성명(명칭)	일련번호	비밀번호
이가을	QWER-AS12-ZXC1	40-2345

⑫ 첨　부　서　면	
• 유언증서 1통	• 취득세(등록면허세)영수필확인서 1통
• 유언검인조서등본 1통	• 등기신청수수료 영수필확인서 1통
• 가족관계증명서(상세) 1통	~~• 등기필증 통~~ 삭1행
• 기본증명서(상세) 1통	• 토지 · 건축물대장등본 각 1통
• 친양자입양관계증명서(상세) 1통	• 주민등록표초본 각 1통
• 제적등본 1통	~~• 위임장 통~~ 삭1행

2017년　5월　26일

⑬ 위 신청인　이　갑　돌　㊞　(전화 : 010-1234-5678)

　　　　　　　이　대　백　㊞　(전화 : 010-5678-1234)

(또는)위 대리인　(전화 :　)

서울중앙 지방법원　등기국 귀중

예제

1. 유증으로 인한 소유권이전등기 신청절차에 관한 설명으로 옳은 것은? 제15회

① 수증자가 단독으로 신청한다.
② 등기신청정보에는 등기의무자의 등기필정보를 등기소에 제공할 필요가 없다.
③ 유증에 조건이 붙은 경우에도 유증자가 사망한 날을 등기원인일자로 등기신청정보에 기록한다.
④ 유증으로 인한 소유권이전등기신청이 상속인의 유류분을 침해하는 경우, 등기관은 이를 수리할 수 없다.
⑤ 상속등기가 경료되지 아니한 경우, 상속등기를 거치지 않고 유증자로부터 직접 수증자 명의로 등기를 신청한다.

해설 ① 유증으로 인한 소유권이전등기는 유언집행자 또는 상속인과 수증자가 공동신청하여야 한다.
② 유증으로 인한 소유권이전등기는 공동신청하여야 하므로 '등기의무자의 등기필정보'를 등기소에 제공하여야 한다.
③ 유증에 조건이 붙은 경우에는 '조건이 성취된 날'을 등기원인일자로 등기신청정보에 기록하여야 한다.
④ 유증으로 인한 소유권이전등기신청이 상속인의 유류분을 침해하는 경우에도 등기관은 이를 수리하여야 한다.

정답 ⑤

2. 유증으로 인한 소유권이전등기에 관한 설명으로 틀린 것은? 제24회

① 유증에 기한이 붙은 경우에는 그 기한이 도래한 날을 등기원인일자로 기록한다.
② 포괄유증은 수증자 명의의 등기가 없어도 유증의 효력이 발생하는 시점에 물권변동의 효력이 발생한다.
③ 유증으로 인한 소유권이전등기는 상속등기를 거쳐 수증자 명의로 이전등기를 신청하여야 한다.
④ 유증으로 인한 소유권이전등기 신청이 상속인의 유류분을 침해하는 내용이라 하더라도 등기관은 이를 수리하여야 한다.
⑤ 미등기 부동산이 특정유증된 경우, 유언집행자는 상속인 명의의 소유권보존등기를 거쳐 유증으로 인한 소유권이전등기를 신청하여야 한다.

해설 ③ 유증으로 인한 소유권이전등기는 상속등기를 거치지 않고 유증자로부터 직접 수증자 명의로 등기를 신청하여야 한다. 상속등기를 거쳐 수증자 명의로 이전등기를 신청할 수는 없다. 정답 ③

3. 소유권이전등기에 관한 설명으로 틀린 것은? 제22회

① 재결수용의 경우 관공서가 아닌 기업자(起業者)는 소유권이전등기를 단독으로 신청할 수 없다.
② 진정명의회복을 원인으로 하는 소유권이전등기에는 등기원인일자를 기록하지 않는다.
③ 자신의 토지를 매도한 자는 매수인에 대하여 소유권이전등기의 인수를 청구할 수 있다.
④ 유증의 목적 부동산이 미등기인 경우에는, 상속인 명의로 먼저 소유권보존등기를 한 다음 특정적 유증을 받은 자 앞으로 소유권이전등기를 신청해야 한다.
⑤ 토지거래허가구역 내의 토지를 매매하였으나 그 후 허가구역지정이 해제되었다면, 소유권이전등기 신청시 다시 허가구역으로 지정되었더라도 그 신청서에 토지거래허가서를 첨부할 필요가 없다.

해설 ① 재결수용의 경우 관공서가 아닌 기업자는 소유권이전등기를 단독으로 신청할 수 있다. 정답 ①

08 소유권이전등기(신탁)

<table>
<tr><td colspan="5">소유권이전 및 신탁등기신청정보</td></tr>
<tr><td rowspan="2">접
수</td><td>년 월 일</td><td rowspan="2">처
리
인</td><td>등기관 확인</td><td>각종 통지</td></tr>
<tr><td>제 호</td><td></td><td></td></tr>
</table>

<table>
<tr><td colspan="5">① 부동산의 표시</td></tr>
<tr><td colspan="5">[토지]: 소재, 지번, 지목, 면적
[건물]: 소재, 지번, 종류, 구조, 면적

1. 서울특별시 서초구 서초동 217
대 300m²

2. 서울특별시 서초구 서초동 217
시멘트 벽돌조 슬래브지붕 2층 주택
1층 150m²
2층 120m² — 이 상 —</td></tr>
<tr><td colspan="2">② 등기의 목적</td><td colspan="3">소유권이전 및 신탁</td></tr>
<tr><td colspan="2">③ 등기원인과 그 연월일</td><td colspan="3">○년 ○월 ○일 신탁</td></tr>
<tr><td>구 분</td><td>성명</td><td>주민등록번호</td><td>주소(소재지)</td><td>지분
(개인별)</td></tr>
<tr><td>④
등기의무자</td><td>박 철수</td><td>750826
-1256417</td><td>서울특별시 서초구
서초동 100</td><td></td></tr>
<tr><td>⑤
등기권리자
(신탁등기신청인)</td><td>김 영희</td><td>801212
-2177834</td><td>서울특별시 관악구
남부순환로 300</td><td></td></tr>
</table>

(1) 의 의

위탁자와 수탁자간에 신탁행위가 있는 경우에는 위탁자는 수탁자에게 재산권을 이전해 주어야 한다. 등기 또는 등록할 수 있는 재산권에 관하여는 신탁은 등기를 함으로써 제3자에게 대항할 수 있기 때문이다(「신탁법」 제4조).

(2) 효 력

신탁재산의 소유권이 수탁자에게 이전되는 결과 수탁자는 대내외적으로 신탁재산에 대한 관리권을 갖는다. 다만, 수탁자는 신탁원부에 기재된 신탁의 목적 범위 내에서 신탁계약에 정해진 바에 따라 신탁재산을 관리하여야 하는 제한을 부담한다(대판 2002.4.12, 2000다70460).

(3) 신청인

① 신탁재산에 속하는 부동산의 신탁등기는 수탁자가 단독으로 신청한다.

② 수탁자가 타인에게 신탁재산에 대하여 신탁을 설정하는 경우에는 해당 신탁재산에 속하는 부동산의 신탁등기는 새로운 신탁의 수탁자가 단독으로 신청한다.

③ 수익자나 위탁자는 수탁자를 대위하여 신탁등기를 단독으로 신청할 수 있다.

(4) 신청방법

① **일괄신청**: 신탁등기의 신청은 해당 신탁으로 인한 권리의 이전 또는 보존이나 설정등기의 신청과 함께 1건의 신청정보로 일괄하여 하여야 한다. 다만 수익자나 위탁자가 수탁자를 대위하여 신탁등기를 신청하는 경우에는 그러하지 아니하다.

② **신탁행위에 의한 신탁등기**: 신탁행위에 의하여 소유권을 이전하는 경우에는 신탁등기의 신청은 신탁을 원인으로 하는 소유권이전등기의 신청과 함께 1건의 신청정보로 일괄하여 하여야 한다. 등기의 목적은 "소유권이전 및 신탁", 등기원인과 그 연월일은 "○년 ○월 ○일 신탁"으로 하여 신청정보의 내용으로 제공한다.

③ **「신탁법」 제27조에 따라 신탁재산에 속하게 되는 경우**: 신탁재산(예 금전 등)의 처분에 의하여 제3자로부터 부동산에 관한 소유권을 취득하는 경우에는 신탁등기의 신청은 해당 부동산에 관한 소유권이전등기의 신청과 함께 1건의 신청정보로 일괄하여 하여야 한다. 등기의 목적은 "소유권이전 및 신탁재산처분에 의한 신탁"으로, 등기권리자란은 "등기권리자 및 수탁자"로 표시하여 신청정보의 내용으로 제공한다.

④ **담보권신탁등기**: 수탁자는 위탁자가 자기 또는 제3자 소유의 부동산에 채권자가 아닌 수탁자를 (근)저당권자로 하여 설정한 (근)저당권을 신탁재산으로 하고 채권자를 수익자로 지정한 담보권신탁등기를 신청할 수 있다.

☑ **담보권신탁등기**

【을구】	(소유권 이외의 권리에 관한 사항)			
순위번호	등기목적	접 수	등기원인	권리자 및 기타사항
1	근저당권설정	년 월 일 제12345호	년 월 일 신탁	채권최고액 금 250,000,000원 존속기간 1년 채무자 김우리 서울 서초구 서초대로 46길 60 수탁자 대한부동산신탁 112601－8031111 서울 강남구 테헤란로 15
	신탁			신탁원부 제2019-38호

(5) 수탁자가 여러 명인 경우 등

수탁자가 여러 명인 경우에는 그 공동수탁자가 합유관계라는 뜻을 신청정보의 내용으로 제공하여야 한다.

(6) 신탁가등기

신탁가등기는 소유권이전청구권보전을 위한 가등기와 동일한 방식으로 신청하되, 신탁원부 작성을 위한 정보도 첨부정보로서 제공하여야 한다.

☑ **신탁가등기**

【갑구】	(소유권에 관한 사항)			
순위번호	등기목적	접 수	등기원인	권리자 및 기타사항
5	소유권이전청구권가등기	년 월 일 제670호	년 월 일 신탁예약	수탁자 김우리 600104 － 1056429 서울특별시 서초구 반포대로 60(반포동)
	신탁가등기			신탁원부 제2019-38호

(7) 신탁등기의 말소

① 수탁자가 신탁재산을 제3자에게 처분하거나 신탁이 종료되어 신탁재산이 위탁자 또는 수익자에게 귀속되는 경우에는 그에 따른 권리이전등기와 신탁등기의 말소등기는 1건의 신청정보로 일괄하여 신청하여야 한다.

② 신탁재산의 일부를 처분하거나 신탁의 일부가 종료되는 경우에는 권리이전등기와 신탁등기의 변경등기를 1건의 신청정보로 일괄하여 신청하여야 한다.

☑ **소유권일부이전등기와 신탁등기의 변경등기**

【갑구】		(소유권에 관한 사항)		
순위번호	등기목적	접 수	등기원인	권리자 및 기타사항
5	소유권이전	년 월 일 제670호	년 월 일 신탁	수탁자 대한부동산신탁 112601-8031111 특별시 강남구 테헤란로 15 (삼성동)
	신탁			신탁원부 제2018-25호
6	소유권 일부이전	년 월 일 제3005호	년 월 일 매매	공유자 지분 3분의 1 김우리 600104-1056429 서울시 서초구 반포동 거래가액 금 200,000,000원
	5번 신탁등기변경		신탁재산의 처분	신탁재산 대한부동산신탁지분 3분의 2

③ 신탁재산이 수탁자의 고유재산으로 되는 경우에는 신탁행위로 이를 허용하였거나 수익자의 승인을 받았음을 증명하는 정보 또는 법원의 허가 및 수익자에게 통지한 사실을 증명하는 정보를 첨부정보로서 제공하여 “수탁자의 고유재산으로 된 뜻의 등기 및 신탁등기의 말소등기”를 신청할 수 있다.

☑ **수탁자의 고유재산이 되었다는 뜻의 등기**

【갑구】		(소유권에 관한 사항)		
순위번호	등기목적	접 수	등기원인	권리자 및 기타사항
2	소유권이전	년 월 일 제670호	년 월 일 매매	소유자 김우리 600104-1056429 서울특별시 서초구 반포대로 60(반포동) 거래가액 금 200,000,000원
	~~신탁재산처분에 의한 신탁~~			~~신탁원부 제2018-25호~~
3	수탁자의 고유재산으로 된 뜻의 등기	년 월 일 제305호	년 월 일 신탁재산의 고유재산 전환	
	신탁등기말소		신탁재산의 고유재산 전환	

핵심 다지기

신탁등기의 주요사항 정리

단독신청	① 신탁재산에 속하는 부동산의 신탁등기는 수탁자가 **단독신청**한다. ② 신탁등기의 말소등기는 수탁자가 **단독신청**할 수 있다.
동시신청 (일괄신청)	① 신탁등기는 해당 부동산에 관한 권리의 설정등기, 보존등기, 이전등기 또는 변경등기와 **동시에 신청**하여야 한다(법 제82조 제1항). ② 신탁등기의 말소등기는 신탁된 권리의 이전등기, 변경등기 또는 말소등기와 **동시에 신청**하여야 한다(법 제87조 제1항).
대위신청	① 수익자나 위탁자는 수탁자를 **대위**하여 신탁등기를 신청할 수 있다. ② 다만, 이 경우에는 권리의 설정등기, 보존등기, 이전등기 또는 변경등기와 일괄신청하지 아니한다(법 제82조 제2항 단서).
여러명의 수탁자	수탁자가 여러 명인 경우 등기관은 신탁재산이 **합유**인 뜻을 등기부에 기록하여야 한다.
하나의 순위번호	등기관이 권리의 이전 또는 보존이나 설정등기와 함께 신탁등기 또는 신탁등기의 변경등기를 할 때에는 **하나의 순위번호**를 사용하여야 한다.
전부처분	신탁재산이 전부 처분된 경우에는 소유권이전등기와 함께 신탁등기의 말소등기를 하여야 한다.
일부처분	신탁재산이 일부 처분된 경우에는 소유권이전등기와 함께 신탁등기의 변경등기를 하여야 한다.
고유재산이 되었다는 뜻	신탁재산이 수탁자의 고유재산이 되었다는 뜻의 등기는 **주등기**로 하여야 한다(규칙 제143조).

예제

1. 부동산의 신탁등기에 관한 설명으로 틀린 것은? 제21회 변형

① 부동산의 신탁등기는 대하여는 수탁자를 등기권리자로 하고 위탁자를 등기의무자로 한다.
② 수익자나 위탁자는 수탁자를 대위하여 신탁의 등기를 할 수 없다.
③ 수탁자가 2인 이상이면 그 공동수탁자가 합유관계라는 뜻을 신청서에 기재하여야 한다.
④ 신탁등기의 신청은 신탁으로 인한 부동산의 소유권이전등기의 신청과 1건의 신청정보를 일괄하여 하여야 한다.
⑤ 신탁등기 신청서에는 신탁의 목적 등 부동산등기법이 규정한 소정의 기재사항을 적은 서면을 첨부하여야 한다.

해설 ② 위탁자 또는 수익자는 수탁자를 대위하여 신탁등기를 신청할 수 있다. **정답** ②

2. 신탁등기에 관한 설명으로 틀린 것은? 제23회

① 신탁재산의 처분으로 수탁자가 얻은 부동산이 신탁재산에 속하게 된 경우, 수탁자가 단독으로 신탁등기를 신청할 수 있다.
② 수익자 또는 위탁자는 수탁자를 대위하여 신탁등기를 신청할 수 있다.
③ 수탁자가 여러 명인 경우 등기관은 신탁재산이 공유인 뜻을 등기부에 기록하여야 한다.
④ 등기관이 신탁등기를 할 때에는 신탁원부를 작성하여야 하는데, 이 때의 신탁원부는 등기기록의 일부로 본다.
⑤ 농지에 대하여 「신탁법」상 신탁을 등기원인으로 하여 소유권이전등기를 신청하는 경우, 신탁의 목적에 관계없이 농지취득자격증명을 첨부하여야 한다.

해설 ③ 수탁자가 여러 명인 경우 등기관은 신탁재산이 합유인 뜻을 등기부에 기록하여야 한다.

정답 ③

3. 신탁등기에 관한 설명으로 틀린 것은? 제26회

① 신탁의 일부가 종료되어 권리이전등기와 함께 신탁등기의 변경등기를 할 때에는 하나의 순위번호를 사용한다.
② 신탁재산에 속하는 부동산의 신탁등기는 수탁자가 단독으로 신청한다.
③ 신탁재산이 수탁자의 고유재산이 되었을 때에는 그 뜻의 등기를 부기등기로 하여야 한다.
④ 신탁가등기의 등기신청도 가능하다.
⑤ 신탁등기의 신청은 해당 신탁으로 인한 권리의 이전 또는 보존이나 설정등기의 신청과 함께 1건의 신청정보로 일괄하여 하여야 한다.

해설 ③ 신탁재산이 수탁자의 고유재산이 되었을 때에는 그 뜻의 등기를 주등기로 하여야 한다(규칙 제143조).

정답 ③

4. 신탁등기에 관한 설명으로 틀린 것은? 제27회

① 신탁등기시 수탁자가 甲과 乙인 경우, 등기관은 신탁재산이 甲과 乙의 합유인 뜻을 기록해야 한다.
② 등기관이 수탁자의 고유재산으로 된 뜻의 등기와 함께 신탁등기의 말소등기를 할 경우, 하나의 순위번호를 사용한다.
③ 수탁자의 신탁등기신청은 해당 부동산에 관한 권리의 설정등기, 보존등기, 이전등기 또는 변경등기의 신청과 동시에 해야 한다.
④ 신탁재산의 일부가 처분되어 권리이전등기와 함께 신탁등기의 변경등기를 할 경우, 각기 다른 순위번호를 사용한다.
⑤ 신탁등기의 말소등기신청은 권리의 이전 또는 말소등기나 수탁자의 고유재산으로 된 뜻의 등기신청과 함께 1건의 신청정보로 일괄하여 해야 한다.

해설 ④ 신탁재산의 일부가 처분되었거나 신탁의 일부가 종료되어 권리이전등기와 함께 신탁등기의 변경등기를 할 때에는 하나의 순위번호를 사용하고, 처분 또는 종료 후의 수탁자의 지분을 기록하여야 한다.

정답 ④

소유권 외의 권리에 관한 등기

단원 열기

지상권, 지역권, 전세권, 임차권, 저당권 등 소유권 이외의 권리의 등기신청시 필요적 기록사항, 그리고 권리별 신청방법의 차이점 등을 구분하여야 한다. 특히 저당권에 관한 등기는 좀 더 폭넓은 학습이 요구된다.

01 지상권에 관한 등기

1 의 의

지상권이란 타인의 토지 위에 건물 기타 공작물이나 수목을 소유하기 위하여 그 토지를 사용하는 용익물권을 말한다. 지상권은 소유권이 미치는 토지의 상하 전체에 대하여 미치며, 지상권이 설정된 토지는 그 소유자에 의한 이용이 전면적으로 배제된다.

☑ **지상권등기**

【 을 구 】		(소유권 외의 권리에 관한 사항)		
순위번호	등기목적	접 수	등기원인	권리자 및 기타사항
1	**지상권 설정**	○년○월○일 제2123호	○년○월○일 설정계약	목적 **건물 소유** 범위 **토지의 일부** 존속기간 30년 지 료 매월 말일 ~~지상권자 **박 철수**~~ ~~460102-1037627~~ ~~서울 관악구 신림동~~
1-1	**지상권 이전**	○년○월○일 제24424호	○년○월○일 양도	지상권자 **김 영희** 470304-1028612 서울 종로구 원서동

2 신청인

지상권설정자(등기의무자)와 지상권자(등기권리자)가 공동으로 신청한다. 의사진술을 명하는 이행판결을 받아 지상권자가 단독으로 신청할 수도 있다.

3 신청정보의 내용

(1) 필요적 기록사항

① **지상권설정의 목적**: 지상권은 그 설정목적에 따라서 최단존속기간이 다르므로 그 설정의 목적(건물소유 · 공작물 소유 · 수목 소유)을 구체적으로 기록하여야 한다.

② **지상권설정의 범위**: 1필의 토지 일부에 지상권을 설정하는 경우에는 그 부분을 표시한 지적도를 첨부정보로 등기소에 제공하여야 한다(규칙 제126조 제2항).

(2) 임의적 기록사항

① **존속기간**

㉠ 「민법」은 지상권에 관하여 최장존속기간은 제한하고 있지 않으나, 최단존속기간은 제한하고 있다. 지상권의 존속기간은 최단존속기간 이하로는 정할 수 없으며, 기간의 약정이 없으면 최단 존속기간 동안 존속하는 것으로 본다(「민법」 제281조 제1항).

㉡ 최단존속기간보다 단축한 기간을 정한 경우에는 최단존속기간까지 연장되므로(「민법」 제280조 제2항), 신청정보에 최단 존속기간보다 단축된 기간을 기록하더라도 신청정보의 기록대로 수리하여야 한다(예규 제1425호).

② **지료 · 지료의 지급시기**: 지료는 지상권의 성립요소는 아니나, 지료 및 지료의 지급시기에 관하여 설정계약서 등에 그 약정사항의 기록이 있으면 신청정보에 이를 기록하여야 한다.

③ **토지의 사용제한**: 구분지상권의 행사를 위하여 구분지상권설정행위로써 토지소유자의 사용을 제한하는 특약이 있는 때에는 이를 기록하여야 한다.

4 지상권의 객체

(1) 지상권은 1필의 토지의 전부에 대하여 설정하는 것이 보통이지만 1필의 토지의 특정 일부에도 설정할 수 있다(등기선례 제2-358호).

(2) 지상권은 단독소유 또는 공동소유인 토지의 전부 또는 일부에 대하여도 설정할 수 있으나, 지분 또는 공유지분에는 설정할 수 없다.

(3) 지상권은 농지(예규 제555호), 그 지상에 건물이 건립되어 있는 토지(등기선례 제3-573호)에 대하여도 설정할 수 있으며, 지표나 지상뿐만 아니라 지하의 사용을 그 내용으로 할 수도 있다.

5 구분지상권설정등기

(1) 구분지상권의 목적인 지하 또는 지상의 공간의 범위는 구체적으로 기록해야 한다(예규 제1040호).

(2) 상하의 범위가 중복되지 않는 한, 2개 이상의 구분지상권도 그 토지의 등기기록에 각각 등기할 수 있다.

(3) 설정행위로써 그 지상권의 행사를 위하여 토지소유자의 사용권을 제한하는 특약을 하고 있는 때(「민법」 제289조의2 제1항 후단)에는 그 특약을 기록하여야 한다.

☑ **구분지상권등기**

【을구】	(소유권 이외의 권리에 관한 사항)			
순위 번호	등기 목적	접 수	등기원인	권리자 및 기타사항
1	**지상권 설정**	○년○월○일 제2123호	○년○월○일 설정계약	목적 지하수도탱크 소유 범위 토지의 서북간 50m² 지점을 포함한 수평면을 기준으로 하여 지하 5m부터 지하 15m 사이 존속기간 15년 지 료 매월 말일 ~~지상권자 **박 철수**~~ ~~460102-1037627~~ ~~서울 관악구 신림동~~

넓혀 보기

지상권등기에 있어서 주의할 사항

1. 공유토지에 지상권을 설정하는 경우에는 공유자 전원이 등기의무자가 된다.
2. 지하 또는 공간의 일정한 범위에 대하여 구분지상권을 설정하는 경우에 도면을 첨부하지 아니한다.
3. 현재 공작물이나 수목이 없더라도 지상권설정등기를 할 수 있다.
4. 지상에 이미 건물이 건립되어 있는 토지에 대하여도 지상권설정등기를 할 수 있다.
5. 농지에 대하여도 지상권설정등기를 할 수 있다.
6. 토지의 일부 지분에 대한 지상권설정등기의 말소를 명하는 승소판결에 따라서 지상권말소등기를 신청받은 등기관은 지상권등기 전부에 대하여 말소등기를 하여야 한다.

PART 02

☑ 지상권설정등기신청

지상권설정등기신청

접 수	년 월 일	처리인	등기관 확인	각종 통지
	제 호			

① 부동산의 표시			
서울특별시 서초구 서초동 100 대 300m² 이 상			
② 등기원인과 그 연월일	2017년 4월 3일 설정계약		
③ 등기의 목적	지상권설정		
④ 설정의 목적	철근콘크리트조 건물의 소유		
⑤ 범 위	토지 전부		
⑥ 존속기간	2017년 4월 3일부터 30년		
⑦ 지 료	월 금 500,000원		
⑧ 지료지급시기	매월 말일		

구 분	성명 (상호 · 명칭)	주민등록번호 (등기용등록번호)	주소(소재지)
⑨ 등기의무자	이 대 백	700101-1234567	서울특별시 서초구 서초대로 88길 20(서초동)
⑩ 등기권리자	김 갑 동	801231-1234567	서울특별시 서초구 서초대로 88길 10, 가동 101호 (서초동, 샛별아파트)

<table>
<tr><td>⑪ 등 록 면 허 세</td><td colspan="2">금 200,000원</td></tr>
<tr><td>⑪ 지 방 교 육 세</td><td colspan="2">금 40,000원</td></tr>
<tr><td>⑪ 농 어 촌 특 별 세</td><td colspan="2">금 원</td></tr>
<tr><td>⑫ 세 액 합 계</td><td colspan="2">금 240,000원</td></tr>
<tr><td rowspan="3">⑬ 등 기 신 청 수 수 료</td><td colspan="2">금 15,000원</td></tr>
<tr><td colspan="2">납부번호 : 12-12-12345678-0</td></tr>
<tr><td colspan="2">일괄납부 : 건 원</td></tr>
<tr><td colspan="3">⑭ 등기의무자의 등기필정보</td></tr>
<tr><td>부동산고유번호</td><td colspan="2">1102-2006-002095</td></tr>
<tr><td>성명(명칭)</td><td>일련번호</td><td>비밀번호</td></tr>
<tr><td>이대백</td><td>A77C-LO71-35J5</td><td>40-4636</td></tr>
<tr><td colspan="3">⑮ 첨 부 서 면</td></tr>
<tr><td colspan="2">• 지상권설정계약서 1통
• 등록면허세영수필확인서 1통
• 등기신청수수료 영수필확인서 1통
• 주민등록표초본(또는 등본) 1통
삭2행 ~~• 도면(토지의 일부인 경우) 통~~
~~• 위임장 통~~</td><td>~~• 등기필증 통~~ 삭1행
• 인감증명서나 본인서명사실확인서 또는 전자본인서명확인서 발급증 1통
<기타></td></tr>
<tr><td colspan="3">2017년 5월 26일
⑯ 위 신청인 이 대 백 ㊞ (전화 : 010 − 1234 − 5678)
김 갑 동 ㊞ (전화 : 010 − 5678 − 1234)
(또는)위 대리인 (전화 :)
서울중앙 지방법원 등기국 귀중</td></tr>
</table>

02 지역권에 관한 등기

1 의 의

지역권이란 토지의 소유자(또는 지상권자 · 임차권자 · 전세권자)가 설정계약에서 정한 일정한 목적(통행 · 인수 · 관망)을 위하여 타인의 토지를 자기의 토지의 편익에 이용하는 용익물권을 말한다. 이러한 편익을 받는 토지를 요역지라 하고, 편익을 제공하는 토지를 승역지라고 한다.

☑ **승역지**

【 을 구 】		(소유권 외의 권리에 관한 사항)		
순위번호	등기목적	접 수	등기원인	권리자 및 기타사항
1	**지역권 설정**	○년○월○일 제83201호	○년○월○일 설정계약	**목적** **통행** **범위** **동측** 50m^2 **요역지** **부여군 외산면 만수리** 100

☑ **요역지**

【 을 구 】		(소유권 외의 권리에 관한 사항)		
순위번호	등기목적	접 수	등기원인	권리자 및 기타사항
1	**요역지 지역권**			**승역지** **부여군 외산면 만수리** 111 **목적** **통행** **범위** **동측** 50m^2

2 신청인

(1) 승역지의 지역권등기

① 지역권설정등기는 지역권설정자(승역지 소유자)가 등기의무자, 지역권자(요역지 소유자)가 등기권리자가 되어 공동신청하여야 한다.

② 토지의 소유자 이외에 요역지의 지상권자 · 전세권자 · 임차권자도 지역권의 등기권리자가 될 수 있다.

(2) 요역지의 지역권등기

승역지의 등기기록에 지역권의 등기를 한 등기관은 요역지의 등기기록 을구에도 지역권등기를 직권으로 기록하여야 한다(법 제71조 제1항).

3 신청정보의 내용

(1) 필요적 내용정보

① **지역권설정의 목적**: 승역지가 요역지에 제공하는 편익의 종류를 말하며, 특별한 제한은 없다.

② **지역권설정의 범위**: 승역지의 전부에 대하여 설정하는 것인지, 아니면 그 일부에 대하여 설정하는 것인지를 기록하여야 한다. 지역권의 설정범위가 승역지의 일부인 때에는 신청정보에 지적도를 첨부하여 그 부분을 표시하여야 한다(규칙 제127조 제2항).

③ **요역지의 표시**: 요역지의 소재 · 지목 · 면적 등을 기록하여야 한다. 승역지는 1필의 토지의 일부이어도 무방하나, 요역지는 1필의 토지의 전부이어야 한다. 즉, 동일 토지에 2개 이상의 지역권설정등기를 할 수 있으나, 동일 토지를 위하여 지역권설정등기를 2개 이상 할 수는 없다(「민법」 제293조 제2항 단서).

(2) 임의적 내용정보

지역권의 부종성을 배제하는 약정이 있는 경우, 용수 승역지의 수량에 관하여 다른 약정이 있는 경우, 승역지 소유자가 자기 비용으로 지역권 행사를 위하여 공작물의 설치 · 수선의 의무를 부담하는 약정을 한 경우에는 그 약정을 기록하여야 한다.

4 등기의 실행

(1) 승역지의 지역권의 등기

지역권의 등기는 승역지를 관할하는 등기소에 신청하여야 하고, 승역지 등기기록의 을구 사항란에 등기의 목적 · 접수연월일 · 지역권자 등을 기록하며, 요역지의 표시로는 소재 · 지번만을 기록한다.

(2) 요역지의 지역권의 등기

승역지와 요역지가 동일한 등기소의 관할에 속하는 경우: 이 경우 승역지의 등기기록에 지역권의 등기를 한 등기관은 요역지의 등기기록 을구 사항란에도 지역권의 목적이라는 뜻 · 승역지 · 지역권설정의 목적과 범위 등을 직권으로 기록하여야 한다(법 제71조 제1항).

☑ 지역권설정등기신청

지역권설정등기신청

접 수	년 월 일	처리인	등기관 확인	각종 통지
	제 호			

① 부동산의 표시			
승역지 : 서울특별시 서초구 서초동 100 대 300m² 요역지 : 서울특별시 서초구 서초동 101 대 300m² [등록문서번호 : 100번] 이 상			
② 등기원인과 그 연월일	2017년 4월 3일 설정계약		
③ 등기의 목적	지역권설정		
④ 설정의 목적	통행		
⑤ 범 위	동측 50m²		
⑥ 특 약	지역권은 요역지상의 소유권과 함께 이전하지 않고 요역지상의 소유권 이외의 권리의 목적으로 되지 아니함		

구 분	성명 (상호 · 명칭)	주민등록번호 (등기용등록번호)	주소(소재지)
⑦ 등기의무자	이 대 백	700101-1234567	서울특별시 서초구 서초대로 88길 20(서초동)
⑧ 등기권리자	김 갑 동	801231-1234567	서울특별시 서초구 서초대로 88길 10, 가동 101호 (서초동, 샛별아파트)

⑨ 등 록 면 허 세	금 200,000원	
⑨ 지 방 교 육 세	금 40,000원	
⑨ 농 어 촌 특 별 세	금 원	
⑩ 세 액 합 계	금 240,000원	
⑪ 등 기 신 청 수 수 료	금 15,000원	
	납부번호 : 12-12-12345678-0	
	일괄납부 : 건 원	
⑫ 등기의무자의 등기필정보		
부동산고유번호	1102-2006-002095	
성명(명칭)	일련번호	비밀번호
이대백	A77C-LO71-35J5	40-4636
⑬ 첨 부 서 면		
• 지역권설정계약서 1통 ~~• 등기필증 통~~ ~~• 위임장 통~~ • 등록면허세영수필확인서 1통 • 등기신청수수료 영수필확인서 1통	• 주민등록표초본(또는 등본) 1통 • 도면(토지의 일부인 경우) 1통 • 인감증명서나 본인서명사실확인서 또는 전자본인서명확인서 발급증 1통 <기타>	
2017년 5월 26일 ⑭ 위 신청인 이 대 백 ㊞ (전화 : 010-1234-5678) 김 갑 동 ㊞ (전화 : 010-5678-1234) (또는)위 대리인 (전화 :) 서울중앙 지방법원 등기국 귀중		

삭2행

03 전세권에 관한 등기

1 의 의

전세권이란 전세금을 지급하고 타인의 부동산을 점유하여 그 부동산의 용도에 좇아 사용·수익하는 용익물권을 말한다(「민법」 제303조). 전세금반환채권의 확보를 위하여 전세권자에게 경매청구권, 우선변제청구권이 인정되므로(「민법」 제303조, 제318조), 이 범위 내에서 전세권은 담보물권적 성질도 갖는다.

【 을 구 】		(소유권 외의 권리에 관한 사항)		
순위번호	등기목적	접 수	등기원인	권리자 및 기타사항
1	**전세권 설정**	○년○월○일 제9123호	○년○월○일 설정계약	**전세금 1억원** **범 위 건물 전부** **전세권자 ~~박 철수~~** ~~780402-1047123~~ ~~서울 노원구 창동~~
1-1	**1번 전세권 이전**	○년○월○일 제5555호	○년○월○일 양도	**전세권자 김 영희** 880808-2064895 서울 송파구 잠실동

2 신청인

전세권에 관한 등기는 전세권설정자인 등기의무자와 전세권자인 등기권리자의 공동신청에 의한다.

3 신청정보의 내용

(1) 필요적 기록사항

① **전세금**: 전세금 또는 전전세금은 전세권의 요소이므로 반드시 기록하여야 한다.

② **전세권설정의 범위**

㉠ 전세권의 목적인 토지 또는 건물의 범위를 기록하여야 한다. 부동산의 일부가 전세권의 목적인 때에는 지적도 또는 건물의 도면을 첨부하고 그 목적인 부분을 표시하여야 한다(법 제72조 제1항).

㉡ 전세권은 용익물권이므로, 성질상 부동산의 공유지분(대지권 포함)에 대하여는 전세권설정등기를 할 수 없다(예규 제1351호).

(2) 임의적 기록사항

① **존속기간**

㉠ 전세권의 존속기간은 전세권의 요소는 아니나, 등기원인정보에 그에 관한 약정이 있는 때에는 이를 신청정보에 기록하여야 한다(규칙 제128조 제1항).

㉡ 전세권의 존속기간은 10년을 넘지 못하며, 건물에 대한 전세권의 존속기간을 1년 미만으로 정한 때에는 이를 1년으로 한다(「민법」 제312조 제1항 · 제2항).

② **위약금 또는 배상금**: 위약금이나 배상금을 약정하여 등기원인정보에 기록한 때에는 이를 신청정보에도 기록하여야 한다(규칙 제128조 제1항).

③ **전세권의 처분금지특약**: 전세권의 양도 · 담보의 금지특약(「민법」 제306조)을 한 때에는 이를 전세권설정등기신청정보에도 기록하여야 한다(규칙 제128조 제1항).

4 전세권의 이전등기

(1) 전세권의 이전등기는 전세권자가 등기의무자가 되고 전세권을 이전받는 자가 등기권리자가 되어 공동신청한다. 전세권이전의 등기는 **부기등기**에 의한다.

(2) 전세권의 존속기간의 만료 등으로 전세권이 **소멸한 경우** 그 전세권은 전세금을 반환받는 범위 내에서 유효하고 전세금반환채권의 **전부** 또는 **일부**를 **양도**할 수 있다(법 제73조).

(3) 전세금반환채권의 일부양도를 원인으로 한 전세권 일부이전등기를 할 때에는 **양도액**을 신청정보의 내용으로 등기소에 제공하여야 한다(규칙 제129조 제1항).

(4) **전세권 일부이전등기**의 신청은 전세권의 존속기간의 **만료 전에는 할 수 없다**. 다만, 존속기간 만료 전이라 하더라도 해당 전세권이 소멸하였음을 증명하는 정보를 첨부정보로서 등기소에 제공한 경우에는 그러하지 아니하다(규칙 제129조 제2항).

5 전세권의 객체

전세권은 1개의 부동산의 전부 또는 일부에 대하여 설정할 수 있다. 동일한 부동산에 대하여는 이중의 전세권을 설정할 수 없으며, 공유지분(예규 제1351호) 또는 농경지(「민법」 제303조)에도 전세권을 설정할 수 없다.

넓혀 보기

전세권등기시 주의할 사항

1. 공유부동산에 대하여 전세권을 설정하기 위해서는 공유자 전원이 등기의무자가 되고, 전세권자가 등기권리자가 되어 신청하여야 한다.
2. 등기관은 수개의 부동산을 전세권의 목적으로 하는 경우 목적부동산의 개수가 5개 이상인 때에는 공동전세목록을 작성하여야 한다.
3. 건물전세권이 법정갱신된 이후 전세권을 이전하거나 전세권을 목적으로 저당권을 설정하기 위해서는 먼저 존속기간에 대한 변경등기를 하여야 한다(등기선례 제8-247호).
4. 전세권의 존속기간 시작일이 등기신청접수일자 이전이라 하더라도 등기관은 전세권설정등기신청을 수리하여야 한다(등기선례 제6-319호).
5. 현재의 전세권자가 제3자와 공동으로 전세권을 준공유하기 위하여 제3자에게 전세권의 일부(준공유지분)를 양도하는 경우에는 전세권일부이전등기를 부기등기로 할 수 있다(등기선례 제6-320호).
6. 일반건물의 경우 1층에 甲명의의 전세권이 있고, 4층에 乙명의의 전세권이 있는 상태에서 甲명의의 전세권의 존속기간을 연장하는 경우에는 乙의 승낙서 등을 첨부하여야 부기등기로 할 수 있다(등기선례 제7-264호).

☑ **전세권설정등기신청**

전세권설정등기신청

<table>
<tr><td rowspan="2">접 수</td><td>년 월 일</td><td rowspan="2">처리인</td><td>등기관 확인</td><td>각종 통지</td></tr>
<tr><td>제 호</td><td></td><td></td></tr>
</table>

<table>
<tr><td colspan="4">① 부동산의 표시</td></tr>
<tr><td colspan="4">서울특별시 서초구 서초동 100
[도로명주소] 서울특별시 서초구 서초대로 88길 10
시멘트 벽돌조 슬래브지붕 2층 주택
1층 100m²
2층 100m²
[등록문서번호: 100번]
이 상</td></tr>
<tr><td colspan="2">② 등기원인과 그 연월일</td><td colspan="2">2017년 4월 3일 설정계약</td></tr>
<tr><td colspan="2">③ 등기의 목적</td><td colspan="2">전세권설정</td></tr>
<tr><td colspan="2">④ 전세금</td><td colspan="2">금 100,000,000원</td></tr>
<tr><td colspan="2">⑤ 전세권의 목적인 범위</td><td colspan="2">주택 2층 중 동쪽 50m²</td></tr>
<tr><td colspan="2">⑥ 존속기간</td><td colspan="2">2017년 5월 26일부터 2019년 5월 25일까지</td></tr>
<tr><td>구 분</td><td>성명
(상호·명칭)</td><td>주민등록번호
(등기용등록번호)</td><td>주소(소재지)</td></tr>
<tr><td>⑦ 등기의무자</td><td>이 대 백</td><td>700101-1234567</td><td>서울특별시 서초구 서초대로 88길 10(서초동)</td></tr>
<tr><td>⑧ 등기권리자</td><td>김 갑 동</td><td>801231-1234567</td><td>서울특별시 서초구 서초대로 88길 10(서초동)</td></tr>
</table>

⑨ 등 록 면 허 세	금 200,000원	
⑨ 지 방 교 육 세	금 40,000원	
⑨ 농 어 촌 특 별 세	금 원	
⑩ 세 액 합 계	금 240,000원	
⑪ 등 기 신 청 수 수 료	금 15,000원	
	납부번호 : 12-12-12345678-0	
	일괄납부 : 건 원	
⑫ 등기의무자의 등기필정보		
부동산고유번호	1102-2006-002095	
성명(명칭)	일련번호	비밀번호
이대백	A77C-LO71-35J5	40-4636
⑬ 첨 부 서 면		
• 전세권설정계약서 1통 삭2행 ~~• 등기필증 통~~ ~~• 위임장 통~~ • 등록면허세영수필확인서 1통 • 등기신청수수료 영수필확인서 1통	• 주민등록표초본 1통 • 도면 1통 • 인감증명서나 본인서명사실확인서 또는 전자본인서명확인서 발급증 1통 <기타>	

2017년 5월 26일

⑭ 위 신청인 이 대 백 ㊞ (전화 : 010－1234－5678)

김 갑 동 ㊞ (전화 : 010－5678－1234)

(또는)위 대리인 (전화 :)

서울중앙 지방법원 등기국 귀중

04 임차권에 관한 등기

1 의 의

(1) 임대차는 당사자 일방이 상대방에게 목적물을 사용 · 수익하게 할 것을 약정하고 상대방은 이에 대한 대가로서 차임을 지급할 것을 약정함으로써 성립하는 유상 · 쌍무 · 낙성 · 불요식의 채권계약이다(「민법」 제618조).

(2) 부동산임대차에 있어서는 그 등기를 함으로써 제3자에 대한 대항력이 생긴다(「민법」 제621조 제2항). 다만, 「주택임대차보호법」이 적용되는 주거용 건물의 임대차에 있어서는 등기가 없는 경우에도 임차인이 그 주택의 인도와 주민등록(전입신고)을 마친 때에 그 다음 날부터 제3자에 대하여 대항력이 생긴다(「주택임대차보호법」 제3조 제1항).

☑ **설정계약에 의한 경우**

【 을 구 】		(소유권 외의 권리에 관한 사항)		
순위번호	등기목적	접 수	등기원인	권리자 및 기타사항
1	**주택임차권 설정**	○년○월○일 제31234호	○년○월○일 주택임차권 설정계약	임차보증금 금 1억원 **차임** 월 1백만원 **범위** 주택 전부 **존속기간** ○년○월○일까지 주민등록일자 ○년○월○일 점유개시일자 ○년○월○일 임차권자 김 영희

☑ **등기명령에 의한 경우**

【 을 구 】		(소유권 외의 권리에 관한 사항)		
순위번호	등기목적	접 수	등기원인	권리자 및 기타사항
1	**주택임차권**	○년○월○일	○년○월○일 서울지방법원의 임차권등기명령 (99카기123)	임차보증금 1억원 차임 월 50만원 범위 주택 전부 임대차계약일자 ○년○월○일 확정일자 ○년○월○일 주민등록일자 ○년○월○일 점유개시일자 ○년○월○일 임차권자 김 영희

2 신청인

임대인(등기의무자)과 임차인(등기권리자)이 공동으로 신청한다. 주택의 임대차에 있어서는 임차인의 임차권등기명령신청에 따라 법원이 주택임차권등기를 촉탁할 수도 있다(「주택임대차보호법」 제3조의3).

3 신청정보의 내용

(1) 필요적 기록사항

① **차임**: 차임을 기록하여야 한다. 다만, 차임을 정하지 아니하고 보증금의 지급만을 목적으로 하는 임대차계약을 체결하는 경우(채권적 전세)에는 등기신청정보에 차임을 기록하는 대신 임차보증금을 기록하여야 한다(등기선례 제4-471호).

② **범 위**

㉠ 임차권의 목적인 토지 또는 건물의 범위를 기록하여야 한다.

㉡ 임차권설정 또는 임차물 전대의 범위가 부동산의 일부인 경우에는 그 부분을 표시한 지적도나 건물도면을 첨부정보로서 등기소에 제공하여야 한다(규칙 제130조 제2항).

(2) 임의적 기록사항

존속기간・차임의 지급시기・임차보증금・임차권의 양도나 임차물의 전대에 대한 임대인의 동의 등은 임의적 기록사항이다(법 제74조).

4 임차권의 이전등기 또는 임차물 전대의 등기

임차권의 이전등기는 부기등기에 의해서 행해지며 임차권 설정의 등기에 임차권의 이전 및 임차물의 전대에 대한 동의의 약정등기가 있지 아니하면 임대인의 동의서를 첨부하여야 한다.

넓혀 보기

임차권등기명령신청

1. 주택임대차의 종료 후 보증금을 반환받지 못한 임차인은 임차 주택의 소재지를 관할하는 지방법원・동 지원 또는 시・군법원에 임차권등기명령을 신청할 수 있고, 관할 법원의 임차권등기 촉탁이 있는 경우 등기관은 임차권등기를 할 수 있다(임차권등기명령 절차에 관한 규칙).
2. 미등기 주택에 대하여 임차권등기명령에 의한 등기촉탁이 있는 경우 등기관은 직권으로 소유권보존등기를 한 후 임차권등기를 하여야 한다.
3. 임차권등기명령의 집행에 따른 임차권등기가 경료되면 임차인은 대항력 및 우선변제권을 취득한다.

☑ 임차권설정등기신청

임차권설정등기신청

접 수	년 월 일	처리인	등기관 확인	각종 통지
	제 호			

① 부동산의 표시	
서울특별시 서초구 서초동 100 [도로명주소] 서울특별시 서초구 서초대로 88길 10 시멘트 벽돌조 슬래브지붕 2층 주택 1층 100m² 2층 100m² 이 상	
② 등기원인과 그 연월일	2017년 4월 3일 설정계약
③ 등기의 목적	임차권설정
④ 임차보증금	금 100,000,000원
⑤ 차 임	금 500,000원
⑥ 차임지급 시기	매월 말일
⑦ 범 위	주택의 전부
⑧ 존속기간	2017년 5월 26일부터 2019년 5월 25일까지

구 분	성명 (상호·명칭)	주민등록번호 (등기용등록번호)	주소(소재지)
⑨ 등기의무자	이 대 백	700101-1234567	서울특별시 서초구 서초대로 88길 20(서초동)
⑩ 등기권리자	김 갑 동	801231-1234567	서울특별시 서초구 서초대로 88길 10(서초동)

<table>
<tr><td>⑪ 등 록 면 허 세</td><td colspan="2">금 200,000원</td></tr>
<tr><td>⑪ 지 방 교 육 세</td><td colspan="2">금 40,000원</td></tr>
<tr><td>⑪ 농 어 촌 특 별 세</td><td colspan="2">금 원</td></tr>
<tr><td>⑫ 세 액 합 계</td><td colspan="2">금 240,000원</td></tr>
<tr><td rowspan="3">⑬ 등 기 신 청 수 수 료</td><td colspan="2">금 15,000원</td></tr>
<tr><td colspan="2">납부번호 : 12-12-12345678-0</td></tr>
<tr><td colspan="2">일괄납부 : 건 원</td></tr>
<tr><td colspan="3">⑭ 등기의무자의 등기필정보</td></tr>
<tr><td>부동산고유번호</td><td colspan="2">1102-2006-002095</td></tr>
<tr><td>성명(명칭)</td><td>일련번호</td><td>비밀번호</td></tr>
<tr><td>이대백</td><td>A77C-LO71-35J5</td><td>40-4636</td></tr>
<tr><td colspan="3">⑮ 첨 부 서 면</td></tr>
<tr><td colspan="2">• 임차권설정계약서 1통
• 등록면허세영수필확인서 1통
• 등기신청수수료 영수필확인서 1통
삭3행 <s>• 등기필증 통</s>
<s>• 도면 통</s>
<s>• 위임장 통</s>
• 주민등록표초본 1통</td><td>• 인감증명서나 본인서명사실확인서 또는 전자본인서명확인서 발급증 1통
<기타></td></tr>
<tr><td colspan="3">2017년 5월 26일
⑯ 위 신청인 이 대 백 ㉾ (전화 : 010－1234－5678)
김 갑 동 ㉾ (전화 : 010－5678－1234)
(또는)위 대리인 (전화 :)
서울중앙 지방법원 등기국 귀중</td></tr>
</table>

05 저당권에 관한 등기

1 의 의

저당권이란 채무자 또는 제3자가 채무의 담보로 제공한 부동산 기타 목적물을 채권자가 그 점유를 이전받지 아니하고 담보가치만을 지배하면서, 다만 채무의 변제가 없는 때에는 그 목적물로부터 다른 채권자보다 자기채권의 우선변제를 받는 담보물권을 말한다(「민법」 제356조).

【 을 구 】		(소유권 외의 권리에 관한 사항)		
순위번호	등기목적	접 수	등기원인	권리자 및 기타사항
1	**저당권 설정**	○년○월○일 제9123호	○년○월○일 설정계약	**채권액** **금 1억원** **채무자** **박 철수** 서울 강서구 방화동 **저당권자** ㈜**우리은행** 110111-3456789 서울 강남구 신사동
1-1	**1번 저당권 이전**	○년○월○일 제5555호	○년○월○일 양도	**저당권자** ㈜**국민은행** 110111-1234567 서울 송파구 잠실동

2 신청인

저당권설정등기는 저당권설정자(등기의무자)와 저당권자(등기권리자)가 공동으로 신청한다.

3 신청정보

(1) 필요적 기록사항

① **채권액**: 피담보채권이 금전채권인 경우에는 채권액을 기록하여야 하며, 근저당권의 경우에는 채권최고액을 기록하여야 한다. 이 경우 채권최고액은 반드시 단일하게 기록하여야 하고, 채권자 또는 채무자가 여러 명이더라도 각 채권자 또는 채무자별로 구분하여 기록해서는 안 된다.

② **채무자**: 저당권설정등기신청정보에는 채무자의 표시로서 채무자의 성명(또는 명칭)·주소(또는 사무소 소재지) 등을 기록하여야 한다. 채무자와 저당권설정자가 동일인이 아닌 경우는 물론, 채무자와 저당권설정자가 동일인인 경우에도 신청정보와 등기기록에 채무자를 표시하여야 한다(예규 제264호).

(2) 임의적 기록사항

① 변제기, 이자 및 이자의 발생기, 지급시기, 원본 또는 이자의 지급장소, 손해배상에 관한 약정, 저당권의 효력이 미치는 부합물, 종물에 관한 특약 등은 임의적 기록사항이다.

② 저당권등기의 경우에는 면제기를 임의적 내용정보로 등기소에 제공할 수 있으나, 근저당권의 경우에는 존속기간을 임의적 내용정보로 제공할 수 있다. 이 경우 존속기간이 만료되면 근저당권의 결산기가 도래한 것으로 볼 수 있으므로 그 결산기 도래시에 채권액이 확정된다(대판 4293민상893).

4 저당권의 목적

(1) 부동산 소유권

① 부동산의 소유권은 저당권의 객체가 될 수 있다. 따라서 1개 부동산의 소유권 전부 또는 일부를 목적으로 저당권을 설정할 수 있다.

② 그러나 부동산의 특정일부에 대해서는 이를 분할하기 전에는 저당권을 설정할 수 없다.

③ 근저당권은 양립이 불가능한 배타적 권리가 아니므로 동일한 목적물에 순위가 같거나 다른 여러 개의 근저당권을 설정할 수 있다.

(2) 지상권, 전세권

① 부동산에 관한 지상권 또는 전세권도 저당권의 목적인 권리가 될 수 있다. 따라서 전세권도 저당권의 목적이 될 수 있으므로, 전세권을 목적으로 하고 그 전세금을 채권최고액으로 하는 근저당권설정등기를 할 수 있다.

② 토지 전세권의 존속기간이 만료되면 전세권은 이미 소멸하였고 전세금반환청구권을 담보하는 범위내의 담보물권으로서의 전세권 존속하는 것으로 보기 때문에, 존속기간이 만료된 전세권은 저당권의 목적으로 할 수 없다.

③ 건물 전세권은 존속기간이 만료되었더라도 법정갱신이 인정되므로(민법 제312조), 존속기간에 대한 변경등기를 마친 후에는 저당권설정등기를 신청할 수 있다(등기 3402-762).

5 저당권이전등기

(1) 의 의

① 저당권이전등기는 저당권부채권의 양도・대위변제 등으로 인하여 채권이 이전될 때 그에 수반하여 이전되는 저당권의 이전을 공시하는 등기를 말한다.

② 피담보채권이 확정되기 전에는 기본계약상의 지위이전, 계약 가입 등으로 저당권을 이전할 수 있고, 피담보채권이 확정된 후에는 확정채권의 양도, 확정채권의 압류 등의 사유로 저당권을 이전할 수 있다.

③ 저당권자의 사망, 합병 등으로 인한 저당권이전등기도 가능하다.

(2) 신청인

채권양도에 따른 저당권이전등기는 양도인과 양수인의 공동으로 신청한다(예규 제616호).

(3) 신청정보의 내용

① 저당권은 피담보채권과 분리하여 타인에게 양도하거나 다른 채권의 담보로 하지 못하므로(「민법」 제361조), 저당권이전등기신청정보에는 저당권이 채권과 함께 이전한다는 뜻을 기록하여야 하며, 피담보채권과 분리한 저당권의 순위양도와 이에 따르는 등기는 할 수 없다(예규 제223호).

② 채권의 일부의 양도 또는 대위변제로 인한 저당권이전등기신청정보에는 양도 또는 대위변제의 목적인 채권액을 기록하여야 한다.

6 공동근저당에 관한 등기

(1) 의 의

① 공동근저당이란 동일한 채권의 담보를 위하여 수 개의 부동산에 대한 권리를 목적으로 하여 근저당권을 설정하는 것을 의미한다.

② 공동근저당에는 처음부터 동일채권의 담보를 위해 수 개의 부동산에 대한 권리에 대하여 근저당권을 설정하는 창설적 공동근저당과, 근저당권을 설정한 후에 동일 채권의 담보를 위하여 다른 1개 이상의 부동산에 관한 권리를 목적으로 하는 근저당권을 설정하는 추가적 공동근저당이 있다(규칙 134조).

(2) 객 체

① 수 개의 토지, 수 개의 건물 모두 공동근저당의 목적물이 될 수 있다.

② 공동근저당권은 수 개의 부동산에 대하여 설정할 수 있을 뿐만 아니라 공유물의 공유지분에 대하여도 설정할 수 있다.

(3) 공동담보목록

5개 이상의 부동산이 공동담보의 목적물로 제공되는 경우, 등기관은 공동담보목록을 작성하여야 한다.

심화 학습 공동저당의 대위등기

1. **법 제80조(공동저당의 대위등기)**
   등기관이 「민법」 제368조 제2항 후단의 대위등기를 할 때에는 채권액과 채무자 외에 다음의 사항을 기록하여야 한다.
   ① 매각 부동산
   ② 매각대금
   ③ 선순위 저당권자가 변제받은 금액
2. **「민법」 제368조**(공동저당과 대가의 배당, 차순위자의 대위)
   ① 동일한 채권의 담보로 수개의 부동산에 저당권을 설정한 경우에 그 부동산의 경매대가를 동시에 배당하는 때에는 각 부동산의 경매대가에 비례하여 그 채권의 분담을 정한다.
   ② ①의 저당부동산 중 일부의 경매대가를 먼저 배당하는 경우에는 그 대가에서 그 채권 전부의 변제를 받을 수 있다. 이 경우에 그 경매한 부동산의 차순위저당권자는 선순위저당권자가 ①에 의하여 다른 부동산의 경매대가에서 변제를 받을 수 있는 금액의 한도에서 선순위자를 대위하여 저당권을 행사할 수 있다.

넓혀 보기

저당권등기시 주의할 사항

1. 근저당권설정등기를 신청하는 경우에는 신청정보에 채권최고액 · 채무자 외에 근저당권설정계약이라는 뜻을 기록한다.
2. 근저당권설정등기를 신청하는 경우 채권자가 여러 명인 때에도 채권최고액은 단일하게 기록하여야 하며, 채권자별로 구분하여 기록해서는 안 된다(등기예규 제1656호).
3. 등기관은 동일한 채권에 관하여 5개 이상의 부동산에 관한 권리를 목적으로 하는 저당권설정의 등기를 할 때에는 공동담보목록을 작성하여야 한다(법 제78조).
4. 일정한 금액을 목적으로 하지 않는 채권을 담보하기 위한 저당권설정등기를 신청하는 경우, 그 채권의 평가액을 신청정보의 내용으로 등기소에 제공하여야 한다.
5. 저당권이전등기를 신청하는 경우에는 저당권이 채권과 함께 이전한다는 뜻을 신청정보의 내용으로 등기소에 제공하여야 한다.
6. 종래의 건물에 대한 저당권의 효력은 증축된 현재 건물에도 미치므로 증축된 부분에 저당권의 효력을 미치게 하는 취지의 변경등기는 할 필요가 없다.

☑ 근저당권설정등기신청

근저당권설정등기신청

접 수	년 월 일	처리인	등기관 확인	각종 통지
	제 호			

① 부동산의 표시			
1. 서울특별시 서초구 서초동 200 대 300m² 2. 서울특별시 서초구 서초동 200 [도로명주소] 서울특별시 서초구 서초대로 88길 10 시멘트 벽돌조 슬래브지붕 2층 주택 1층 100m² 2층 100m² 이 상			
② 등기원인과 그 연월일	2017년 5월 25일 설정계약		
③ 등기의 목적	근저당권설정		
④ 채권최고액	금 100,000,000원		
⑤ 채무자	이대백 서울특별시 서초구 서초대로 88길 10(서초동)		
⑥ 설정할 지분			
⑦			
구 분	성명 (상호·명칭)	주민등록번호 (등기용등록번호)	주소(소재지)
⑧ 등기의무자	이 대 백	700101-1234567	서울특별시 서초구 서초대로 88길 10(서초동)
⑨ 등기권리자	김 갑 동	801231-1234567	서울특별시 중구 다동길 96 (다동)

⑩ 등 록 면 허 세	금 200,000원	
⑩ 지 방 교 육 세	금 40,000원	
⑩ 농 어 촌 특 별 세	금 원	
⑪ 세 액 합 계	금 240,000원	
⑫ 등 기 신 청 수 수 료	금 30,000원	
	납부번호 : 12-12-12345678-0	
	일괄납부 : 건 원	
⑬ 국민주택채권매입금액	금 1,000,000원	
⑭ 국민주택채권발행번호	1234-12-1234-1234	
⑮ 등기의무자의 등기필정보		
부동산고유번호	1102-2006-002095	
성명(명칭)	일련번호	비밀번호
이대백	A77C-LO71-35J5	40-4636
부동산고유번호	1101-2016-001234	
성명(명칭)	일련번호	비밀번호
이대백	QWER-AS12-ZXC1	40-2345
⑯ 첨 부 서 면		
• 근저당권설정계약서 1통 • 등록면허세영수필확인서 1통 • 등기신청수수료 영수필확인서 1통 • 인감증명서나 본인서명사실확인서 또는 전자본인서명확인서 발급증 1통 삭1행 ~~• 등기필증 통~~	• 주민등록표초본 1통 ~~• 위임장 통~~ 삭1행 <기타>	

2017년 5월 26일

⑰ 위 신청인 이 대 백 ㊞ (전화 : 010－1234－5678)

김 갑 동 ㊞ (전화 : 010－5678－1234)

(또는)위 대리인 (전화 :)

서울중앙 지방법원 등기국 귀중

핵심 다지기

각종 등기의 필요적 기록사항

등기의 종류	필요적 기록사항	
소유권보존등기	신청근거조항 (⚠ 등기원인 및 그 연월일 ×)	
환매특약등기	① 매매대금	② 매매비용
지상권등기	① 목적	② 범위
지역권등기	① 목적 ③ 요역지 및 승역지의 표시	② 범위
전세권등기	① 전세금	② 범위
임차권등기	① 차임	② 범위
저당권등기	① 채권액	② 채무자
근저당권설정등기	① 채권최고액 ③ 근저당권설정계약이라는 뜻	② 채무자
공동저당의 대위등기	① 채권액 ③ 매각 부동산 ⑤ 선순위 저당권자가 변제받은 금액	② 채무자 ④ 매각대금

예 제

1. 각 권리의 설정등기에 따른 필요적 기록사항으로 옳은 것을 모두 고른 것은? 제25회

> ㉠ 지상권: 설정목적과 범위, 지료
> ㉡ 지역권: 승역지 등기기록에서 설정목적과 범위, 요역지
> ㉢ 전세권: 전세금과 설정범위
> ㉣ 임차권: 차임과 존속기간
> ㉤ 저당권: 채권액과 변제기

① ㉠
② ㉡, ㉢
③ ㉡, ㉣, ㉤
④ ㉠, ㉢, ㉣, ㉤
⑤ ㉠, ㉡, ㉢, ㉣, ㉤

해설 ㉠ 지상권: 설정목적과 범위는 필요적 기록사항이지만, 지료는 임의적 기록사항이다.
㉣ 임차권: 차임과 범위는 필요적 기록사항이지만, 존속기간은 임의적 기록사항이다.
㉤ 저당권: 채권액과 채무자는 필요적 기록사항이지만, 변제기는 임의적 기록사항이다.

정답 ②

2. 용익권에 관한 등기에 대한 설명으로 틀린 것은? 제31회

① 시효완성을 이유로 통행지역권을 취득하기 위해서는 그 등기가 되어야 한다.
② 승역지에 지역권설정등기를 한 경우, 요역지의 등기기록에는 그 승역지를 기록할 필요가 없다.
③ 임대차 차임지급시기에 관한 약정이 있는 경우, 임차권 등기에 이를 기록하지 않더라도 임차권 등기는 유효하다.
④ 1필 토지의 일부에 대해 지상권설정등기를 신청하는 경우, 그 일부를 표시한 지적도를 첨부정보로서 등기소에 제공하여야 한다.
⑤ 전세금반환채권의 일부 양도를 원인으로 하는 전세권 일부이전등기의 신청은 전세권 소멸의 증명이 없는 한, 전세권 존속기간 만료 전에는 할 수 없다.

해설 ② 승역지에 지역권설정등기를 한 경우, 등기관은 요역지의 등기기록에 지역권의 목적, 범위 외에 승역지의 표시도 기록하여야 한다(법 제71조).

정답 ②

3. 전세권의 등기에 관한 설명으로 틀린 것은? 제25회

① 수개의 부동산에 관한 권리를 목적으로 하는 전세권설정등기를 할 수 있다.
② 공유부동산에 전세권을 설정할 경우, 그 등기기록에 기록된 공유자 전원이 등기의무자이다.
③ 등기원인에 위약금약정이 있는 경우, 등기관은 전세권설정등기를 할 때 이를 기록한다.
④ 전세권이 소멸하기 전에 전세금반환채권의 일부양도에 따른 전세권일부이전등기를 신청할 수 있다.
⑤ 전세금반환채권의 일부양도를 원인으로 한 전세권일부이전등기를 할 때 양도액을 기록한다.

해설 ④ 전세권 일부이전등기의 신청은 전세권의 존속기간의 만료 전에는 할 수 없다(규칙 제129조).

정답 ④

4. 甲은 乙과 乙 소유 A건물 전부에 대해 전세금 5억원, 기간 2년으로 하는 전세권설정계약을 체결하고 공동으로 전세권설정등기를 신청하였다. 이에 관한 설명으로 틀린 것은? 제32회

① 등기관은 전세금을 기록하여야 한다.
② 등기관은 존속기간을 기록하여야 한다.
③ 전세권설정등기가 된 후, 전세금반환채권의 일부 양도를 원인으로 한 전세권 일부이전등기를 할 때에 등기관은 양도액을 기록한다.
④ 전세권설정등기가 된 후에 건물전세권의 존속기간이 만료되어 법정갱신이 된 경우, 甲은 존속기간 연장을 위한 변경등기를 하지 않아도 그 전세권에 대한 저당권설정등기를 할 수 있다.
⑤ 전세권설정등기가 된 후에 甲과 丙이 A건물의 일부에 대한 전전세계약에 따라 전전세등기를 신청하는 경우, 그 부분을 표시한 건물도면을 첨부정보로 등기소에 제공하여야 한다.

해설 ④ 건물전세권이 법정갱신된 경우 이는 법률규정에 의한 물권변동에 해당하여 전세권갱신에 관한 등기를 하지 아니하고도 전세권 설정자나 그 목적물을 취득한 제3자에 대하여 그 권리를 주장할 수 있으나, 등기를 하지 아니하면 이를 처분하지 못하므로, 갱신된 전세권을 다른 사람에게 이전하거나, 저당권을 설정하기 위해서는 먼저 전세권의 존속기간을 변경하는 등기를 하여야 한다(등기선례 제201805-6호).

정답 ④

5. 저당권의 등기절차에 관한 설명으로 틀린 것은? 제28회

① 일정한 금액을 목적으로 하지 않는 채권을 담보하기 위한 저당권설정등기를 신청하는 경우, 그 채권의 평가액을 신청정보의 내용으로 등기소에 제공하여야 한다.
② 저당권의 이전등기를 신청하는 경우, 저당권이 채권과 같이 이전한다는 뜻을 신청정보의 내용으로 등기소에 제공하여야 한다.
③ 채무자와 저당권설정자가 동일한 경우에도 등기기록에 채무자를 표시하여야 한다.
④ 3개의 부동산이 공동담보의 목적물로 제공되는 경우, 등기관은 공동담보목록을 작성하여야 한다.
⑤ 피담보채권의 일부양도를 이유로 저당권의 일부이전등기를 하는 경우, 등기관은 그 양도액도 기록하여야 한다.

해설 ④ 등기관은 동일한 채권에 관하여 5개 이상의 부동산에 관한 권리를 목적으로 하는 저당권설정의 등기를 할 때에는 공동담보목록을 작성하여야 한다(법 제78조). ◆ 정답 ④

6. 甲은 乙에게 금전을 대여하면서 그 담보로 乙소유의 A부동산, B부동산에 甲명의로 공동저당권설정등기(채권액 1억원)를 하였다. 그 후 丙이 A부동산에 대하여 저당권설정등기(채권액 5천만원)를 하였다. 乙의 채무불이행으로 甲이 A부동산에 대한 담보권을 실행하여 甲의 채권은 완제되었으나 丙의 채권은 완제되지 않았다. 丙이 甲을 대위하고자 등기하는 경우 B부동산에 대한 등기기록 사항이 아닌 것은? 제28회

① 채권액
② 존속기간
③ 매각대금
④ 매각 부동산
⑤ 선순위 저당권자가 변제받은 금액

해설 ② 등기관이 「민법」 제368조 제2항 후단의 대위등기를 할 때에는 채권액과 채무자 외에 매각 부동산, 매각대금, 선순위 저당권자가 변제받은 금액을 기록하여야 한다(법 제80조). 따라서 공동저당의 대위등기에서 존속기간은 등기기록 사항이 아니다. ◆ 정답 ②

MEMO

Chapter 04

각종의 등기절차

단원 열기

부동산변경등기, 등기명의인표시변경등기, 권리의 변경등기에 관한 개념을 정확하게 숙지하여야 하며, 경정등기, 말소등기, 말소회복등기의 요건도 소홀히 해서는 안 되는 부분이다. 특히, 부기등기 및 가등기는 가장 출제빈도가 높은 중요한 항목이므로 철저히 학습을 해 두어야 한다.

01 변경등기

(1) 변경등기는 등기사항의 일부가 후발적으로 변경된 경우에 하는 등기를 말하며, 경정등기는 기존 등기사항의 일부에 원시적 착오·빠진 사항이 있는 경우에 하는 등기를 말한다.

(2) 등기사항의 일부가 부적법하게 된 경우 또는 부동산의 일부가 멸실된 경우에도 말소등기 또는 멸실등기가 아니라 변경등기를 하여야 한다.

표시란의 변경등기	부동산의 변경등기	부동산의 증감, 지목의 변경과 같이 부동산 자체의 물리적 변경이 있는 경우
	부동산표시의 변경등기	부동산 소재지의 명칭변경, 지번의 변경 등이 있는 경우
사항란의 변경등기	권리의 변경등기	등기되어 있는 권리의 존속기간, 이율변경 등이 있는 경우
	등기명의인표시의 변경등기	등기명의인의 성명(명칭)·주소 등이 등기 후에 변경된 경우

1 부동산의 변경등기

(1) 의 의

부동산의 변경등기란 토지의 분합, 멸실, 면적의 증감, 지목의 변경 또는 건물의 분합, 종류·구조의 변경, 멸실, 면적의 증감, 부속건물의 신축 등 부동산 자체의 물리적 변경을 공시하는 등기를 말한다(법 제35조, 제41조).

① **대장**: 부동산 자체에 물리적 변경이 있는 경우에는 대장의 변경등록을 먼저 한 후 그 대장등본에 의하여 부동산의 변경등기를 신청하여야 한다.

② **신청의무**: 부동산의 변경이 있는 경우에는 소유권의 등기명의인은 그 사실이 있는 때부터 1개월 이내에 그 변경등기를 신청하여야 한다(법 제35조).

③ **등기의 실행**: 부동산변경등기는 표제부에 기록하는 등기이므로 반드시 주등기로 하여야 한다.

(2) 토지의 변경등기

① **의의**: 토지의 변경등기란 토지등기기록의 표시란에 기록하는 등기사항(법 제34조)이 변경된 경우(토지의 분합 · 면적의 증감 · 지목의 변경 등의 경우)에 이를 공시하는 등기를 말한다. 토지의 분합에는 토지의 분필 · 합필 · 분합필 등이 있다.

② **첨부정보**: 토지의 변경등기를 신청하는 경우에는 신청정보에 토지의 분합, 증감된 면적, 현재의 면적, 새로운 지목을 기록하고 등기원인을 증명하는 정보로서 토지(임야)대장정보를 등기소에 제공하여야 한다(규칙 제72조 제2항).

(3) 건물의 변경등기

① **의의**: 건물의 변경등기란 건물등기기록의 표시란에 기록하는 등기사항이 변경된 경우에 이를 공시하는 등기를 말한다(법 제41조). 건물의 분합에는 건물의 분할 · 구분 · 합병 · 분할합병 · 구분합병 등의 유형이 있다.

② **첨부정보**: 건물의 변경등기를 신청하는 경우에는 신청정보에 면적의 증감, 신축면적, 현재면적 등을 기록하고, 건축물대장정보를 등기소에 제공하여야 한다(규칙 제86조).

【 표 제 부 】 (건물의 표시)				
표시 번호	접 수	소재, 지번, 건물명칭 및 번호	건물내역	등기원인
1	○년○월○일	서울 서초구 서초동 43	~~목조기와지붕 2층주택 200m²~~	
2	○년○월○일	서울 서초구 서초동 43	목조기와지붕 **3층주택** 270m²	

핵심 다지기

부동산변경등기의 주요사항 정리

1. 부동산변경등기는 등기권리자가 단독신청한다.
2. 부동산변경등기는 그 변경을 증명하는 건축물대장(또는 토지대장) 정보를 첨부하여야 한다.
3. 부동산의 변경이 있는 경우에는 소유권의 등기명의인은 1개월 이내에 그 변경등기를 신청하여야 한다.
4. 부동산변경등기는 주등기로 하여야 한다.
5. 부동산변경등기에 관한 이해관계 있는 제3자의 승낙정보는 제공할 필요가 없다.
6. 행정구역 또는 그 명칭이 변경된 경우에 등기관은 직권으로 부동산의 표시변경등기 또는 등기명의인의 주소변경등기를 할 수 있다.

☑ 건물증축등기신청

건물증축등기신청

<table>
<tr><td rowspan="2">접 수</td><td>년 월 일</td><td rowspan="2">처리인</td><td>등기관 확인</td><td>각종 통지</td></tr>
<tr><td>제 호</td><td></td><td></td></tr>
</table>

<table>
<tr><td colspan="4">① 부동산의 표시</td></tr>
<tr><td colspan="4">변경 전의 표시　　서울특별시 서초구 서초동 200
[도로명주소] 서울특별시 서초구 서초대로 88길 20
벽돌조 기와지붕 단층 주택
150m²
변경 후의 표시　　서울특별시 서초구 서초동 200
[도로명주소] 서울특별시 서초구 서초대로 88길 20
벽돌조 기와지붕 단층 주택
200m²

이　　　　상</td></tr>
<tr><td colspan="2">② 등기원인과 그 연월일</td><td colspan="2">2017년 7월 18일 증축</td></tr>
<tr><td colspan="2">③ 등기의 목적</td><td colspan="2">건물표시변경</td></tr>
<tr><td>구 분</td><td>성명
(상호 · 명칭)</td><td>주민등록번호
(등기용등록번호)</td><td>주소(소재지)</td></tr>
<tr><td>④
신
청
인</td><td>이 대 백</td><td>700101-1234567</td><td>서울특별시 서초구 서초대로 88길
20(서초동)</td></tr>
</table>

⑤ 취득세(등록면허세)	금　　　　　5,000,000원
⑤ 지 방 교 육 세	금　　　　　500,000원
⑤ 농 어 촌 특 별 세	금　　　　　원
⑥ 세 액 합 계	금　　　　　5,500,000원

⑦ 첨 부 서 면	
• 취득세(등록면허세)영수필확인서1통 삭1행 ~~• 위임장 통~~ • 건축물대장등본 1통	<기타>

2017년 7월 20일

⑧ 위 신청인 이 대 백 ㊞ (전화: 010-1234-5678)

(또는)위 대리인 (전화:)

서울중앙 지방법원 등기국 귀중

2 등기명의인표시변경등기

(1) 의 의

① 등기명의인의 표시변경등기란 등기명의인의 성명(명칭)·주소(사무소 소재지)·주민등록번호(부동산등기용 등록번호) 등이 변경된 경우에 이를 공시하는 등기를 말한다.

② 등기명의인의 표시에 변경이 있다 하더라도 등기명의인의 동일성 및 권리에는 영향이 없으므로, 등기명의인의 표시변경등기는 등기의무자 및 등기상 이해관계 있는 제3자가 존재하지 않는 등기이다(대판 1974.6.25, 73다211).

(2) 신청인

등기명의인의 표시변경등기는 등기의무자가 존재하지 아니하므로 등기명의인이 단독으로 신청한다(법 제23조 제6항).

(3) 첨부정보

등기명의인의 표시의 변경 또는 경정의 등기를 신청하는 경우에는 신청정보에 그 표시의 변경 또는 경정을 증명하는 기본증명서, 주민등록정보, 법인등기사항증명서 등을 등기원인을 증명하는 정보로 등기소에 제공하여야 한다.

(4) 등기의 실행

등기명의인표시변경등기를 할 때에는 변경 전의 등기사항을 말소하는 표시를 하여야 하며(규칙 제112조 제2항), 부기등기로 실행하여야 한다.

(5) 등기명의인표시변경등기와 다른 등기의 관계

① **원칙**: 등기명의인의 표시변경이 있는 경우 당사자는 해당 부동산에 관하여 다른 등기를 신청하기 전에 등기명의인의 표시변경등기를 신청하여야 하며, 그 표시변경등기가 경료되지 않은 상태에서 다른 등기를 신청 또는 촉탁하면 그 등기신청은 법 제29조 제11호에 해당하여 각하된다.

② **예 외**

㉠ 등기관이 소유권이전등기를 할 때에 등기명의인의 주소변경으로 신청정보상의 등기의무자의 표시가 등기기록과 일치하지 아니하는 경우라도 첨부정보로서 제공된 주소를 증명하는 정보에 등기의무자의 등기기록상의 주소가 신청정보상의 주소로 변경된 사실이 명백히 나타나면 직권으로 등기명의인 표시의 변경등기를 하여야 한다(규칙 제122조).

㉡ 등기명의인의 주소가 수차 이전되었을 때에는 중간의 변경사항을 생략하고 곧바로 등기기록상의 주소로부터 최종 주소로 등기명의인의 표시변경등기를 할 수 있다(등기선례 제1-570호).

☑ 등기명의인표시변경등기

【 갑 구 】		(소유권에 관한 사항)		
순위번호	등기목적	접 수	등기원인	권리자 및 기타사항
1	소유권보존	○년○월○일 제4562호		소유자 **박철수** 770724-2054137 ~~서울 동작구 상도동 14~~
1-1	1번 등기명의인 표시변경		○년○월○일 전거	박영숙의 주소 서울 양천구 목동 300 2015년 2월 3일 등기
2	소유권이전	○년○월○일 제3026호	○년○월○일 매매	소유자 **김영희** 880123-2362969 서울 서초구 서초동 100

핵심 다지기

등기명의인표시변경등기의 주요사항 정리

1. 등기명의인 표시변경등기는 등기의무자가 존재하지 아니하므로 해당 권리의 등기명의인이 단독신청한다.
2. 소유권이전등기를 할 때에 등기의무자의 주소가 등기기록과 일치하지 아니하는 경우라도 등기관은 직권으로 등기명의인표시의 변경등기를 하여야 한다.
3. 등기명의인표시변경등기는 부기등기로 하여야 한다.

넓혀 보기

소유권이전등기를 신청하여야 하는 경우

1. 등기명의인 3인을 2인으로 변경하는 경우에는 등기명의인표시변경등기가 아닌 소유권이전등기를 신청하여야 한다.
2. 비법인 사단이 법인화된 경우에는 등기명의인을 법인으로 하는 등기명의인표시변경등기가 아닌 소유권이전등기를 신청하여야 한다.
3. 회사가 합병된 경우 소멸회사의 등기명의인을 존속회사 명의로 소유권이전등기를 신청하여야 하며, 등기명의인표시변경등기를 신청할 수는 없다.

예 제

변경등기에 관한 설명 중 옳은 것은? 제17회

① 건물의 구조가 변경된 경우에는 변경등기를 신청하기 전에 먼저 건축물대장의 기록사항을 변경하여야 한다.
② 행정구역 명칭의 변경이 있을 때에는 등기명의인의 신청에 의하여 변경된 사항을 등기하여야 한다.
③ 건물의 면적이 변경된 경우에는 부기등기의 방법에 의하여 변경등기를 한다.
④ 등기명의인의 표시를 변경하는 경우에는 등기권리자와 등기의무자가 공동으로 등기를 신청하여야 한다.
⑤ 건물의 구조가 변경되어 변경등기를 하는 경우에는 종전 사항을 말소하지 않는다.

해설 ② 행정구역 명칭의 변경이 있을 때에는 등기관이 직권으로 변경된 사항을 등기하여야 한다.
③ 표제부의 등기는 주등기로 행한다.
④ 등기명의인표시변경등기는 등기명의인이 단독신청 하여야 한다.
⑤ 표제부의 등기사항에 관한 변경이 있는 경우 형식은 주등기로 행하고 종전의 사항은 모두 지운다.

정답 ①

☑ **등기명의인표시변경등기신청**(주소변경)

등기명의인표시변경등기신청

<table>
<tr><td rowspan="2">접 수</td><td>년 월 일</td><td rowspan="2">처리인</td><td>등기관 확인</td><td>각종 통지</td></tr>
<tr><td>제 호</td><td></td><td></td></tr>
</table>

<table>
<tr><td colspan="4">① 부동산의 표시</td></tr>
<tr><td colspan="4">1. 서울특별시 서초구 서초동 100
대 300m²

2. 서울특별시 서초구 서초동 100
[도로명주소] 서울특별시 서초구 서초대로 88길 10
시멘트 벽돌조 슬래브지붕 2층 주택
1층 100m²
2층 100m²

이 상</td></tr>
<tr><td colspan="2">② 등기원인과 그 연월일</td><td colspan="2">2017년 5월 25일 주소변경</td></tr>
<tr><td colspan="2">③ 등기의 목적</td><td colspan="2">등기명의인 표시변경</td></tr>
<tr><td colspan="2">④ 변경사항</td><td colspan="2">갑구 3번 등기명의인 이대백의 주소 “서울특별시 중구 다동길 96(다동)”을 “서울특별시 서초구 서초대로 88길 10(서초동)”으로 변경</td></tr>
<tr><td>구 분</td><td>성명
(상호·명칭)</td><td>주민등록번호
(등기용등록번호)</td><td>주소(소재지)</td></tr>
<tr><td>⑤ 신청인</td><td>이 대 백</td><td>700101-1234567</td><td>서울특별시 서초구 서초대로 88길 10(서초동)</td></tr>
</table>

<table>
<tr><td>⑥ 등 록 면 허 세</td><td colspan="2">금 12,000원</td></tr>
<tr><td>⑥ 지 방 교 육 세</td><td colspan="2">금 2,400원</td></tr>
<tr><td>⑦ 세 액 합 계</td><td colspan="2">금 14,400원</td></tr>
<tr><td rowspan="3">⑧ 등 기 신 청 수 수 료</td><td colspan="2">금 6,000원</td></tr>
<tr><td colspan="2">납부번호 : 12-12-12345678-0</td></tr>
<tr><td colspan="2">일괄납부 : 건 원</td></tr>
<tr><td colspan="3">⑨ 첨 부 서 면</td></tr>
<tr><td colspan="2">• 주민등록표초본(주소변동이력 포함) 1통
• 등록면허세영수필확인서 1통
• 등기신청수수료 영수필확인서 1통
삭1행 <del>• 위임장 통</del></td><td><기타></td></tr>
<tr><td colspan="3">2017년 5월 26일

⑩ 위 신청인 이 대 백 ㉰ (전화 : 010-1234-5678)

(또는)위 대리인 (전화 :)

서울중앙 지방법원 등기국 귀중</td></tr>
</table>

3 권리의 변경등기

(1) 의 의

① 권리변경등기란 등기기록의 권리자 및 기타사항란에 기록된 권리의 내용의 일부(지상권의 지료 · 근저당권의 채권최고액 등)에 후발적으로 변경이 생긴 경우 이를 시정하는 등기를 말한다.

② 권리변경등기는 권리내용의 일부가 후발적으로 변경된 경우 권리자 및 기타사항란에 하는 등기이므로 권리자 및 기타사항란에 기록된 권리주체의 변경, 권리주체의 표시의 변경, 표시란에 기록된 권리객체의 표시의 변경과 구별하여야 한다.

(2) 신청인

권리변경등기는 일반원칙에 따라 등기권리자와 등기의무자의 공동신청에 의한다.

(3) 첨부정보

등기원인을 증명하는 정보로서 권리변경계약서 또는 가족관계등록사항별 증명서, 그리고 등기상 이해관계인이 있는 경우 이해관계인의 승낙이나 이에 대항할 수 있는 재판이 있음을 증명하는 정보 등을 첨부정보로서 등기소에 제공하여야 한다.

(4) 등기의 실행

① 권리변경등기는 부기등기로 하는 것이 원칙이다. 즉, 등기상 이해관계 있는 제3자가 없는 경우에는 언제나 부기등기로 한다.

② 등기상 이해관계 있는 제3자가 있는 경우 신청정보에 그의 승낙 또는 이에 대항할 수 있는 재판이 있음을 증명하는 정보 등을 첨부한 때에는 부기등기로 하며, 승낙정보 등을 첨부하지 아니한 때에는 등기신청을 각하하지 않고 주등기(독립등기)로 해야 한다.

③ 권리변경등기를 부기등기로 할 때에는 변경 후의 내용 전체가 선순위가 되므로 변경 전의 등기사항은 이를 존치시킬 필요가 없어 말소하는 표시를 하여야 한다. 그러나 권리변경등기를 주등기로 할 때에는 변경된 내용은 후순위가 되므로 변경 전의 등기사항은 이를 존치시킬 필요가 있어 이에 대해서는 말소하는 표시를 하지 아니한다.

☑ **권리의 변경등기에 관한 이해관계 있는 제3자의 승낙을 얻은 경우**

【 을 구 】	(소유권 외의 권리에 관한 사항)		
순위번호	등기목적	등기원인	권리자 및 기타사항
1	전세권설정	○년○월○일 설정계약	~~전세금 **1억원**~~ 전세권자 박 철수
2	저당권설정	○년○월○일 설정계약	채권액 **1억원** 저당권자 **(주)우리은행**
1-1	**전세권변경**	○년○월○일 변경계약	전세금 **2억원**

☑ **권리의 변경등기에 관한 이해관계 있는 제3자의 승낙을 얻지 못한 경우**

【 을 구 】	(소유권 외의 권리에 관한 사항)		
순위번호	등기목적	등기원인	권리자 및 기타사항
1	전세권설정	○년○월○일 설정계약	전세금 **1억원** 전세권자 박 철수
2	저당권설정	○년○월○일 설정계약	채권액 **1억원** 저당권자 **(주)우리은행**
3	**전세권변경**	○년○월○일 변경계약	전세금 **2억원**

핵심 다지기

권리의 변경등기 주요사항 정리

1. 권리의 변경등기는 등기상 이해관계 있는 제3자가 없는 경우에는 부기등기로 하여야 한다(○).
2. 이해관계 있는 제3자가 있는 경우 그 제3자의 승낙정보 등을 첨부한 때에는 부기등기로 하고, 승낙정보 등을 첨부하지 아니한 때에는 주등기로 해야 한다(○).
3. 권리의 변경등기에 관한 이해관계 있는 제3자가 있는 경우에는 그 제3자의 승낙정보를 첨부하여야 한다(×).

☑ **근저당권변경등기신청**(변경계약)

근저당권변경등기신청

접 수	년 월 일	처리인	등기관 확인	각종 통지
	제 호			

① 부동산의 표시
1. 서울특별시 서초구 서초동 100 대 300m² 2. 서울특별시 서초구 서초동 100 [도로명주소] 서울특별시 서초구 서초대로 88길 10 시멘트 벽돌조 슬래브지붕 2층 주택 1층 100m² 2층 100m² 이 상

② 등기원인과 그 연월일	2017년 5월 25일 변경계약		
③ 등기의 목적	근저당권변경		
④ 변경할 사항	2017년 4월 3일 접수 제1001호로 경료한 등기사항 중 채권최고액 금 "70,000,000원"을 "170,000,000원"으로 변경		
구 분	성명 (상호·명칭)	주민등록번호 (등기용등록번호)	주소(소재지)
⑤ 등기의무자	이 대 백	700101-1234567	서울특별시 서초구 서초대로 88길 20(서초동)
⑥ 등기권리자	김 갑 동	801231-1234567	서울특별시 중구 다동길 96(다동)

⑦ 등 록 면 허 세	금 200,000원	
⑦ 지 방 교 육 세	금 40,000원	
⑧ 세 액 합 계	금 240,000원	
⑨ 등 기 신 청 수 수 료	금 6,000원	
	납부번호 : 12-12-12345678-0	
	일괄납부 : 건 원	
⑩ 국민주택채권매입금액	금 1,000,000원	
⑪ 국민주택채권발행번호	1234-12-1234-1234	
⑫ 등기의무자의 등기필정보		
부동산고유번호	1102-2006-002095	
성명(명칭)	일련번호	비밀번호
이대백	A77C-LO71-35J5	40-4636
부동산고유번호	1101-2016-001234	
성명(명칭)	일련번호	비밀번호
이대백	QWER-AS12-ZXC1	40-2345
⑬ 첨 부 서 면		

• 근저당권변경계약서 1통
• 등록면허세영수필확인서 1통
• 등기신청수수료 영수필확인서 1통
삭1행 ~~• 등기필증 통~~

• 인감증명서나 본인서명사실확인서 또는 전자본인서명확인서 발급증 1통
~~• 위임장 통~~ 삭1행
<기타>

2017년 5월 26일

⑭ 위 신청인 이 대 백 ㊞ (전화 : 010－1234－5678)

김 갑 동 ㊞ (전화 : 010－5678－1234)

(또는)위 대리인 (전화 :)

서울중앙 지방법원 등기국 귀중

예제

권리에 관한 등기의 설명으로 틀린 것은? 제31회

① 등기부 표제부의 등기사항인 표시번호는 등기부 갑구(甲區), 을구(乙區)의 필수적 등기사항이 아니다.
② 등기부 갑구(甲區)의 등기사항 중 권리자가 2인 이상인 경우에는 권리자별 지분을 기록하여야 하고, 등기할 권리가 합유인 경우에는 그 뜻을 기록하여야 한다.
③ 권리의 변경등기는 등기상 이해관계가 있는 제3자의 승낙이 없는 경우에도 부기로 등기할 수 있다.
④ 등기의무자의 소재불명으로 공동신청 할 수 없을 때 등기권리자는 민사소송법에 따라 공시최고를 신청할 수 있고, 이에 따라 제권판결이 있으면 등기권리자는 그 사실을 증명하여 단독으로 등기말소를 신청할 수 있다.
⑤ 등기관이 토지소유권의 등기명의인 표시변경등기를 하였을 때에는 지체 없이 그 사실을 지적소관청에 알려야 한다.

해설 ③ 권리의 변경등기는 등기상 이해관계가 있는 제3자의 승낙이 있는 경우에는 부기등기로 하여야 하지만, 승낙이 없는 경우에는 주등기로 하여야 한다. ◆ 정답 ③

PART 02

02 경정등기

경정등기란 이미 종료된 등기의 절차에 착오 또는 빠진 사항(불일치)이 있어서, 원시적으로 등기 일부와 실체관계 사이에 불일치가 생긴 경우 이를 시정하기 위하여 하는 등기를 말한다.

1 요 건

(1) 원시적 불일치일 것

경정등기는 등기사항의 일부에 관하여 원시적인 착오 또는 빠뜨린 사항이 있는 경우 이를 시정하는 등기이다. 이 점에서 등기사항의 일부에 관하여 후발적으로 변경이 있는 경우 이를 시정하는 변경등기와 구별된다.

(2) **일부 불일치**(착오 또는 빠진 사항)**일 것**

경정등기는 그 착오 또는 빠진 사항이 등기사항의 일부에 대한 것이어야 하며, 등기사항의 전부에 대한 착오 또는 빠진 사항이 있는 경우에는 말소등기를 하여야 한다.

(3) 경정 전 등기와 경정 후 등기 사이에 동일성이 있을 것

경정 전후를 통하여 등기의 동일성 내지 유사성이 유지될 수 있어야 한다.

넓혀 보기

관련 판례

권리의 종류, 권리의 객체·주체 등을 잘못 적은 등기는 경정등기를 할 수 없고, 말소등기를 하여야 한다.

2 직권경정등기

(1) 요 건

등기관이 등기의 착오나 빠진 부분이 등기관의 잘못으로 인한 것임을 발견한 경우에는 지체 없이 그 등기를 직권으로 경정하여야 한다. 다만, 등기상 이해관계 있는 제3자가 있는 경우에는 그 제3자의 승낙이 있어야 한다(법 제32조 제2항).

(2) 절 차

① 등기관이 직권으로 경정등기를 하였을 때에는 그 사실을 등기권리자, 등기의무자 또는 등기명의인에게 알려야 한다. 다만, 등기권리자, 등기의무자 또는 등기명의인이 각 **2인 이상인 경우**에는 그중 **1인에게 통지**하면 된다(법 제32조 제3항).

② 등기관이 직권으로 경정등기를 하려는 경우에는 사전에 지방법원장의 허가를 받을 필요가 없으며, 등기권리자 또는 등기의무자에게 통지를 할 필요도 없다. 다만, 등기를 마친 후에는 지방법원장에게 경정등기를 한 취지를 보고하여야 한다.

심화 학습 **경정등기 · 변경등기 · 말소등기의 구분**

① 경정등기: 등기가 마쳐지기 전에 발생한 원시적 일부 불일치를 시정하는 등기
② 변경등기: 등기가 마쳐진 후에 발생한 후발적 일부 불일치를 시정하는 등기
③ 말소등기: 원시적 또는 후발적 사유로 등기사항 전부가 불일치하게 된 경우에 그 등기 전부를 소멸시킬 목적으로 하는 등기

예 제

1. ( )에 들어갈 단어가 순서대로 짝지어진 것은? 제15회 추가

이미 종료된 등기의 절차에 착오 또는 빠진 사항이 있어 원시적으로 등기 일부와 실체관계 사이에 불일치가 생긴 경우, 이를 시정하기 위하여 하는 등기를 ( )라 한다. 이는 불일치 사유가 원시적이라는 점에서, 후발적 사유에 의하여 그 일부만을 보정하는 ( )와 구별된다. 한편 일단 유효하게 성립한 등기의 전부가 후에 부적법하게 된 경우에는 ( )를 하게 되며, 건물의 일부가 멸실한 때에는 ( )의 형식으로 등기기록에 구현된다.

㉠ 말소등기 ㉡ 경정등기 ㉢ 변경등기 ㉣ 멸실등기 ㉤ 회복등기

① ㉤, ㉡, ㉣, ㉢
② ㉡, ㉢, ㉠, ㉢
③ ㉢, ㉡, ㉠, ㉣
④ ㉡, ㉢, ㉣, ㉠
⑤ ㉤, ㉡, ㉡, ㉣

정답 ②

2. 등기사무에 관한 설명으로 틀린 것은? 제25회

① 등기신청은 신청정보가 전산정보처리조직에 저장된 때 접수된 것으로 본다.
② 1동의 건물을 구분한 건물의 경우, 1동의 건물에 속하는 전부에 대하여 1개의 등기기록을 사용한다.
③ 등기의무자가 2인 이상일 경우, 직권으로 경정등기를 마친 등기관은 그 전원에게 그 사실을 통지하여야 한다.
④ 등기관이 등기를 마친 경우, 그 등기는 접수한 때부터 효력이 생긴다.
⑤ 등기사항증명서 발급청구는 관할 등기소가 아닌 등기소에 대하여도 할 수 있다.

해설 ③ 등기관이 직권으로 경정등기를 하였을 때에는 그 사실을 등기권리자, 등기의무자 또는 등기명의인에게 알려야 한다. 다만, 등기권리자, 등기의무자 또는 등기명의인이 각 2인 이상인 경우에는 그 중 1인에게 통지하면 된다. 정답 ③

3. 등기에 관한 설명으로 틀린 것은? (다툼이 있으면 판례에 따름) 제26회

① 등기원인을 실제와 다르게 증여를 매매로 등기한 경우, 그 등기가 실체관계에 부합하면 유효하다.
② 미등기부동산을 대장상 소유자로부터 양수인이 이전받아 양수인명의로 소유권보존등기를 한 경우, 그 등기가 실체관계에 부합하면 유효하다.
③ 전세권설정등기를 하기로 합의하였으나 당사자 신청의 착오로 임차권으로 등기된 경우, 그 불일치는 경정등기로 시정할 수 있다.
④ 권리자는 甲임에도 불구하고 당사자 신청의 착오로 乙명의로 등기된 경우, 그 불일치는 경정등기로 시정할 수 없다.
⑤ 건물에 관한 보존등기상의 표시와 실제건물과의 사이에 건물의 건축시기, 건물 각 부분의 구조, 평수, 소재, 지번 등에 관하여 다소의 차이가 있다 할지라도 사회통념상 동일성 혹은 유사성이 인식될 수 있으면 그 등기는 당해 건물에 관한 등기로서 유효하다.

해설 ③ 권리의 종류, 권리의 객체, 주체 등을 잘못 적은 등기는 무효로서 경정등기의 대상이 될 수 없다. 따라서 전세권설정등기를 하기로 합의하였으나 당사자 신청의 착오로 임차권으로 등기된 경우에는 경정등기로 시정할 수 없다. 정답 ③

☑ **소유권경정등기신청**(신청착오)

소유권경정등기신청

접 수	년 월 일	처리인	등기관 확인	각종 통지
	제 호			

① 부동산의 표시			
서울특별시 서초구 서초동 100 대 300m² 이 상			
② 등기원인과 그 연월일	2017년 4월 3일 신청착오		
③ 등기의 목적	소유권경정		
④ 경정할 사항	2017년 4월 3일 접수 제1001호로 경료한 "소유권이전등기, 소유자 이상호, 서울특별시 중구 마장로길 88(황학동)"을 "소유권일부이전, 지분 2분의 1, 공유자 이상호, 서울특별시 중구 마장로길 88(황학동)"으로 경정		
구 분	성명 (상호·명칭)	주민등록번호 (등기용등록번호)	주소(소재지)
⑤ 등기의무자	이 상 호	700101-1234567	서울특별시 중구 마장로길 88 (황학동)
⑥ 등기권리자	이 대 백	801231-1234567	서울특별시 서초구 서초대로 88길 20(서초동)

⑦ 등 록 면 허 세	금	6,000원
⑦ 지 방 교 육 세	금	1,200원
⑧ 세 액 합 계	금	7,200원
⑨ 등 기 신 청 수 수 료	금	3,000원
	납부번호: 12-12-12345678-0	
	일괄납부: 건	원

⑩ 등기의무자의 등기필정보		
부동산고유번호	1102-2006-002095	
성명(명칭)	일련번호	비밀번호
이상호	A77C-LO71-35J5	40-4636

⑪ 첨 부 서 면	
• 인감증명서나 본인서명사실확인서 또는 전자본인서명확인서 발급증 1통 • 등록면허세영수필확인서 1통 • 등기신청수수료 영수필확인서 1통 삭1행 ~~• 등기필증 통~~	• 원인증서 사본 1통 • 주민등록표초본(또는 등본) 각 1통 ~~• 위임장 통~~ 삭1행 <기타>

2017년 5월 26일

⑫ 위 신청인 이 상 호 ㊞ (전화: 010－1234－5678)

이 대 백 ㊞ (전화: 010－5678－1234)

(또는)위 대리인 (전화:)

서울중앙 지방법원 등기국 귀중

03 말소등기

말소등기란 기존의 등기가 원시적 또는 후발적 사유로 인하여 등기사항의 전부에 관하여 실체관계와 부합하지 않게 된 경우에, 해당 기존 등기 전부를 소멸시킬 목적으로 하는 등기를 말한다.

1 말소등기의 요건

(1) 등기의 전부가 부적법하여야 한다.

등기사항의 전부가 부적법하게 된 경우에는 말소등기를 할 수 있다. 그러나 등기사항의 일부가 부적법하게 된 경우에는 변경 또는 경정등기를 하여야 한다.

(2) 등기의 부적법의 원인은 원시적이든, 후발적이든 불문한다.

등기사항이 부적법하게 된 사유는 원시적이든(등기가 처음부터 원인무효인 경우), 후발적이든(등기실행 당시에는 유효한 등기였으나, 그 후 실체관계가 소멸한 경우), 실체적이든(등기원인이 원인무효, 취소, 해제 등의 사유로 실체관계에 부합하지 않게 된 경우), 절차적이든(관할 위반, 등기사항이 아닌 등기가 실행된 경우) 이를 묻지 않는다.

(3) 말소에 관하여 이해관계 있는 제3자가 있는 경우에는 그 제3자의 승낙서 등을 첨부하여야 한다.

① 말소등기를 신청함에 있어서 그 말소에 대하여 등기상 이해관계 있는 제3자가 있는 때에는 신청서에 그의 **승낙서** 또는 이에 대항할 수 있는 **재판이 있음을 증명하는 정보**를 첨부하여야 한다.

② 이해관계 있는 제3자의 승낙 또는 이에 대항할 수 있는 재판이 있음을 증명하는 정보를 **첨부할 수 없는 경우**에는 법 제29조 제9호에 해당하여 **각하**되어야 한다.

2 신청인

(1) 공동신청의 원칙

말소등기도 일반원칙에 따라 등기권리자와 등기의무자의 공동신청에 의하는 것이 원칙이다.

☑ 저당권의 말소등기

구 분	등기의무자	등기권리자
① **저당권이 설정되고 소유권이 제3자에게 이전된 후, 원인무효로 인하여 저당권을 말소하는 경우**	저당권자	제3취득자
② **저당권이 설정되고 소유권이 제3자에게 이전된 후, 피담보채권의 소멸로 인하여 저당권을 말소하는 경우**	저당권자	저당권설정자 또는 제3취득자
③ **저당권이 제3자에게 이전된 후, 저당권을 말소하는 경우**	저당권양수인	저당권설정자

3 말소등기의 실행

(1) 등기를 말소할 때에는 말소의 등기를 한 후, 해당 등기를 말소하는 표시를 하여야 한다(규칙 제116조).

(2) 말소할 권리를 목적으로 하는 제3자의 권리에 관한 등기가 있을 때에는 등기기록 중 해당 구 사항란에 그 제3자의 권리표시를 하고 어느 권리의 등기를 말소함으로 인하여 말소한다는 뜻을 기록하여야 한다(규칙 제116조 제2항).

☑ 말소등기

〈근저당권등기 말소〉

【을구】		(소유권 이외의 권리에 관한 사항)		
순위번호	등기목적	접 수	등기원인	권리자 및 기타사항
~~1~~	~~근저당권 설정~~	~~○년○월○일~~ ~~제69345호~~	~~○년○월○일~~ ~~설정계약~~	~~채권최고액 금 80,000,000원~~ ~~채무자 이맹구~~ ~~580912-2499871~~ ~~서울 관악구 봉천동 100~~ ~~근저당권자 ㈜기업은행~~ ~~서울 동작구 상도동 823-2~~
2	1번 근저당권 설정등기 말소	~~○년○월○일~~일 제2599호	~~○년○월○일~~ 해지	

〈지상권을 목적으로 하는 저당권등기의 말소〉

【을구】		(소유권 이외의 권리에 관한 사항)		
순위번호	등기목적	접 수	등기원인	권리자 및 기타사항
~~1~~	~~지상권설정~~	(생략)	(생략)	(생략)
~~1-1~~	~~1번 지상권의 저당권설정~~	(생략)	(생략)	(생략)
2	1번 지상권의 말소	1998년 12월 10일 제38762호	1998년 12월 8일 해지	
3	1-1 등기 저당권 말소			1번 지상권 말소로 인하여 1998년 12월 10일 등기

심화 학습 말소등기에 있어서 등기상 이해관계인

1. 등기상 이해관계인

① 말소에 관하여 '등기상 이해관계인'이란 어떤 등기의 말소로 인하여 등기의 기록형식상 손해를 받을 염려가 있는 제3자를 의미한다. 예컨대 전세권을 목적으로 저당권이 설정된 후 해당 전세권설정등기를 말소하는 경우에는 그 전세권을 목적으로 한 저당권자는 전세권말소등기에 관하여 등기상 이해관계인에 해당한다. 소유권을 말소하는 경우에는 소유권을 목적으로 하는 전세권자, 저당권자, 가압류권자 등이 모두 등기상 이해관계인에 해당한다.

② 다만, 선순위로 경료된 소유권이전등기를 말소하기 위한 전제로서 먼저 말소되어야 할 후순위의 소유권의 등기명의인은 등기상 이해관계인에 해당하지 아니한다. 예컨대 甲으로부터 乙을 거쳐, 丙 앞으로 소유권이 순차로 이전된 후, 甲이 원인무효를 이유로 乙명의의 소유권이전등기를 말소하고자 할 경우에는 먼저 丙명의의 등기의 말소가 선행되어야 乙의 등기를 말소할 수 있으므로 乙의 등기를 말소할 당시 丙은 등기기록상으로 존재하지 않게 되어 등기상 이해관계인에 해당하지 아니한다.

2. 승낙서 또는 이에 대항할 수 있는 재판의 등본

어떤 등기에 대한 말소등기를 신청하는 경우에 등기상 이해관계 있는 제3자가 있는 경우에는 그 자의 승낙서를 첨부하여야 하나, 이를 첨부할 수 없는 경우에는 이에 대항할 수 있는 재판의 등본을 신청서에 첨부하여야 한다. 여기서 '이에 대항할 수 있는 재판의 등본'의 의미에 대한 판례 및 실무의 태도를 살펴보면 다음과 같다.

① 甲의 부동산에 대하여 乙명의로 소유권이전등기가 경료된 후 乙이 丙에게 근저당권을 설정하여 준 경우, 차후에 甲이 원인무효를 이유로 乙명의의 소유권이전등기를 말소함에 있어서 丙은 등기상 이해관계인에 해당한다. 이 경우 乙의 등기를 말소함에 있어서 丙에게 대항할 수 있는 재판의 등본이란, 위 말소등기에 대한 승낙의 의사표시를 명하는 확정판결을 의미한다. 그러나 甲이 丙을 상대로 소유권에 기한 방해배제청구권의 일환으로서 丙의 근저당권설정등기의 말소를 구하여 甲이 승소의 확정판결을 받았다면, 그 말소를 명하는 판결도 丙에게 대항할 수 있는 재판의 등본에 해당한다는 것이 실무의 태도이다.

② 다만, 등기상 이해관계인의 등기가 가압류(또는 가처분)등기인 경우에는 사정이 위와 다르다. 예컨대 甲의 부동산에 대하여 乙명의로 소유권이전등기가 경료된 후 乙의 소유권에 대해 丙의 가압류(가처분)등기가 이루어진 경우, 甲이 원인무효를 이유로 乙의 등기를 말소함에 있어서 丙은 역시 등기상 이해관계인에 해당한다.

3. 승낙서 등을 첨부하지 아니한 경우

① 승낙서 등을 첨부하지 아니하고 말소등기를 신청한 때에는 그 말소등기 신청을 각하하여야 한다(법 제29조 제9호).

② 그러나 승낙서 등을 첨부하지 아니하였음에도 불구하고 이를 간과하여 말소등기가 이루어지고, 등기상 이해관계인에게 실체법상 승낙의무가 있는 경우라면 그 말소등기는 실체관계에 부합하는 것이어서 유효하다(대판 1996.8.20, 94다58988).

예제

1. **등기신청인에 관한 설명 중 옳은 것을 모두 고른 것은?** 제33회

> ㉠ 부동산표시의 변경이나 경정의 등기는 소유권의 등기명의인이 단독으로 신청한다.
> ㉡ 채권자가 채무자를 대위하여 등기신청을 하는 경우, 채무자가 등기신청인이 된다.
> ㉢ 대리인이 방문하여 등기신청을 대리하는 경우, 그 대리인은 행위능력자임을 요하지 않는다.
> ㉣ 부동산에 관한 근저당권설정등기의 말소등기를 함에 있어 근저당권 설정 후 소유권이 제3자에게 이전된 경우, 근저당권설정자 또는 제3취득자는 근저당권자와 공동으로 그 말소등기를 신청할 수 있다.

① ㉠, ㉢ ② ㉡, ㉣
③ ㉠, ㉢, ㉣ ④ ㉡, ㉢, ㉣
⑤ ㉠, ㉡, ㉢, ㉣

해설 ㉡ 채권자가 채무자를 대위하여 등기신청을 하는 경우에는, 채무자가 아닌 채권자가 등기신청인이 되어야 한다. ◆ 정답 ③

2. **말소등기에 관한 설명으로 틀린 것은?** (다툼이 있으면 판례에 따름) 제28회

① 말소되는 등기의 종류에는 제한이 없으며, 말소등기의 말소등기도 허용된다.
② 말소등기는 기존의 등기가 원시적 또는 후발적인 원인에 의하여 등기사항 전부가 부적법할 것을 요건으로 한다.
③ 농지를 목적으로 하는 전세권설정등기가 실행된 경우, 등기관은 이를 직권으로 말소할 수 있다.
④ 피담보채무의 소멸을 이유로 근저당권설정등기가 말소되는 경우, 채무자를 추가한 근저당권 변경의 부기등기는 직권으로 말소된다.
⑤ 말소등기신청의 경우에 '등기상 이해관계 있는 제3자'란 등기의 말소로 인하여 손해를 입을 우려가 있다는 것이 등기기록에 의하여 형식적으로 인정되는 자를 말한다.

해설 ① 말소등기의 말소등기는 허용되지 아니한다(규칙 제118조). ◆ 정답 ①

3. 등기권리자와 등기의무자에 관한 설명으로 틀린 것은? 제30회

① 실체법상 등기권리자와 절차법상 등기권리자는 일치하지 않는 경우도 있다.
② 실체법상 등기권리자는 실체법상 등기의무자에 대해 등기신청에 협력할 것을 요구할 권리를 가진 자이다.
③ 절차법상 등기의무자에 해당하는지 여부는 등기기록상 형식적으로 판단해야 하고, 실체법상 권리의무에 대해서는 고려해서는 안 된다.
④ 甲이 자신의 부동산에 설정해 준 乙명의의 저당권설정등기를 말소하는 경우, 甲이 절차법상 등기권리자에 해당한다.
⑤ 부동산이 甲 ⇨ 乙 ⇨ 丙으로 매도되었으나 등기명의가 甲에게 남아 있어 丙이 乙을 대위하여 소유권이전등기를 신청하는 경우, 丙은 절차법상 등기권리자에 해당한다.

해설 ⑤ 부동산이 甲 ⇨ 乙 ⇨ 丙으로 매도되었으나 등기명의가 甲에게 남아 있어 丙이 乙을 대위하여 소유권이전등기를 신청하는 경우 등기의무자는 甲이고 등기권리자는 乙이므로, 丙은 절차법상 등기권리자에 해당하지 않는다.

정답 ⑤

4. 절차법상 등기권리자와 등기의무자를 옳게 설명한 것을 모두 고른 것은? 제31회

> ㉠ 甲 소유로 등기된 토지에 설정된 乙 명의의 근저당권을 丙에게 이전하는 등기를 신청하는 경우, 등기의무자는 乙이다.
> ㉡ 甲에서 乙로, 乙에서 丙으로 순차로 소유권이전등기가 이루어졌으나 乙 명의의 등기가 원인무효임을 이유로 甲이 丙을 상대로 丙 명의의 등기 말소를 명하는 확정판결을 얻은 경우, 그 판결에 따른 등기에 있어서 등기권리자는 甲이다.
> ㉢ 채무자 甲에서 乙로 소유권이전등기가 이루어졌으나 甲의 채권자 丙이 등기원인이 사해행위임을 이유로 그 소유권이전등기의 말소판결을 받은 경우, 그 판결에 따른 등기에 있어서 등기권리자는 甲이다.

① ㉡
② ㉢
③ ㉠, ㉡
④ ㉠, ㉢
⑤ ㉡, ㉢

해설 ㉡ 丙 명의의 소유권이전등기를 말소하는 경우이므로 등기의무자는 丙이고, 등기권리자는 甲이 아닌 乙이 되어야 한다.

정답 ④

04 말소회복등기

(1) 등기의 전부 또는 일부가 부적법한 방법으로 말소된 경우 그것을 회복함으로써 처음부터 그러한 말소가 없었던 것과 같은 효력을 보유하도록 할 목적으로 행하여지는 등기를 말한다(대판 1997.9.30, 95다39526).

(2) 따라서 말소되었던 등기에 관한 회복등기가 된 경우에 그 회복등기는 말소되었던 종전의 등기와 동일한 순위와 효력을 가진다(대판 1968.8.30, 68다1187).

(3) 등기는 물권변동의 효력발생요건이고 그 존속요건은 아니므로 등기가 원인 없이 말소되었다 하더라도 그 물권의 효력에는 아무런 영향이 없고, 그 회복등기가 경료되기 전이라도 말소된 등기의 등기명의인은 적법한 권리자로 추정된다(대판 1997.9.30, 95다39526).

1 말소회복등기의 요건

(1) 등기가 부적법하게 말소되었을 것

① 말소된 등기에 대응하는 실체관계가 존속함에도 불구하고 그 등기가 말소되었어야 한다. 이러한 부적법성은 실체적 이유에 기인한 것이든 절차적 이유에 기인한 것이든 이를 묻지 않는다.

② 법률상 원인 없이 당사자가 자발적으로 말소등기를 한 경우에는 부적법하게 말소되었다고 할 수 없으므로 말소회복등기가 허용되지 않는다(대판 1990.6.26, 89다카5673).

(2) 말소된 등기를 회복하려는 것일 것

① 말소회복등기는 말소된 등기의 회복을 목적으로 하므로, 등기기록상 권리가 다른 사람에게 전속함으로써 현재 효력이 없게 된 등기를 회복하려는 경우에는 허용되지 않는다.

② 말소된 등기의 회복은 **말소등기의 말소등기**에 의할 것이 아니라 **말소회복등기**에 의하여야 한다.

(3) 말소회복등기로 인하여 제3자에게 불측의 손해를 주지 않을 것

말소회복등기가 경료되면 그 등기는 종전의 등기와 동일한 순위와 효력을 회복하게 되므로(대판 1968.8.30, 68다1187), 제3자에게 손해를 줄 염려가 있다. 따라서 말소회복등기를 신청하는 경우 등기상 이해관계 있는 제3자가 있는 때에는 신청정보에 그 **승낙** 또는 이에 대항할 수 있는 **재판이 있음을 증명하는 정보** 등을 첨부하도록 하고 있다.

2 신청인

말소회복등기도 일반원칙에 따라 공동신청에 의하는 것이 원칙이다. 다만, 등기관의 직권 또는 법원의 촉탁에 의하여 등기가 말소된 경우에는 말소된 등기의 회복등기는 직권 또는 촉탁에 의하여야 하고, 말소회복등기절차이행을 소구할 이익은 없으며, 그와 같은 법리는 등기관이 착오로 인하여 말소할 수 없는 등기를 말소한 경우에도 동일하게 적용된다(대판 1996.5.31, 94다27205).

3 등기의 실행

(1) 전부 말소회복

등기를 전부 회복하는 때에는 **주등기**로 회복등기를 한 후 다시 말소된 등기와 동일한 등기를 하여야 한다(규칙 제118조).

(2) 일부 말소회복

어떤 등기의 전부가 말소된 것이 아니고 그 중 일부의 등기사항만이 말소된 경우에 그 회복등기를 하는 때에는 **부기**에 의하여 말소된 사항만 다시 등기를 한다(규칙 제118조 단서).

☑ **말소회복등기**

【갑구】	(소유권에 관한 사항)			
순위번호	등기목적	접 수	등기원인	권리자 및 기타사항
1	소유권 보존	(생략)	(생략)	(생략)
~~2~~	~~소유권 이전~~	~~2000년 4월 29일 제17981호~~	~~2000년 4월 18일 매매~~	~~소유자 임길동 590213-1304714 경기도 일산구 마두동 32~~
3	2번 소유권 말소	2000년 5월 30일 제30984호	매매계약 해제	
4	2번 소유권 회복	2000년 11월 20일 제85921호	2000년 11월 4일 서울민사지방법원의 확정판결	
2	소유권이전	2000년 4월 29일 제17981호	2000년 4월 18일 매매	소유자 임길동 590213-1304714 경기도 일산구 마두동 32

심화 학습 말소회복등기에 있어서 등기상 이해관계인

1. 등기상 이해관계인

① **손해를 입을 우려가 있는 자**: 등기상 이해관계가 있는 제3자란 말소회복등기가 된다고 하면 손해를 입을 우려가 있는 사람으로서 그 손해를 입을 우려가 있는 것이 등기기록의 기록에 의하여 형식적으로 인정되는 자를 의미한다(판례).

② **판별의 기준시점**: 손해를 입을 우려가 있는지의 여부는 제3자의 권리취득등기시(또는 말소등기시)를 기준으로 하는 것이 아니라 '회복등기시'를 기준으로 판별한다(판례).

③ **이해관계인에 해당하지 않는 자**

㉠ 말소회복등기와 양립할 수 없는 등기가 있는 경우에는 이를 먼저 말소하지 않는 한 회복등기를 할 수 없으므로, 이러한 등기는 말소회복등기에 앞서 말소의 대상이 될 뿐이다. 따라서 그 등기명의인인 제3자는 등기상 이해관계 있는 제3자에 해당하지 아니하여 회복등기를 함에 있어 그 자의 승낙을 받아야 할 필요는 없다(판례).

㉡ 예컨대 부적법하게 말소된 甲의 지상권등기를 회복하는 경우에 지상권말소 후 동일 토지부분에 乙명의의 지상권등기가 경료되어 있는 때에는 乙의 지상권등기를 먼저 말소하지 않는 한 甲의 지상권등기를 회복할 수 없다. 따라서 이 경우 乙의 지상권등기는 먼저 말소하여야 하는데, 말소됨과 동시에 乙은 이미 등기기록상에 존재하지 않게 되므로 乙은 甲의 지상권회복등기에 있어 등기상 이해관계인에 해당하지 아니한다.

2. 제3자의 승낙의무

등기가 부적법하게 말소된 경우 그 말소원인의 무효 또는 취소로써 선의의 제3자에게 대항할 수 있는 경우에는 등기상 이해관계 있는 제3자는 회복등기에 대하여 승낙의무가 있다. 예컨대 가등기의 말소가 원인무효인 경우에 등기상 이해관계 있는 제3자는 선의, 악의, 손해의 유무를 불문하고 그 회복등기절차를 승낙할 의무가 있다(대판 1970.2.24, 69다2193).

05 멸실등기

부동산의 멸실등기는 토지의 함몰·포락 또는 건물의 소실·붕괴 등으로 인하여 1개의 부동산 전부가 물리적으로 소멸하는 경우 표시란에 하는 사실의 등기를 말한다. 이러한 부동산의 멸실등기는 부동산의 일부가 멸실된 경우 등에 하는 변경등기와는 구별된다.

1 등기의 신청

(1) 토지나 건물이 **멸실**된 경우에는 그 **소유권의 등기명의인**은 그 사실이 있는 때부터 **1개월** 이내에 멸실등기를 신청하여야 한다(법 제39조).

(2) 멸실한 건물의 소유권의 등기명의인이 1개월 이내에 멸실등기를 신청하지 않는 때에는 그 멸실건물의 **대지소유자**가 대위하여 멸실등기를 신청할 수 있다(법 제43조 제2항).

(3) 건물의 **부존재**의 경우에도 그 소유권의 등기명의인은 **지체 없이** 그 건물의 멸실등기를 신청하여야 한다(법 제44조 제1항).

2 첨부정보

(1) 토지의 멸실등기를 신청하는 경우에는 그 멸실을 증명하는 토지대장 정보나 임야대장 정보를 첨부정보로서 등기소에 제공하여야 한다(규칙 제83조).

(2) 건물의 멸실등기를 신청하는 경우에는 그 멸실이나 부존재를 증명하는 건축물대장 정보나 그 밖의 정보를 첨부정보로서 등기소에 제공하여야 한다(규칙 제102조).

(3) 부동산의 멸실등기신청시에 그 부동산에 소유권 이외의 등기상 이해관계인이 있더라도 그 자들의 승낙이 있음을 증명하는 정보 또는 이에 대항할 수 있는 재판이 있음을 증명하는 정보를 첨부정보로서 등기소에 제공할 필요는 없다(등기선례 제7-326호).

3 등기의 실행

(1) 부동산의 멸실의 등기를 하는 때에는 등기기록 중 표제부에 멸실의 뜻과 그 원인 또는 부존재의 뜻을 기록하고 표제부의 등기를 말소하는 표시를 한 후 그 등기기록을 폐쇄하여야 한다(규칙 제103조 본문).

(2) 그러나 멸실한 건물이 구분건물인 경우에는 그 등기기록을 폐쇄하지 아니한다(규칙 제103조 단서). 즉, 1동의 건물의 표제부나 다른 구분건물의 등기기록은 폐쇄하지 않으며 그 멸실된 구분건물의 등기기록만을 제거하여 폐쇄한다.

☑ 건물멸실등기신청

건물멸실등기신청

<table>
<tr><td rowspan="2">접 수</td><td>년 월 일</td><td rowspan="2">처리인</td><td>등기관 확인</td><td>각종 통지</td></tr>
<tr><td>제 호</td><td></td><td></td></tr>
</table>

<table>
<tr><td colspan="4">① 부동산의 표시</td></tr>
<tr><td colspan="4">서울특별시 서초구 서초동 100
[도로명주소] 서울특별시 서초구 서초대로 88길 10
시멘트 벽돌조 스레트지붕 단층 주택 100m²
부속건물 시멘트 벽돌조 슬래브지붕 단층 창고 50m²

이 상</td></tr>
<tr><td colspan="2">② 등기원인과 그 연월일</td><td colspan="2">2017년 7월 18일 멸실</td></tr>
<tr><td colspan="2">③ 등기의 목적</td><td colspan="2">건물멸실</td></tr>
<tr><td colspan="2"></td><td colspan="2"></td></tr>
<tr><td colspan="2"></td><td colspan="2"></td></tr>
<tr><td>구 분</td><td>성명
(상호・명칭)</td><td>주민등록번호
(등기용등록번호)</td><td>주소(소재지)</td></tr>
<tr><td>④
신
청
인</td><td>이 대 백</td><td>700101-1234567</td><td>서울특별시 서초구 서초대로 88길 20(서초동)</td></tr>
</table>

⑤ 등 록 면 허 세	금 6,000원
⑤ 지 방 교 육 세	금 1,200원
⑥ 세 액 합 계	금 7,200원
⑦ 첨 부 서 면	
• 등록면허세영수필확인서 1통 ~~• 위임장 통~~ (삭1행) • 건축물대장등본 1통	<기타>

2017년 7월 20일

⑧ 위 신청인 이 대 백 ㊞ (전화 : 010－1234－5678)

(또는)위 대리인 (전화 :)

서울중앙 지방법원 등기국 귀중

06 부기등기

(1) 등기관이 부기등기를 할 때에는 그 부기등기가 어느 등기에 기초한 것인지 알 수 있도록 주등기 또는 부기등기의 순위번호에 가지번호를 붙여서 하여야 한다.

(2) 하나의 주등기에 여러 개의 부기등기를 할 수 있고, 부기등기의 부기등기도 가능하다.

(3) 부기등기의 순위는 주등기의 순위에 의하고, 부기등기 상호간의 순위는 그 등기의 순서에 의한다.

1 주등기와 부기등기

구 분	주등기에 의하는 경우	부기등기에 의하는 경우
변 경	① 부동산의 (표시)변경등기 ② 권리변경등기 【이해관계인의 승낙정보를 등기소에 제공하지 않은 경우】	① 등기명의인의 표시변경등기 ② 권리의 변경등기 【이해관계인의 승낙정보를 등기소에 제공한 경우】
보존 설정 이전	① 소유권보존등기 ② 소유권이전등기 ③ 소유권외의 권리설정등기	① 소유권외의 권리이전등기 ② 지상권 · 전세권을 목적으로 하는 저당권설정등기
처분제한등기	소유권의 처분제한등기	소유권외의 권리의 처분제한등기
회복등기	전부말소회복등기	일부말소회복등기
가등기	① 소유권이전청구권가등기 ② 소유권외의 권리설정청구권가등기	① 소유권외의 권리이전청구권가등기 ② 가등기상의 권리의 이전등기
특약 약정		특약에 관한 등기 【환매특약, 공유물불분할특약, …】
부기의 부기		환매권이전등기

심화 학습 가등기상의 권리의 이전등기

乙이 甲 소유의 부동산에 대하여 매매를 원인으로 한 소유권이전청구권의 보전을 위하여 가등기를 한 후에 丙이 乙의 가등기상의 권리를 양수한 경우, 가등기상의 권리의 이전등기를 가등기에 기한 부기등기의 형식으로 경료할 수 있다(대판 98다24105 전원합의체).

2 부기등기의 효력

(1) 부기등기의 순위는 주등기의 순위에 의한다. 따라서 주등기가 말소되면 부기등기도 말소된다.

(2) 부기등기 상호간의 순위는 그 등기의 순서에 의한다.

☑ **주등기와 부기등기**

【갑구】		(소유권에 관한 사항)		
순위번호	등기목적	접 수	등기원인	권리자 및 기타사항
3	소유권 이전	○년○월○일 제34562호	○년○월○일 매매	소유자 이도영 800324－1053134 ~~서울 서대문구 홍은동 140~~
3－1	3번 등기 명의인 표시변경		○년○월○일 전거	이도영의 주소 서울 서대문구 홍제동 10 대림아파트 201－1202

예 제

1. 부기등기를 하는 경우가 아닌 것은? 제22회

① 등기명의인이 개명(改名)한 경우에 하는 변경등기
② 공유물(共有物)을 분할하지 않기로 하는 약정의 등기
③ 지상권의 이전등기
④ 전세권을 목적으로 하는 저당권의 설정등기
⑤ 등기의 전부가 말소된 경우 그 회복등기

정답 ⑤

2. 저당권등기에 관한 설명으로 틀린 것은? 제24회

① 전세권은 저당권의 목적이 될 수 있다.
② 토지소유권의 공유지분에 대하여 저당권을 설정할 수 있다.
③ 저당권의 이전등기를 신청하는 경우에는 저당권이 채권과 같이 이전한다는 뜻을 신청정보의 내용으로 등기소에 제공하여야 한다.
④ 지상권을 목적으로 하는 저당권설정등기는 주등기에 의한다.
⑤ 저당권설정등기를 한 토지 위에 설정자가 건물을 신축한 경우에는 저당권자는 토지와 함께 그 건물에 대해서도 경매청구를 할 수 있다.

해설 ④ 저당권설정등기는 '주등기'에 의하지만, 지상권 또는 전세권을 목적으로 하는 저당권설정등기는 부기등기에 의한다.

정답 ④

3. 부기등기할 사항이 아닌 것은? 제28회

① 저당권 이전등기
② 전전세권 설정등기
③ 부동산의 표시변경등기
④ 지상권을 목적으로 하는 저당권설정등기
⑤ 소유권 외의 권리에 대한 처분제한의 등기

정답 ③

4. 등기상 이해관계 있는 제3자가 있는 경우에 그 제3자의 승낙이 없으면 부기등기로 할 수 없는 것은? 제29회

① 환매특약등기
② 지상권의 이전등기
③ 등기명의인표시의 변경등기
④ 지상권 위에 설정한 저당권의 이전등기
⑤ 근저당권에서 채권최고액 증액의 변경등기

해설 ⑤ 근저당권의 채권최고액을 증액하는 변경등기를 하는 경우 이해관계 있는 제3자의 승낙을 얻은 경우에는 부기등기로 하고, 얻지 못한 경우에는 주등기로 하여야 한다. 정답 ⑤

07 가등기

가등기란 현재로서는 본등기를 할 수 있는 실체법적 요건이 갖추어져 있지 아니한 경우에 장래에 할 본등기의 준비로서 하는 예비등기를 말한다.

1 가등기의 신청 및 말소방법

(1) 신청방법

① **공동신청**: 가등기는 가등기권리자와 가등기의무자가 **공동**으로 **신청**하는 것이 원칙이다(법 제23조 제1항).

② 단독신청

㉠ **가등기권리자**는 가등기의무자의 **승낙**을 받아 가등기를 단독신청 할 수 있다(규칙 제145조).

㉡ **가등기권리자**는 부동산의 소재지를 관할하는 **법원의 가등기가처분명령**을 받아 가등기를 단독신청할 수 있다(규칙 제145조).

(2) 말소방법

① **공동신청**: 가등기의 말소등기는 등기권리자와 등기의무자의 **공동신청**에 의하여 말소할 수 있다(법 제23조 제1항).

② 단독신청

㉠ 소유권에 관한 **가등기명의인**은 단독으로 가등기의 말소를 신청할 수 있다.

㉡ **가등기의무자** 또는 **이해관계 있는 자**는 가등기명의인의 **승낙**을 받아 단독으로 가등기의 말소를 신청할 수 있다.

심화 학습 **가등기신청의 첨부정보 정리**

① **등기원인을 증명하는 정보**

㉠ 공동신청의 경우에는 매매예약서 또는 대물반환예약서 등을 첨부하여야 한다.

㉡ 가등기를 신청하는 경우 등기원인을 증명하는 정보에는 검인을 받을 필요가 없다. 그러나 본등기를 신청할 때에는 검인을 받아야 한다(예규 제1419호).

② **토지거래계약허가증**

「부동산 거래신고 등에 관한 법률」상의 허가가 요구되는 토지거래계약을 원인으로 하여 가등기를 신청할 때에는 토지거래계약허가증을 첨부하여야 한다(등기예규 제1634호).

③ **농지취득자격증명**

농지에 대하여 소유권이전청구권보전의 가등기를 신청하는 경우에는 농지취득자격증명을 첨부할 필요가 없다.

2 가등기의 요건

(1) 본등기를 할 수 있는 권리에 관한 것이어야 한다.

가등기는 소유권 · 지상권 · 지역권 · 전세권 · 저당권 · 권리질권 · 채권담보권 · 임차권 및 환매권 등 등기할 수 있는 모든 권리의 설정 · 이전 · 변경 · 소멸의 청구권을 보전하려고 할 때 이를 할 수 있다(법 제3조). 다만, 소유권보존의 가등기는 허용되지 않는다(다수설).

(2) 채권적 청구권을 보전하기 위한 것이어야 한다.

가등기는 등기할 수 있는 모든 권리의 설정 · 이전 · 변경 · 소멸의 청구권을 보전하려고 할 때 할 수 있으며, 그 청구권이 시기부 또는 정지조건부인 때 기타 장래에 있어서 확정될 것인 때에도 이를 할 수 있다(법 제3조). 다만, 그 청구권은 채권적 청구권을 의미하므로, 물권적 청구권을 보전하기 위한 가등기는 허용되지 않는다(대판 1982.11.23, 81다카1110).

넓혀 보기

가등기의 허용 여부

가등기가 가능한 경우	가등기가 불가능한 경우
① 채권적 청구권보전을 위한 가등기 ② 시기부 · 정지조건부 청구권의 가등기 ③ 소유권이전등기의 가등기 ④ 유언자가 사망한 경우, 유증에 의한 소유권이전청구권보전의 가등기	① 물권적 청구권보전을 위한 가등기 ② 종기부 · 해제조건부 청구권의 가등기 ③ 소유권보존등기의 가등기 ④ 유언자가 생존 중인 경우, 유증에 의한 소유권이전청구권보전의 가등기

심화 학습 **가등기와 관련한 주요 판례 및 예규 정리**

① 소유권이전청구권보전가등기 이후에 제3취득자가 있는 경우에도 본등기의무자는 항상 **가등기의무자**이다(대결 74마100). 이 경우 제3취득자는 자신의 권리가 본등기 후 직권말소되기 때문에 등기의무자가 될 수 없다.

② 여러 사람의 가등기권리자 중 1인이 **자기 지분**만에 관한 본등기는 신청할 수 있다. 그러나, 여러 사람의 가등기권리자 중 1인이 **전원 명의**의 본등기는 신청할 수 없다(등기예규 제1632호).

③ 가등기의무자가 **사망**한 경우에는 그 상속인은 **상속등기를 신청할 필요 없이** 가등기권리자와 공동으로 본등기를 신청할 수 있다.

④ 가등기권리자가 **사망**한 경우에도 가등기권리자의 상속인은 가등기상의 권리의 **상속등기를 신청할 필요 없이** 가등기권리자의 상속인 명의로 곧바로 본등기를 신청할 수 있다.

3 가등기의 효력

(1) **본등기 전의 효력**(가등기 자체의 효력)

① 가등기는 본등기를 하기 전에는 실체법상의 효력이나 처분금지의 효력 등이 생기지 않는다.

② 그러나 가등기상의 권리는 양도성이 있으므로, 가등기상의 권리의 이전등기는 가등기의 부기등기의 형식으로 할 수 있으며, 가등기상의 권리에 대하여는 가압류등기 또는 그 처분을 금지하는 처분금지가처분등기를 할 수 있다. 다만, 가등기에 기한 본등기를 금지하는 내용의 가처분등기는 할 수 없다.

(2) **본등기 후의 효력**(순위보전의 효력)

① 가등기에 기하여 본등기를 한 경우 본등기의 순위는 가등기의 순위에 의한다. 이것이 가등기의 순위보전의 효력이다.

② '본등기의 순위는 가등기의 순위에 의한다'는 것은 본등기의 순위가 가등기의 순위로 소급한다는 것을 의미하며, 물권변동의 효력이 가등기시로 소급한다는 것은 아님을 유의하여야 한다.

③ 그러나 등기한 권리의 순위는 등기의 순서에 의하므로(법 제4조), 본등기가 경료되면 위 본등기 순위보전의 효력에 의하여 가등기 후 본등기 전의 중간처분등기는 모두 효력을 상실하게 된다. 중간처분등기는 법 제29조 제2호의 각하사유에 해당하므로, 본등기를 하는 경우 등기관은 그 중간처분등기를 소정의 절차를 거쳐 직권말소하게 된다.

4 본등기의 실행

(1) 가등기에 의한 본등기를 하는 경우에는 별도의 순위번호는 기록하지 않고, 가등기의 순위번호를 사용하여 본등기를 하여야 한다. 또한 본등기를 한 후에는 가등기를 말소하지 않고 그대로 두어야 한다.

(2) 가등기에 의한 본등기를 하는 경우, 본등기에 저촉되는 제3취득자 명의의 등기는 등기관이 직권으로 말소한다(대결 81마140).

(3) 등기관이 가등기 이후의 등기를 직권말소한 경우에는 말소하는 이유 등을 명시하여 지체 없이 말소된 권리의 등기명의인에게 통지하여야 한다(등기예규 제1338호).

넓혀 보기

직권말소 가능 여부

1. 소유권이전등기청구권보전의 가등기에 기하여 소유권이전의 본등기를 한 경우 가등기 후 본등기 전에 마쳐진 등기는 다음의 구분에 따라 직권말소 여부를 결정한다.

직권말소하는 등기	직권말소할 수 없는 등기
• 소유권이전등기 • 처분제한등기 • 저당권설정등기 • 용익물권설정등기 • 임차권설정등기	• 가등기권자에게 대항할 수 있는 주택임차권등기 • 가등기상의 권리를 목적으로 하는 가압류(가처분)등기

2. 용익물권 또는 임차권설정청구권가등기에 기한 본등기를 한 경우에는 가등기 후 본등기 전에 경료된 다음의 등기는 본등기와 양립할 수 있으므로 직권으로 말소할 수 없다.
   ① 소유권에 관한 등기(소유권이전등기, 소유권이전가등기 등)
   ② 저당권설정등기
   ③ 가등기가 되어 있지 않은 부분에 대한 용익물권설정등기
3. 저당권설정청구권가등기에 기하여 본등기를 한 경우 가등기 후 본등기 전에 마쳐진 등기는 직권말소의 대상이 되지 아니한다.

5 가등기상의 권리의 이전등기

B가 A소유의 부동산에 대하여 매매를 원인으로 한 소유권이전청구권의 보전을 위하여 가등기를 한 후에 C가 B의 가등기상의 권리를 양수한 경우, C는 B의 소유권이전청구권 보전을 위한 가등기에 대하여 다시 소유권이전청구권이전의 부기등기를 할 수 있는지에 대하여 대법원은 전원합의체 판결로 가등기상의 권리의 이전등기를 가등기에 기한 부기등기의 형식으로 경료할 수 있다고 하였다(대판 1998.11.19, 98다24105 전원합의체).

☑ 가등기

【갑구】	(소유권에 관한 사항)			
순위 번호	등기목적	접 수	등기원인	권리자 및 기타사항
1	소유권보존	○년○월○일 제3001호		소유자 김원태 850109-2517891 서울 성북구 미아동 189-2
2	소유권이전청구권 가등기	○년○월○일 제56789호	○년○월○일 매매예약	권리자 박병준 720708-1345975 수원시 팔달구 원천동 64-1
	소유권이전	○년○월○일 제78965호	○년○월○일 매매	소유자 박병준 720708-1345975 수원시 팔달구 원천동 64-1

☑ 본등기 이후에 직권말소되는 등기

【갑구】	(소유권에 관한 사항)			
순위 번호	등기 목적	접 수	등기원인	권리자 및 기타사항
1	소유권보존	○년○월○일 제23071호		소유자 김태경 850109-2517891 서울 강남구 삼성동 121-4
2	소유권이전청구권 가등기	○년○월○일 제66789호	○년○월○일 매매예약	권리자 김용호 910708-1345975 서울 용산구 한남동 651
	소유권이전	○년○월○일 제19654호	○년○월○일 매매	소유자 김용호 910708-1345975 서울 용산구 한남동 651
~~3~~	~~소유권이전~~	~~○년○월○일~~ ~~제78565호~~	~~○년○월○일~~ ~~매매~~	~~소유자 박태호~~ ~~990826-1256418~~ ~~수원시 팔달구 원천동 64-1~~

☑ 소유권이전청구권가등기신청

소유권이전청구권가등기신청

<table>
<tr><td rowspan="2">접 수</td><td>년 월 일</td><td rowspan="2">처리인</td><td>등기관 확인</td><td>각종 통지</td></tr>
<tr><td>제 호</td><td></td><td></td></tr>
</table>

<table>
<tr><td colspan="5">① 부동산의 표시</td></tr>
<tr><td colspan="5">서울특별시 서초구 서초동 100
대 300m²

이 상</td></tr>
<tr><td colspan="2">② 등기원인과 그 연월일</td><td colspan="3">2017년 5월 25일 매매예약</td></tr>
<tr><td colspan="2">③ 등기의 목적</td><td colspan="3">소유권이전청구권가등기</td></tr>
<tr><td colspan="2">④ 가등기할 지분</td><td colspan="3"></td></tr>
<tr><td>구 분</td><td>성명
(상호 · 명칭)</td><td>주민등록번호
(등기용등록번호)</td><td>주소(소재지)</td><td>지분
(개인별)</td></tr>
<tr><td>⑤ 등기의무자</td><td>이 대 백</td><td>700101-1234567</td><td>서울특별시 서초구
서초대로 88길
20(서초동)</td><td></td></tr>
<tr><td>⑥ 등기권리자</td><td>김 갑 돌</td><td>801231-1234567</td><td>서울특별시 중구
다동길 96(다동)</td><td></td></tr>
</table>

⑦ 등 록 면 허 세	금 200,000원
⑦ 지 방 교 육 세	금 40,000원
⑦ 농 어 촌 특 별 세	금 원
⑧ 세 액 합 계	금 240,000원
⑨ 등 기 신 청 수 수 료	금 15,000원
	납부번호 : 12-12-12345678-0
	일괄납부 : 건 원

⑩ 등기의무자의 등기필정보		
부동산고유번호	1102-2006-002095	
성명(명칭)	일련번호	비밀번호
이대백	A77C-LO71-35J5	40-4636

⑪ 첨 부 서 면	
• 매매예약서 1통 • 등록면허세영수필확인서 1통 • 등기신청수수료 영수필확인서 1통 삭1행 ~~• 위임장 통~~ • 주민등록표초본 1통	• 인감증명서나 본인서명사실확인서 또는 전자본인서명확인서 발급증 1통 ~~• 등기필증 통~~ 삭1행 <기타>

2017년 5월 26일

⑫ 위 신청인 이 대 백 ㊞ (전화 : 010－1234－5678)

김 갑 돌 ㊞ (전화 : 010－5678－1234)

(또는)위 대리인 (전화 :)

서울중앙 지방법원 등기국 귀중

☑ **매매예약서**

매 매 예 약 서

예약당사자의 표시

매도예약자 (갑)

매수예약자 (을)

부동산의 표시

매도예약자 ○ ○ ○를 (갑)이라 하고, 매수예약자 ○ ○ ○를 (을)이라 하며, 아래와 같이 매매예약을 체결한다.

－아　　래－

제1조 (갑)은 (을)에게 (갑)소유인 위 부동산을 금 ____________원에 매도할 것을 예약하며 (을)은 이를 승낙한다.

제2조 (을)은 (갑)에게 이 예약의 증거금으로 금 ___________원을 지급하고, (갑)은 이를 정히 영수한다.

제3조 이 매매예약의 예약권리자는 (을)이고 매매완결일자는 20○○. ○. ○.로 하되, 위 완결일자가 경과하였을 경우에는 (을)의 매매완결의 의사표시가 없어도 당연히 매매가 완결된 것으로 본다.

제4조 제3조에 의하여 매매가 완결되었을 때에는 (갑), (을)간에 위 부동산에 대한 매매계약이 성립되고, (갑)은 (을)로부터 제1조의 대금 중 제2조의 증거금을 공제한 나머지 대금을 수령함과 동시에 (을)에게 위 부동산에 관하여 매매로 인한 소유권이전등기절차를 이행하며, 위 부동산을 인도하여야 한다.

제5조 (갑)은 예약체결과 동시에 위 부동산에 대하여 (을)에게 소유권이전등기청구권 보전을 위한 가등기절차를 이행하며, 등기신청에 따른 제반 비용은 (을)이 부담한다.

제6조 (기타사항)

이 예약을 증명하기 위하여 계약서 2통을 작성하고 (갑), (을) 쌍방이 기명날인한 후 각자 1통씩 보관한다.

20○○년　○월　○일

매도예약자 (갑) ○ ○ ○ ㉞

매수예약자 (을) ○ ○ ○ ㉞

예제

1. 가등기에 관한 설명으로 틀린 것은? 제32회

① 가등기권리자는 가등기를 명하는 법원의 가처분명령이 있는 경우에는 단독으로 가등기를 신청할 수 있다.
② 근저당권 채권최고액의 변경등기청구권을 보전하기 위해 가등기를 할 수 있다.
③ 가등기를 한 후 본등기의 신청이 있을 때에는 가등기의 순위번호를 사용하여 본등기를 하여야 한다.
④ 임차권설정등기청구권보전 가등기에 의한 본등기를 한 경우 가등기 후 본등기 전에 마쳐진 저당권설정등기는 직권말소의 대상이 아니다.
⑤ 등기관이 소유권이전등기청구권보전 가등기에 의한 본등기를 한 경우, 가등기 후 본등기 전에 마쳐진 해당 가등기상 권리를 목적으로 하는 가처분등기는 직권으로 말소한다.

해설 ⑤ 등기관이 소유권이전등기청구권보전 가등기에 의한 본등기를 한 경우, 가등기 후 본등기 전에 마쳐진 해당 가등기상 권리를 목적으로 하는 가처분등기, 가등기권자에게 대항할 수 있는 임차인 명의의 등기 등은 직권말소할 수 없다(등기예규 제 1036호). 정답 ⑤

2. 가등기에 관한 설명으로 옳은 것은? 제33회

① 가등기명의인은 그 가등기의 말소를 단독으로 신청할 수 없다.
② 가등기의무자는 가등기명의인의 승낙을 받더라도 가등기의 말소를 단독으로 신청할 수 없다.
③ 가등기권리자는 가등기를 명하는 법원의 가처분명령이 있더라도 단독으로 가등기를 신청할 수 없다.
④ 하나의 가등기에 관하여 여러 사람의 가등기권자가 있는 경우, 그 중 일부의 가등기권자는 공유물보존행위에 준하여 가등기 전부에 관한 본등기를 신청할 수 없다.
⑤ 가등기목적물의 소유권이 가등기 후에 제3자에게 이전된 경우, 가등기에 의한 본등기신청의 등기의무자는 그 제3자이다.

해설 ① 가등기명의인은 그 가등기의 말소를 단독으로 신청할 수 있다.
② 가등기의무자는 가등기명의인의 승낙을 받은 경우에는 가등기의 말소를 단독으로 신청할 수 있다.
③ 가등기권리자는 가등기를 명하는 법원의 가처분명령이 있는 경우에는 단독으로 가등기를 신청할 수 있다.
⑤ 가등기목적물의 소유권이 가등기 후에 제3자에게 이전된 경우라 하더라도, 가등기에 의한 본등기신청의 등기의무자는 제3자가 아닌 가등기 당시의 소유자이다. 정답 ④

3. 토지에 대한 소유권이전청구권보전 가등기에 기하여 소유권이전의 본등기를 한 경우, 그 가등기 후 본등기 전에 마쳐진 등기 중 등기관의 직권말소 대상이 아닌 것은? 제33회

① 지상권설정등기 ② 지역권설정등기
③ 저당권설정등기 ④ 임차권설정등기
⑤ 해당 가등기상 권리를 목적으로 하는 가압류등기

해설 ⑤ 소유권이전청구권보전 가등기에 기하여 소유권이전의 본등기를 한 경우에도 해당 가등기상의 권리를 목적으로 하는 가압류(또는 가처분)등기는 등기관의 직권말소 대상이 아니다. 정답 ⑤

08 등기관의 직권등기

(1) 소유권보존등기(법 제66조)

등기관이 미등기 부동산에 대하여 법원의 촉탁에 따라 소유권의 처분제한의 등기(가압류 · 가처분 · 경매) 또는 임차권등기를 할 때에는 직권으로 소유권보존등기를 하여야 한다.

(2) 변경등기(규칙 제122조)

등기관이 소유권이전등기를 할 때에 등기명의인의 주소변경으로 신청정보상의 등기의무자의 표시가 등기기록과 일치하지 아니하는 경우라도 첨부정보로서 제공된 주소를 증명하는 정보에 등기의무자의 등기기록상의 주소가 신청정보상의 주소로 변경된 사실이 명백히 나타나면 직권으로 등기명의인 표시의 변경등기를 하여야 한다.

(3) 변경등기(규칙 제54조)

행정구역 또는 그 명칭이 변경된 경우에 등기관은 직권으로 부동산의 표시변경등기 또는 등기명의인의 주소변경등기를 할 수 있다.

(4) 경정등기(법 제32조 제2항)

등기관이 등기의 착오나 빠진 부분이 등기관의 잘못으로 인한 것임을 발견한 경우에는 지체 없이 그 등기를 직권으로 경정하여야 한다. 다만, 등기상 이해관계 있는 제3자가 있는 경우에는 제3자의 승낙이 있어야 한다.

(5) 말소등기

① 공용부분의 취득자가 규약폐지를 증명하는 정보를 첨부하여 소유권보존등기를 신청하는 경우 공용부분이라는 뜻의 등기는 등기관이 직권으로 말소하여야 한다.

② 환매에 따른 권리취득등기를 하는 경우 등기관은 직권으로 환매특약등기의 말소등기를 하여야 한다(규칙 제114조 제1항).

③ 등기관은 수용으로 인한 소유권이전등기를 하는 경우 그 부동산의 등기기록 중 소유권, 소유권 외의 권리, 그 밖의 처분제한에 관한 등기가 있으면 그 등기를 직권으로 말소하여야 한다.

> ※ 다만, ㉠ 그 부동산을 위하여 존재하는 지역권등기, ㉡ 토지수용위원회의 재결로써 존속이 인정된 권리의 등기, ㉢ 수용개시일 이전에 마쳐진 소유권이전등기, ㉣ 수용개시일 이전의 상속을 원인으로 수용개시일 이후에 마쳐진 소유권이전등기는 직권말소하지 아니한다.

④ 등기관은 가등기에 의한 본등기를 하였을 때에는 대법원규칙으로 정하는 바에 따라 가등기 이후에 된 등기로서 가등기에 의하여 보전되는 권리를 침해하는 등기를 직권으로 말소하여야 한다.

> ※ 다만, ㉠ 가등기권자에게 대항할 수 있는 주택임차권등기, ㉡ 가등기상의 권리를 목적으로 하는 가압류(또는 가처분)등기는 직권말소하지 아니한다.

⑤ 말소등기에 관한 이해관계 있는 제3자의 승낙이 있는 경우, 그 제3자 명의의 등기는 등기관이 직권으로 말소한다(법 제57조).

⑥ 승소한 가처분채권자가 소유권이전등기 및 가처분채권자의 권리를 침해하는 등기의 말소등기를 단독신청하는 경우 당해 가처분등기는 등기관이 직권으로 말소한다.

⑦ 등기관이 등기를 마친 후 그 등기가 법 제29조 제1호(관할위반등기) 또는 제2호(사건이 등기할 것이 아닌 경우에 해당하는 등기)에 해당된 것임을 발견하였을 때에는 등기권리자, 등기의무자에게 1개월 이내의 기간을 정하여 그 기간에 이의를 진술하지 아니하면 등기를 말소한다는 뜻을 통지한 후, 이의를 진술한 자가 없거나 이의를 각하한 경우에는 직권으로 말소하여야 한다.

넓혀 보기

사건이 등기할 것이 아닌 경우(법 제29조 제2호)

1. **등기능력 없는 물건 또는 권리에 대한 등기를 신청한 경우**

   ① 등기할 수 없는 물건

   > ㉠ 터널, 교량
   > ㉡ 관광용 수상호텔선박
   > ㉢ 집합건물의 구조상 공용부분

   ② 등기할 수 없는 권리

   > ㉠ 점유권, 유치권, 분묘기지권, 동산질권, 주위토지통행권
   > ㉡ 농지에 대한 전세권
   > ㉢ 부동산의 공유지분에 대한 소유권보존, 용익권설정등기
   > ㉣ 부동산의 특정일부에 대한 소유권보존, 소유권이전, 저당권설정등기
   > ㉤ 가등기에 의한 본등기금지가처분등기
   > ㉥ 소유권이전등기가 마쳐진 이후에 신청한 환매특약등기

2. 법령에 근거가 없는 특약사항의 등기를 신청한 경우
3. 구분건물의 전유부분과 대지사용권의 분리처분 금지에 위반한 등기를 신청한 경우
4. 저당권을 피담보채권과 분리하여 양도하거나, 피담보채권과 분리하여 다른 채권의 담보로 하는 등기를 신청한 경우
5. 관공서 또는 법원의 촉탁으로 실행되어야 할 등기를 신청한 경우
6. 이미 보존등기된 부동산에 대하여 다시 보존등기를 신청한 경우

(6) **지역권설정등기**(법 제71조)

등기관이 승역지에 지역권설정의 등기를 하였을 때에는 직권으로 요역지의 등기기록에 다음의 사항을 기록하여야 한다.

① 순위번호	② 등기목적
③ 승역지	④ 지역권설정의 목적
⑤ 범 위	⑥ 등기연월일

(7) **대지권이라는 뜻의 등기**(법 제40조 제4항)

등기관이 대지권등기를 하였을 때에는 직권으로 대지권의 목적인 토지의 등기기록에 소유권, 지상권, 전세권 또는 임차권이 대지권이라는 뜻을 기록하여야 한다.

1. 등기관이 등기신청을 각하해야 하는 경우를 모두 고른 것은? 제30회

> ㉠ 일부지분에 대한 소유권보존등기를 신청한 경우
> ㉡ 농지를 전세권의 목적으로 하는 등기를 신청한 경우
> ㉢ 법원의 촉탁으로 실행되어야 할 등기를 신청한 경우
> ㉣ 공동상속인 중 일부가 자신의 상속지분만에 대한 상속등기를 신청한 경우
> ㉤ 저당권을 피담보채권과 분리하여 다른 채권의 담보로 하는 등기를 신청한 경우

① ㉠, ㉡, ㉤　　② ㉠, ㉢, ㉣
③ ㉠, ㉢, ㉣, ㉤　　④ ㉡, ㉢, ㉣, ㉤
⑤ ㉠, ㉡, ㉢, ㉣, ㉤

해설 ㉠ 일부지분에 대한 소유권보존등기를 신청한 경우는 사건이 등기할 것이 아닌 경우(법 제29조 제2호)에 해당하여 그 등기신청을 각하하여야 한다.
㉡ 농지를 전세권설정의 목적으로 하는 등기를 신청한 경우는 사건이 등기할 것이 아닌 경우(법 제29조 제2호)에 해당하여 그 등기신청을 각하하여야 한다.
㉢ 관공서 또는 법원의 촉탁으로 실행되어야 할 등기를 신청한 경우는 사건이 등기할 것이 아닌 경우(법 제29조 제2호)에 해당하여 그 등기신청을 각하하여야 한다.
㉣ 공동상속인 중 일부가 자신의 상속지분만에 대한 상속등기를 신청한 경우는 사건이 등기할 것이 아닌 경우(법 제29조 제2호)에 해당하여 그 등기신청을 각하하여야 한다.
㉤ 저당권을 피담보채권과 분리하여 양도하거나, 피담보채권과 분리하여 다른 채권의 담보로 하는 등기를 신청한 경우는 사건이 등기할 것이 아닌 경우(법 제29조 제2호)에 해당하여 그 등기신청을 각하하여야 한다.

정답 ⑤

2. 등기가 가능한 것은? 제24회

① 甲소유 농지에 대하여 乙이 전세권설정등기를 신청한 경우
② 甲과 乙이 공유한 건물에 대하여 甲지분만의 소유권보존등기를 신청한 경우
③ 공동상속인 甲과 乙 중 甲이 자신의 상속지분만에 대한 상속등기를 신청한 경우
④ 가압류결정에 의하여 가압류채권자 甲이 乙소유 토지에 대하여 가압류등기를 신청한 경우
⑤ 가등기가처분명령에 의하여 가등기권리자 甲이 乙소유 건물에 대하여 가등기신청을 한 경우

해설 ① 농지에 대한 전세권설정등기는 사건이 등기할 수 없는 경우에 해당한다.
② 공유지분의 일부에 대하여는 소유권보존등기를 신청할 수 없다.
③ 공동상속인 중 1인이 자신의 상속지분만에 대한 상속등기를 신청할 수는 없다. 다만, 1인이 전원명의의 상속등기를 신청할 수는 있다.
④ 가압류, 가처분과 같은 법원의 촉탁으로 실행되어야 할 등기를 신청한 경우에는 사건이 등기할 수 없는 경우에 해당한다. 정답 ⑤

3. 등기신청의 각하 사유가 아닌 것은? 제26회

① 공동의 가등기권자 중 일부의 가등기권자가 자기의 지분만에 관하여 본등기를 신청한 경우
② 구분건물의 전유부분과 대지사용권의 분리처분 금지에 위반한 등기를 신청한 경우
③ 저당권을 피담보채권과 분리하여 양도하거나, 피담보채권과 분리하여 다른 채권의 담보로 하는 등기를 신청한 경우
④ 이미 보존등기된 부동산에 대하여 다시 보존등기를 신청한 경우
⑤ 법령에 근거가 없는 특약사항의 등기를 신청한 경우

해설 ① 공동의 가등기권자 중에서 일부의 가등기권자가 자기의 지분만에 관하여 본등기를 신청한 경우 등기관은 이를 수리하여야 한다. 그러나 공동의 가등기권자 중에서 일부의 가등기권자가 전원명의의 본등기를 신청한 경우에는 반드시 각하하여야 한다. 정답 ①

박문각 공인중개사

부 록

제35회 기출문제

제35회 기출문제

01 **공간정보의 구축 및 관리 등에 관한 법령상 지적소관청은 토지의 이동 등으로 토지의 표시 변경에 관한 등기를 할 필요가 있는 경우에는 지체 없이 관할 등기관서에 그 등기를 촉탁하여야 한다. 이 경우 등기촉탁의 대상이 아닌 것은?**

① 지목변경　② 지번변경
③ 신규등록　④ 축척변경
⑤ 합병

해설 ③ 토지를 신규등록한 경우 지적소관청은 관할 등기관서에 등기촉탁을 할 필요가 없다.

02 **공간정보의 구축 및 관리 등에 관한 법령상 지목의 구분 및 설정방법 등에 관한 설명으로 틀린 것은?**

① 필지마다 하나의 지목을 설정하여야 한다.
② 1필지가 둘 이상의 용도로 활용되는 경우에는 주된 용도에 따라 지목을 설정하여야 한다.
③ 토지가 일시적 또는 임시적인 용도로 사용될 때에는 그 용도에 따라 지목을 변경하여야 한다.
④ 물을 상시적으로 이용하지 않고 닥나무·묘목·관상수 등의 식물을 주로 재배하는 토지의 지목은 "전"으로 한다.
⑤ 물을 상시적으로 직접 이용하여 벼·연(蓮)·미나리·왕골 등의 식물을 주로 재배하는 토지의 지목은 "답"으로 한다.

해설 ③ 토지가 일시적 또는 임시적인 용도로 사용될 때에는 그 용도에 따라 지목을 변경할 수 없다.

03 **공간정보의 구축 및 관리 등에 관한 법령상 지상경계 및 지상경계점등록부 등에 관한 설명으로 틀린 것은?**

① 지적공부에 등록된 경계점을 지상에 복원하는 경우에는 지상경계점등록부를 작성·관리하여야 한다.
② 토지의 지상경계는 둑, 담장이나 그 밖에 구획의 목표가 될 만한 구조물 및 경계점표지 등으로 구분한다.
③ 지상경계의 구획을 형성하는 구조물 등의 소유자가 다른 경우에는 그 소유권에 따라 지상경계를 결정한다.
④ 경계점 좌표는 경계점좌표등록부 시행지역의 지상경계점등록부의 등록사항이다.
⑤ 토지의 소재, 지번, 공부상 지목과 실제 토지이용 지목, 경계점의 사진 파일은 지상경계점등록부의 등록사항이다.

해설 ① 지적소관청은 토지의 이동에 따라 지상 경계를 새로 정한 경우에는 지상경계점등록부를 작성·관리하여야 한다. 경계점을 지상에 복원하는 경우에는 지상경계점등록부를 작성하지 아니한다.

04 **공간정보의 구축 및 관리 등에 관한 법령상 등록전환에 따른 지번부여시 그 지번부여지역의 최종 본번의 다음 순번부터 본번으로 하여 순차적으로 지번을 부여할 수 있는 경우에 해당하는 것을 모두 고른 것은?**

㉠ 대상토지가 여러 필지로 되어 있는 경우
㉡ 대상토지가 그 지번부여지역의 최종 지번의 토지에 인접하여 있는 경우
㉢ 대상토지가 이미 등록된 토지와 멀리 떨어져 있어서 등록된 토지의 본번에 부번을 부여하는 것이 불합리한 경우

① ㉠
② ㉠, ㉡
③ ㉠, ㉢
④ ㉡, ㉢
⑤ ㉠, ㉡, ㉢

해설 신규등록 및 등록전환지역의 지번부여방식

원 칙	당해 지번부여지역 안의 인접토지의 본번에 부번을 붙여서 부여한다.
예 외	다음의 경우에는 그 지번부여지역의 최종 본번의 다음 순번부터 본번으로 하여 순차적으로 지번을 부여할 수 있다. ① 대상 토지가 그 지번부여지역의 최종 지번의 토지에 인접하여 있는 경우 ② 대상 토지가 이미 등록된 토지와 멀리 떨어져 있어 등록된 특정 토지의 본번에 부번을 부여하는 것이 불합리한 경우 ③ 대상 토지가 여러 필지로 되어 있는 경우

Answer 1. ③ 2. ③ 3. ① 4. ⑤

05 **공간정보의 구축 및 관리 등에 관한 법령상 경계점좌표등록부가 있는 지역의 토지분할을 위하여 면적을 정할 때의 기준에 대한 내용이다. (   )에 들어갈 내용으로 옳은 것은?** (단, 다른 조건은 고려하지 아니함)

> • 분할 후 각 필지의 면적합계가 분할 전 면적보다 많은 경우에는 구하려는 (㉠)부터 순차적으로 버려서 정하되, 분할 전 면적에 증감이 없도록 할 것
> • 분할 후 각 필지의 면적합계가 분할 전 면적보다 적은 경우에는 구하려는 (㉡)부터 순차적으로 올려서 정하되, 분할 전 면적에 증감이 없도록 할 것

① ㉠: 끝자리의 숫자가 작은 것, ㉡: 끝자리의 숫자가 큰 것
② ㉠: 끝자리의 다음 숫자가 작은 것, ㉡: 끝자리의 다음 숫자가 큰 것
③ ㉠: 끝자리의 숫자가 큰 것, ㉡: 끝자리의 숫자가 작은 것
④ ㉠: 끝자리의 다음 숫자가 큰 것, ㉡: 끝자리의 다음 숫자가 작은 것
⑤ ㉠: 끝자리의 숫자가 큰 것, ㉡: 끝자리의 다음 숫자가 작은 것

해설 ② 경계점좌표등록부가 있는 지역의 토지분할을 위하여 면적을 정할 때에는 다음의 기준에 따른다.

> 1. 분할 후 각 필지의 면적합계가 분할 전 면적보다 많은 경우에는 구하려는 끝자리의 다음 숫자가 작은 것부터 순차적으로 버려서 정하되, 분할 전 면적에 증감이 없도록 할 것
> 2. 분할 후 각 필지의 면적합계가 분할 전 면적보다 적은 경우에는 구하려는 끝자리의 다음 숫자가 큰 것부터 순차적으로 올려서 정하되, 분할 전 면적에 증감이 없도록 할 것

06 **공간정보의 구축 및 관리 등에 관한 법령상 합병 신청을 할 수 없는 경우에 관한 내용으로 <u>틀린</u> 것은?** (단, 다른 조건은 고려하지 아니함)

① 합병하려는 토지의 지목이 서로 다른 경우
② 합병하려는 토지의 소유자별 공유지분이 다른 경우
③ 합병하려는 토지의 지번부여지역이 서로 다른 경우
④ 합병하려는 토지의 소유자에 대한 소유권이전등기 연월일이 서로 다른 경우
⑤ 합병하려는 토지의 지적도 축척이 서로 다른 경우

해설 ④ 합병하려는 토지의 소유자가 다른 경우에는 합병할 수 없지만, 토지의 소유자에 대한 소유권 이전등기 연월일이 서로 다른 경우에는 합병할 수 있다.
다음의 경우에는 합병신청을 할 수 없다.

1. 합병하려는 토지의 지적도 및 임야도의 축척이 서로 다른 경우
2. 합병하려는 각 필지가 서로 연접하지 않은 경우
3. 합병하려는 토지가 등기된 토지와 등기되지 아니한 토지인 경우
4. 합병하려는 각 필지의 지목은 같으나 일부 토지의 용도가 다르게 되어 법 제79조 제2항에 따른 분할대상 토지인 경우. 다만, 합병 신청과 동시에 토지의 용도에 따라 분할 신청을 하는 경우는 제외한다.
5. 합병하려는 토지의 소유자별 공유지분이 다른 경우
6. 합병하려는 토지가 구획정리, 경지정리 또는 축척변경을 시행하고 있는 지역의 토지와 그 지역 밖의 토지인 경우
7. 합병하려는 토지 소유자의 주소가 서로 다른 경우

07 **공간정보의 구축 및 관리 등에 관한 법령상 지적소관청이 지적공부의 등록사항을 직권으로 조사·측량하여 정정할 수 있는 경우로 틀린 것은?**

① 연속지적도가 잘못 작성된 경우
② 지적공부의 작성 또는 재작성 당시 잘못 정리된 경우
③ 토지이동정리 결의서의 내용과 다르게 정리된 경우
④ 지적도 및 임야도에 등록된 필지가 면적의 증감 없이 경계의 위치만 잘못된 경우
⑤ 지방지적위원회 또는 중앙지적위원회의 의결서 사본을 받은 지적소관청이 그 내용에 따라 지적공부의 등록사항을 정정하여야 하는 경우

해설 ① 연속지적도가 잘못 작성된 경우는 지적소관청이 직권으로 조사·측량하여 정정할 수 없다.
지적소관청이 지적공부의 등록사항에 잘못이 있는지를 직권으로 조사·측량하여 정정할 수 있는 경우는 다음과 같다.

1. 지적측량성과와 다르게 정리된 경우
2. 토지이동정리 결의서의 내용과 다르게 정리된 경우
3. 지적공부의 작성 또는 재작성 당시 잘못 정리된 경우
4. 지적공부의 등록사항이 잘못 입력된 경우
5. 면적 환산이 잘못된 경우
6. 도면에 등록된 필지가 면적의 증감 없이 경계의 위치만 잘못된 경우
7. 임야대장의 면적과 등록전환될 면적의 차이가 허용범위를 초과하는 경우
8. 지적위원회의 의결서 내용에 따라 등록사항을 정정하여야 하는 경우
9. 토지합필등기신청의 각하에 따른 등기관의 통지가 있는 경우(지적소관청의 착오로 잘못 합병한 경우에만 해당함)

Answer 5. ② 6. ④ 7. ①

08 **공간정보의 구축 및 관리 등에 관한 법령상 지목을 '잡종지'로 정할 수 있는 기준에 대한 내용으로 틀린 것은?** (단, 원상회복을 조건으로 돌을 캐내는 곳 또는 흙을 파내는 곳으로 허가된 토지는 제외함)

① 공항시설 및 항만시설 부지
② 변전소, 송신소, 수신소 및 송유시설 등의 부지
③ 도축장, 쓰레기처리장 및 오물처리장 등의 부지
④ 모래·바람 등을 막기 위하여 설치된 방사제·방파제 등의 부지
⑤ 갈대밭, 실외에 물건을 쌓아두는 곳, 돌을 캐내는 곳, 흙을 파내는 곳, 야외시장 및 공동우물

해설 ④ 모래·바람 등을 막기 위하여 설치된 방사제·방파제 등의 부지는 '제방'으로 하여야 한다.

09 **공간정보의 구축 및 관리 등에 관한 법령상 지적도와 임야도의 축척 중에서 공통된 것으로 옳은 것은?**

① 1/1200, 1/2400
② 1/1200, 1/3000
③ 1/2400, 1/3000
④ 1/2400, 1/6000
⑤ 1/3000, 1/6000

해설 ⑤ 지적도면의 축척은 다음의 구분에 따른다.

1. 지적도: 1/500, 1/600, 1/1000, 1/1200, 1/2400, 1/3000, 1/6000
2. 임야도: 1/3000, 1/6000

따라서 지적도와 임야도의 공통된 축척은 1/3000과 1/6000이다.

10 **공간정보의 구축 및 관리 등에 관한 법령상 지적공부와 등록사항의 연결이 옳은 것은?**

① 토지대장 – 지목, 면적, 경계
② 경계점좌표등록부 – 지번, 토지의 고유번호, 지적도면의 번호
③ 공유지연명부 – 지번, 지목, 소유권 지분
④ 대지권등록부 – 좌표, 건물의 명칭, 대지권 비율
⑤ 지적도 – 삼각점 및 지적기준점의 위치, 도곽선(圖廓線)과 그 수치, 부호 및 부호도

해설 ① 경계는 지적도의 등록사항이다.
③ 지목은 토지(임야)대장과 지적도면의 등록사항이다.
④ 좌표는 경계점좌표등록부의 등록사항이다.
⑤ 부호 및 부호도는 경계점좌표등록부의 등록사항이다.

11 **공간정보의 구축 및 관리 등에 관한 법령상 지적공부의 복구에 관한 관계 자료에 해당하는 것을 모두 고른 것은?**

㉠ 측량 결과도 ㉡ 법원의 확정판결서 정본 또는 사본 ㉢ 토지(건물)등기사항증명서 등 등기사실을 증명하는 서류 ㉣ 지적소관청이 작성하거나 발행한 지적공부의 등록내용을 증명하는 서류

① ㉠, ㉡
② ㉡, ㉢
③ ㉢, ㉣
④ ㉡, ㉢, ㉣
⑤ ㉠, ㉡, ㉢, ㉣

해설 ⑤ 지적측량수행계획서, 토지이용계획확인서, 지적측량의뢰서, 지적측량준비도, 개별공시지가 자료를 제외한 ㉠ 측량 결과도, ㉡ 법원의 확정판결서 정본 또는 사본, ㉢ 토지(건물)등기사항증명서 등 등기사실을 증명하는 서류, ㉣ 지적소관청이 작성하거나 발행한 지적공부의 등록내용을 증명하는 서류 등은 모두 지적공부의 복구에 관한 관계자료에 해당한다.

12 **공간정보의 구축 및 관리 등에 관한 법령상 축척변경에 관한 설명으로 옳은 것은?**

① 도시개발사업 등의 시행지역에 있는 토지로서 그 사업시행에서 제외된 토지의 축척변경을 하는 경우 축척변경위원회의 심의 및 시·도지사 또는 대도시 시장의 승인을 받아야 한다.

② 지적소관청은 시·도지사 또는 대도시 시장으로부터 축척변경 승인을 받았을 때에는 지체 없이 축척변경의 목적, 시행지역 및 시행기간, 축척변경의 시행에 관한 세부계획, 축척변경의 시행에 따른 청산금액의 내용, 축척변경의 시행에 따른 토지소유자 등의 협조에 관한 사항을 15일 이상 공고하여야 한다.

③ 지적소관청은 축척변경에 관한 측량을 한 결과 측량 전에 비하여 면적의 증감이 있는 경우에는 그 증감면적에 대하여 청산을 하여야 한다. 다만, 토지소유자 3분의 2 이상이 청산하지 아니하기로 합의하여 서면으로 제출한 경우에는 그러하지 아니하다.

④ 지적소관청은 청산금을 내야 하는 자가 납부고지를 받은 날부터 1개월 이내에 청산금에 관한 이의신청을 하지 아니하고, 고지를 받은 날부터 3개월 이내에 지적소관청에 청산금을 내지 아니하면 「지방행정제재·부과금의 징수 등에 관한 법률」에 따라 징수할 수 있다.

⑤ 청산금의 납부 및 지급이 완료되었을 때에는 지적소관청은 지체 없이 축척변경의 확정공고를 하여야 하며, 확정공고 사항에는 토지의 소재 및 지역명, 축척변경 지번별 조서, 청산금 조서, 지적도의 축척이 포함되어야 한다.

Answer 8. ④ 9. ⑤ 10. ② 11. ⑤ 12. ⑤

해설 ① 도시개발사업 등의 시행지역에 있는 토지로서 그 사업시행에서 제외된 토지의 축척변경을 하는 경우에는 시·도지사 또는 대도시 시장의 승인을 받을 필요가 없다.
② 지적소관청은 시·도지사 또는 대도시 시장으로부터 축척변경 승인을 받았을 때에는 지체 없이 축척변경의 목적, 시행지역 및 시행기간, 축척변경의 시행에 관한 세부계획, 축척변경의 시행에 따른 청산금액의 내용, 축척변경의 시행에 따른 토지소유자 등의 협조에 관한 사항을 20일 이상 공고하여야 한다.
③ 지적소관청은 축척변경에 관한 측량을 한 결과 측량 전에 비하여 면적의 증감이 있는 경우에는 그 증감면적에 대하여 청산을 하여야 한다. 다만, 토지소유자 전원이 청산하지 아니하기로 합의하여 서면으로 제출한 경우에는 그러하지 아니하다.
④ 지적소관청은 청산금을 내야 하는 자가 납부고지를 받은 날부터 1개월 이내에 청산금에 관한 이의신청을 하지 아니하고, 고지를 받은 날부터 6개월 이내에 지적소관청에 청산금을 내지 아니하면 「지방행정제재·부과금의 징수 등에 관한 법률」에 따라 징수할 수 있다.

13 **다음 중 등기원인에 약정이 있더라도 등기기록에 기록할 수 없는 사항은?**

① 지상권의 존속기간
② 지역권의 지료
③ 전세권의 위약금
④ 임차권의 차임지급시기
⑤ 저당권부 채권의 이자지급장소

해설 ② 지료의 지급은 지역권의 성립요소가 아니므로, 등기사항에도 해당하지 않는다.

14 **등기권리자와 등기의무자가 공동으로 등기신청을 해야 하는 것은?** (단, 판결 등 집행권원에 의한 등기신청은 제외함)

① 소유권보존등기의 말소등기를 신청하는 경우
② 법인의 합병으로 인한 포괄승계에 따른 등기를 신청하는 경우
③ 등기명의인표시의 경정등기를 신청하는 경우
④ 토지를 수용한 사업시행자가 수용으로 인한 소유권이전등기를 신청하는 경우
⑤ 변제로 인한 피담보채권의 소멸에 의해 근저당권설정등기의 말소등기를 신청하는 경우

해설 ⑤ 변제로 인한 피담보채권의 소멸에 의해 근저당권설정등기의 말소등기를 신청하는 경우에는 등기의무자(근저당권자)와 등기권리자(근저당권설정자)가 공동으로 신청하여야 한다.

15 **등기소에 제공해야 하는 부동산등기의 신청정보와 첨부정보에 관한 설명으로 틀린 것은?**

① 등기원인을 증명하는 정보가 등기절차의 인수를 명하는 집행력 있는 판결인 경우, 승소한 등기의무자는 등기신청시 등기필정보를 제공할 필요가 없다.
② 대리인에 의하여 등기를 신청하는 경우, 신청정보의 내용으로 대리인의 성명과 주소를 제공해야 한다.
③ 매매를 원인으로 소유권이전등기를 신청하는 경우, 등기의무자의 주소 또는 사무소 소재지를 증명하는 정보를 제공해야 한다.
④ 등기상 이해관계 있는 제3자의 승낙이 필요한 경우, 이를 증명하는 정보 또는 이에 대항할 수 있는 재판이 있음을 증명하는 정보를 첨부정보로 제공해야 한다.
⑤ 첨부정보가 외국어로 작성된 경우에는 그 번역문을 붙여야 한다.

해설 ① 등기원인을 증명하는 정보가 등기절차의 인수를 명하는 집행력 있는 판결인 경우, 승소한 등기권리자는 등기신청시 등기필정보를 제공할 필요가 없지만, 승소한 등기의무자는 이를 반드시 제공하여야 한다.

16 **등기신청의 각하사유로서 '사건이 등기할 것이 아닌 경우'를 모두 고른 것은?**

> ㉠ 구분건물의 전유부분과 대지사용권의 분리처분 금지에 위반한 등기를 신청한 경우
> ㉡ 농지를 전세권설정의 목적으로 하는 등기를 신청한 경우
> ㉢ 공동상속인 중 일부가 자신의 상속지분만에 대한 상속등기를 신청한 경우
> ㉣ 소유권 외의 권리가 등기되어 있는 일반건물에 대해 멸실등기를 신청한 경우

① ㉠, ㉡
② ㉡, ㉣
③ ㉢, ㉣
④ ㉠, ㉡, ㉢
⑤ ㉠, ㉡, ㉢, ㉣

해설 ㉣ 소유권 외의 권리가 등기되어 있는 건물에 대한 멸실등기의 신청이 있는 경우에 등기관은 그 권리의 등기명의인에게 1개월 이내의 기간을 정하여 그 기간까지 이의를 진술하지 아니하면 멸실등기를 한다는 뜻을 알려야 한다. 따라서 소유권 외의 권리가 등기되어 있는 일반건물에 대해 멸실등기를 신청한 경우는 법 제29조 제2호 소정의 사건이 등기할 것이 아닌 경우에 해당하는 등기가 아니다.

Answer 13. ② 14. ⑤ 15. ① 16. ④

17 **진정명의회복을 위한 소유권이전등기에 관한 설명으로 옳은 것을 모두 고른 것은?**

㉠ 진정명의회복을 원인으로 하는 소유권이전등기를 신청하는 경우, 그 신청정보에 등기원인 일자는 기재하지 않는다.
㉡ 토지거래허가의 대상이 되는 토지에 관하여 진정명의회복을 원인으로 하는 소유권이전등기를 신청하는 경우에는 토지거래허가증을 첨부해야 한다.
㉢ 진정명의회복을 위한 소유권이전등기청구소송에서 승소확정판결을 받은 자는 그 판결을 등기원인으로 하여 현재 등기명의인의 소유권이전등기에 대하여 말소등기를 신청할 수는 없다.

① ㉠
② ㉡
③ ㉠, ㉢
④ ㉡, ㉢
⑤ ㉠, ㉡, ㉢

해설 ㉡ 토지거래허가의 대상이 되는 토지에 관하여 진정명의회복을 원인으로 하는 소유권이전등기를 신청하는 경우에는 토지거래허가증을 첨부할 필요가 없다.

18 **부동산등기에 관한 설명으로 옳은 것은?**

① 유증으로 인한 소유권이전등기는 상속등기를 거치지 않으면 유증자로부터 직접 수증자 명의로 신청할 수 없다.
② 유증으로 인한 소유권이전등기 신청이 상속인의 유류분을 침해하는 내용인 경우에는 등기관은 이를 수리할 수 없다.
③ 상속재산분할심판에 따른 상속인의 소유권이전등기는 법정상속분에 따른 상속등기를 거치지 않으면 할 수 없다.
④ 상속등기 경료 전의 상속재산분할협의에 따라 상속등기를 신청하는 경우, 등기원인일자는 '협의분할일'로 한다.
⑤ 권리의 변경등기는 그 등기로 등기상 이해관계 있는 제3자의 권리가 침해되는 경우, 그 제3자의 승낙 또는 이에 대항할 수 있는 재판이 있음을 증명하는 정보의 제공이 없으면 부기등기로 할 수 없다.

해설 ① 유증으로 인한 소유권이전등기는 상속등기를 거치지 않고 유증자로부터 직접 수증자 명의로 신청하여야 한다.
② 유증으로 인한 소유권이전등기 신청이 상속인의 유류분을 침해하는 내용인 경우에도 등기관은 이를 수리하여야 한다.
③ 상속재산분할심판에 따른 상속인의 소유권이전등기는 법정상속분에 따른 상속등기를 거치지 않아도 된다.
④ 상속등기 경료 전의 상속재산분할협의에 따라 상속등기를 신청하는 경우, 등기원인일자는 '피상속인의 사망일'로 한다.

19 **환매특약 등기에 관한 설명으로 틀린 것은?**

① 매매로 인한 소유권이전등기의 신청과 환매특약등기의 신청은 동시에 하여야 한다.
② 환매등기의 경우 매도인이 아닌 제3자를 환매권리자로 하는 환매등기를 할 수 있다.
③ 환매특약등기에 처분금지적 효력은 인정되지 않는다.
④ 매매목적물의 소유권의 일부 지분에 대한 환매권을 보류하는 약정을 맺은 경우, 환매특약등기 신청은 할 수 없다.
⑤ 환매기간은 등기원인에 그 사항이 정하여져 있는 경우에만 기록한다.

해설 ② 환매등기의 경우 매도인이 아닌 제3자를 환매권리자로 하는 환매등기는 할 수 없다(대법원 등기선례 제3-566호).

20 **임차권등기에 관한 설명으로 옳은 것을 모두 고른 것은?**

> ㉠ 임차권설정등기가 마쳐진 후 임대차 기간 중 임대인의 동의를 얻어 임차물을 전대하는 경우, 그 전대등기는 부기등기의 방법으로 한다.
> ㉡ 임차권등기명령에 의한 주택임차권등기가 마쳐진 경우, 그 등기에 기초한 임차권이전등기를 할 수 있다.
> ㉢ 미등기 주택에 대하여 임차권등기명령에 의한 등기촉탁이 있는 경우, 등기관은 직권으로 소유권보존등기를 한 후 주택임차권등기를 해야 한다.

① ㉠
② ㉡
③ ㉠, ㉢
④ ㉡, ㉢
⑤ ㉠, ㉡, ㉢

해설 ㉡ 임대차 기간 중 임대인의 동의를 얻어 임차물을 전대하는 등기는 할 수 있지만, 임차권등기명령에 의한 주택임차권등기가 마쳐진 후, 그 등기에 기초한 임차권이전등기는 할 수 없다.

Answer 17. ③ 18. ⑤ 19. ② 20. ③

21 **부동산 공동저당의 등기에 관한 설명으로 옳은 것을 모두 고른 것은?**

> ㉠ 공동저당의 설정등기를 신청하는 경우, 각 부동산에 관한 권리의 표시를 신청정보의 내용으로 등기소에 제공해야 한다.
> ㉡ 등기관이 공동저당의 설정등기를 하는 경우, 각 부동산의 등기기록 중 해당 등기의 끝부분에 공동담보라는 뜻의 기록을 해야 한다.
> ㉢ 등기관이 공동저당의 설정등기를 하는 경우, 공동저당의 목적이 된 부동산이 3개일 때에는 등기관은 공동담보목록을 전자적으로 작성해야 한다.

① ㉠ ② ㉢
③ ㉠, ㉡ ④ ㉡, ㉢
⑤ ㉠, ㉡, ㉢

해설 ㉢ 등기관이 공동저당의 설정등기를 하는 경우, 공동저당의 목적이 된 부동산이 5개 이상일 때에는 등기관은 공동담보목록을 작성해야 한다.

22 **X토지에 관하여 A등기청구권보전을 위한 가등기 이후, B−C의 순서로 각 등기가 적법하게 마쳐졌다. B등기가 직권말소의 대상인 것은?** (A, B, C등기는 X를 목적으로 함)

	A		B		C
①	전세권설정	−	가압류등기	−	전세권설정본등기
②	임차권설정	−	저당권설정등기	−	임차권설정본등기
③	저당권설정	−	소유권이전등기	−	저당권설정본등기
④	소유권이전	−	저당권설정등기	−	소유권이전본등기
⑤	지상권설정	−	가압류등기	−	지상권설정본등기

해설 ④ 소유권이전청구권가등기에 의한 소유권이전의 본등기를 하는 경우 저당권설정등기는 등기관이 직권으로 말소하여야 한다.

구 분	직권말소하는 중간등기	직권말소하지 않는 중간등기
소유권이전청구권 보전가등기에 의한 본등기	• 소유권이전등기 • 처분제한등기 • 저당권설정등기 • 용익물권설정등기 • 임차권설정등기	• 가등기권자에게 대항할 수 있는 주택임차권등기 • 가등기상의 권리를 목적으로 하는 가압류(가처분)등기
용익물권설정청구권 보전가등기에 의한 본등기	• 용익물권설정등기 • 임차권설정등기	• 저당권설정등기

23 **등기의 촉탁에 관한 설명으로 틀린 것은?**

① 관공서가 상속재산에 대해 체납처분으로 인한 압류등기를 촉탁하는 경우, 상속인을 갈음하여 상속으로 인한 권리이전의 등기를 함께 촉탁할 수 없다.
② 법원의 촉탁으로 실행되어야 할 등기가 신청된 경우, 등기관은 그 등기신청을 각하해야 한다.
③ 법원은 수탁자 해임의 재판을 한 경우, 지체 없이 신탁 원부 기록의 변경등기를 등기소에 촉탁하여야 한다.
④ 관공서가 등기를 촉탁하는 경우 우편으로 그 촉탁서를 제출할 수 있다.
⑤ 촉탁에 따른 등기절차는 법률에 다른 규정이 없는 경우에는 신청에 따른 등기에 관한 규정을 준용한다.

해설 ① 체납처분으로 인한 부동산의 압류등기를 촉탁하는 경우에는 등기명의인 또는 상속인 그 밖의 포괄승계인을 갈음하여 상속 그 밖의 포괄승계로 인한 권리이전의 등기를 함께 촉탁할 수 있다.

24 **가등기에 관한 설명으로 옳은 것은?** (다툼이 있으면 판례에 따름)

① 소유권이전등기청구권 보전을 위한 가등기에 기한 본등기가 경료된 경우, 본등기에 의한 물권변동의 효력은 가등기한 때로 소급하여 발생한다.
② 소유권이전등기청구권 보전을 위한 가등기가 마쳐진 부동산에 처분금지가처분등기가 된 후 본등기가 이루어진 경우, 그 본등기로 가처분채권자에게 대항할 수 있다.
③ 정지조건부의 지상권설정청구권을 보전하기 위해서는 가등기를 할 수 없다.
④ 가등기된 소유권이전등기청구권이 양도된 경우, 그 가등기상의 권리의 이전등기를 가등기에 대한 부기등기의 형식으로 경료할 수 없다.
⑤ 소유권이전등기청구권 보전을 위한 가등기가 있으면 소유권이전등기를 청구할 어떤 법률관계가 있다고 추정된다.

해설 ① 소유권이전등기청구권 보전을 위한 가등기에 기한 본등기가 경료된 경우, 본등기에 의한 물권변동의 효력은 가등기한 때로 소급되지 아니한다.
③ 정지조건부의 지상권설정청구권을 보전하기 위한 가등기는 할 수 있다.
④ 가등기된 소유권이전등기청구권이 양도된 경우, 그 가등기상의 권리의 이전등기를 부기등기로 할 수 있다.
⑤ 가등기에는 추정적 효력이 인정되지 아니한다.

Answer 21. ③ 22. ④ 23. ① 24. ②

박문각 공인중개사

INDEX

찾아보기

INDEX 찾아보기

ㅇ

ㅈ

INDEX

방송 시간표

방송대학TV

▶ 기본이론 방송

▶ 문제풀이 방송

▶ 모의고사 방송

※ 본 방송기간 및 방송시간은 사정에 의해 변동될 수 있습니다.

방송대학TV 방송기간 2025. 1. 13 ~ 7. 2
방송시간 ┌ 본방송: 월~수 오전 7시 ~ 7시 30분
└ 재방송: 토 오전 6시 ~ 7시 30분(3회 연속방송)

TV방송 편성표

기본이론 방송 (1강 30분, 총 75강)

순서	날짜	요일	과목
1	1. 13	월	부동산학개론 1강
2	1. 14	화	민법·민사특별법 1강
3	1. 15	수	공인중개사법·중개실무 1강
4	1. 20	월	부동산공법 1강
5	1. 21	화	부동산공시법령 1강
6	1. 22	수	부동산학개론 2강
7	1. 27	월	민법·민사특별법 2강
8	1. 28	화	공인중개사법·중개실무 2강
9	1. 29	수	부동산공법 2강
10	2. 3	월	부동산공시법령 2강
11	2. 4	화	부동산학개론 3강
12	2. 5	수	민법·민사특별법 3강
13	2. 10	월	공인중개사법·중개실무 3강
14	2. 11	화	부동산공법 3강
15	2. 12	수	부동산공시법령 3강
16	2. 17	월	부동산세법 1강
17	2. 18	화	부동산학개론 4강
18	2. 19	수	민법·민사특별법 4강
19	2. 24	월	공인중개사법·중개실무 4강
20	2. 25	화	부동산공법 4강
21	2. 26	수	부동산공시법령 4강
22	3. 3	월	부동산세법 2강
23	3. 4	화	부동산학개론 5강
24	3. 5	수	민법·민사특별법 5강
25	3. 10	월	공인중개사법·중개실무 5강
26	3. 11	화	부동산공법 5강
27	3. 12	수	부동산공시법령 5강
28	3. 17	월	부동산세법 3강
29	3. 18	화	부동산학개론 6강
30	3. 19	수	민법·민사특별법 6강
31	3. 24	월	공인중개사법·중개실무 6강
32	3. 25	화	부동산공법 6강
33	3. 26	수	부동산공시법령 6강
34	3. 31	월	부동산세법 4강
35	4. 1	화	부동산학개론 7강
36	4. 2	수	민법·민사특별법 7강
37	4. 7	월	공인중개사법·중개실무 7강
38	4. 8	화	부동산공법 7강
39	4. 9	수	부동산공시법령 7강
40	4. 14	월	부동산세법 5강
41	4. 15	화	부동산학개론 8강
42	4. 16	수	민법·민사특별법 8강
43	4. 21	월	공인중개사법·중개실무 8강
44	4. 22	화	부동산공법 8강
45	4. 23	수	부동산공시법령 8강
46	4. 28	월	부동산세법 6강
47	4. 29	화	부동산학개론 9강
48	4. 30	수	민법·민사특별법 9강
49	5. 5	월	공인중개사법·중개실무 9강
50	5. 6	화	부동산공법 9강
51	5. 7	수	부동산공시법령 9강
52	5. 12	월	부동산세법 7강
53	5. 13	화	부동산학개론 10강
54	5. 14	수	민법·민사특별법 10강
55	5. 19	월	공인중개사법·중개실무 10강
56	5. 20	화	부동산공법 10강
57	5. 21	수	부동산공시법령 10강
58	5. 26	월	부동산세법 8강
59	5. 27	화	부동산학개론 11강
60	5. 28	수	민법·민사특별법 11강
61	6. 2	월	부동산공법 11강
62	6. 3	화	부동산세법 9강
63	6. 4	수	부동산학개론 12강
64	6. 9	월	민법·민사특별법 12강
65	6. 10	화	부동산공법 12강
66	6. 11	수	부동산세법 10강
67	6. 16	월	부동산학개론 13강
68	6. 17	화	민법·민사특별법 13강
69	6. 18	수	부동산공법 13강
70	6. 23	월	부동산학개론 14강
71	6. 24	화	민법·민사특별법 14강
72	6. 25	수	부동산공법 14강
73	6. 30	월	부동산학개론 15강
74	7. 1	화	민법·민사특별법 15강
75	7. 2	수	부동산공법 15강

과목별 강의 수

부동산학개론: 15강 / 민법·민사특별법: 15강
공인중개사법·중개실무: 10강 / 부동산공법: 15강 / 부동산공시법령: 10강 / 부동산세법: 10강

TV방송 편성표

문제풀이 방송(1강 30분, 총 21강)

순서	날짜	요일	과목	순서	날짜	요일	과목
1	7. 7	월	부동산학개론 1강	12	7. 30	수	부동산세법 2강
2	7. 8	화	민법·민사특별법 1강	13	8. 4	월	부동산학개론 3강
3	7. 9	수	공인중개사법·중개실무 1강	14	8. 5	화	민법·민사특별법 3강
4	7. 14	월	부동산공법 1강	15	8. 6	수	공인중개사법·중개실무 3강
5	7. 15	화	부동산공시법령 1강	16	8. 11	월	부동산공법 3강
6	7. 16	수	부동산세법 1강	17	8. 12	화	부동산공시법령 3강
7	7. 21	월	부동산학개론 2강	18	8. 13	수	부동산세법 3강
8	7. 22	화	민법·민사특별법 2강	19	8. 18	월	부동산학개론 4강
9	7. 23	수	공인중개사법·중개실무 2강	20	8. 19	화	민법·민사특별법 4강
10	7. 28	월	부동산공법 2강	21	8. 20	수	부동산공법 4강
11	7. 29	화	부동산공시법령 2강				

과목별 강의 수

부동산학개론: 4강 / 민법·민사특별법: 4강
공인중개사법·중개실무: 3강 / 부동산공법: 4강 / 부동산공시법령: 3강 / 부동산세법: 3강

모의고사 방송(1강 30분, 총 18강)

순서	날짜	요일	과목	순서	날짜	요일	과목
1	8. 25	월	부동산학개론 1강	10	9. 15	월	부동산공법 2강
2	8. 26	화	민법·민사특별법 1강	11	9. 16	화	부동산공시법령 2강
3	8. 27	수	공인중개사법·중개실무 1강	12	9. 17	수	부동산세법 2강
4	9. 1	월	부동산공법 1강	13	9. 22	월	부동산학개론 3강
5	9. 2	화	부동산공시법령 1강	14	9. 23	화	민법·민사특별법 3강
6	9. 3	수	부동산세법 1강	15	9. 24	수	공인중개사법·중개실무 3강
7	9. 8	월	부동산학개론 2강	16	9. 29	월	부동산공법 3강
8	9. 9	화	민법·민사특별법 2강	17	9. 30	화	부동산공시법령 3강
9	9. 10	수	공인중개사법·중개실무 2강	18	10. 1	수	부동산세법 3강

과목별 강의 수

부동산학개론: 3강 / 민법·민사특별법: 3강
공인중개사법·중개실무: 3강 / 부동산공법: 3강 / 부동산공시법령: 3강 / 부동산세법: 3강

연구 집필위원

박윤모	강철의	양진영	이승현	김병렬
임의섭	이강술	구갑성	이영진	

제36회 공인중개사 시험대비 **전면개정판**

2025 박문각 공인중개사

기본서 2차 부동산공시법령

초판발행 | 2024. 11. 5. **2쇄발행** | 2024. 11. 10. **편저** | 박윤모 외 박문각 부동산교육연구소
발행인 | 박 용 **발행처** | (주)박문각출판 **등록** | 2015년 4월 29일 제2019-000137호
주소 | 06654 서울시 서초구 효령로 283 서경빌딩 4층
팩스 | (02)584-2927 **전화** | 교재주문·학습문의 (02)6466-7202

정가 37,000원 ISBN 979-11-7262-289-3 / ISBN 979-11-7262-286-2(2차 세트)

박문각 출판 홈페이지에서 **공인중개사 정오표**를 **활용**하세요!

보다 빠르고, 편리하게 법령의 제·개정 내용을 확인하실 수 있습니다.

[클릭]

박문각 공인중개사 정오표의 장점

- 공인중개사 1회부터 함께한 박문각 공인중개사 전문 교수진의 철저한 제·개정 법령 감수
- 과목별 정오표 업데이트 서비스 실시! (해당 연도 시험 전까지)
- 박문각 공인중개사 온라인 "교수학습 Q&A"에서 박문각 공인중개사 교수진에게 직접 문의·답변

전면개정판 제36회 공인중개사 시험대비

방송대학TV 무료강의 | 첫방송 2025.1.13(월) 오전 7시

박문각 공인중개사

기본서 2차

부동산공시법령

부록 | 법령집

박윤모 외 박문각 부동산교육연구소 편

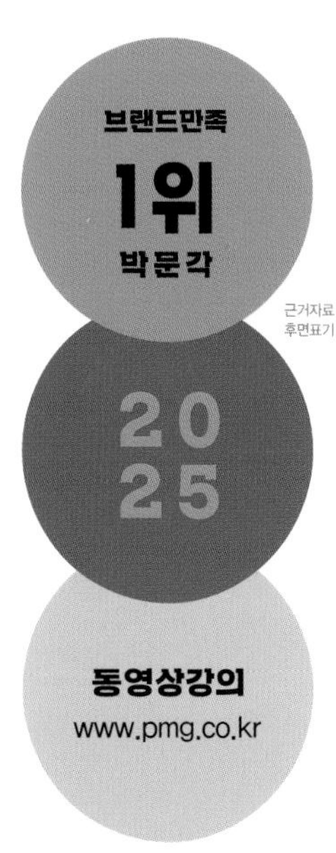

합격까지 박문각

세대교체 혁신 기본서!

합격까지, 박문각

박문각은 1972년 설립 이래, 대한민국 수험 교육의 혁신을 이끌어왔으며,
국가를 이끌어갈 인재를 배출한다는 사명감으로 새로운 콘텐츠 개발과
서비스 개선을 위해 아낌없는 투자와 과감한 도전을 이어가고 있습니다.

박문각은 대표 교육 기업으로서의 자부심과 4차 산업혁명 시대를
열어가는 에듀테크 기업으로서의 혼신을 다하는 노력으로
대한민국 수험생들의 빠른 합격을 이끌어 가겠습니다.

CONTENTS

이 책의 차례

공간정보의 구축 및 관리 등에 관한 법률

[시행 2024.9.20.] [법률 제20388호, 2024.3.19, 일부개정]

제2장 측 량

제4절 지적측량

제23조 【지적측량의 실시 등】 ① 다음 각 호의 어느 하나에 해당하는 경우에는 지적측량을 하여야 한다.

1. 제7조 제1항 제3호에 따른 지적기준점을 정하는 경우
2. 제25조에 따라 지적측량성과를 검사하는 경우
3. 다음 각 목의 어느 하나에 해당하는 경우로서 측량을 할 필요가 있는 경우
   가. 제74조에 따라 지적공부를 복구하는 경우
   나. 제77조에 따라 토지를 신규등록하는 경우
   다. 제78조에 따라 토지를 등록전환하는 경우
   라. 제79조에 따라 토지를 분할하는 경우
   마. 제82조에 따라 바다가 된 토지의 등록을 말소하는 경우
   바. 제83조에 따라 축척을 변경하는 경우
   사. 제84조에 따라 지적공부의 등록사항을 정정하는 경우
   아. 제86조에 따른 도시개발사업 등의 시행지역에서 토지의 이동이 있는 경우
   자. 「지적재조사에 관한 특별법」에 따른 지적재조사사업에 따라 토지의 이동이 있는 경우
4. 경계점을 지상에 복원하는 경우
5. 그 밖에 대통령령으로 정하는 경우

② 지적측량의 방법 및 절차 등에 필요한 사항은 국토교통부령으로 정한다.

제24조 【지적측량 의뢰 등】 ① 토지소유자 등 이해관계인은 제23조 제1항 제1호 및 제3호(자목은 제외한다)부터 제5호까지의 사유로 지적측량을 할 필요가 있는 경우에는 다음 각 호의 어느 하나에 해당하는 자(이하 "지적측량수행자"라 한다)에게 지적측량을 의뢰하여야 한다.

1. 제44조 제1항 제2호의 지적측량업의 등록을 한 자
2. 「한국국토정보공사법」 제3조 제1항에 따라 설립된 한국국토정보공사(이하 "한국국토정보공사"라 한다)

② 지적측량수행자는 제1항에 따른 지적측량 의뢰를 받으면 지적측량을 하여 그 측량성과를 결정하여야 한다.

③ 제1항 및 제2항에 따른 지적측량 의뢰 및 측량성과 결정 등에 필요한 사항은 국토교통부령으로 정한다.

제25조 【지적측량성과의 검사】 ① 지적측량수행자가 제23조에 따라 지적측량을 하였으면 시·도지사, 대도시 시장(「지방자치법」 제198조에 따라 서울특별시·광역시 및 특별자치시를 제외한 인구 50만 이상의 시의 시장을 말한다. 이하 같다) 또는 지적소관청으로부터 측량성과에 대한 검사를 받아야 한다. 다만, 지적공부를 정리하지 아니하는 측량으로서 국토교통부령으로 정하는 측량의 경우에는 그러하지 아니하다.

② 제1항에 따른 지적측량성과의 검사방법 및 검사절차 등에 필요한 사항은 국토교통부령으로 정한다.

제26조 【토지의 이동에 따른 면적 등의 결정방법】 ① 합병에 따른 경계·좌표 또는 면적은 따로 지적측량을 하지 아니하고 다음 각 호의 구분에 따라 결정한다.

1. 합병 후 필지의 경계 또는 좌표 : 합병 전 각 필지의 경계 또는 좌표 중 합병으로 필요 없게 된 부분을 말소하여 결정
2. 합병 후 필지의 면적 : 합병 전 각 필지의 면적을 합산하여 결정

② 등록전환이나 분할에 따른 면적을 정할 때 오차가 발생하는 경우 그 오차의 허용 범위 및 처리방법 등에 필요한 사항은 대통령령으로 정한다.

제27조【지적기준점성과의 보관 및 열람 등】 ① 시·도지사나 지적소관청은 지적기준점성과(지적기준점에 의한 측량성과를 말한다. 이하 같다)와 그 측량기록을 보관하고 일반인이 열람할 수 있도록 하여야 한다.

② 지적기준점성과의 등본이나 그 측량기록의 사본을 발급받으려는 자는 국토교통부령으로 정하는 바에 따라 시·도지사나 지적소관청에 그 발급을 신청하여야 한다.

제28조【지적위원회】 ① 다음 각 호의 사항을 심의·의결하기 위하여 국토교통부에 중앙지적위원회를 둔다.

1. 지적 관련 정책 개발 및 업무 개선 등에 관한 사항
2. 지적측량기술의 연구·개발 및 보급에 관한 사항
3. 제29조 제6항에 따른 지적측량 적부심사(適否審査)에 대한 재심사(再審査)
4. 제39조에 따른 측량기술자 중 지적분야 측량기술자(이하 "지적기술자"라 한다)의 양성에 관한 사항
5. 제42조에 따른 지적기술자의 업무정지 처분 및 징계요구에 관한 사항

② 제29조에 따른 지적측량에 대한 적부심사 청구사항을 심의·의결하기 위하여 특별시·광역시·특별자치시·도 또는 특별자치도(이하 "시·도"라 한다)에 지방지적위원회를 둔다.

③ 중앙지적위원회와 지방지적위원회의 위원 구성 및 운영에 필요한 사항은 대통령령으로 정한다.

④ 중앙지적위원회와 지방지적위원회의 위원 중 공무원이 아닌 사람은 「형법」 제127조 및 제129조부터 제132조까지의 규정을 적용할 때에는 공무원으로 본다.

제29조【지적측량의 적부심사 등】 ① 토지소유자, 이해관계인 또는 지적측량수행자는 지적측량성과에 대하여 다툼이 있는 경우에는 대통령령으로 정하는 바에 따라 관할 시·도지사를 거쳐 지방지적위원회에 지적측량 적부심사를 청구할 수 있다.

② 제1항에 따른 지적측량 적부심사청구를 받은 시·도지사는 30일 이내에 다음 각 호의 사항을 조사하여 지방지적위원회에 회부하여야 한다.

1. 다툼이 되는 지적측량의 경위 및 그 성과
2. 해당 토지에 대한 토지이동 및 소유권 변동 연혁
3. 해당 토지 주변의 측량기준점, 경계, 주요 구조물 등 현황 실측도

③ 제2항에 따라 지적측량 적부심사청구를 회부받은 지방지적위원회는 그 심사청구를 회부받은 날부터 60일 이내에 심의·의결하여야 한다. 다만, 부득이한 경우에는 그 심의기간을 해당 지적위원회의 의결을 거쳐 30일 이내에서 한 번만 연장할 수 있다.

④ 지방지적위원회는 지적측량 적부심사를 의결하였으면 대통령령으로 정하는 바에 따라 의결서를 작성하여 시·도지사에게 송부하여야 한다.

⑤ 시·도지사는 제4항에 따라 의결서를 받은 날부터 7일 이내에 지적측량 적부심사 청구인 및 이해관계인에게 그 의결서를 통지하여야 한다.

⑥ 제5항에 따라 의결서를 받은 자가 지방지적위원회의 의결에 불복하는 경우에는 그 의결서를 받은 날부터 90일 이내에 국토교통부장관을 거쳐 중앙지적위원회에 재심사를 청구할 수 있다.

⑦ 제6항에 따른 재심사청구에 관하여는 제2항부터 제5항까지의 규정을 준용한다. 이 경우 "시·도지사"는 "국토교통부장관"으로, "지방지적위원회"는 "중앙지적위원회"로 본다.

⑧ 제7항에 따라 중앙지적위원회로부터 의결서를 받은 국토교통부장관은 그 의결서를 관할 시·도지사에게 송부하여야 한다.

⑨ 시·도지사는 제4항에 따라 지방지적위원회의 의결서를 받은 후 해당 지적측량 적부심사 청구인 및 이해관계인이 제6항에 따른 기간에 재심사를 청구하지 아니하면 그 의결서 사본을 지적소관청에 보내야 하며, 제8항에 따라 중앙지적위원회의 의결서를 받은 경우에는 그 의결서 사본에 제4항에 따라 받은 지방지적위원회의 의결서 사본을 첨부하여 지적소관청에 보내야 한다.

⑩ 제9항에 따라 지방지적위원회 또는 중앙지적위원회의 의결서 사본을 받은 지적소관청은 그 내

용에 따라 지적공부의 등록사항을 정정하거나 측량성과를 수정하여야 한다.

⑪ 제9항 및 제10항에도 불구하고 특별자치시장은 제4항에 따라 지방지적위원회의 의결서를 받은 후 해당 지적측량 적부심사 청구인 및 이해관계인이 제6항에 따른 기간에 재심사를 청구하지 아니하거나 제8항에 따라 중앙지적위원회의 의결서를 받은 경우에는 직접 그 내용에 따라 지적공부의 등록사항을 정정하거나 측량성과를 수정하여야 한다.

⑫ 지방지적위원회의 의결이 있은 후 제6항에 따른 기간에 재심사를 청구하지 아니하거나 중앙지적위원회의 의결이 있는 경우에는 해당 지적측량성과에 대하여 다시 지적측량 적부심사청구를 할 수 없다.

제3장 지적(地籍)

제1절 토지의 등록

제64조 【토지의 조사·등록 등】 ① 국토교통부장관은 모든 토지에 대하여 필지별로 소재·지번·지목·면적·경계 또는 좌표 등을 조사·측량하여 지적공부에 등록하여야 한다.

② 지적공부에 등록하는 지번·지목·면적·경계 또는 좌표는 토지의 이동이 있을 때 토지소유자(법인이 아닌 사단이나 재단의 경우에는 그 대표자나 관리인을 말한다. 이하 같다)의 신청을 받아 지적소관청이 결정한다. 다만, 신청이 없으면 지적소관청이 직권으로 조사·측량하여 결정할 수 있다.

③ 제2항 단서에 따른 조사·측량의 절차 등에 필요한 사항은 국토교통부령으로 정한다.

제65조 【지상경계의 구분 등】 ① 토지의 지상경계는 둑, 담장이나 그 밖에 구획의 목표가 될 만한 구조물 및 경계점표지 등으로 구분한다.

② 지적소관청은 토지의 이동에 따라 지상경계를 새로 정한 경우에는 다음 각 호의 사항을 등록한 지상경계점등록부를 작성·관리하여야 한다.

1. 토지의 소재
2. 지번
3. 경계점 좌표(경계점좌표등록부 시행지역에 한정한다)
4. 경계점 위치 설명도
5. 그 밖에 국토교통부령으로 정하는 사항

③ 제1항에 따른 지상경계의 결정 기준 등 지상경계의 결정에 필요한 사항은 대통령령으로 정하고, 경계점표지의 규격과 재질 등에 필요한 사항은 국토교통부령으로 정한다.

제66조 【지번의 부여 등】 ① 지번은 지적소관청이 지번부여지역별로 차례대로 부여한다.

② 지적소관청은 지적공부에 등록된 지번을 변경할 필요가 있다고 인정하면 시·도지사나 대도시 시장의 승인을 받아 지번부여지역의 전부 또는 일부에 대하여 지번을 새로 부여할 수 있다.

③ 제1항과 제2항에 따른 지번의 부여방법 및 부여절차 등에 필요한 사항은 대통령령으로 정한다.

제67조 【지목의 종류】 ① 지목은 전·답·과수원·목장용지·임야·광천지·염전·대(垈)·공장용지·학교용지·주차장·주유소용지·창고용지·도로·철도용지·제방(堤防)·하천·구거(溝渠)·유지(溜池)·양어장·수도용지·공원·체육용지·유원지·종교용지·사적지·묘지·잡종지로 구분하여 정한다.

② 제1항에 따른 지목의 구분 및 설정방법 등에 필요한 사항은 대통령령으로 정한다.

제68조 【면적의 단위 등】 ① 면적의 단위는 제곱미터로 한다.

② 면적의 결정방법 등에 필요한 사항은 대통령령으로 정한다.

제2절 지적공부

제69조【지적공부의 보존 등】 ① 지적소관청은 해당 청사에 지적서고를 설치하고 그 곳에 지적공부(정보처리시스템을 통하여 기록·저장한 경우는 제외한다. 이하 이 항에서 같다)를 영구히 보존하여야 하며, 다음 각 호의 어느 하나에 해당하는 경우 외에는 해당 청사 밖으로 지적공부를 반출할 수 없다.
1. 천재지변이나 그 밖에 이에 준하는 재난을 피하기 위하여 필요한 경우
2. 관할 시·도지사 또는 대도시 시장의 승인을 받은 경우

② 지적공부를 정보처리시스템을 통하여 기록·저장한 경우 관할 시·도지사, 시장·군수 또는 구청장은 그 지적공부를 지적정보관리체계에 영구히 보존하여야 한다.

③ 국토교통부장관은 제2항에 따라 보존하여야 하는 지적공부가 멸실되거나 훼손될 경우를 대비하여 지적공부를 복제하여 관리하는 정보관리체계를 구축하여야 한다.

④ 지적서고의 설치기준, 지적공부의 보관방법 및 반출승인 절차 등에 필요한 사항은 국토교통부령으로 정한다.

제70조【지적정보 전담 관리기구의 설치】 ① 국토교통부장관은 지적공부의 효율적인 관리 및 활용을 위하여 지적정보 전담 관리기구를 설치·운영한다.

② 국토교통부장관은 지적공부를 과세나 부동산정책자료 등으로 활용하기 위하여 주민등록전산자료, 가족관계등록전산자료, 부동산등기전산자료 또는 공시지가전산자료 등을 관리하는 기관에 그 자료를 요청할 수 있으며 요청을 받은 관리기관의 장은 특별한 사정이 없으면 그 요청을 따라야 한다.

③ 제1항에 따른 지적정보 전담 관리기구의 설치·운영에 관한 세부사항은 대통령령으로 정한다.

제71조【토지대장 등의 등록사항】 ① 토지대장과 임야대장에는 다음 각 호의 사항을 등록하여야 한다.
1. 토지의 소재
2. 지번
3. 지목
4. 면적
5. 소유자의 성명 또는 명칭, 주소 및 주민등록번호(국가, 지방자치단체, 법인, 법인 아닌 사단이나 재단 및 외국인의 경우에는 「부동산등기법」 제49조에 따라 부여된 등록번호를 말한다. 이하 같다)
6. 그 밖에 국토교통부령으로 정하는 사항

② 제1항 제5호의 소유자가 둘 이상이면 공유지연명부에 다음 각 호의 사항을 등록하여야 한다.
1. 토지의 소재
2. 지번
3. 소유권 지분
4. 소유자의 성명 또는 명칭, 주소 및 주민등록번호
5. 그 밖에 국토교통부령으로 정하는 사항

③ 토지대장이나 임야대장에 등록하는 토지가 「부동산등기법」에 따라 대지권 등기가 되어 있는 경우에는 대지권등록부에 다음 각 호의 사항을 등록하여야 한다.
1. 토지의 소재
2. 지번
3. 대지권 비율
4. 소유자의 성명 또는 명칭, 주소 및 주민등록번호
5. 그 밖에 국토교통부령으로 정하는 사항

제72조【지적도 등의 등록사항】 지적도 및 임야도에는 다음 각 호의 사항을 등록하여야 한다.
1. 토지의 소재
2. 지번
3. 지목
4. 경계
5. 그 밖에 국토교통부령으로 정하는 사항

제73조 【경계점좌표등록부의 등록사항】 지적소관청은 제86조에 따른 도시개발사업 등에 따라 새로이 지적공부에 등록하는 토지에 대하여는 다음 각 호의 사항을 등록한 경계점좌표등록부를 작성하고 갖춰 두어야 한다.

1. 토지의 소재
2. 지번
3. 좌표
4. 그 밖에 국토교통부령으로 정하는 사항

제74조 【지적공부의 복구】 지적소관청(제69조 제2항에 따른 지적공부의 경우에는 시·도지사, 시장·군수 또는 구청장)은 지적공부의 전부 또는 일부가 멸실되거나 훼손된 경우에는 대통령령으로 정하는 바에 따라 지체 없이 이를 복구하여야 한다.

제75조 【지적공부의 열람 및 등본 발급】 ① 지적공부를 열람하거나 그 등본을 발급받으려는 자는 해당 지적소관청에 그 열람 또는 발급을 신청하여야 한다. 다만, 정보처리시스템을 통하여 기록·저장된 지적공부(지적도 및 임야도는 제외한다)를 열람하거나 그 등본을 발급받으려는 경우에는 특별자치시장, 시장·군수 또는 구청장이나 읍·면·동의 장에게 신청할 수 있다.

② 제1항에 따른 지적공부의 열람 및 등본 발급의 절차 등에 필요한 사항은 국토교통부령으로 정한다.

제76조 【지적전산자료의 이용 등】 ① 지적공부에 관한 전산자료(연속지적도를 포함하며, 이하 "지적전산자료"라 한다)를 이용하거나 활용하려는 자는 다음 각 호의 구분에 따라 국토교통부장관, 시·도지사 또는 지적소관청에 지적전산자료를 신청하여야 한다.

1. 전국 단위의 지적전산자료 : 국토교통부장관, 시·도지사 또는 지적소관청
2. 시·도 단위의 지적전산자료 : 시·도지사 또는 지적소관청
3. 시·군·구(자치구가 아닌 구를 포함한다) 단위의 지적전산자료 : 지적소관청

② 제1항에 따라 지적전산자료를 신청하려는 자는 대통령령으로 정하는 바에 따라 지적전산자료의 이용 또는 활용 목적 등에 관하여 미리 관계 중앙행정기관의 심사를 받아야 한다. 다만, 중앙행정기관의 장, 그 소속 기관의 장 또는 지방자치단체의 장이 신청하는 경우에는 그러하지 아니하다.

③ 제2항에도 불구하고 다음 각 호의 어느 하나에 해당하는 경우에는 관계 중앙행정기관의 심사를 받지 아니할 수 있다.

1. 토지소유자가 자기 토지에 대한 지적전산자료를 신청하는 경우
2. 토지소유자가 사망하여 그 상속인이 피상속인의 토지에 대한 지적전산자료를 신청하는 경우
3. 「개인정보 보호법」 제2조 제1호에 따른 개인정보를 제외한 지적전산자료를 신청하는 경우

④ 제1항 및 제3항에 따른 지적전산자료의 이용 또는 활용에 필요한 사항은 대통령령으로 정한다.

제76조의2 【부동산종합공부의 관리 및 운영】 ① 지적소관청은 부동산의 효율적 이용과 부동산과 관련된 정보의 종합적 관리·운영을 위하여 부동산종합공부를 관리·운영한다.

② 지적소관청은 부동산종합공부를 영구히 보존하여야 하며, 부동산종합공부의 멸실 또는 훼손에 대비하여 이를 별도로 복제하여 관리하는 정보관리체계를 구축하여야 한다.

③ 제76조의3 각 호의 등록사항을 관리하는 기관의 장은 지적소관청에 상시적으로 관련 정보를 제공하여야 한다.

④ 지적소관청은 부동산종합공부의 정확한 등록 및 관리를 위하여 필요한 경우에는 제76조의3 각 호의 등록사항을 관리하는 기관의 장에게 관련 자료의 제출을 요구할 수 있다. 이 경우 자료의 제출을 요구받은 기관의 장은 특별한 사유가 없으면 자료를 제공하여야 한다.

제76조의3 【부동산종합공부의 등록사항 등】 지적소관청은 부동산종합공부에 다음 각 호의 사항을 등록하여야 한다.

1. 토지의 표시와 소유자에 관한 사항 : 이 법에 따른 지적공부의 내용

2. 건축물의 표시와 소유자에 관한 사항(토지에 건축물이 있는 경우만 해당한다):「건축법」 제38조에 따른 건축물대장의 내용
3. 토지의 이용 및 규제에 관한 사항:「토지이용규제 기본법」 제10조에 따른 토지이용계획확인서의 내용
4. 부동산의 가격에 관한 사항:「부동산 가격공시에 관한 법률」 제10조에 따른 개별공시지가, 같은 법 제16조, 제17조 및 제18조에 따른 개별주택가격 및 공동주택가격 공시내용
5. 그 밖에 부동산의 효율적 이용과 부동산과 관련된 정보의 종합적 관리·운영을 위하여 필요한 사항으로서 대통령령으로 정하는 사항

제76조의4 【부동산종합공부의 열람 및 증명서 발급】 ① 부동산종합공부를 열람하거나 부동산종합공부 기록사항의 전부 또는 일부에 관한 증명서(이하 "부동산종합증명서"라 한다)를 발급받으려는 자는 지적소관청이나 읍·면·동의 장에게 신청할 수 있다.

② 제1항에 따른 부동산종합공부의 열람 및 부동산종합증명서 발급의 절차 등에 관하여 필요한 사항은 국토교통부령으로 정한다.

제76조의5 【준 용】 부동산종합공부의 등록사항 정정에 관하여는 제84조를 준용한다.

제3절 토지의 이동 신청 및 지적정리 등

제77조 【신규등록 신청】 토지소유자는 신규등록할 토지가 있으면 대통령령으로 정하는 바에 따라 그 사유가 발생한 날부터 60일 이내에 지적소관청에 신규등록을 신청하여야 한다.

제78조 【등록전환 신청】 토지소유자는 등록전환할 토지가 있으면 대통령령으로 정하는 바에 따라 그 사유가 발생한 날부터 60일 이내에 지적소관청에 등록전환을 신청하여야 한다.

제79조 【분할 신청】 ① 토지소유자는 토지를 분할하려면 대통령령으로 정하는 바에 따라 지적소관청에 분할을 신청하여야 한다.

② 토지소유자는 지적공부에 등록된 1필지의 일부가 형질변경 등으로 용도가 변경된 경우에는 대통령령으로 정하는 바에 따라 용도가 변경된 날부터 60일 이내에 지적소관청에 토지의 분할을 신청하여야 한다.

제80조 【합병 신청】 ① 토지소유자는 토지를 합병하려면 대통령령으로 정하는 바에 따라 지적소관청에 합병을 신청하여야 한다.

② 토지소유자는「주택법」에 따른 공동주택의 부지, 도로, 제방, 하천, 구거, 유지, 그 밖에 대통령령으로 정하는 토지로서 합병하여야 할 토지가 있으면 그 사유가 발생한 날부터 60일 이내에 지적소관청에 합병을 신청하여야 한다.

③ 다음 각 호의 어느 하나에 해당하는 경우에는 합병 신청을 할 수 없다.

1. 합병하려는 토지의 지번부여지역, 지목 또는 소유자가 서로 다른 경우
2. 합병하려는 토지에 다음 각 목의 등기 외의 등기가 있는 경우
   가. 소유권·지상권·전세권 또는 임차권의 등기
   나. 승역지(承役地)에 대한 지역권의 등기
   다. 합병하려는 토지 전부에 대한 등기원인(登記原因) 및 그 연월일과 접수번호가 같은 저당권의 등기
   라. 합병하려는 토지 전부에 대한「부동산등기법」 제81조 제1항 각 호의 등기사항이 동일한 신탁등기
3. 그 밖에 합병하려는 토지의 지적도 및 임야도의 축척이 서로 다른 경우 등 대통령령으로 정하는 경우

제81조 【지목변경 신청】 토지소유자는 지목변경을 할 토지가 있으면 대통령령으로 정하는 바에 따라 그 사유가 발생한 날부터 60일 이내에 지적소관청에 지목변경을 신청하여야 한다.

제82조【바다로 된 토지의 등록말소 신청】 ① 지적소관청은 지적공부에 등록된 토지가 지형의 변화 등으로 바다로 된 경우로서 원상(原狀)으로 회복될 수 없거나 다른 지목의 토지로 될 가능성이 없는 경우에는 지적공부에 등록된 토지소유자에게 지적공부의 등록말소 신청을 하도록 통지하여야 한다.

② 지적소관청은 제1항에 따른 토지소유자가 통지를 받은 날부터 90일 이내에 등록말소 신청을 하지 아니하면 대통령령으로 정하는 바에 따라 등록을 말소한다.

③ 지적소관청은 제2항에 따라 말소한 토지가 지형의 변화 등으로 다시 토지가 된 경우에는 대통령령으로 정하는 바에 따라 토지로 회복등록을 할 수 있다.

제83조【축척변경】 ① 축척변경에 관한 사항을 심의·의결하기 위하여 지적소관청에 축척변경위원회를 둔다.

② 지적소관청은 지적도가 다음 각 호의 어느 하나에 해당하는 경우에는 토지소유자의 신청 또는 지적소관청의 직권으로 일정한 지역을 정하여 그 지역의 축척을 변경할 수 있다.

1. 잦은 토지의 이동으로 1필지의 규모가 작아서 소축척으로는 지적측량성과의 결정이나 토지의 이동에 따른 정리를 하기가 곤란한 경우
2. 하나의 지번부여지역에 서로 다른 축척의 지적도가 있는 경우
3. 그 밖에 지적공부를 관리하기 위하여 필요하다고 인정되는 경우

③ 지적소관청은 제2항에 따라 축척변경을 하려면 축척변경 시행지역의 토지소유자 3분의 2 이상의 동의를 받아 제1항에 따른 축척변경위원회의 의결을 거친 후 시·도지사 또는 대도시 시장의 승인을 받아야 한다. 다만, 다음 각 호의 어느 하나에 해당하는 경우에는 축척변경위원회의 의결 및 시·도지사 또는 대도시 시장의 승인 없이 축척변경을 할 수 있다.

1. 합병하려는 토지가 축척이 다른 지적도에 각각 등록되어 있어 축척변경을 하는 경우
2. 제86조에 따른 도시개발사업 등의 시행지역에 있는 토지로서 그 사업 시행에서 제외된 토지의 축척변경을 하는 경우

④ 축척변경의 절차, 축척변경으로 인한 면적 증감의 처리, 축척변경 결과에 대한 이의신청 및 축척변경위원회의 구성·운영 등에 필요한 사항은 대통령령으로 정한다.

제84조【등록사항의 정정】 ① 토지소유자는 지적공부의 등록사항에 잘못이 있음을 발견하면 지적소관청에 그 정정을 신청할 수 있다.

② 지적소관청은 지적공부의 등록사항에 잘못이 있음을 발견하면 대통령령으로 정하는 바에 따라 직권으로 조사·측량하여 정정할 수 있다.

③ 제1항에 따른 정정으로 인접 토지의 경계가 변경되는 경우에는 다음 각 호의 어느 하나에 해당하는 서류를 지적소관청에 제출하여야 한다.

1. 인접 토지소유자의 승낙서
2. 인접 토지소유자가 승낙하지 아니하는 경우에는 이에 대항할 수 있는 확정판결서 정본(正本)

④ 지적소관청이 제1항 또는 제2항에 따라 등록사항을 정정할 때 그 정정사항이 토지소유자에 관한 사항인 경우에는 등기필증, 등기완료통지서, 등기사항증명서 또는 등기관서에서 제공한 등기전산정보자료에 따라 정정하여야 한다. 다만, 제1항에 따라 미등기 토지에 대하여 토지소유자의 성명 또는 명칭, 주민등록번호, 주소 등에 관한 사항의 정정을 신청한 경우로서 그 등록사항이 명백히 잘못된 경우에는 가족관계 기록사항에 관한 증명서에 따라 정정하여야 한다.

제85조【행정구역의 명칭변경 등】 ① 행정구역의 명칭이 변경되었으면 지적공부에 등록된 토지의 소재는 새로운 행정구역의 명칭으로 변경된 것으로 본다.

② 지번부여지역의 일부가 행정구역의 개편으로 다른 지번부여지역에 속하게 되었으면 지적소관청은 새로 속하게 된 지번부여지역의 지번을 부여하여야 한다.

제86조【도시개발사업 등 시행지역의 토지이동 신청에 관한 특례】 ①「도시개발법」에 따른 도시개발사업,「농어촌정비법」에 따른 농어촌정비사업, 그 밖에 대통령령으로 정하는 토지개발사업의 시행자는 대통령령으로 정하는 바에 따라 그 사업의 착수·변경 및 완료 사실을 지적소관청에 신고하여야 한다.

② 제1항에 따른 사업과 관련하여 토지의 이동이 필요한 경우에는 해당 사업의 시행자가 지적소관청에 토지의 이동을 신청하여야 한다.

③ 제2항에 따른 토지의 이동은 토지의 형질변경 등의 공사가 준공된 때에 이루어진 것으로 본다.

④ 제1항에 따라 사업의 착수 또는 변경의 신고가 된 토지의 소유자가 해당 토지의 이동을 원하는 경우에는 해당 사업의 시행자에게 그 토지의 이동을 신청하도록 요청하여야 하며, 요청을 받은 시행자는 해당 사업에 지장이 없다고 판단되면 지적소관청에 그 이동을 신청하여야 한다.

제87조【신청의 대위】 다음 각 호의 어느 하나에 해당하는 자는 이 법에 따라 토지소유자가 하여야 하는 신청을 대신할 수 있다. 다만, 제84조에 따른 등록사항 정정 대상토지는 제외한다.

1. 공공사업 등에 따라 학교용지·도로·철도용지·제방·하천·구거·유지·수도용지 등의 지목으로 되는 토지인 경우 : 해당 사업의 시행자
2. 국가나 지방자치단체가 취득하는 토지인 경우 : 해당 토지를 관리하는 행정기관의 장 또는 지방자치단체의 장
3. 「주택법」에 따른 공동주택의 부지인 경우 : 「집합건물의 소유 및 관리에 관한 법률」에 따른 관리인(관리인이 없는 경우에는 공유자가 선임한 대표자) 또는 해당 사업의 시행자
4. 「민법」 제404조에 따른 채권자

제88조【토지소유자의 정리】 ① 지적공부에 등록된 토지소유자의 변경사항은 등기관서에서 등기한 것을 증명하는 등기필증, 등기완료통지서, 등기사항증명서 또는 등기관서에서 제공한 등기전산정보자료에 따라 정리한다. 다만, 신규등록하는 토지의 소유자는 지적소관청이 직접 조사하여 등록한다.

② 「국유재산법」 제2조 제10호에 따른 총괄청이나 같은 조 제11호에 따른 중앙관서의 장이 같은 법 제12조 제3항에 따라 소유자 없는 부동산에 대한 소유자 등록을 신청하는 경우 지적소관청은 지적공부에 해당 토지의 소유자가 등록되지 아니한 경우에만 등록할 수 있다.

③ 등기부에 적혀 있는 토지의 표시가 지적공부와 일치하지 아니하면 제1항에 따라 토지소유자를 정리할 수 없다. 이 경우 토지의 표시와 지적공부가 일치하지 아니하다는 사실을 관할 등기관서에 통지하여야 한다.

④ 지적소관청은 필요하다고 인정하는 경우에는 관할 등기관서의 등기부를 열람하여 지적공부와 부동산등기부가 일치하는지 여부를 조사·확인하여야 하며, 일치하지 아니하는 사항을 발견하면 등기사항증명서 또는 등기관서에서 제공한 등기전산정보자료에 따라 지적공부를 직권으로 정리하거나, 토지소유자나 그 밖의 이해관계인에게 그 지적공부와 부동산등기부가 일치하게 하는 데에 필요한 신청 등을 하도록 요구할 수 있다.

⑤ 지적소관청 소속 공무원이 지적공부와 부동산등기부의 부합 여부를 확인하기 위하여 등기부를 열람하거나, 등기사항증명서의 발급을 신청하거나, 등기전산정보자료의 제공을 요청하는 경우 그 수수료는 무료로 한다.

제89조【등기촉탁】 ① 지적소관청은 제64조 제2항(신규등록은 제외한다), 제66조 제2항, 제82조, 제83조 제2항, 제84조 제2항 또는 제85조 제2항에 따른 사유로 토지의 표시 변경에 관한 등기를 할 필요가 있는 경우에는 지체 없이 관할 등기관서에 그 등기를 촉탁하여야 한다. 이 경우 등기촉탁은 국가가 국가를 위하여 하는 등기로 본다.

② 제1항에 따른 등기촉탁에 필요한 사항은 국토교통부령으로 정한다.

제90조 【지적정리 등의 통지】 제64조 제2항 단서, 제66조 제2항, 제74조, 제82조 제2항, 제84조 제2항, 제85조 제2항, 제86조 제2항, 제87조 또는 제89조에 따라 지적소관청이 지적공부에 등록하거나 지적공부를 복구 또는 말소하거나 등기촉탁을 하였으면 대통령령으로 정하는 바에 따라 해당 토지소유자에게 통지하여야 한다. 다만, 통지받을 자의 주소나 거소를 알 수 없는 경우에는 국토교통부령으로 정하는 바에 따라 일간신문, 해당 시·군·구의 공보 또는 인터넷홈페이지에 공고하여야 한다.

제90조의2 【연속지적도의 관리 등】 ① 국토교통부장관은 연속지적도의 관리 및 정비에 관한 정책을 수립·시행하여야 한다.

② 지적소관청은 지적도·임야도에 등록된 사항에 대하여 토지의 이동 또는 오류사항을 정비한 때에는 이를 연속지적도에 반영하여야 한다.

③ 국토교통부장관은 제2항에 따른 지적소관청의 연속지적도 정비에 필요한 경비의 전부 또는 일부를 지원할 수 있다.

④ 국토교통부장관은 연속지적도를 체계적으로 관리하기 위하여 대통령령으로 정하는 바에 따라 연속지적도 정보관리체계를 구축·운영할 수 있다.

⑤ 국토교통부장관 또는 지적소관청은 제2항에 따른 연속지적도의 관리·정비 및 제4항에 따른 연속지적도 정보관리체계의 구축·운영에 관한 업무를 대통령령으로 정하는 법인, 단체 또는 기관에 위탁할 수 있다. 이 경우 위탁관리에 필요한 경비의 전부 또는 일부를 지원할 수 있다.

⑥ 제1항 및 제2항에 따른 연속지적도의 관리·정비의 방법 등에 필요한 사항은 국토교통부령으로 정한다.

공간정보의 구축 및 관리 등에 관한 법률 시행령

[시행 2024.9.20.] [대통령령 제34897호, 2024.9.19, 일부개정]

제2장 측량 및 수로조사

제4절 지적측량

제18조【지적현황측량】 법 제23조 제1항 제5호에서 "대통령령으로 정하는 경우"란 지상건축물 등의 현황을 지적도 및 임야도에 등록된 경계와 대비하여 표시하는 데에 필요한 경우를 말한다.

제19조【등록전환이나 분할에 따른 면적 오차의 허용범위 및 배분 등】 ① 법 제26조 제2항에 따른 등록전환이나 분할을 위하여 면적을 정할 때에 발생하는 오차의 허용범위 및 처리방법은 다음 각 호와 같다.

1. 등록전환을 하는 경우
   가. 임야대장의 면적과 등록전환될 면적의 오차 허용범위는 다음의 계산식에 따른다. 이 경우 오차의 허용범위를 계산할 때 축척이 3천분의 1인 지역의 축척분모는 6천으로 한다.

   $$A = 0.026^2 M\sqrt{F}$$

   (A는 오차 허용면적, M은 임야도 축척분모, F는 등록전환될 면적)

   나. 임야대장의 면적과 등록전환될 면적의 차이가 가목의 계산식에 따른 허용범위 이내인 경우에는 등록전환될 면적을 등록전환 면적으로 결정하고, 허용범위를 초과하는 경우에는 임야대장의 면적 또는 임야도의 경계를 지적소관청이 직권으로 정정하여야 한다.
2. 토지를 분할하는 경우
   가. 분할 후의 각 필지의 면적의 합계와 분할 전 면적과의 오차의 허용범위는 제1호 가목의 계산식에 따른다. 이 경우 A는 오차 허용면적, M은 축척분모, F는 원면적으로 하되, 축척이 3천분의 1인 지역의 축척분모는 6천으로 한다.

   나. 분할 전후 면적의 차이가 가목의 계산식에 따른 허용범위 이내인 경우에는 그 오차를 분할 후의 각 필지의 면적에 따라 나누고, 허용범위를 초과하는 경우에는 지적공부(地籍公簿)상의 면적 또는 경계를 정정하여야 한다.

   다. 분할 전후 면적의 차이를 배분한 산출면적은 다음의 계산식에 따라 필요한 자리까지 계산하고, 결정면적은 원면적과 일치하도록 산출면적의 구하려는 끝자리의 다음 숫자가 큰 것부터 순차로 올려서 정하되, 구하려는 끝자리의 다음 숫자가 서로 같을 때에는 산출면적이 큰 것을 올려서 정한다.

   $$r = \frac{F}{A} \times \mathrm{a}$$

   (r은 각 필지의 산출면적, F는 원면적, A는 측정면적 합계 또는 보정면적 합계, a는 각 필지의 측정면적 또는 보정면적)

② 경계점좌표등록부가 있는 지역의 토지분할을 위하여 면적을 정할 때에는 제1항 제2호 나목에도 불구하고 다음 각 호의 기준에 따른다.

1. 분할 후 각 필지의 면적합계가 분할 전 면적보다 많은 경우에는 구하려는 끝자리의 다음 숫자가 작은 것부터 순차적으로 버려서 정하되, 분할 전 면적에 증감이 없도록 할 것
2. 분할 후 각 필지의 면적합계가 분할 전 면적보다 적은 경우에는 구하려는 끝자리의 다음 숫자가 큰 것부터 순차적으로 올려서 정하되, 분할 전 면적에 증감이 없도록 할 것

제20조【중앙지적위원회의 구성 등】 ① 법 제28조 제1항에 따른 중앙지적위원회(이하 "중앙지적위원회"라 한다)는 위원장 1명과 부위원장 1명을 포함하여 5명 이상 10명 이하의 위원으로 구성한다.

② 위원장은 국토교통부의 지적업무 담당 국장이, 부위원장은 국토교통부의 지적업무 담당 과장이 된다.
③ 위원은 지적에 관한 학식과 경험이 풍부한 사람 중에서 국토교통부장관이 임명하거나 위촉한다.
④ 위원장 및 부위원장을 제외한 위원의 임기는 2년으로 한다.
⑤ 중앙지적위원회의 간사는 국토교통부의 지적업무 담당 공무원 중에서 국토교통부장관이 임명하며, 회의 준비, 회의록 작성 및 회의 결과에 따른 업무 등 중앙지적위원회의 서무를 담당한다.
⑥ 중앙지적위원회의 위원에게는 예산의 범위에서 출석수당과 여비, 그 밖의 실비를 지급할 수 있다. 다만, 공무원인 위원이 그 소관 업무와 직접적으로 관련되어 출석하는 경우에는 그러하지 아니하다.

제20조의2 【위원의 제척·기피·회피】 ① 중앙지적위원회의 위원이 다음 각 호의 어느 하나에 해당하는 경우에는 중앙지적위원회의 심의·의결에서 제척(除斥)된다.

1. 위원 또는 그 배우자나 배우자이었던 사람이 해당 안건의 당사자가 되거나 그 안건의 당사자와 공동권리자 또는 공동의무자인 경우
2. 위원이 해당 안건의 당사자와 친족이거나 친족이었던 경우
3. 위원이 해당 안건에 대하여 증언, 진술 또는 감정을 한 경우
4. 위원이나 위원이 속한 법인·단체 등이 해당 안건의 당사자의 대리인이거나 대리인이었던 경우
5. 위원이 해당 안건의 원인이 된 처분 또는 부작위에 관여한 경우

② 해당 안건의 당사자는 위원에게 공정한 심의·의결을 기대하기 어려운 사정이 있는 경우에는 중앙지적위원회에 기피 신청을 할 수 있고, 중앙지적위원회는 의결로 이를 결정한다. 이 경우 기피 신청의 대상인 위원은 그 의결에 참여하지 못한다.
③ 위원이 제1항 각 호에 따른 제척 사유에 해당하는 경우에는 스스로 해당 안건의 심의·의결에서 회피(回避)하여야 한다.

제20조의3 【위원의 해임·해촉】 국토교통부장관은 중앙지적위원회의 위원이 다음 각 호의 어느 하나에 해당하는 경우에는 해당 위원을 해임하거나 해촉(解嘱)할 수 있다.

1. 심신장애로 인하여 직무를 수행할 수 없게 된 경우
2. 직무태만, 품위손상이나 그 밖의 사유로 인하여 위원으로 적합하지 아니하다고 인정되는 경우
3. 제20조의2 제1항 각 호의 어느 하나에 해당하는 데에도 불구하고 회피하지 아니한 경우

제21조 【중앙지적위원회의 회의 등】 ① 중앙지적위원회 위원장은 회의를 소집하고 그 의장이 된다.
② 위원장이 부득이한 사유로 직무를 수행할 수 없을 때에는 부위원장이 그 직무를 대행하고, 위원장 및 부위원장이 모두 부득이한 사유로 직무를 수행할 수 없을 때에는 위원장이 미리 지명한 위원이 그 직무를 대행한다.
③ 중앙지적위원회의 회의는 재적위원 과반수의 출석으로 개의(開議)하고, 출석위원 과반수의 찬성으로 의결한다.
④ 중앙지적위원회는 관계인을 출석하게 하여 의견을 들을 수 있으며, 필요하면 현지조사를 할 수 있다.
⑤ 위원장이 중앙지적위원회의 회의를 소집할 때에는 회의 일시·장소 및 심의 안건을 회의 5일 전까지 각 위원에게 서면으로 통지하여야 한다.
⑥ 위원이 법 제29조 제6항에 따른 재심사 시 그 측량 사안에 관하여 관련이 있는 경우에는 그 안건의 심의 또는 의결에 참석할 수 없다.

제22조 【현지조사자의 지정】 제21조 제4항에 따라 중앙지적위원회가 현지조사를 하려는 경우에는 관계 공무원을 지정하여 지적측량 및 자료조사 등 현지조사를 하고 그 결과를 보고하게 할 수 있으며, 필요할 때에는 법 제24조 제1항 각 호의 어느 하나에 해당하는 자(이하 "지적측량수행자"라 한다)에게 그 소속 측량기술자 중 지적분야 측량기술자(이하 "지적기술자"라 한다)를 참여시키도록 요청할 수 있다.

제23조【지방지적위원회의 구성 등】 법 제28조 제2항에 따른 지방지적위원회의 구성 및 회의 등에 관하여는 제20조, 제20조의2, 제20조의3, 제21조 및 제22조를 준용한다. 이 경우 제20조, 제20조의2, 제20조의3, 제21조 및 제22조 중 "중앙지적위원회"는 "지방지적위원회"로, "국토교통부"는 "시·도"로, "국토교통부장관"은 "특별시장·광역시장·특별자치시장·도지사 또는 특별자치도지사"로, "법 제29조 제6항에 따른 재심사"는 "법 제29조 제1항에 따른 지적측량 적부심사"로 본다.

제24조【지적측량의 적부심사 청구 등】 ① 법 제29조 제1항에 따라 지적측량 적부심사(適否審査)를 청구하려는 자는 심사청구서에 다음 각 호의 구분에 따른 서류를 첨부하여 특별시장·광역시장·특별자치시장·도지사 또는 특별자치도지사(이하 "시·도지사"라 한다)를 거쳐 지방지적위원회에 제출하여야 한다.

1. 토지소유자 또는 이해관계인 : 지적측량을 의뢰하여 발급받은 지적측량성과
2. 지적측량수행자(지적측량수행자 소속 지적기술자가 청구하는 경우만 해당한다) : 직접 실시한 지적측량성과

② 시·도지사는 법 제29조 제2항 제3호에 따른 현황 실측도를 작성하기 위하여 필요한 경우에는 관계 공무원을 지정하여 지적측량을 하게 할 수 있으며, 필요하면 지적측량수행자에게 그 소속 지적기술자를 참여시키도록 요청할 수 있다.

제25조【지적측량의 적부심사 의결 등】 ① 지방지적위원회는 법 제29조 제4항에 따라 지적측량 적부심사를 의결하였으면 위원장과 참석위원 전원이 서명 및 날인한 지적측량 적부심사 의결서를 지체 없이 시·도지사에게 송부하여야 한다.

② 시·도지사가 법 제29조 제5항에 따라 지적측량 적부심사 의결서를 지적측량 적부심사 청구인 및 이해관계인에게 통지할 때에는 법 제29조 제6항에 따른 재심사를 청구할 수 있음을 서면으로 알려야 한다.

제26조【지적측량의 적부심사에 관한 재심사 청구 등】 ① 법 제29조 제6항에 따른 지적측량 적부심사의 재심사 청구를 하려는 자는 재심사청구서에 지방지적위원회의 지적측량 적부심사 의결서 사본을 첨부하여 국토교통부장관을 거쳐 중앙지적위원회에 제출하여야 한다.

1. 삭제
2. 삭제

② 법 제29조 제7항에 따라 중앙지적위원회가 재심사를 의결하였을 때에는 위원장과 참석위원 전원이 서명 및 날인한 의결서를 지체 없이 국토교통부장관에게 송부하여야 한다.

제3장 지적(地籍)

제1절 토지의 등록

제54조 삭제

제55조【지상 경계의 결정기준 등】 ① 법 제65조 제1항에 따른 지상 경계의 결정기준은 다음 각 호의 구분에 따른다.

1. 연접되는 토지 간에 높낮이 차이가 없는 경우 : 그 구조물 등의 중앙
2. 연접되는 토지 간에 높낮이 차이가 있는 경우 : 그 구조물 등의 하단부
3. 도로·구거 등의 토지에 절토(땅깎기)된 부분이 있는 경우 : 그 경사면의 상단부
4. 토지가 해면 또는 수면에 접하는 경우 : 최대만조위 또는 최대만수위가 되는 선
5. 공유수면매립지의 토지 중 제방 등을 토지에 편입하여 등록하는 경우 : 바깥쪽 어깨부분

② 지상 경계의 구획을 형성하는 구조물 등의 소유자가 다른 경우에는 제1항 제1호부터 제3호까지의 규정에도 불구하고 그 소유권에 따라 지상 경계를 결정한다.

③ 다음 각 호의 어느 하나에 해당하는 경우에는 지상 경계점에 법 제65조 제1항에 따른 경계점표지를 설치하여 측량할 수 있다.

1. 법 제86조 제1항에 따른 도시개발사업 등의 사업시행자가 사업지구의 경계를 결정하기 위하여 토지를 분할하려는 경우
2. 법 제87조 제1호 및 제2호에 따른 사업시행자와 행정기관의 장 또는 지방자치단체의 장이 토지를 취득하기 위하여 분할하려는 경우
3. 「국토의 계획 및 이용에 관한 법률」 제30조 제6항에 따른 도시·군관리계획 결정고시와 같은 법 제32조 제4항에 따른 지형도면 고시가 된 지역의 도시·군관리계획선에 따라 토지를 분할하려는 경우
4. 제65조 제1항에 따라 토지를 분할하려는 경우
5. 관계 법령에 따라 인가·허가 등을 받아 토지를 분할하려는 경우

④ 분할에 따른 지상 경계는 지상건축물을 걸리게 결정해서는 아니 된다. 다만, 다음 각 호의 어느 하나에 해당하는 경우에는 그러하지 아니하다.

1. 법원의 확정판결이 있는 경우
2. 법 제87조 제1호에 해당하는 토지를 분할하는 경우
3. 제3항 제1호 또는 제3호에 따라 토지를 분할하는 경우

⑤ 지적확정측량의 경계는 공사가 완료된 현황대로 결정하되, 공사가 완료된 현황이 사업계획도와 다를 때에는 미리 사업시행자에게 그 사실을 통지하여야 한다.

제56조【지번의 구성 및 부여방법 등】 ① 지번(地番)은 아라비아숫자로 표기하되, 임야대장 및 임야도에 등록하는 토지의 지번은 숫자 앞에 "산"자를 붙인다.

② 지번은 본번(本番)과 부번(副番)으로 구성하되, 본번과 부번 사이에 "-" 표시로 연결한다. 이 경우 "-" 표시는 "의"라고 읽는다.

③ 법 제66조에 따른 지번의 부여방법은 다음 각 호와 같다.

1. 지번은 북서에서 남동으로 순차적으로 부여할 것
2. 신규등록 및 등록전환의 경우에는 그 지번부여지역에서 인접토지의 본번에 부번을 붙여서 지번을 부여할 것. 다만, 다음 각 목의 어느 하나에 해당하는 경우에는 그 지번부여지역의 최종 본번의 다음 순번부터 본번으로 하여 순차적으로 지번을 부여할 수 있다.
   가. 대상토지가 그 지번부여지역의 최종 지번의 토지에 인접하여 있는 경우
   나. 대상토지가 이미 등록된 토지와 멀리 떨어져 있어서 등록된 토지의 본번에 부번을 부여하는 것이 불합리한 경우
   다. 대상토지가 여러 필지로 되어 있는 경우
3. 분할의 경우에는 분할 후의 필지 중 1필지의 지번은 분할 전의 지번으로 하고, 나머지 필지의 지번은 본번의 최종 부번 다음 순번으로 부번을 부여할 것. 이 경우 주거·사무실 등의 건축물이 있는 필지에 대해서는 분할 전의 지번을 우선하여 부여하여야 한다.
4. 합병의 경우에는 합병 대상 지번 중 선순위의 지번을 그 지번으로 하되, 본번으로 된 지번이 있을 때에는 본번 중 선순위의 지번을 합병 후의 지번으로 할 것. 이 경우 토지소유자가 합병 전의 필지에 주거·사무실 등의 건축물이 있어서 그 건축물이 위치한 지번을 합병 후의 지번으로 신청할 때에는 그 지번을 합병 후의 지번으로 부여하여야 한다.
5. 지적확정측량을 실시한 지역의 각 필지에 지번을 새로 부여하는 경우에는 다음 각 목의 지번을 제외한 본번으로 부여할 것. 다만, 부여할 수 있는 종전 지번의 수가 새로 부여할 지번의 수보다 적을 때에는 블록 단위로 하나의 본번을 부여한 후 필지별로 부번을 부여하거나, 그 지번부여지역의 최종 본번 다음 순번부터 본번으로 하여 차례로 지번을 부여할 수 있다.
   가. 지적확정측량을 실시한 지역의 종전의 지번과 지적확정측량을 실시한 지역 밖에 있는 본번이 같은 지번이 있을 때에는 그 지번
   나. 지적확정측량을 실시한 지역의 경계에 걸쳐 있는 지번

6. 다음 각 목의 어느 하나에 해당할 때에는 제5호를 준용하여 지번을 부여할 것
   가. 법 제66조 제2항에 따라 지번부여지역의 지번을 변경할 때
   나. 법 제85조 제2항에 따른 행정구역 개편에 따라 새로 지번을 부여할 때
   다. 제72조 제1항에 따라 축척변경 시행지역의 필지에 지번을 부여할 때

④ 법 제86조에 따른 도시개발사업 등이 준공되기 전에 사업시행자가 지번부여 신청을 하면 국토교통부령으로 정하는 바에 따라 지번을 부여할 수 있다.

제57조 【지번변경 승인신청 등】 ① 지적소관청은 법 제66조 제2항에 따라 지번을 변경하려면 지번변경 사유를 적은 승인신청서에 지번변경 대상지역의 지번·지목·면적·소유자에 대한 상세한 내용(이하 "지번등 명세"라 한다)을 기재하여 시·도지사 또는 대도시 시장에게 제출해야 한다. 이 경우 시·도지사 또는 대도시 시장은 「전자정부법」 제36조 제1항에 따른 행정정보의 공동이용을 통하여 지번변경 대상지역의 지적도 및 임야도를 확인해야 한다.

② 제1항에 따라 신청을 받은 시·도지사 또는 대도시 시장은 지번변경 사유 등을 심사한 후 그 결과를 지적소관청에 통지하여야 한다.

제58조 【지목의 구분】 법 제67조 제1항에 따른 지목의 구분은 다음 각 호의 기준에 따른다.

1. 전
   물을 상시적으로 이용하지 않고 곡물·원예작물(과수류는 제외한다)·약초·뽕나무·닥나무·묘목·관상수 등의 식물을 주로 재배하는 토지와 식용(食用)으로 죽순을 재배하는 토지
2. 답
   물을 상시적으로 직접 이용하여 벼·연(蓮)·미나리·왕골 등의 식물을 주로 재배하는 토지
3. 과수원
   사과·배·밤·호두·귤나무 등 과수류를 집단적으로 재배하는 토지와 이에 접속된 저장고 등 부속시설물의 부지. 다만, 주거용 건축물의 부지는 "대"로 한다.
4. 목장용지
   다음 각 목의 토지. 다만, 주거용 건축물의 부지는 "대"로 한다.
   가. 축산업 및 낙농업을 하기 위하여 초지를 조성한 토지
   나. 「축산법」 제2조 제1호에 따른 가축을 사육하는 축사 등의 부지
   다. 가목 및 나목의 토지와 접속된 부속시설물의 부지
5. 임야
   산림 및 원야(原野)를 이루고 있는 수림지(樹林地)·죽림지·암석지·자갈땅·모래땅·습지·황무지 등의 토지
6. 광천지
   지하에서 온수·약수·석유류 등이 용출되는 용출구(湧出口)와 그 유지(維持)에 사용되는 부지. 다만, 온수·약수·석유류 등을 일정한 장소로 운송하는 송수관·송유관 및 저장시설의 부지는 제외한다.
7. 염전
   바닷물을 끌어들여 소금을 채취하기 위하여 조성된 토지와 이에 접속된 제염장(製鹽場) 등 부속시설물의 부지. 다만, 천일제염 방식으로 하지 아니하고 동력으로 바닷물을 끌어들여 소금을 제조하는 공장시설물의 부지는 제외한다.
8. 대
   가. 영구적 건축물 중 주거·사무실·점포와 박물관·극장·미술관 등 문화시설과 이에 접속된 정원 및 부속시설물의 부지
   나. 「국토의 계획 및 이용에 관한 법률」 등 관계 법령에 따른 택지조성공사가 준공된 토지
9. 공장용지
   가. 제조업을 하고 있는 공장시설물의 부지
   나. 「산업집적활성화 및 공장설립에 관한 법률」 등 관계 법령에 따른 공장부지 조성공사가 준공된 토지
   다. 가목 및 나목의 토지와 같은 구역에 있는 의료시설 등 부속시설물의 부지

10. 학교용지
학교의 교사(校舍)와 이에 접속된 체육장 등 부속시설물의 부지
11. 주차장
자동차 등의 주차에 필요한 독립적인 시설을 갖춘 부지와 주차전용 건축물 및 이에 접속된 부속시설물의 부지. 다만, 다음 각 목의 어느 하나에 해당하는 시설의 부지는 제외한다.
가. 「주차장법」 제2조 제1호 가목 및 다목에 따른 노상주차장 및 부설주차장(「주차장법」 제19조 제4항에 따라 시설물의 부지 인근에 설치된 부설주차장은 제외한다)
나. 자동차 등의 판매 목적으로 설치된 물류장 및 야외전시장
12. 주유소용지
다음 각 목의 토지. 다만, 자동차·선박·기차 등의 제작 또는 정비공장 안에 설치된 급유·송유시설 등의 부지는 제외한다.
가. 석유·석유제품, 액화석유가스, 전기 또는 수소 등의 판매를 위하여 일정한 설비를 갖춘 시설물의 부지
나. 저유소(貯油所) 및 원유저장소의 부지와 이에 접속된 부속시설물의 부지
13. 창고용지
물건 등을 보관하거나 저장하기 위하여 독립적으로 설치된 보관시설물의 부지와 이에 접속된 부속시설물의 부지
14. 도로
다음 각 목의 토지. 다만, 아파트·공장 등 단일 용도의 일정한 단지 안에 설치된 통로 등은 제외한다.
가. 일반 공중(公衆)의 교통 운수를 위하여 보행이나 차량운행에 필요한 일정한 설비 또는 형태를 갖추어 이용되는 토지
나. 「도로법」 등 관계 법령에 따라 도로로 개설된 토지
다. 고속도로의 휴게소 부지
라. 2필지 이상에 진입하는 통로로 이용되는 토지
15. 철도용지
교통 운수를 위하여 일정한 궤도 등의 설비와 형태를 갖추어 이용되는 토지와 이에 접속된 역사(驛舍)·차고·발전시설 및 공작창(工作廠) 등 부속시설물의 부지
16. 제방
조수·자연유수(自然流水)·모래·바람 등을 막기 위하여 설치된 방조제·방수제·방사제·방파제 등의 부지
17. 하천
자연의 유수(流水)가 있거나 있을 것으로 예상되는 토지
18. 구거
용수(用水) 또는 배수(排水)를 위하여 일정한 형태를 갖춘 인공적인 수로·둑 및 그 부속시설물의 부지와 자연의 유수(流水)가 있거나 있을 것으로 예상되는 소규모 수로부지
19. 유지(溜池)
물이 고이거나 상시적으로 물을 저장하고 있는 댐·저수지·소류지(沼溜地)·호수·연못 등의 토지와 연·왕골 등이 자생하는 배수가 잘 되지 아니하는 토지
20. 양어장
육상에 인공으로 조성된 수산생물의 번식 또는 양식을 위한 시설을 갖춘 부지와 이에 접속된 부속시설물의 부지
21. 수도용지
물을 정수하여 공급하기 위한 취수·저수·도수(導水)·정수·송수 및 배수 시설의 부지 및 이에 접속된 부속시설물의 부지
22. 공원
일반 공중의 보건·휴양 및 정서생활에 이용하기 위한 시설을 갖춘 토지로서 「국토의 계획 및 이용에 관한 법률」에 따라 공원 또는 녹지로 결정·고시된 토지

23. 체육용지
국민의 건강증진 등을 위한 체육활동에 적합한 시설과 형태를 갖춘 종합운동장·실내체육관·야구장·골프장·스키장·승마장·경륜장 등 체육시설의 토지와 이에 접속된 부속시설물의 부지. 다만, 체육시설로서의 영속성과 독립성이 미흡한 정구장·골프연습장·실내수영장 및 체육도장과 유수(流水)를 이용한 요트장 및 카누장 등의 토지는 제외한다.
24. 유원지
일반 공중의 위락·휴양 등에 적합한 시설물을 종합적으로 갖춘 수영장·유선장(遊船場)·낚시터·어린이놀이터·동물원·식물원·민속촌·경마장·야영장 등의 토지와 이에 접속된 부속시설물의 부지. 다만, 이들 시설과의 거리 등으로 보아 독립적인 것으로 인정되는 숙식시설 및 유기장(遊技場)의 부지와 하천·구거 또는 유지[공유(公有)인 것으로 한정한다]로 분류되는 것은 제외한다.
25. 종교용지
일반 공중의 종교의식을 위하여 예배·법요·설교·제사 등을 하기 위한 교회·사찰·향교 등 건축물의 부지와 이에 접속된 부속시설물의 부지
26. 사적지
국가유산으로 지정된 역사적인 유적·고적·기념물 등을 보존하기 위하여 구획된 토지. 다만, 학교용지·공원·종교용지 등 다른 지목으로 된 토지에 있는 유적·고적·기념물 등을 보호하기 위하여 구획된 토지는 제외한다.
27. 묘지
사람의 시체나 유골이 매장된 토지, 「도시공원 및 녹지 등에 관한 법률」에 따른 묘지공원으로 결정·고시된 토지 및 「장사 등에 관한 법률」 제2조 제9호에 따른 봉안시설과 이에 접속된 부속시설물의 부지. 다만, 묘지의 관리를 위한 건축물의 부지는 "대"로 한다.
28. 잡종지
다음 각 목의 토지. 다만, 원상회복을 조건으로 돌을 캐내는 곳 또는 흙을 파내는 곳으로 허가된 토지는 제외한다.
가. 갈대밭, 실외에 물건을 쌓아두는 곳, 돌을 캐내는 곳, 흙을 파내는 곳, 야외시장 및 공동우물
나. 변전소, 송신소, 수신소 및 송유시설 등의 부지
다. 여객자동차터미널, 자동차운전학원 및 폐차장 등 자동차와 관련된 독립적인 시설물을 갖춘 부지
라. 공항시설 및 항만시설 부지
마. 도축장, 쓰레기처리장 및 오물처리장 등의 부지
바. 그 밖에 다른 지목에 속하지 않는 토지

제59조【지목의 설정방법 등】 ① 법 제67조 제1항에 따른 지목의 설정은 다음 각 호의 방법에 따른다.
1. 필지마다 하나의 지목을 설정할 것
2. 1필지가 둘 이상의 용도로 활용되는 경우에는 주된 용도에 따라 지목을 설정할 것

② 토지가 일시적 또는 임시적인 용도로 사용될 때에는 지목을 변경하지 아니한다.

제60조【면적의 결정 및 측량계산의 끝수처리】
① 면적의 결정은 다음 각 호의 방법에 따른다.
1. 토지의 면적에 1제곱미터 미만의 끝수가 있는 경우 0.5제곱미터 미만일 때에는 버리고 0.5제곱미터를 초과하는 때에는 올리며, 0.5제곱미터일 때에는 구하려는 끝자리의 숫자가 0 또는 짝수이면 버리고 홀수이면 올린다. 다만, 1필지의 면적이 1제곱미터 미만일 때에는 1제곱미터로 한다.
2. 지적도의 축척이 600분의 1인 지역과 경계점좌표등록부에 등록하는 지역의 토지 면적은 제1호에도 불구하고 제곱미터 이하 한 자리 단위로 하되, 0.1제곱미터 미만의 끝수가 있는 경우 0.05제곱미터 미만일 때에는 버리고 0.05제곱미터를 초과할 때에는 올리며, 0.05제곱미터일

때에는 구하려는 끝자리의 숫자가 0 또는 짝수이면 버리고 홀수이면 올린다. 다만, 1필지의 면적이 0.1제곱미터 미만일 때에는 0.1제곱미터로 한다.

② 방위각의 각치(角値), 종횡선의 수치 또는 거리를 계산하는 경우 구하려는 끝자리의 다음 숫자가 5 미만일 때에는 버리고 5를 초과할 때에는 올리며, 5일 때에는 구하려는 끝자리의 숫자가 0 또는 짝수이면 버리고 홀수이면 올린다. 다만, 전자계산조직을 이용하여 연산할 때에는 최종수치에만 이를 적용한다.

제2절 지적공부

제61조【지적공부의 복구】 ① 지적소관청이 법 제74조에 따라 지적공부를 복구할 때에는 멸실·훼손 당시의 지적공부와 가장 부합된다고 인정되는 관계 자료에 따라 토지의 표시에 관한 사항을 복구하여야 한다. 다만, 소유자에 관한 사항은 부동산등기부나 법원의 확정판결에 따라 복구하여야 한다.

② 제1항에 따른 지적공부의 복구에 관한 관계 자료 및 복구절차 등에 관하여 필요한 사항은 국토교통부령으로 정한다.

제62조【지적전산자료의 이용 등】 ① 법 제76조 제1항에 따라 지적공부에 관한 전산자료(이하 "지적전산자료"라 한다)를 이용하거나 활용하려는 자는 같은 조 제2항에 따라 다음 각 호의 사항을 적은 신청서를 관계 중앙행정기관의 장에게 제출하여 심사를 신청하여야 한다.

1. 자료의 이용 또는 활용 목적 및 근거
2. 자료의 범위 및 내용
3. 자료의 제공 방식, 보관 기관 및 안전관리대책 등

② 제1항에 따른 심사 신청을 받은 관계 중앙행정기관의 장은 다음 각 호의 사항을 심사한 후 그 결과를 신청인에게 통지하여야 한다.

1. 신청 내용의 타당성, 적합성 및 공익성
2. 개인의 사생활 침해 여부
3. 자료의 목적 외 사용 방지 및 안전관리대책

③ 법 제76조 제1항에 따라 지적전산자료의 이용 또는 활용 신청을 하려는 자는 지적전산자료의 이용·활용 신청서에 제2항에 따른 심사 결과를 첨부하여 국토교통부장관, 시·도지사 또는 지적소관청에 제출해야 한다. 다만, 다음 각 호의 경우에는 제2항에 따른 심사 결과를 첨부하지 않을 수 있다.

1. 법 제76조 제2항 단서에 따라 중앙행정기관의 장, 그 소속 기관의 장 또는 지방자치단체의 장이 지적전산자료의 이용 또는 활용을 신청하는 경우
2. 법 제76조 제3항 각 호의 어느 하나에 해당하는 경우로서 관계 중앙행정기관의 심사를 받지 않은 경우

④ 제3항에 따른 신청을 받은 국토교통부장관, 시·도지사 또는 지적소관청은 지적전산자료의 이용·활용 신청서 및 제2항에 따른 심사 결과(제3항 단서에 따라 지적전산자료의 이용·활용 신청서만 제출한 경우는 제외한다)를 확인한 후 지적전산자료를 제공해야 한다. 다만, 다음 각 호의 어느 하나에 해당하는 경우에는 지적전산자료를 제공하지 않을 수 있다.

1. 신청한 사항의 처리가 전산정보처리조직으로 불가능한 경우
2. 신청한 사항의 처리가 지적업무수행에 지장을 주는 경우

⑤ 국토교통부장관, 시·도지사 또는 지적소관청은 제4항에 따른 확인을 거쳐 지적전산자료를 제공했을 때에는 지적전산자료 이용·활용 대장에 그 내용을 기록·관리해야 한다.

⑥ 제4항에 따라 지적전산자료를 제공받는 자는 국토교통부령으로 정하는 사용료를 내야 한다. 다만, 국가나 지방자치단체에 대해서는 사용료를 면제한다.

제62조의2【부동산종합공부의 등록사항】 법 제76조의3 제5호에서 "대통령령으로 정하는 사항"이란 「부동산등기법」 제48조에 따른 부동산의 권리에 관한 사항을 말한다.

제62조의3【부동산종합공부의 등록사항 정정 등】 ① 지적소관청은 법 제76조의5에 따라 준용되는 법 제84조에 따른 부동산종합공부의 등록사항 정정을 위하여 법 제76조의3 각 호의 등록사항 상호 간에 일치하지 아니하는 사항(이하 이 조에서 "불일치 등록사항"이라 한다)을 확인 및 관리하여야 한다.
② 지적소관청은 제1항에 따른 불일치 등록사항에 대해서는 법 제76조의3 각 호의 등록사항을 관리하는 기관의 장에게 그 내용을 통지하여 등록사항 정정을 요청할 수 있다.
③ 제1항 및 제2항에 따른 부동산종합공부의 등록사항 정정 절차 등에 관하여 필요한 사항은 국토교통부장관이 따로 정한다.

제3절 토지의 이동 신청 및 지적정리 등

제63조【신규등록 신청】 토지소유자는 법 제77조에 따라 신규등록을 신청할 때에는 신규등록 사유를 적은 신청서에 국토교통부령으로 정하는 서류를 첨부하여 지적소관청에 제출하여야 한다.

제64조【등록전환 신청】 ① 법 제78조에 따라 등록전환을 신청할 수 있는 경우는 다음 각 호와 같다.
1. 「산지관리법」에 따른 산지전용허가・신고, 산지일시사용허가・신고, 「건축법」에 따른 건축허가・신고 또는 그 밖의 관계 법령에 따른 개발행위 허가 등을 받은 경우
2. 대부분의 토지가 등록전환되어 나머지 토지를 임야도에 계속 존치하는 것이 불합리한 경우
3. 임야도에 등록된 토지가 사실상 형질변경되었으나 지목변경을 할 수 없는 경우
4. 도시・군관리계획선에 따라 토지를 분할하는 경우

② 삭제 〈2020. 6. 9.〉
③ 토지소유자는 법 제78조에 따라 등록전환을 신청할 때에는 등록전환 사유를 적은 신청서에 국토교통부령으로 정하는 서류를 첨부하여 지적소관청에 제출하여야 한다.

제65조【분할 신청】 ① 법 제79조 제1항에 따라 분할을 신청할 수 있는 경우는 다음 각 호와 같다. 다만, 관계 법령에 따라 해당 토지에 대한 분할이 개발행위 허가 등의 대상인 경우에는 개발행위 허가 등을 받은 이후에 분할을 신청할 수 있다.
1. 소유권이전, 매매 등을 위하여 필요한 경우
2. 토지이용상 불합리한 지상 경계를 시정하기 위한 경우

② 토지소유자는 법 제79조에 따라 토지의 분할을 신청할 때에는 분할 사유를 적은 신청서에 국토교통부령으로 정하는 서류를 첨부하여 지적소관청에 제출하여야 한다. 이 경우 법 제79조 제2항에 따라 1필지의 일부가 형질변경 등으로 용도가 변경되어 분할을 신청할 때에는 제67조 제2항에 따른 지목변경 신청서를 함께 제출하여야 한다.

제66조【합병 신청】 ① 토지소유자는 법 제80조 제1항 및 제2항에 따라 토지의 합병을 신청할 때에는 합병 사유를 적은 신청서를 지적소관청에 제출하여야 한다.
② 법 제80조 제2항에서 "대통령령으로 정하는 토지"란 공장용지·학교용지·철도용지·수도용지·공원·체육용지 등 다른 지목의 토지를 말한다.
③ 법 제80조 제3항 제3호에서 "합병하려는 토지의 지적도 및 임야도의 축척이 서로 다른 경우 등 대통령령으로 정하는 경우"란 다음 각 호의 경우를 말한다.
1. 합병하려는 토지의 지적도 및 임야도의 축척이 서로 다른 경우
2. 합병하려는 각 필지가 서로 연접하지 않은 경우
3. 합병하려는 토지가 등기된 토지와 등기되지 아니한 토지인 경우
4. 합병하려는 각 필지의 지목은 같으나 일부 토지의 용도가 다르게 되어 법 제79조 제2항에 따른 분할대상 토지인 경우. 다만, 합병 신청과 동시에 토지의 용도에 따라 분할 신청을 하는 경우는 제외한다.

5. 합병하려는 토지의 소유자별 공유지분이 다른 경우
6. 합병하려는 토지가 구획정리, 경지정리 또는 축척변경을 시행하고 있는 지역의 토지와 그 지역 밖의 토지인 경우
7. 합병하려는 토지 소유자의 주소가 서로 다른 경우. 다만, 제1항에 따른 신청을 접수받은 지적소관청이 「전자정부법」 제36조 제1항에 따른 행정정보의 공동이용을 통하여 다음 각 목의 사항을 확인(신청인이 주민등록표 초본 확인에 동의하지 않는 경우에는 해당 자료를 첨부하도록 하여 확인)한 결과 토지 소유자가 동일인임을 확인할 수 있는 경우는 제외한다.
   가. 토지등기사항증명서
   나. 법인등기사항증명서(신청인이 법인인 경우만 해당한다)
   다. 주민등록표 초본(신청인이 개인인 경우만 해당한다)

제67조 【지목변경 신청】 ① 법 제81조에 따라 지목변경을 신청할 수 있는 경우는 다음 각 호와 같다.
1. 「국토의 계획 및 이용에 관한 법률」 등 관계 법령에 따른 토지의 형질변경 등의 공사가 준공된 경우
2. 토지나 건축물의 용도가 변경된 경우
3. 법 제86조에 따른 도시개발사업 등의 원활한 추진을 위하여 사업시행자가 공사 준공 전에 토지의 합병을 신청하는 경우

② 토지소유자는 법 제81조에 따라 지목변경을 신청할 때에는 지목변경 사유를 적은 신청서에 국토교통부령으로 정하는 서류를 첨부하여 지적소관청에 제출하여야 한다.

제68조 【바다로 된 토지의 등록말소 및 회복】
① 법 제82조 제2항에 따라 토지소유자가 등록말소 신청을 하지 아니하면 지적소관청이 직권으로 그 지적공부의 등록사항을 말소하여야 한다.
② 지적소관청은 법 제82조 제3항에 따라 회복등록을 하려면 그 지적측량성과 및 등록말소 당시의 지적공부 등 관계 자료에 따라야 한다.
③ 제1항 및 제2항에 따라 지적공부의 등록사항을 말소하거나 회복등록하였을 때에는 그 정리 결과를 토지소유자 및 해당 공유수면의 관리청에 통지하여야 한다.

제69조 【축척변경 신청】 법 제83조 제2항에 따라 축척변경을 신청하는 토지소유자는 축척변경 사유를 적은 신청서에 국토교통부령으로 정하는 서류를 첨부하여 지적소관청에 제출하여야 한다.

제70조 【축척변경 승인신청】 ① 지적소관청은 법 제83조 제2항에 따라 축척변경을 할 때에는 축척변경 사유를 적은 승인신청서에 다음 각 호의 서류를 첨부하여 시·도지사 또는 대도시 시장에게 제출하여야 한다. 이 경우 시·도지사 또는 대도시 시장은 「전자정부법」 제36조 제1항에 따른 행정정보의 공동이용을 통하여 축척변경 대상지역의 지적도를 확인하여야 한다.
1. 축척변경의 사유
2. 삭제
3. 지번 등 명세
4. 법 제83조 제3항에 따른 토지소유자의 동의서
5. 법 제83조 제1항에 따른 축척변경위원회(이하 "축척변경위원회"라 한다)의 의결서 사본
6. 그 밖에 축척변경 승인을 위하여 시·도지사 또는 대도시 시장이 필요하다고 인정하는 서류

② 제1항에 따른 신청을 받은 시·도지사 또는 대도시 시장은 축척변경 사유 등을 심사한 후 그 승인 여부를 지적소관청에 통지하여야 한다.

제71조 【축척변경 시행공고 등】 ① 지적소관청은 법 제83조 제3항에 따라 시·도지사 또는 대도시 시장으로부터 축척변경 승인을 받았을 때에는 지체 없이 다음 각 호의 사항을 20일 이상 공고하여야 한다.
1. 축척변경의 목적, 시행지역 및 시행기간
2. 축척변경의 시행에 관한 세부계획
3. 축척변경의 시행에 따른 청산방법
4. 축척변경의 시행에 따른 토지소유자 등의 협조에 관한 사항

② 제1항에 따른 시행공고는 시·군·구(자치구가 아닌 구를 포함한다) 및 축척변경 시행지역 동·리의 게시판에 주민이 볼 수 있도록 게시하여야 한다.
③ 축척변경 시행지역의 토지소유자 또는 점유자는 시행공고가 된 날(이하 "시행공고일"이라 한다)부터 30일 이내에 시행공고일 현재 점유하고 있는 경계에 국토교통부령으로 정하는 경계점표지를 설치하여야 한다.

제72조 【토지의 표시 등】 ① 지적소관청은 축척변경 시행지역의 각 필지별 지번·지목·면적·경계 또는 좌표를 새로 정하여야 한다.
② 지적소관청이 축척변경을 위한 측량을 할 때에는 제71조 제3항에 따라 토지소유자 또는 점유자가 설치한 경계점표지를 기준으로 새로운 축척에 따라 면적·경계 또는 좌표를 정하여야 한다.
③ 법 제83조 제3항 단서에 따라 축척을 변경할 때에는 제1항에도 불구하고 각 필지별 지번·지목 및 경계는 종전의 지적공부에 따르고 면적만 새로 정하여야 한다.
④ 제3항에 따른 축척변경절차 및 면적결정방법 등에 관하여 필요한 사항은 국토교통부령으로 정한다.

제73조 【축척변경 지번별 조서의 작성】 지적소관청은 제72조 제2항에 따라 축척변경에 관한 측량을 완료하였을 때에는 시행공고일 현재의 지적공부상의 면적과 측량 후의 면적을 비교하여 그 변동사항을 표시한 축척변경 지번별 조서를 작성하여야 한다.

제74조 【지적공부정리 등의 정지】 지적소관청은 축척변경 시행기간 중에는 축척변경 시행지역의 지적공부정리와 경계복원측량(제71조 제3항에 따른 경계점표지의 설치를 위한 경계복원측량은 제외한다)을 제78조에 따른 축척변경 확정공고일까지 정지하여야 한다. 다만, 축척변경위원회의 의결이 있는 경우에는 그러하지 아니하다.

제75조 【청산금의 산정】 ① 지적소관청은 축척변경에 관한 측량을 한 결과 측량 전에 비하여 면적의 증감이 있는 경우에는 그 증감면적에 대하여 청산을 하여야 한다. 다만, 다음 각 호의 어느 하나에 해당하는 경우에는 그러하지 아니하다.

1. 필지별 증감면적이 제19조 제1항 제2호 가목에 따른 허용범위 이내인 경우. 다만, 축척변경위원회의 의결이 있는 경우는 제외한다.
2. 토지소유자 전원이 청산하지 아니하기로 합의하여 서면으로 제출한 경우

② 제1항 본문에 따라 청산을 할 때에는 축척변경위원회의 의결을 거쳐 지번별로 제곱미터당 금액(이하 "지번별 제곱미터당 금액"이라 한다)을 정하여야 한다. 이 경우 지적소관청은 시행공고일 현재를 기준으로 그 축척변경 시행지역의 토지에 대하여 지번별 제곱미터당 금액을 미리 조사하여 축척변경위원회에 제출하여야 한다.
③ 청산금은 제73조에 따라 작성된 축척변경 지번별 조서의 필지별 증감면적에 제2항에 따라 결정된 지번별 제곱미터당 금액을 곱하여 산정한다.
④ 지적소관청은 청산금을 산정하였을 때에는 청산금 조서(축척변경 지번별 조서에 필지별 청산금 명세를 적은 것을 말한다)를 작성하고, 청산금이 결정되었다는 뜻을 제71조 제2항의 방법에 따라 15일 이상 공고하여 일반인이 열람할 수 있게 하여야 한다.
⑤ 제3항에 따라 청산금을 산정한 결과 증가된 면적에 대한 청산금의 합계와 감소된 면적에 대한 청산금의 합계에 차액이 생긴 경우 초과액은 그 지방자치단체(「제주특별자치도 설치 및 국제자유도시 조성을 위한 특별법」 제10조 제2항에 따른 행정시의 경우에는 해당 행정시가 속한 특별자치도를 말하고, 「지방자치법」 제3조 제3항에 따른 자치구가 아닌 구의 경우에는 해당 구가 속한 시를 말한다. 이하 이 항에서 같다)의 수입으로 하고, 부족액은 그 지방자치단체가 부담한다.

제76조 【청산금의 납부고지 등】 ① 지적소관청은 제75조 제4항에 따라 청산금의 결정을 공고한 날부터 20일 이내에 토지소유자에게 청산금의 납부고지 또는 수령통지를 하여야 한다.
② 제1항에 따른 납부고지를 받은 자는 그 고지를 받은 날부터 6개월 이내에 청산금을 지적소관청에 내야 한다.
③ 지적소관청은 제1항에 따른 수령통지를 한 날부터 6개월 이내에 청산금을 지급하여야 한다.
④ 지적소관청은 청산금을 지급받을 자가 행방불명 등으로 받을 수 없거나 받기를 거부할 때에는 그 청산금을 공탁할 수 있다.
⑤ 지적소관청은 청산금을 내야 하는 자가 제77조 제1항에 따른 기간 내에 청산금에 관한 이의신청을 하지 아니하고 제2항에 따른 기간 내에 청산금을 내지 아니하면 「지방행정제재ㆍ부과금의 징수 등에 관한 법률」에 따라 징수할 수 있다.

제77조 【청산금에 관한 이의신청】 ① 제76조 제1항에 따라 납부고지되거나 수령통지된 청산금에 관하여 이의가 있는 자는 납부고지 또는 수령통지를 받은 날부터 1개월 이내에 지적소관청에 이의신청을 할 수 있다.
② 제1항에 따른 이의신청을 받은 지적소관청은 1개월 이내에 축척변경위원회의 심의·의결을 거쳐 그 인용(認容) 여부를 결정한 후 지체 없이 그 내용을 이의신청인에게 통지하여야 한다.

제78조 【축척변경의 확정공고】 ① 청산금의 납부 및 지급이 완료되었을 때에는 지적소관청은 지체 없이 축척변경의 확정공고를 하여야 한다.
② 지적소관청은 제1항에 따른 확정공고를 하였을 때에는 지체 없이 축척변경에 따라 확정된 사항을 지적공부에 등록하여야 한다.
③ 축척변경 시행지역의 토지는 제1항에 따른 확정공고일에 토지의 이동이 있는 것으로 본다.

제79조 【축척변경위원회의 구성 등】 ① 축척변경위원회는 5명 이상 10명 이하의 위원으로 구성하되, 위원의 2분의 1 이상을 토지소유자로 하여야 한다. 이 경우 그 축척변경 시행지역의 토지소유자가 5명 이하일 때에는 토지소유자 전원을 위원으로 위촉하여야 한다.
② 위원장은 위원 중에서 지적소관청이 지명한다.
③ 위원은 다음 각 호의 사람 중에서 지적소관청이 위촉한다.
1. 해당 축척변경 시행지역의 토지소유자로서 지역 사정에 정통한 사람
2. 지적에 관하여 전문지식을 가진 사람
④ 축척변경위원회의 위원에게는 예산의 범위에서 출석수당과 여비, 그 밖의 실비를 지급할 수 있다. 다만, 공무원인 위원이 그 소관 업무와 직접적으로 관련되어 출석하는 경우에는 그러하지 아니하다.

제80조 【축척변경위원회의 기능】 축척변경위원회는 지적소관청이 회부하는 다음 각 호의 사항을 심의·의결한다.
1. 축척변경 시행계획에 관한 사항
2. 지번별 제곱미터당 금액의 결정과 청산금의 산정에 관한 사항
3. 청산금의 이의신청에 관한 사항
4. 그 밖에 축척변경과 관련하여 지적소관청이 회의에 부치는 사항

제81조 【축척변경위원회의 회의】 ① 축척변경위원회의 회의는 지적소관청이 제80조 각 호의 어느 하나에 해당하는 사항을 축척변경위원회에 회부하거나 위원장이 필요하다고 인정할 때에 위원장이 소집한다.
② 축척변경위원회의 회의는 위원장을 포함한 재적위원 과반수의 출석으로 개의(開議)하고, 출석위원 과반수의 찬성으로 의결한다.
③ 위원장은 축척변경위원회의 회의를 소집할 때에는 회의일시·장소 및 심의안건을 회의 개최 5일 전까지 각 위원에게 서면으로 통지하여야 한다.

제82조 【등록사항의 직권정정 등】 ① 지적소관청이 법 제84조 제2항에 따라 지적공부의 등록사항에 잘못이 있는지를 직권으로 조사·측량하여 정정할 수 있는 경우는 다음 각 호와 같다.

1. 제84조 제2항에 따른 토지이동정리 결의서의 내용과 다르게 정리된 경우
2. 지적도 및 임야도에 등록된 필지가 면적의 증감 없이 경계의 위치만 잘못된 경우
3. 1필지가 각각 다른 지적도나 임야도에 등록되어 있는 경우로서 지적공부에 등록된 면적과 측량한 실제면적은 일치하지만 지적도나 임야도에 등록된 경계가 서로 접합되지 않아 지적도나 임야도에 등록된 경계를 지상의 경계에 맞추어 정정하여야 하는 토지가 발견된 경우
4. 지적공부의 작성 또는 재작성 당시 잘못 정리된 경우
5. 지적측량성과와 다르게 정리된 경우
6. 법 제29조 제10항에 따라 지적공부의 등록사항을 정정하여야 하는 경우
7. 지적공부의 등록사항이 잘못 입력된 경우
8. 「부동산등기법」 제37조 제2항에 따른 통지가 있는 경우(지적소관청의 착오로 잘못 합병한 경우만 해당한다)
9. 법률 제2801호 지적법개정법률 부칙 제3조에 따른 면적 환산이 잘못된 경우

② 지적소관청은 제1항 각 호의 어느 하나에 해당하는 토지가 있을 때에는 지체 없이 관계 서류에 따라 지적공부의 등록사항을 정정하여야 한다.
③ 지적공부의 등록사항 중 경계나 면적 등 측량을 수반하는 토지의 표시가 잘못된 경우에는 지적소관청은 그 정정이 완료될 때까지 지적측량을 정지시킬 수 있다. 다만, 잘못 표시된 사항의 정정을 위한 지적측량은 그러하지 아니하다.

제83조 【토지개발사업 등의 범위 및 신고】 ① 법 제86조 제1항에서 "대통령령으로 정하는 토지개발사업"이란 다음 각 호의 사업을 말한다.

1. 「주택법」에 따른 주택건설사업
2. 「택지개발촉진법」에 따른 택지개발사업
3. 「산업입지 및 개발에 관한 법률」에 따른 산업단지개발사업
4. 「도시 및 주거환경정비법」에 따른 정비사업
5. 「지역 개발 및 지원에 관한 법률」에 따른 지역개발사업
6. 「체육시설의 설치·이용에 관한 법률」에 따른 체육시설 설치를 위한 토지개발사업
7. 「관광진흥법」에 따른 관광단지 개발사업
8. 「공유수면 관리 및 매립에 관한 법률」에 따른 매립사업
9. 「항만법」, 「신항만건설촉진법」에 따른 항만개발사업 및 「항만 재개발 및 주변지역 발전에 관한 법률」에 따른 항만재개발사업
10. 「공공주택 특별법」에 따른 공공주택지구조성사업
11. 「물류시설의 개발 및 운영에 관한 법률」 및 「경제자유구역의 지정 및 운영에 관한 특별법」에 따른 개발사업
12. 「철도의 건설 및 철도시설 유지관리에 관한 법률」에 따른 고속철도, 일반철도 및 광역철도 건설사업
13. 「도로법」에 따른 고속국도 및 일반국도 건설사업
14. 그 밖에 제1호부터 제13호까지의 사업과 유사한 경우로서 국토교통부장관이 고시하는 요건에 해당하는 토지개발사업

② 법 제86조 제1항에 따른 도시개발사업 등의 착수·변경 또는 완료 사실의 신고는 그 사유가 발생한 날부터 15일 이내에 하여야 한다.
③ 법 제86조 제2항에 따른 토지의 이동 신청은 그 신청대상지역이 환지(換地)를 수반하는 경우에는 법 제86조 제1항에 따른 사업완료 신고로써 이를 갈음할 수 있다. 이 경우 사업완료 신고서에 법 제86조 제2항에 따른 토지의 이동 신청을 갈음한다는 뜻을 적어야 한다.
④ 「주택법」에 따른 주택건설사업의 시행자가 파산 등의 이유로 토지의 이동 신청을 할 수 없을 때에는 그 주택의 시공을 보증한 자 또는 입주예정자 등이 신청할 수 있다.

제84조【지적공부의 정리 등】 ① 지적소관청은 지적공부가 다음 각 호의 어느 하나에 해당하는 경우에는 지적공부를 정리하여야 한다. 이 경우 이미 작성된 지적공부에 정리할 수 없을 때에는 새로 작성하여야 한다.

1. 법 제66조 제2항에 따라 지번을 변경하는 경우
2. 법 제74조에 따라 지적공부를 복구하는 경우
3. 법 제77조부터 제86조까지의 규정에 따른 신규등록·등록전환·분할·합병·지목변경 등 토지의 이동이 있는 경우

② 지적소관청은 제1항에 따른 토지의 이동이 있는 경우에는 토지이동정리 결의서를 작성하여야 하고, 토지소유자의 변동 등에 따라 지적공부를 정리하려는 경우에는 소유자정리 결의서를 작성하여야 한다.

③ 제1항 및 제2항에 따른 지적공부의 정리방법, 토지이동정리 결의서 및 소유자정리 결의서 작성방법 등에 관하여 필요한 사항은 국토교통부령으로 정한다.

제85조【지적정리 등의 통지】 지적소관청이 법 제90조에 따라 토지소유자에게 지적정리 등을 통지하여야 하는 시기는 다음 각 호의 구분에 따른다.

1. 토지의 표시에 관한 변경등기가 필요한 경우 : 그 등기완료의 통지서를 접수한 날부터 15일 이내
2. 토지의 표시에 관한 변경등기가 필요하지 아니한 경우 : 지적공부에 등록한 날부터 7일 이내

제85조의2【연속지적도 정보관리체계의 구축·운영】 ① 국토교통부 장관은 법 제90조의2 제4항에 따른 연속지적도 정보관리체계(이하 "연속지적도 정보관리체계"라 한다)의 구축·운영을 위해 다음 각 호의 업무를 수행할 수 있다.

1. 연속지적도 정보관리체계의 구축·운영에 관한 연구개발 및 기술지원
2. 연속지적도 정보관리체계의 표준화 및 고도화
3. 연속지적도 정보관리체계를 이용한 정보의 공동 활용 촉진
4. 연속지적도를 이용·활용하는 법인, 단체 또는 기관 간의 상호 연계·협력 및 공동사업의 추진 지원
5. 그 밖에 연속지적도 정보관리체계의 구축·운영을 위하여 필요한 사항

② 제1항에서 정하는 사항 외에 연속지적도 정보관리체계의 구축·운영에 필요한 세부사항은 국토교통부장관이 정하여 고시한다.

제85조의3【연속지적도 관리 등 업무의 위탁】 ① 법 제90조의2 제5항에서 "대통령령으로 정하는 법인, 단체 또는 기관"이란 다음 각 호의 어느 하나에 해당하는 법인, 단체 또는 기관을 말한다.

1. 한국국토정보공사
2. 법 제90조의2 제2항에 따른 연속지적도의 관리·정비 업무 또는 같은 조 제4항에 따른 연속지적도 정보관리체계의 구축·운영에 관한 업무의 수행에 필요한 전문인력과 장비를 갖추고 있다고 인정되어 국토교통부장관이 고시하는 법인, 단체 또는 기관

② 지적소관청은 법 제90조의2 제5항에 따라 같은 조 제2항에 따른 연속지적도의 관리·정비 업무를 위탁하는 경우에는 위탁받는 법인, 단체 또는 기관과 위탁업무의 내용 및 위탁기관을 해당 기관의 공보 및 인터넷 홈페이지에 고시해야 한다.

③ 국토교통부장관은 법 제90조의2 제5항에 따라 같은 조 제4항에 따른 연속지적도 정보관리체계의 구축·운영 업무를 위탁하는 경우에는 위탁받는 법인, 단체 또는 기관과 위탁업무의 내용 및 위탁기간을 관보 및 인터넷 홈페이지에 고시해야 한다.

공간정보의 구축 및 관리 등에 관한 법률 시행규칙

[시행 2024.9.20.] [국토교통부령 제1387호, 2024.9.20, 일부개정]

제2장 측량 및 수로조사

제4절 지적측량

제25조【지적측량 의뢰 등】 ① 법 제24조 제1항에 따라 지적측량을 의뢰하려는 자는 별지 제15호 서식의 지적측량 의뢰서(전자문서로 된 의뢰서를 포함한다)에 의뢰 사유를 증명하는 서류(전자문서를 포함한다)를 첨부하여 지적측량수행자에게 제출하여야 한다.

② 지적측량수행자는 제1항에 따른 지적측량 의뢰를 받은 때에는 측량기간, 측량일자 및 측량 수수료 등을 적은 별지 제16호 서식의 지적측량 수행계획서를 그 다음 날까지 지적소관청에 제출하여야 한다. 제출한 지적측량 수행계획서를 변경한 경우에도 같다.

③ 지적측량의 측량기간은 5일로 하며, 측량검사기간은 4일로 한다. 다만, 지적기준점을 설치하여 측량 또는 측량검사를 하는 경우 지적기준점이 15점 이하인 경우에는 4일을, 15점을 초과하는 경우에는 4일에 15점을 초과하는 4점마다 1일을 가산한다.

④ 제3항에도 불구하고 지적측량 의뢰인과 지적측량수행자가 서로 합의하여 따로 기간을 정하는 경우에는 그 기간에 따르되, 전체 기간의 4분의 3은 측량기간으로, 전체 기간의 4분의 1은 측량검사기간으로 본다.

⑤ 삭제

제26조【지적기준점성과의 열람 및 등본발급】 ① 법 제27조에 따라 지적측량기준점성과 또는 그 측량부를 열람하거나 등본을 발급받으려는 자는 지적삼각점성과에 대해서는 특별시장·광역시장·특별자치시장·도지사 또는 특별자치도지사(이하 "시·도지사"라 한다) 또는 지적소관청에 신청하고, 지적삼각보조점성과 및 지적도근점성과에 대해서는 지적소관청에 신청하여야 한다.

② 제1항에 따른 지적측량기준점성과 또는 그 측량부의 열람 및 등본발급 신청서는 별지 제17호 서식과 같다.

③ 지적측량기준점성과 또는 그 측량부의 열람이나 등본 발급 신청을 받은 해당 기관은 이를 열람하게 하거나 별지 제18호 서식의 지적측량기준점성과 등본을 발급하여야 한다.

제26조의2【지적위원회 위원 제척·기피 신청서】 영 제20조의2 및 제23조에 따른 중앙 및 지방 지적위원회 위원의 제척·기피 신청서는 별지 제18호의2 서식과 같다.

제27조【지적측량 적부심사 청구서】 영 제24조 제1항 및 제26조 제1항에 따른 지적측량 적부심사와 재심사의 청구서는 별지 제19호 서식과 별지 제20호 서식과 같다.

제28조【지적측량 적부심사 의결서】 영 제25조에 따른 지적측량 적부심사의 의결서 및 영 제26조에 따른 재심사의 의결서는 별지 제21호 서식과 같다.

제3장 지적(地籍)

제1절 토지의 등록

제59조【토지의 조사·등록】 ① 지적소관청은 법 제64조 제2항 단서에 따라 토지의 이동현황을 직권으로 조사·측량하여 토지의 지번·지목·면적·경계 또는 좌표를 결정하려는 때에는 토지이동현황 조사계획을 수립하여야 한다. 이 경우 토지이동현황 조사계획은 시·군·구별로 수립하되, 부득이한 사유가 있는 때에는 읍·면·동별로 수립할 수 있다.

② 지적소관청은 제1항에 따른 토지이동현황 조사계획에 따라 토지의 이동현황을 조사한 때에는 별지 제55호 서식의 토지이동 조사부에 토지의 이동현황을 적어야 한다.

③ 지적소관청은 제2항에 따른 토지이동현황 조사 결과에 따라 토지의 지번·지목·면적·경계 또는 좌표를 결정한 때에는 이에 따라 지적공부를 정리하여야 한다.

④ 지적소관청은 제3항에 따라 지적공부를 정리하려는 때에는 제2항에 따른 토지이동 조사부를 근거로 별지 제56호 서식의 토지이동 조서를 작성하여 별지 제57호 서식의 토지이동정리 결의서에 첨부하여야 하며, 토지이동조서의 아래 부분 여백에 "「공간정보의 구축 및 관리 등에 관한 법률」 제64조 제2항 단서에 따른 직권정리"라고 적어야 한다.

第60條【지상 경계점 등록부 작성 등】 ① 법 제65조 제2항 제4호에 따른 경계점 위치 설명도의 작성 등에 관하여 필요한 사항은 국토교통부장관이 정한다.

② 법 제65조 제2항 제5호에서 "그 밖에 국토교통부령으로 정하는 사항"이란 다음 각 호의 사항을 말한다.

1. 공부상 지목과 실제 토지이용 지목
2. 경계점의 사진 파일
3. 경계점표지의 종류 및 경계점 위치

③ 법 제65조 제2항에 따른 지상 경계점 등록부는 별지 제58호 서식과 같다.

④ 법 제65조 제3항에 따른 경계점표지의 규격과 재질은 별표 6과 같다.

第61條【도시개발사업 등 준공 전 지번부여】 지적소관청은 영 제56조 제4항에 따라 도시개발사업 등이 준공되기 전에 지번을 부여하는 때에는 제95조 제1항 제3호의 사업계획도에 따르되, 영 제56조 제3항 제5호에 따라 부여하여야 한다.

第62條【지번변경 승인신청서 등】 영 제57조 제1항에 따른 지번변경 승인신청서는 별지 제59호 서식과 같고, 같은 항에 따른 지번 등 명세는 별지 제60호 서식과 같다.

第63條【결번대장의 비치】 지적소관청은 행정구역의 변경, 도시개발사업의 시행, 지번변경, 축척변경, 지번정정 등의 사유로 지번에 결번이 생긴 때에는 지체 없이 그 사유를 별지 제61호 서식의 결번대장에 적어 영구히 보존하여야 한다.

第64條【지목의 표기방법】 지목을 지적도 및 임야도(이하 "지적도면"이라 한다)에 등록하는 때에는 다음의 부호로 표기하여야 한다.

지 목	부 호	지 목	부 호
전	전	철도용지	철
답	답	제 방	제
과수원	과	하 천	천
목장용지	목	구 거	구
임 야	임	유 지	유
광천지	광	양어장	양
염 전	염	수도용지	수
대	대	공 원	공
공장용지	장	체육용지	체
학교용지	학	유원지	원
주차장	차	종교용지	종
주유소용지	주	사적지	사
창고용지	창	묘 지	묘
도 로	도	잡종지	잡

제2절 지적공부

第65條【지적서고의 설치기준 등】 ① 법 제69조 제1항에 따른 지적서고는 지적사무를 처리하는 사무실과 연접(連接)하여 설치하여야 한다.

② 제1항에 따른 지적서고의 구조는 다음 각 호의 기준에 따라야 한다.

1. 골조는 철근콘크리트 이상의 강질로 할 것
2. 지적서고의 면적은 별표 7의 기준면적에 따를 것

3. 바닥과 벽은 2중으로 하고 영구적인 방수설비를 할 것
4. 창문과 출입문은 2중으로 하되, 바깥쪽 문은 반드시 철제로 하고 안쪽 문은 곤충·쥐 등의 침입을 막을 수 있도록 철망 등을 설치할 것
5. 온도 및 습도 자동조절장치를 설치하고, 연중 평균온도는 섭씨 20±5도를, 연중평균습도는 65±5퍼센트를 유지할 것
6. 전기시설을 설치하는 때에는 단독퓨즈를 설치하고 소화장비를 갖춰 둘 것
7. 열과 습도의 영향을 받지 아니하도록 내부공간을 넓게 하고 천장을 높게 설치할 것

③ 지적서고는 다음 각 호의 기준에 따라 관리하여야 한다.

1. 지적서고는 제한구역으로 지정하고, 출입자를 지적사무담당공무원으로 한정할 것
2. 지적서고에는 인화물질의 반입을 금지하며, 지적공부, 지적 관계 서류 및 지적측량장비만 보관할 것

④ 지적공부 보관상자는 벽으로부터 15센티미터 이상 띄워야 하며, 높이 10센티미터 이상의 깔판 위에 올려놓아야 한다.

제66조 【지적공부의 보관방법 등】 ① 부책(簿冊)으로 된 토지대장·임야대장 및 공유지연명부는 지적공부 보관상자에 넣어 보관하고, 카드로 된 토지대장·임야대장·공유지연명부·대지권등록부 및 경계점좌표등록부는 100장 단위로 바인더(binder)에 넣어 보관하여야 한다.

② 일람도·지번색인표 및 지적도면은 지번부여지역별로 도면번호순으로 보관하되, 각 장별로 보호대에 넣어야 한다.

③ 법 제69조 제2항에 따라 지적공부를 정보처리시스템을 통하여 기록·보존하는 때에는 그 지적공부를 「공공기관의 기록물 관리에 관한 법률」 제19조 제2항에 따라 기록물관리기관에 이관할 수 있다.

제67조 【지적공부의 반출승인 절차】 ① 지적소관청이 법 제69조 제1항에 따라 지적공부를 그 시·군·구의 청사 밖으로 반출하려는 경우에는 시·도지사 또는 대도시 시장에게 지적공부 반출사유를 적은 별지 제62호 서식의 승인신청서를 제출해야 한다.

② 제1항에 따른 신청을 받은 시·도지사 또는 대도시 시장은 지적공부 반출사유 등을 심사한 후 그 승인 여부를 지적소관청에 통지하여야 한다.

제68조 【토지대장 등의 등록사항 등】 ① 법 제71조에 따른 토지대장·임야대장·공유지연명부 및 대지권등록부는 각각 별지 제63호 서식부터 별지 제66호 서식까지와 같다.

② 법 제71조 제1항 제6호에서 "그 밖에 국토교통부령으로 정하는 사항"이란 다음 각 호의 사항을 말한다.

1. 토지의 고유번호(각 필지를 서로 구별하기 위하여 필지마다 붙이는 고유한 번호를 말한다. 이하 같다)
2. 지적도 또는 임야도의 번호와 필지별 토지대장 또는 임야대장의 장번호 및 축척
3. 토지의 이동사유
4. 토지소유자가 변경된 날과 그 원인
5. 토지등급 또는 기준수확량등급과 그 설정·수정 연월일
6. 개별공시지가와 그 기준일
7. 그 밖에 국토교통부장관이 정하는 사항

③ 법 제71조 제2항 제5호에서 "그 밖에 국토교통부령으로 정하는 사항"이란 다음 각 호의 사항을 말한다.

1. 토지의 고유번호
2. 필지별 공유지연명부의 장번호
3. 토지소유자가 변경된 날과 그 원인

④ 법 제71조 제3항 제5호에서 "그 밖에 국토교통부령으로 정하는 사항"이란 다음 각 호의 사항을 말한다.

1. 토지의 고유번호
2. 전유부분(專有部分)의 건물표시

3. 건물의 명칭
4. 집합건물별 대지권등록부의 장번호
5. 토지소유자가 변경된 날과 그 원인
6. 소유권 지분

⑤ 토지의 고유번호를 붙이는 데에 필요한 사항은 국토교통부장관이 정한다.

제69조【지적도면 등의 등록사항 등】 ① 법 제72조에 따른 지적도 및 임야도는 각각 별지 제67호 서식 및 별지 제68호 서식과 같다.

② 법 제72조 제5호에서 "그 밖에 국토교통부령으로 정하는 사항"이란 다음 각 호의 사항을 말한다.

1. 지적도면의 색인도(인접도면의 연결 순서를 표시하기 위하여 기재한 도표와 번호를 말한다)
2. 지적도면의 제명 및 축척
3. 도곽선(圖廓線)과 그 수치
4. 좌표에 의하여 계산된 경계점 간의 거리(경계점좌표등록부를 갖춰 두는 지역으로 한정한다)
5. 삼각점 및 지적기준점의 위치
6. 건축물 및 구조물 등의 위치
7. 그 밖에 국토교통부장관이 정하는 사항

③ 경계점좌표등록부를 갖춰 두는 지역의 지적도에는 해당 도면의 제명 끝에 "(좌표)"라고 표시하고, 도곽선의 오른쪽 아래 끝에 "이 도면에 의하여 측량을 할 수 없음"이라고 적어야 한다.

④ 지적도면에는 지적소관청의 직인을 날인하여야 한다. 다만, 정보처리시스템을 이용하여 관리하는 지적도면의 경우에는 그러하지 아니하다.

⑤ 지적소관청은 지적도면의 관리에 필요한 경우에는 지번부여지역마다 일람도와 지번색인표를 작성하여 갖춰 둘 수 있다.

⑥ 지적도면의 축척은 다음 각 호의 구분에 따른다.

1. 지적도 : 1/500, 1/600, 1/1000, 1/1200, 1/2400, 1/3000, 1/6000
2. 임야도 : 1/3000, 1/6000

제70조【지적도면의 복사】 ① 국가기관, 지방자치단체 또는 지적측량수행자가 지적도면(정보처리시스템에 구축된 지적도면 데이터 파일을 포함한다. 이하 이 조에서 같다)을 복사하려는 경우에는 지적도면 복사의 목적, 사업계획 등을 적은 신청서를 지적소관청에 제출하여야 한다.

② 제1항에 따른 신청을 받은 지적소관청은 신청내용을 심사한 후 그 타당성을 인정하는 때에 지적도면을 복사할 수 있게 하여야 한다. 이 경우 복사 과정에서 지적도면을 손상시킬 염려가 있으면 지적도면의 복사를 정지시킬 수 있다.

③ 제2항에 따라 복사한 지적도면은 신청 당시의 목적 외의 용도로는 사용할 수 없다.

제71조【경계점좌표등록부의 등록사항 등】 ① 법 제73조의 경계점좌표등록부는 별지 제69호 서식과 같다.

② 법 제73조에 따라 경계점좌표등록부를 갖춰 두는 토지는 지적확정측량 또는 축척변경을 위한 측량을 실시하여 경계점을 좌표로 등록한 지역의 토지로 한다.

③ 법 제73조 제4호에서 "그 밖에 국토교통부령으로 정하는 사항"이란 다음 각 호의 사항을 말한다.

1. 토지의 고유번호
2. 지적도면의 번호
3. 필지별 경계점좌표등록부의 장번호
4. 부호 및 부호도

제72조【지적공부의 복구자료】 영 제61조 제1항에 따른 지적공부의 복구에 관한 관계 자료(이하 "복구자료"라 한다)는 다음 각 호와 같다.

1. 지적공부의 등본
2. 측량 결과도
3. 토지이동정리 결의서
4. 토지(건물)등기사항증명서 등 등기사실을 증명하는 서류
5. 지적소관청이 작성하거나 발행한 지적공부의 등록내용을 증명하는 서류
6. 법 제69조 제3항에 따라 복제된 지적공부
7. 법원의 확정판결서 정본 또는 사본

제73조 【지적공부의 복구절차 등】 ① 지적소관청은 법 제74조 및 영 제61조 제1항에 따라 지적공부를 복구하려는 경우에는 제72조 각 호의 복구자료를 조사하여야 한다.

② 지적소관청은 제1항에 따라 조사된 복구자료 중 토지대장·임야대장 및 공유지연명부의 등록 내용을 증명하는 서류 등에 따라 별지 제70호 서식의 지적복구자료 조사서를 작성하고, 지적도면의 등록 내용을 증명하는 서류 등에 따라 복구자료도를 작성하여야 한다.

③ 제2항에 따라 작성된 복구자료도에 따라 측정한 면적과 지적복구자료 조사서의 조사된 면적의 증감이 영 제19조 제1항 제2호 가목의 계산식에 따른 허용범위를 초과하거나 복구자료도를 작성할 복구자료가 없는 경우에는 복구측량을 하여야 한다. 이 경우 같은 계산식 중 A는 오차허용면적, M은 축척분모, F는 조사된 면적을 말한다.

④ 제2항에 따라 작성된 지적복구자료 조사서의 조사된 면적이 영 제19조 제1항 제2호 가목의 계산식에 따른 허용범위 이내인 경우에는 그 면적을 복구면적으로 결정하여야 한다.

⑤ 제3항에 따라 복구측량을 한 결과가 복구자료와 부합하지 아니하는 때에는 토지소유자 및 이해관계인의 동의를 받어 경계 또는 면적 등을 조정할 수 있다. 이 경우 경계를 조정한 때에는 제60조 제2항에 따른 경계점표지를 설치하여야 한다.

⑥ 지적소관청은 제1항부터 제5항까지의 규정에 따른 복구자료의 조사 또는 복구측량 등이 완료되어 지적공부를 복구하려는 경우에는 복구하려는 토지의 표시 등을 시·군·구 게시판 및 인터넷 홈페이지에 15일 이상 게시하여야 한다.

⑦ 복구하려는 토지의 표시 등에 이의가 있는 자는 제6항의 게시기간 내에 지적소관청에 이의신청을 할 수 있다. 이 경우 이의신청을 받은 지적소관청은 이의사유를 검토하여 이유 있다고 인정되는 때에는 그 시정에 필요한 조치를 하여야 한다.

⑧ 지적소관청은 제6항 및 제7항에 따른 절차를 이행한 때에는 지적복구자료 조사서, 복구자료도 또는 복구측량 결과도 등에 따라 토지대장·임야대장·공유지연명부 또는 지적도면을 복구하여야 한다.

⑨ 토지대장·임야대장 또는 공유지연명부는 복구되고 지적도면이 복구되지 아니한 토지가 법 제83조에 따른 축척변경 시행지역이나 법 제86조에 따른 도시개발사업 등의 시행지역에 편입된 때에는 지적도면을 복구하지 아니할 수 있다.

제74조 【지적공부 및 부동산종합공부의 열람·발급 등】 ① 법 제75조에 따라 지적공부를 열람하거나 그 등본을 발급받으려는 자는 별지 제71호 서식의 지적공부·부동산종합공부 열람·발급 신청서(전자문서로 된 신청서를 포함한다)를 지적소관청 또는 읍·면·동장에게 제출하여야 한다.

② 법 제76조의4에 따라 부동산종합공부를 열람하거나 부동산종합공부 기록사항의 전부 또는 일부에 관한 증명서(이하 "부동산종합증명서"라 한다)를 발급받으려는 자는 별지 제71호 서식의 지적공부·부동산종합공부 열람·발급 신청서(전자문서로 된 신청서를 포함한다)를 지적소관청 또는 읍·면·동장에게 제출하여야 한다.

③ 부동산종합증명서의 건축물현황도 중 평면도 및 단위세대별 평면도의 열람·발급의 방법과 절차에 관하여는 「건축물대장의 기재 및 관리 등에 관한 규칙」 제11조 제3항에 따른다.

④ 부동산종합증명서는 별지 제71호의2 서식부터 별지 제71호의4 서식까지와 같다.

제75조 【지적전산자료 이용신청서 등】 ① 영 제62조 제1항에 따른 지적전산자료의 이용 또는 활용 심사 신청은 별지 제72호 서식의 지적전산자료 이용·활용 심사 신청서에 따른다.

② 영 제62조 제3항 각 호 외의 부분 본문에 따른 지적전산자료의 이용·활용 신청은 별지 제72호의2 서식의 지적전산자료 이용·활용 신청서에 따른다.

③ 영 제62조 제5항에 따른 지적전산자료 이용·활용 대장은 별지 제73호 서식에 따른다.

제76조【지적정보관리체계 담당자의 등록 등】 ① 국토교통부장관, 시·도지사 및 지적소관청(이하 이 조 및 제77조에서 "사용자권한 등록관리청"이라 한다)은 지적공부정리 등을 지적정보관리체계로 처리하는 담당자(이하 이 조와 제77조 및 제78조에서 "사용자"라 한다)를 사용자권한 등록파일에 등록하여 관리하여야 한다.

② 지적정보관리시스템을 설치한 기관의 장은 그 소속공무원을 제1항에 따라 사용자로 등록하려는 때에는 별지 제74호 서식의 지적정보관리시스템 사용자권한 등록신청서를 해당 사용자권한 등록관리청에 제출하여야 한다.

③ 제2항에 따른 신청을 받은 사용자권한 등록관리청은 신청 내용을 심사하여 사용자권한 등록파일에 사용자의 이름 및 권한과 사용자번호 및 비밀번호를 등록하여야 한다.

④ 사용자권한 등록관리청은 사용자의 근무지 또는 직급이 변경되거나 사용자가 퇴직 등을 한 경우에는 사용자권한 등록내용을 변경하여야 한다. 이 경우 사용자권한 등록변경절차에 관하여는 제2항 및 제3항을 준용한다.

제77조【사용자번호 및 비밀번호 등】 ① 사용자권한 등록파일에 등록하는 사용자번호는 사용자권한 등록관리청별로 일련번호로 부여하여야 하며, 한번 부여된 사용자번호는 변경할 수 없다.

② 사용자권한 등록관리청은 사용자가 다른 사용자권한 등록관리청으로 소속이 변경되거나 퇴직 등을 한 경우에는 사용자번호를 따로 관리하여 사용자의 책임을 명백히 할 수 있도록 하여야 한다.

③ 사용자의 비밀번호는 6자리부터 16자리까지의 범위에서 사용자가 정하여 사용한다.

④ 제3항에 따른 사용자의 비밀번호는 다른 사람에게 누설하여서는 아니 되며, 사용자는 비밀번호가 누설되거나 누설될 우려가 있는 때에는 즉시 이를 변경하여야 한다.

제78조【사용자의 권한구분 등】 제76조 제1항에 따라 사용자권한 등록파일에 등록하는 사용자의 권한은 다음 각 호의 사항에 관한 권한으로 구분한다.

1. 사용자의 신규등록
2. 사용자 등록의 변경 및 삭제
3. 법인이 아닌 사단·재단 등록번호의 업무관리
4. 법인이 아닌 사단·재단 등록번호의 직권수정
5. 개별공시지가 변동의 관리
6. 지적전산코드의 입력·수정 및 삭제
7. 지적전산코드의 조회
8. 지적전산자료의 조회
9. 지적통계의 관리
10. 토지 관련 정책정보의 관리
11. 토지이동 신청의 접수
12. 토지이동의 정리
13. 토지소유자 변경의 관리
14. 토지등급 및 기준수확량등급 변동의 관리
15. 지적공부의 열람 및 등본 발급의 관리

15의2. 부동산종합공부의 열람 및 부동산종합증명서 발급의 관리

16. 일반 지적업무의 관리
17. 일일마감 관리
18. 지적전산자료의 정비
19. 개인별 토지소유현황의 조회
20. 비밀번호의 변경

제79조【지적정보관리체계의 운영방법 등】 지적전산업무의 처리, 지적전산프로그램의 관리 등 지적정보관리체계의 관리·운영 등에 필요한 사항은 국토교통부장관이 정한다.

제3절 토지의 이동 신청 및 지적정리 등

제80조【신규등록 등 신청서】 법 제77조부터 제84조까지의 규정에 따른 신규등록 신청, 등록전환 신청, 분할 신청, 합병 신청, 지목변경 신청, 바다가 된 토지의 등록말소 신청, 축척변경 신청 및 등록사항의 정정 신청은 별지 제75호 서식에 따른다.

제81조 【신규등록 신청】 ① 영 제63조에서 "국토교통부령으로 정하는 서류"란 다음 각 호의 어느 하나에 해당하는 서류를 말한다.

1. 법원의 확정판결서 정본 또는 사본
2. 「공유수면 관리 및 매립에 관한 법률」에 따른 준공검사확인증 사본
3. 법률 제6389호 지적법개정법률 부칙 제5조에 따라 도시계획구역의 토지를 그 지방자치단체의 명의로 등록하는 때에는 기획재정부장관과 협의한 문서의 사본
4. 그 밖에 소유권을 증명할 수 있는 서류의 사본

② 제1항 각 호의 어느 하나에 해당하는 서류를 해당 지적소관청이 관리하는 경우에는 지적소관청의 확인으로 그 서류의 제출을 갈음할 수 있다.

제82조 【등록전환 신청】 ① 영 제64조 제3항에서 "국토교통부령으로 정하는 서류"란 관계 법령에 따른 개발행위 허가 등을 증명하는 서류의 사본(영 제64조 제1항 제1호에 해당하는 경우로 한정한다)을 말한다.

② 제1항에 따른 서류를 그 지적소관청이 관리하는 경우에는 지적소관청의 확인으로 그 서류의 제출을 갈음할 수 있다.

제83조 【분할 신청】 ① 영 제65조 제2항에서 "국토교통부령으로 정하는 서류"란 분할 허가 대상인 토지의 경우 그 허가서 사본을 말한다.

② 제1항에 따른 서류를 해당 지적소관청이 관리하는 경우에는 지적소관청의 확인으로 그 서류의 제출을 갈음할 수 있다.

제84조 【지목변경 신청】 ① 영 제67조 제2항에서 "국토교통부령으로 정하는 서류"란 다음 각 호의 어느 하나에 해당하는 서류를 말한다.

1. 관계법령에 따라 토지의 형질변경 등의 공사가 준공되었음을 증명하는 서류의 사본
2. 국유지·공유지의 경우에는 용도폐지 되었거나 사실상 공공용으로 사용되고 있지 아니함을 증명하는 서류의 사본
3. 토지 또는 건축물의 용도가 변경되었음을 증명하는 서류의 사본

② 개발행위허가·농지전용허가·보전산지전용허가 등 지목변경과 관련된 규제를 받지 아니하는 토지의 지목변경이나 전·답·과수원 상호간의 지목변경인 경우에는 제1항에 따른 서류의 첨부를 생략할 수 있다.

③ 제1항 각 호의 어느 하나에 해당하는 서류를 해당 지적소관청이 관리하는 경우에는 지적소관청의 확인으로 그 서류의 제출을 갈음할 수 있다.

제85조 【축척변경 신청】 영 제69조에서 "국토교통부령으로 정하는 서류"란 토지소유자 3분의 2 이상의 동의서를 말한다.

제86조 【축척변경승인 신청서】 영 제70조 제1항에 따른 축척변경 승인신청은 별지 제76호 서식의 축척변경 승인신청서에 따른다.

제87조 【축척변경 절차 및 면적 결정방법 등】 ① 영 제72조 제3항에 따라 면적을 새로 정하는 때에는 축척변경 측량결과도에 따라야 한다.

② 축척변경 측량 결과도에 따라 면적을 측정한 결과 축척변경 전의 면적과 축척변경 후의 면적의 오차가 영 제19조 제1항 제2호 가목의 계산식에 따른 허용범위 이내인 경우에는 축척변경 전의 면적을 결정면적으로 하고, 허용면적을 초과하는 경우에는 축척변경 후의 면적을 결정면적으로 한다. 이 경우 같은 계산식 중 A는 오차 허용면적, M은 축척이 변경될 지적도의 축척분모, F는 축척변경 전의 면적을 말한다.

③ 경계점좌표등록부를 갖춰 두지 아니하는 지역을 경계점좌표등록부를 갖춰 두는 지역으로 축척변경을 하는 경우에는 그 필지의 경계점을 평판(平板) 측량방법이나 전자평판(電子平板) 측량방법으로 지상에 복원시킨 후 경위의(經緯儀) 측량방법 등으로 경계점좌표를 구하여야 한다. 이 경우 면적은 제2항에도 불구하고 경계점좌표에 따라 결정하여야 한다.

제88조 【축척변경 지번별 조서】 영 제73조에 따른 축척변경 지번별 조서는 별지 제77호 서식과 같다.

제89조【지번별 제곱미터당 금액조서】 지적소관청은 영 제75조 제2항 후단에 따라 별지 제78호 서식에 따른 지번별 제곱미터당 금액조서를 작성하여 축척변경위원회에 제출하여야 한다.

제90조【청산금납부고지서】 영 제76조 제1항에 따른 청산금 납부고지는 별지 제79호 서식에 따른다.

제91조【청산금 이의신청서】 영 제77조 제1항에 따른 청산금에 대한 이의신청은 별지 제80호 서식에 따른다.

제92조【축척변경의 확정공고】 ① 영 제78조 제1항에 따른 축척변경의 확정공고에는 다음 각 호의 사항이 포함되어야 한다.

1. 토지의 소재 및 지역명
2. 영 제73조에 따른 축척변경 지번별 조서
3. 영 제75조 제4항에 따른 청산금 조서
4. 지적도의 축척

② 영 제78조 제2항에 따라 지적공부에 등록하는 때에는 다음 각 호의 기준에 따라야 한다.

1. 토지대장은 제1항 제2호에 따라 확정공고된 축척변경 지번별 조서에 따를 것
2. 지적도는 확정측량 결과도 또는 경계점좌표에 따를 것

제93조【등록사항의 정정 신청】 ① 토지소유자는 법 제84조 제1항에 따라 지적공부의 등록사항에 대한 정정을 신청할 때에는 정정사유를 적은 신청서에 다음 각 호의 구분에 따른 서류를 첨부하여 지적소관청에 제출하여야 한다.

1. 경계 또는 면적의 변경을 가져오는 경우: 등록사항 정정 측량성과도
2. 그 밖의 등록사항을 정정하는 경우: 변경사항을 확인할 수 있는 서류

② 제1항에 따른 서류를 해당 지적소관청이 관리하는 경우에는 지적소관청의 확인으로 해당 서류의 제출을 갈음할 수 있다.

제94조【등록사항 정정 대상토지의 관리 등】 ① 지적소관청은 토지의 표시가 잘못되었음을 발견하였을 때에는 지체 없이 등록사항 정정에 필요한 서류와 등록사항 정정 측량성과도를 작성하고, 영 제84조 제2항에 따라 토지이동정리 결의서를 작성한 후 대장의 사유란에 "등록사항정정 대상토지"라고 적고, 토지소유자에게 등록사항 정정 신청을 할 수 있도록 그 사유를 통지하여야 한다. 다만, 영 제82조 제1항에 따라 지적소관청이 직권으로 정정할 수 있는 경우에는 토지소유자에게 통지를 하지 아니할 수 있다.

② 제1항에 따른 등록사항 정정 대상토지에 대한 대장을 열람하게 하거나 등본을 발급하는 때에는 "등록사항 정정 대상토지"라고 적은 부분을 흑백의 반전(反轉)으로 표시하거나 붉은색으로 적어야 한다.

제95조【도시개발사업 등의 신고】 ① 법 제86조 제1항 및 영 제83조 제2항에 따른 도시개발사업 등의 착수 또는 변경의 신고를 하려는 자는 별지 제81호 서식의 도시개발사업 등의 착수(시행)·변경·완료 신고서에 다음 각 호의 서류를 첨부하여야 한다. 다만, 변경신고의 경우에는 변경된 부분으로 한정한다.

1. 사업인가서
2. 지번별 조서
3. 사업계획도

② 법 제86조 제1항 및 영 제83조 제2항에 따른 도시개발사업 등의 완료신고를 하려는 자는 별지 제81호 서식의 신청서에 다음 각 호의 서류를 첨부하여야 한다. 이 경우 지적측량수행자가 지적소관청에 측량검사를 의뢰하면서 미리 제출한 서류는 첨부하지 아니할 수 있다.

1. 확정될 토지의 지번별 조서 및 종전 토지의 지번별 조서
2. 환지처분과 같은 효력이 있는 고시된 환지계획서. 다만, 환지를 수반하지 아니하는 사업인 경우에는 사업의 완료를 증명하는 서류를 말한다.

제96조【관할 등기관서에 대한 통지】 법 제88조 제3항 후단에 따른 관할 등기관서에 대한 통지는 별지 제82호 서식에 따른다.

제97조【등기촉탁】 ① 지적소관청은 법 제89조 제1항에 따라 등기관서에 토지표시의 변경에 관한 등기를 촉탁하려는 때에는 별지 제83호 서식의 토지표시변경등기 촉탁서에 그 취지를 적어야 한다.

1. 삭제
2. 삭제

② 제1항에 따라 토지표시의 변경에 관한 등기를 촉탁한 때에는 별지 제84호 서식의 토지표시변경등기 촉탁대장에 그 내용을 적어야 한다.

제98조【지적공부의 정리방법 등】 ① 영 제84조 제2항에 따른 토지이동정리 결의서의 작성은 별지 제57호 서식에 따라 토지대장·임야대장 또는 경계점좌표등록부별로 구분하여 작성하되, 토지이동정리 결의서에는 토지이동신청서 또는 도시개발사업 등의 완료신고서 등을 첨부하여야 하며, 소유자정리 결의서의 작성은 별지 제85호 서식에 따르되 등기필증, 등기부 등본 또는 그 밖에 토지소유자가 변경되었음을 증명하는 서류를 첨부하여야 한다. 다만, 「전자정부법」 제36조 제1항에 따른 행정정보의 공동이용을 통하여 첨부서류에 대한 정보를 확인할 수 있는 경우에는 그 확인으로 첨부서류를 갈음할 수 있다.

② 제1항의 대장 외에 지적공부의 정리와 토지이동정리 결의서 및 소유자정리 결의서의 작성에 필요한 사항은 국토교통부장관이 정한다.

제98조의2【연속지적도의 관리 등】 ① 국토교통부장관은 법 제90조의2 제1항에 따라 다음 각 호의 사항이 포함된 연속지적도의 관리 및 정비에 관한 정책을 수립·시행해야 한다.

1. 연속지적도의 이용·활용에 관한 사항
2. 연속지적도 정비기준의 마련에 관한 사항
3. 연속지적도의 품질관리에 관한 사항
4. 그 밖에 국토교통부장관이 연속지적도의 관리 및 정비를 위해 필요하다고 인정하는 사항

② 지적소관청은 법 제90조의2 제2항에 따라 지적도·임야도에 등록된 사항에 대해 토지의 이동 또는 오류사항을 정비한 때에는 같은 조 제4항에 따른 연속지적도 정보관리체계를 통해 연속지적도에 반영해야 한다.

③ 제1항 및 제2항에서 정하는 사항 외에 연속지적도의 관리 및 정비에 관한 정책의 수립·시행 또는 연속지적도의 관리·정비 방법 등에 관한 세부사항은 국토교통부장관이 정하여 고시한다.

부동산등기법

[시행 2025.1.31.] [법률 제20435호, 2024.9.20, 일부개정]

제1장 총 칙

제1조 【목 적】 이 법은 부동산등기(不動産登記)에 관한 사항을 규정함을 목적으로 한다.

제2조 【정 의】 이 법에서 사용하는 용어의 뜻은 다음과 같다.

1. "등기부"란 전산정보처리조직에 의하여 입력·처리된 등기정보자료를 대법원규칙으로 정하는 바에 따라 편성한 것을 말한다.
2. "등기부부본자료"(登記簿副本資料)란 등기부와 동일한 내용으로 보조기억장치에 기록된 자료를 말한다.
3. "등기기록"이란 1필의 토지 또는 1개의 건물에 관한 등기정보자료를 말한다.
4. "등기필정보"(登記畢情報)란 등기부에 새로운 권리자가 기록되는 경우에 그 권리자를 확인하기 위하여 제11조 제1항에 따른 등기관이 작성한 정보를 말한다.

제3조 【등기할 수 있는 권리 등】 등기는 부동산의 표시(表示)와 다음 각 호의 어느 하나에 해당하는 권리의 보존, 이전, 설정, 변경, 처분의 제한 또는 소멸에 대하여 한다.

1. 소유권(所有權)
2. 지상권(地上權)
3. 지역권(地役權)
4. 전세권(傳貰權)
5. 저당권(抵當權)
6. 권리질권(權利質權)
7. 채권담보권(債權擔保權)
8. 임차권(賃借權)

제4조 【권리의 순위】 ① 같은 부동산에 관하여 등기한 권리의 순위는 법률에 다른 규정이 없으면 등기한 순서에 따른다.

② 등기의 순서는 등기기록 중 같은 구(區)에서 한 등기 상호간에는 순위번호에 따르고, 다른 구에서 한 등기 상호간에는 접수번호에 따른다.

제5조 【부기등기의 순위】 부기등기(附記登記)의 순위는 주등기(主登記)의 순위에 따른다. 다만, 같은 주등기에 관한 부기등기 상호간의 순위는 그 등기 순서에 따른다.

제6조 【등기신청의 접수시기 및 등기의 효력발생시기】 ① 등기신청은 대법원규칙으로 정하는 등기신청정보가 전산정보처리조직에 저장된 때 접수된 것으로 본다.

② 제11조 제1항에 따른 등기관이 등기를 마친 경우 그 등기는 접수한 때부터 효력을 발생한다.

제2장 등기소와 등기관

제7조 【관할 등기소】 ① 등기사무는 부동산의 소재지를 관할하는 지방법원, 그 지원(支院) 또는 등기소(이하 "등기소"라 한다)에서 담당한다.

② 부동산이 여러 등기소의 관할구역에 걸쳐 있을 때에는 대법원규칙으로 정하는 바에 따라 각 등기소를 관할하는 상급법원의 장이 관할 등기소를 지정한다.

제7조의2 【관련 사건의 관할에 관한 특례】 ① 제7조에도 불구하고 관할 등기소가 다른 여러 개의 부동산과 관련하여 등기목적과 등기원인이 동일하거나 그 밖에 대법원규칙으로 정하는 등기신청이 있는 경우에는 그 중 하나의 관할 등기소에서 해당 신청에 따른 등기사무를 담당할 수 있다.

② 제7조에도 불구하고 제11조 제1항에 따른 등기관이 당사자의 신청이나 직권에 의한 등기를 하고 제71조, 제78조 제4항(제72조 제2항에서 준용하는 경우를 포함한다) 또는 대법원규칙으로 정하는 바에 따라 다른 부동산에 대하여 등기를 하여야 하는 경우에는 그 부동산의 관할 등기소가 다른 때에도 해당 등기를 할 수 있다.
③ 제1항의 등기를 신청하는 경우의 신청정보 제공방법과 같은 항 및 제2항에 따른 등기사무의 처리 절차 및 방법 등에 관하여 필요한 사항은 대법원규칙으로 정한다.

제7조의3 【상속·유증 사건의 관할에 관한 특례】 ① 제7조에도 불구하고 상속 또는 유증으로 인한 등기신청의 경우에는 부동산의 관할 등기소가 아닌 등기소도 그 신청에 따른 등기사무를 담당할 수 있다.
② 제1항에 따른 등기신청의 유형과 등기사무의 처리 절차 및 방법 등에 관하여 필요한 사항은 대법원규칙으로 정한다.

제8조 【관할의 위임】 대법원장은 어느 등기소의 관할에 속하는 사무를 다른 등기소에 위임하게 할 수 있다.

제9조 【관할의 변경】 어느 부동산의 소재지가 다른 등기소의 관할로 바뀌었을 때에는 종전의 관할 등기소는 전산정보처리조직을 이용하여 그 부동산에 관한 등기기록의 처리권한을 다른 등기소로 넘겨주는 조치를 하여야 한다.

제10조 【등기사무의 정지 등】 ① 대법원장은 다음 각 호의 어느 하나에 해당하는 경우로서 등기소에서 정상적인 등기사무의 처리가 어려운 경우에는 기간을 정하여 등기사무의 정지를 명령하거나 대법원규칙으로 정하는 바에 따라 등기사무의 처리를 위하여 필요한 처분을 명령할 수 있다.
1. 「재난 및 안전관리 기본법」 제3조 제1호의 재난이 발생한 경우
2. 정전 또는 정보통신망의 장애가 발생한 경우
3. 그 밖에 제1호 또는 제2호에 준하는 사유가 발생한 경우

② 대법원장은 대법원규칙으로 정하는 바에 따라 제1항의 정지명령에 관한 권한을 법원행정처장에게, 제1항의 처분명령에 관한 권한을 법원행정처장 또는 지방법원장에게 위임할 수 있다.

제11조 【등기사무의 처리】 ① 등기사무는 등기소에 근무하는 법원서기관·등기사무관·등기주사 또는 등기주사보(법원사무관·법원주사 또는 법원주사보 중 2001년 12월 31일 이전에 시행한 채용시험에 합격하여 임용된 사람을 포함한다) 중에서 지방법원장(등기소의 사무를 지원장이 관장하는 경우에는 지원장을 말한다. 이하 같다)이 지정하는 자[이하 "등기관"(登記官)이라 한다]가 처리한다.
② 등기관은 등기사무를 전산정보처리조직을 이용하여 등기부에 등기사항을 기록하는 방식으로 처리하여야 한다.
③ 등기관은 접수번호의 순서에 따라 등기사무를 처리하여야 한다.
④ 등기관이 등기사무를 처리한 때에는 등기사무를 처리한 등기관이 누구인지 알 수 있는 조치를 하여야 한다.

제12조 【등기관의 업무처리의 제한】 ① 등기관은 자기, 배우자 또는 4촌 이내의 친족(이하 "배우자 등"이라 한다)이 등기신청인인 때에는 그 등기소에서 소유권등기를 한 성년자로서 등기관의 배우자 등이 아닌 자 2명 이상의 참여가 없으면 등기를 할 수 없다. 배우자 등의 관계가 끝난 후에도 같다.
② 등기관은 제1항의 경우에 조서를 작성하여 참여인과 같이 기명날인 또는 서명을 하여야 한다.

제13조 【재정보증】 법원행정처장은 등기관의 재정보증(財政保證)에 관한 사항을 정하여 운용할 수 있다.

제3장 등기부 등

제14조【등기부의 종류 등】 ① 등기부는 토지등기부(土地登記簿)와 건물등기부(建物登記簿)로 구분한다.
② 등기부는 영구(永久)히 보존하여야 한다.
③ 등기부는 대법원규칙으로 정하는 장소에 보관·관리하여야 하며, 전쟁·천재지변이나 그 밖에 이에 준하는 사태를 피하기 위한 경우 외에는 그 장소 밖으로 옮기지 못한다.
④ 등기부의 부속서류는 전쟁·천재지변이나 그 밖에 이에 준하는 사태를 피하기 위한 경우 외에는 등기소 밖으로 옮기지 못한다. 다만, 신청서나 그 밖의 부속서류에 대하여는 법원의 명령 또는 촉탁(囑託)이 있거나 법관이 발부한 영장에 의하여 압수하는 경우에는 그러하지 아니하다.

제15조【물적 편성주의】 ① 등기부를 편성할 때에는 1필의 토지 또는 1개의 건물에 대하여 1개의 등기기록을 둔다. 다만, 1동의 건물을 구분한 건물에 있어서는 1동의 건물에 속하는 전부에 대하여 1개의 등기기록을 사용한다.
② 등기기록에는 부동산의 표시에 관한 사항을 기록하는 표제부와 소유권에 관한 사항을 기록하는 갑구(甲區) 및 소유권 외의 권리에 관한 사항을 기록하는 을구(乙區)를 둔다.

제16조【등기부부본자료의 작성】 등기관이 등기를 마쳤을 때에는 등기부부본자료를 작성하여야 한다.

제17조【등기부의 손상과 복구】 ① 등기부의 전부 또는 일부가 손상되거나 손상될 염려가 있을 때에는 대법원장은 대법원규칙으로 정하는 바에 따라 등기부의 복구·손상방지 등 필요한 처분을 명령할 수 있다.
② 대법원장은 대법원규칙으로 정하는 바에 따라 제1항의 처분명령에 관한 권한을 법원행정처장 또는 지방법원장에게 위임할 수 있다.

제18조【부속서류의 손상 등 방지처분】 ① 등기부의 부속서류가 손상·멸실(滅失)의 염려가 있을 때에는 대법원장은 그 방지를 위하여 필요한 처분을 명령할 수 있다.
② 제1항에 따른 처분명령에는 제17조 제2항을 준용한다.

제19조【등기사항의 열람과 증명】 ① 누구든지 수수료를 내고 대법원규칙으로 정하는 바에 따라 등기기록에 기록되어 있는 사항의 전부 또는 일부의 열람(閱覽)과 이를 증명하는 등기사항증명서의 발급을 청구할 수 있다. 다만, 등기기록의 부속서류에 대하여는 이해관계 있는 부분만 열람을 청구할 수 있다.
② 제1항에 따른 등기기록의 열람 및 등기사항증명서의 발급 청구는 관할 등기소가 아닌 등기소에 대하여도 할 수 있다.
③ 제1항에 따른 수수료의 금액과 면제의 범위는 대법원규칙으로 정한다.

제20조【등기기록의 폐쇄】 ① 등기관이 등기기록에 등기된 사항을 새로운 등기기록에 옮겨 기록한 때에는 종전 등기기록을 폐쇄(閉鎖)하여야 한다.
② 폐쇄한 등기기록은 영구히 보존하여야 한다.
③ 폐쇄한 등기기록에 관하여는 제19조를 준용한다.

제21조【중복등기기록의 정리】 ① 등기관이 같은 토지에 관하여 중복하여 마쳐진 등기기록을 발견한 경우에는 대법원규칙으로 정하는 바에 따라 중복등기기록 중 어느 하나의 등기기록을 폐쇄하여야 한다.
② 제1항에 따라 폐쇄된 등기기록의 소유권의 등기명의인 또는 등기상 이해관계인은 대법원규칙으로 정하는 바에 따라 그 토지가 폐쇄된 등기기록의 소유권의 등기명의인의 소유임을 증명하여 폐쇄된 등기기록의 부활을 신청할 수 있다.

제4장 등기절차

제1절 총 칙

제22조【신청주의】 ① 등기는 당사자의 신청 또는 관공서의 촉탁에 따라 한다. 다만, 법률에 다른 규정이 있는 경우에는 그러하지 아니하다.
② 촉탁에 따른 등기절차는 법률에 다른 규정이 없는 경우에는 신청에 따른 등기에 관한 규정을 준용한다.

③ 등기를 하려고 하는 자는 대법원규칙으로 정하는 바에 따라 수수료를 내야 한다.

제23조【등기신청인】 ① 등기는 법률에 다른 규정이 없는 경우에는 등기권리자(登記權利者)와 등기의무자(登記義務者)가 공동으로 신청한다.

② 소유권보존등기(所有權保存登記) 또는 소유권보존등기의 말소등기(抹消登記)는 등기명의인으로 될 자 또는 등기명의인이 단독으로 신청한다.

③ 상속, 법인의 합병, 그 밖에 대법원규칙으로 정하는 포괄승계에 따른 등기는 등기권리자가 단독으로 신청한다.

④ 등기절차의 이행 또는 인수를 명하는 판결에 의한 등기는 승소한 등기권리자 또는 등기의무자가 단독으로 신청하고, 공유물을 분할하는 판결에 의한 등기는 등기권리자 또는 등기의무자가 단독으로 신청한다.

⑤ 부동산표시의 변경이나 경정(更正)의 등기는 소유권의 등기명의인이 단독으로 신청한다.

⑥ 등기명의인표시의 변경이나 경정의 등기는 해당 권리의 등기명의인이 단독으로 신청한다.

⑦ 신탁재산에 속하는 부동산의 신탁등기는 수탁자(受託者)가 단독으로 신청한다.

⑧ 수탁자가 「신탁법」 제3조 제5항에 따라 타인에게 신탁재산에 대하여 신탁을 설정하는 경우 해당 신탁재산에 속하는 부동산에 관한 권리이전등기에 대하여는 새로운 신탁의 수탁자를 등기권리자로 하고 원래 신탁의 수탁자를 등기의무자로 한다. 이 경우 해당 신탁재산에 속하는 부동산의 신탁등기는 제7항에 따라 새로운 신탁의 수탁자가 단독으로 신청한다.

제24조【등기신청의 방법】 ① 등기는 다음 각 호의 어느 하나에 해당하는 방법으로 신청한다.

1. 방문신청: 신청인 또는 그 대리인(代理人)이 등기소에 출석하여 신청정보 및 첨부정보를 적은 서면을 제출하는 방법. 다만, 대리인이 변호사[법무법인, 법무법인(유한) 및 법무조합을 포함한다. 이하 같다]나 법무사[법무사법인 및 법무사법인(유한)을 포함한다. 이하 같다]인 경우에는 대법원규칙으로 정하는 사무원을 등기소에 출석하게 하여 그 서면을 제출할 수 있다.
2. 전자신청: 전산정보처리조직을 이용[이동통신단말장치에서 사용되는 애플리케이션(Application)을 통하여 이용하는 경우를 포함한다]하여 신청정보 및 첨부정보를 보내는 방법. 전자신청이 가능한 등기유형에 관한 사항과 전자신청의 방법은 대법원규칙으로 정한다.

② 신청인이 제공하여야 하는 신청정보 및 첨부정보는 대법원규칙으로 정한다.

제25조【신청정보의 제공방법】 등기의 신청은 1건당 1개의 부동산에 관한 신청정보를 제공하는 방법으로 하여야 한다. 다만, 등기목적과 등기원인이 동일하거나 그 밖에 대법원규칙으로 정하는 경우에는 여러 개의 부동산에 관한 신청정보를 일괄하여 제공하는 방법으로 할 수 있다.

제26조【법인 아닌 사단 등의 등기신청】 ① 종중(宗中), 문중(門中), 그 밖에 대표자나 관리인이 있는 법인 아닌 사단(社團)이나 재단(財團)에 속하는 부동산의 등기에 관하여는 그 사단이나 재단을 등기권리자 또는 등기의무자로 한다.

② 제1항의 등기는 그 사단이나 재단의 명의로 그 대표자나 관리인이 신청한다.

제27조【포괄승계인에 의한 등기신청】 등기원인이 발생한 후에 등기권리자 또는 등기의무자에 대하여 상속이나 그 밖의 포괄승계가 있는 경우에는 상속인이나 그 밖의 포괄승계인이 그 등기를 신청할 수 있다.

제28조【채권자대위권에 의한 등기신청】 ① 채권자는 「민법」 제404조에 따라 채무자를 대위(代位)하여 등기를 신청할 수 있다.

② 등기관이 제1항 또는 다른 법령에 따른 대위신청에 의하여 등기를 할 때에는 대위자의 성명 또는 명칭, 주소 또는 사무소 소재지 및 대위원인을 기록하여야 한다.

제29조 【신청의 각하】 등기관은 다음 각 호의 어느 하나에 해당하는 경우에만 이유를 적은 결정으로 신청을 각하(却下)하여야 한다. 다만, 신청의 잘못된 부분이 보정(補正)될 수 있는 경우로서 신청인이 등기관이 보정을 명한 날의 다음 날까지 그 잘못된 부분을 보정하였을 때에는 그러하지 아니하다.

1. 사건이 그 등기소의 관할이 아닌 경우
2. 사건이 등기할 것이 아닌 경우
3. 신청할 권한이 없는 자가 신청한 경우
4. 제24조 제1항 제1호에 따라 등기를 신청할 때에 당사자나 그 대리인이 출석하지 아니한 경우
5. 신청정보의 제공이 대법원규칙으로 정한 방식에 맞지 아니한 경우
6. 신청정보의 부동산 또는 등기의 목적인 권리의 표시가 등기기록과 일치하지 아니한 경우
7. 신청정보의 등기의무자의 표시가 등기기록과 일치하지 아니한 경우. 다만, 다음 각 목의 어느 하나에 해당하는 경우는 제외한다.
   가. 제27조에 따라 포괄승계인이 등기신청을 하는 경우
   나. 신청정보와 등기기록의 등기의무자가 동일인임을 대법원규칙으로 정하는 바에 따라 확인할 수 있는 경우
8. 신청정보와 등기원인을 증명하는 정보가 일치하지 아니한 경우
9. 등기에 필요한 첨부정보를 제공하지 아니한 경우
10. 취득세(「지방세법」 제20조의2에 따라 분할납부하는 경우에는 등기하기 이전에 분할납부하여야 할 금액을 말한다), 등록면허세(등록에 대한 등록면허세만 해당한다) 또는 수수료를 내지 아니하거나 등기신청과 관련하여 다른 법률에 따라 부과된 의무를 이행하지 아니한 경우
11. 신청정보 또는 등기기록의 부동산의 표시가 토지대장·임야대장 또는 건축물대장과 일치하지 아니한 경우

제30조 【등기완료의 통지】 등기관이 등기를 마쳤을 때에는 대법원규칙으로 정하는 바에 따라 신청인 등에게 그 사실을 알려야 한다.

제31조 【행정구역의 변경】 행정구역 또는 그 명칭이 변경되었을 때에는 등기기록에 기록된 행정구역 또는 그 명칭에 대하여 변경등기가 있는 것으로 본다.

제32조 【등기의 경정】 ① 등기관이 등기를 마친 후 그 등기에 착오(錯誤)나 빠진 부분이 있음을 발견하였을 때에는 지체 없이 그 사실을 등기권리자와 등기의무자에게 알려야 하고, 등기권리자와 등기의무자가 없는 경우에는 등기명의인에게 알려야 한다. 다만, 등기권리자, 등기의무자 또는 등기명의인이 각 2인 이상인 경우에는 그 중 1인에게 통지하면 된다.

② 등기관이 등기의 착오나 빠진 부분이 등기관의 잘못으로 인한 것임을 발견한 경우에는 지체 없이 그 등기를 직권으로 경정하여야 한다. 다만, 등기상 이해관계 있는 제3자가 있는 경우에는 제3자의 승낙이 있어야 한다.

③ 등기관이 제2항에 따라 경정등기를 하였을 때에는 그 사실을 등기권리자, 등기의무자 또는 등기명의인에게 알려야 한다. 이 경우 제1항 단서를 준용한다.

④ 채권자대위권에 의하여 등기가 마쳐진 때에는 제1항 및 제3항의 통지를 그 채권자에게도 하여야 한다. 이 경우 제1항 단서를 준용한다.

제33조 【새 등기기록에의 이기】 등기기록에 기록된 사항이 많아 취급하기에 불편하게 되는 등 합리적 사유로 등기기록을 옮겨 기록할 필요가 있는 경우에 등기관은 현재 효력이 있는 등기만을 새로운 등기기록에 옮겨 기록할 수 있다.

제2절 표시에 관한 등기

제1관 토지의 표시에 관한 등기

제34조 【등기사항】 등기관은 토지등기기록의 표제부에 다음 각 호의 사항을 기록하여야 한다.

1. 표시번호
2. 접수연월일
3. 소재와 지번(地番)
4. 지목(地目)
5. 면적
6. 등기원인

제35조 【변경등기의 신청】 토지의 분할, 합병이 있는 경우와 제34조의 등기사항에 변경이 있는 경우에는 그 토지 소유권의 등기명의인은 그 사실이 있는 때부터 1개월 이내에 그 등기를 신청하여야 한다.

제36조 【직권에 의한 표시변경등기】 ① 등기관이 지적(地籍)소관청으로부터 「공간정보의 구축 및 관리 등에 관한 법률」 제88조 제3항의 통지를 받은 경우에 제35조의 기간 이내에 등기명의인으로부터 등기신청이 없을 때에는 그 통지서의 기재내용에 따른 변경의 등기를 직권으로 하여야 한다.
② 제1항의 등기를 하였을 때에는 등기관은 지체 없이 그 사실을 지적소관청과 소유권의 등기명의인에게 알려야 한다. 다만, 등기명의인이 2인 이상인 경우에는 그 중 1인에게 통지하면 된다.

제37조 【합필 제한】 ① 합필(合筆)하려는 토지에 다음 각 호의 등기 외의 권리에 관한 등기가 있는 경우에는 합필의 등기를 할 수 없다.
1. 소유권·지상권·전세권·임차권 및 승역지(承役地 : 편익제공지)에 하는 지역권의 등기
2. 합필하려는 모든 토지에 있는 등기원인 및 그 연월일과 접수번호가 동일한 저당권에 관한 등기
3. 합필하려는 모든 토지에 있는 제81조 제1항 각 호의 등기사항이 동일한 신탁등기

② 등기관이 제1항을 위반한 등기의 신청을 각하하면 지체 없이 그 사유를 지적소관청에 알려야 한다.

제38조 【합필의 특례】 ① 「공간정보의 구축 및 관리 등에 관한 법률」에 따른 토지합병절차를 마친 후 합필등기(合筆登記)를 하기 전에 합병된 토지 중 어느 토지에 관하여 소유권이전등기가 된 경우라 하더라도 이해관계인의 승낙이 있으면 해당 토지의 소유권의 등기명의인들은 합필 후의 토지를 공유(共有)로 하는 합필등기를 신청할 수 있다.
② 「공간정보의 구축 및 관리 등에 관한 법률」에 따른 토지합병절차를 마친 후 합필등기를 하기 전에 합병된 토지 중 어느 토지에 관하여 제37조 제1항에서 정한 합필등기의 제한 사유에 해당하는 권리에 관한 등기가 된 경우라 하더라도 이해관계인의 승낙이 있으면 해당 토지의 소유권의 등기명의인은 그 권리의 목적물을 합필 후의 토지에 관한 지분으로 하는 합필등기를 신청할 수 있다. 다만, 요역지(要役地 : 편익필요지)에 하는 지역권의 등기가 있는 경우에는 합필 후의 토지 전체를 위한 지역권으로 하는 합필등기를 신청하여야 한다.

제39조 【멸실등기의 신청】 토지가 멸실된 경우에는 그 토지 소유권의 등기명의인은 그 사실이 있는 때부터 1개월 이내에 그 등기를 신청하여야 한다.

제2관　건물의 표시에 관한 등기

제40조 【등기사항】 ① 등기관은 건물 등기기록의 표제부에 다음 각 호의 사항을 기록하여야 한다.
1. 표시번호
2. 접수연월일
3. 소재, 지번, 건물명칭(건축물대장에 건물명칭이 기재되어 있는 경우만 해당한다. 이하 이 조에서 같다) 및 번호. 다만, 같은 지번 위에 1개의 건물만 있는 경우에는 건물번호는 기록하지 아니한다.
4. 건물의 종류, 구조와 면적. 부속건물이 있는 경우에는 부속건물의 종류, 구조와 면적도 함께 기록한다.
5. 등기원인
6. 도면의 번호[같은 지번 위에 여러 개의 건물이 있는 경우와 「집합건물의 소유 및 관리에 관한 법률」 제2조 제1호의 구분소유권(區分所有權)의 목적이 되는 건물(이하 "구분건물"이라 한다)인 경우로 한정한다]

② 등기할 건물이 구분건물(區分建物)인 경우에 등기관은 제1항 제3호의 소재, 지번 및 건물번호 대신 1동 건물의 등기기록의 표제부에는 소재와 지번, 건물명칭 및 번호를 기록하고 전유부분의 등기기록의 표제부에는 건물번호를 기록하여야 한다.
③ 구분건물에 「집합건물의 소유 및 관리에 관한 법률」 제2조 제6호의 대지사용권(垈地使用權)으로서 건물과 분리하여 처분할 수 없는 것[이하 "대지권"(垈地權)이라 한다]이 있는 경우에는 등기관은 제2항에 따라 기록하여야 할 사항 외에 1동 건물의 등기기록의 표제부에 대지권의 목적인 토지의 표시에 관한 사항을 기록하고 전유부분의 등기기록의 표제부에는 대지권의 표시에 관한 사항을 기록하여야 한다.
④ 등기관이 제3항에 따라 대지권등기를 하였을 때에는 직권으로 대지권의 목적인 토지의 등기기록에 소유권, 지상권, 전세권 또는 임차권이 대지권이라는 뜻을 기록하여야 한다.

제41조 【변경등기의 신청】 ① 건물의 분할, 구분, 합병이 있는 경우와 제40조의 등기사항에 변경이 있는 경우에는 그 건물 소유권의 등기명의인은 그 사실이 있는 때부터 1개월 이내에 그 등기를 신청하여야 한다.
② 구분건물로서 표시등기만 있는 건물에 관하여는 제65조 각 호의 어느 하나에 해당하는 자가 제1항의 등기를 신청하여야 한다.
③ 구분건물로서 그 대지권의 변경이나 소멸이 있는 경우에는 구분건물의 소유권의 등기명의인은 1동의 건물에 속하는 다른 구분건물의 소유권의 등기명의인을 대위하여 그 등기를 신청할 수 있다.
④ 건물이 구분건물인 경우에 그 건물의 등기기록 중 1동 표제부에 기록하는 등기사항에 관한 변경등기는 그 구분건물과 같은 1동의 건물에 속하는 다른 구분건물에 대하여도 변경등기로서의 효력이 있다.

제42조 【합병 제한】 ① 합병하려는 건물에 다음 각 호의 등기 외의 권리에 관한 등기가 있는 경우에는 합병의 등기를 할 수 없다.
1. 소유권·전세권 및 임차권의 등기
2. 합병하려는 모든 건물에 있는 등기원인 및 그 연월일과 접수번호가 동일한 저당권에 관한 등기
3. 합병하려는 모든 건물에 있는 제81조 제1항 각 호의 등기사항이 동일한 신탁등기

② 등기관이 제1항을 위반한 등기의 신청을 각하하면 지체 없이 그 사유를 건축물대장 소관청에 알려야 한다.

제43조 【멸실등기의 신청】 ① 건물이 멸실된 경우에는 그 건물 소유권의 등기명의인은 그 사실이 있는 때부터 1개월 이내에 그 등기를 신청하여야 한다. 이 경우 제41조 제2항을 준용한다.
② 제1항의 경우 그 소유권의 등기명의인이 1개월 이내에 멸실등기를 신청하지 아니하면 그 건물대지의 소유자가 건물 소유권의 등기명의인을 대위하여 그 등기를 신청할 수 있다.
③ 구분건물로서 그 건물이 속하는 1동 전부가 멸실된 경우에는 그 구분건물의 소유권의 등기명의인은 1동의 건물에 속하는 다른 구분건물의 소유권의 등기명의인을 대위하여 1동 전부에 대한 멸실등기를 신청할 수 있다.

제44조 【건물의 부존재】 ① 존재하지 아니하는 건물에 대한 등기가 있을 때에는 그 소유권의 등기명의인은 지체 없이 그 건물의 멸실등기를 신청하여야 한다.
② 그 건물 소유권의 등기명의인이 제1항에 따라 등기를 신청하지 아니하는 경우에는 제43조 제2항을 준용한다.
③ 존재하지 아니하는 건물이 구분건물인 경우에는 제43조 제3항을 준용한다.

제45조 【등기상 이해관계인이 있는 건물의 멸실】
① 소유권 외의 권리가 등기되어 있는 건물에 대한 멸실등기의 신청이 있는 경우에 등기관은 그 권리의 등기명의인에게 1개월 이내의 기간을 정하여 그 기간까지 이의(異議)를 진술하지 아니하면 멸실등기를 한다는 뜻을 알려야 한다. 다만, 건축물대장에 건물멸실의 뜻이 기록되어 있거나

소유권 외의 권리의 등기명의인이 멸실등기에 동의한 경우에는 그러하지 아니하다.
② 제1항 본문의 경우에는 제58조 제2항부터 제4항까지를 준용한다.

제46조 【구분건물의 표시에 관한 등기】 ① 1동의 건물에 속하는 구분건물 중 일부만에 관하여 소유권보존등기를 신청하는 경우에는 나머지 구분건물의 표시에 관한 등기를 동시에 신청하여야 한다.
② 제1항의 경우에 구분건물의 소유자는 1동에 속하는 다른 구분건물의 소유자를 대위하여 그 건물의 표시에 관한 등기를 신청할 수 있다.
③ 구분건물이 아닌 건물로 등기된 건물에 접속하여 구분건물을 신축한 경우에 그 신축건물의 소유권보존등기를 신청할 때에는 구분건물이 아닌 건물을 구분건물로 변경하는 건물의 표시변경등기를 동시에 신청하여야 한다. 이 경우 제2항을 준용한다.

제47조 【규약상 공용부분의 등기와 규약폐지에 따른 등기】 ①「집합건물의 소유 및 관리에 관한 법률」 제3조 제4항에 따른 공용부분(共用部分)이라는 뜻의 등기는 소유권의 등기명의인이 신청하여야 한다. 이 경우 공용부분인 건물에 소유권 외의 권리에 관한 등기가 있을 때에는 그 권리의 등기명의인의 승낙이 있어야 한다.
② 공용부분이라는 뜻을 정한 규약을 폐지한 경우에 공용부분의 취득자는 지체 없이 소유권보존등기를 신청하여야 한다.

제3절 권리에 관한 등기

제1관 통 칙

제48조 【등기사항】 ① 등기관이 갑구 또는 을구에 권리에 관한 등기를 할 때에는 다음 각 호의 사항을 기록하여야 한다.
1. 순위번호
2. 등기목적
3. 접수연월일 및 접수번호
4. 등기원인 및 그 연월일
5. 권리자

② 제1항 제5호의 권리자에 관한 사항을 기록할 때에는 권리자의 성명 또는 명칭 외에 주민등록번호 또는 부동산등기용등록번호와 주소 또는 사무소 소재지를 함께 기록하여야 한다.
③ 제26조에 따라 법인 아닌 사단이나 재단 명의의 등기를 할 때에는 그 대표자나 관리인의 성명, 주소 및 주민등록번호를 함께 기록하여야 한다.
④ 제1항 제5호의 권리자가 2인 이상인 경우에는 권리자별 지분을 기록하여야 하고 등기할 권리가 합유(合有)인 때에는 그 뜻을 기록하여야 한다.

제49조 【등록번호의 부여절차】 ① 제48조 제2항에 따른 부동산등기용등록번호(이하 "등록번호"라 한다)는 다음 각 호의 방법에 따라 부여한다.
1. 국가·지방자치단체·국제기관 및 외국정부의 등록번호는 국토교통부장관이 지정·고시한다.
2. 주민등록번호가 없는 재외국민의 등록번호는 대법원 소재지 관할 등기소의 등기관이 부여하고, 법인의 등록번호는 주된 사무소(회사의 경우에는 본점, 외국법인의 경우에는 국내에 최초로 설치 등기를 한 영업소나 사무소를 말한다) 소재지 관할 등기소의 등기관이 부여한다.
3. 법인 아닌 사단이나 재단 및 국내에 영업소나 사무소의 설치 등기를 하지 아니한 외국법인의 등록번호는 시장(「제주특별자치도 설치 및 국제자유도시 조성을 위한 특별법」 제10조 제2항에 따른 행정시의 시장을 포함하며, 「지방자치법」 제3조 제3항에 따라 자치구가 아닌 구를 두는 시의 시장은 제외한다), 군수 또는 구청장(자치구가 아닌 구의 구청장을 포함한다)이 부여한다.
4. 외국인의 등록번호는 체류지(국내에 체류지가 없는 경우에는 대법원 소재지에 체류지가 있는 것으로 본다)를 관할하는 지방출입국·외국인관서의 장이 부여한다.

② 제1항 제2호에 따른 등록번호의 부여절차는 대법원규칙으로 정하고, 제1항 제3호와 제4호에 따른 등록번호의 부여절차는 대통령령으로 정한다.

제50조 【등기필정보】 ① 등기관이 새로운 권리에 관한 등기를 마쳤을 때에는 등기필정보를 작성하여 등기권리자에게 통지하여야 한다. 다만, 다음 각 호의 어느 하나에 해당하는 경우에는 그러하지 아니하다.

1. 등기권리자가 등기필정보의 통지를 원하지 아니하는 경우
2. 국가 또는 지방자치단체가 등기권리자인 경우
3. 제1호 및 제2호에서 규정한 경우 외에 대법원규칙으로 정하는 경우

② 등기권리자와 등기의무자가 공동으로 권리에 관한 등기를 신청하는 경우에 신청인은 그 신청정보와 함께 제1항에 따라 통지받은 등기의무자의 등기필정보를 등기소에 제공하여야 한다. 승소한 등기의무자가 단독으로 권리에 관한 등기를 신청하는 경우에도 또한 같다.

제51조 【등기필정보가 없는 경우】 제50조 제2항의 경우에 등기의무자의 등기필정보가 없을 때에는 등기의무자 또는 그 법정대리인(이하 "등기의무자 등"이라 한다)이 등기소에 출석하여 등기관으로부터 등기의무자 등임을 확인받아야 한다. 다만, 등기신청인의 대리인(변호사나 법무사만을 말한다)이 등기의무자 등으로부터 위임받았음을 확인한 경우 또는 신청서(위임에 의한 대리인이 신청하는 경우에는 그 권한을 증명하는 서면을 말한다) 중 등기의무자 등의 작성부분에 관하여 공증(公證)을 받은 경우에는 그러하지 아니하다.

제52조 【부기로 하는 등기】 등기관이 다음 각 호의 등기를 할 때에는 부기로 하여야 한다. 다만, 제5호의 등기는 등기상 이해관계 있는 제3자의 승낙이 없는 경우에는 그러하지 아니하다.

1. 등기명의인표시의 변경이나 경정의 등기
2. 소유권 외의 권리의 이전등기
3. 소유권 외의 권리를 목적으로 하는 권리에 관한 등기
4. 소유권 외의 권리에 대한 처분제한 등기
5. 권리의 변경이나 경정의 등기
6. 제53조의 환매특약등기
7. 제54조의 권리소멸약정등기
8. 제67조 제1항 후단의 공유물 분할금지의 약정등기
9. 그 밖에 대법원규칙으로 정하는 등기

제53조 【환매특약의 등기】 등기관이 환매특약의 등기를 할 때에는 다음 각 호의 사항을 기록하여야 한다. 다만, 제3호는 등기원인에 그 사항이 정하여져 있는 경우에만 기록한다.

1. 매수인이 지급한 대금
2. 매매비용
3. 환매기간

제54조 【권리소멸약정의 등기】 등기원인에 권리의 소멸에 관한 약정이 있을 경우 신청인은 그 약정에 관한 등기를 신청할 수 있다.

제55조 【사망 등으로 인한 권리의 소멸과 말소등기】 등기명의인인 사람의 사망 또는 법인의 해산으로 권리가 소멸한다는 약정이 등기되어 있는 경우에 사람의 사망 또는 법인의 해산으로 그 권리가 소멸하였을 때에는, 등기권리자는 그 사실을 증명하여 단독으로 해당 등기의 말소를 신청할 수 있다.

제56조 【등기의무자의 소재불명과 말소등기】 ① 등기권리자가 등기의무자의 소재불명으로 인하여 공동으로 등기의 말소를 신청할 수 없을 때에는 「민사소송법」에 따라 공시최고(公示催告)를 신청할 수 있다.

② 제1항의 경우에 제권판결(除權判決)이 있으면 등기권리자가 그 사실을 증명하여 단독으로 등기의 말소를 신청할 수 있다.

제57조 【이해관계 있는 제3자가 있는 등기의 말소】 ① 등기의 말소를 신청하는 경우에 그 말소에 대하여 등기상 이해관계 있는 제3자가 있을 때에는 제3자의 승낙이 있어야 한다.

② 제1항에 따라 등기를 말소할 때에는 등기상 이해관계 있는 제3자 명의의 등기는 등기관이 직권으로 말소한다.

제58조【직권에 의한 등기의 말소】 ① 등기관이 등기를 마친 후 그 등기가 제29조 제1호 또는 제2호에 해당된 것임을 발견하였을 때에는 등기권리자, 등기의무자와 등기상 이해관계 있는 제3자에게 1개월 이내의 기간을 정하여 그 기간에 이의를 진술하지 아니하면 등기를 말소한다는 뜻을 통지하여야 한다.
② 제1항의 경우 통지를 받을 자의 주소 또는 거소(居所)를 알 수 없으면 제1항의 통지를 갈음하여 제1항의 기간 동안 등기소 게시장에 이를 게시하거나 대법원규칙으로 정하는 바에 따라 공고하여야 한다.
③ 등기관은 제1항의 말소에 관하여 이의를 진술한 자가 있으면 그 이의에 대한 결정을 하여야 한다.
④ 등기관은 제1항의 기간 이내에 이의를 진술한 자가 없거나 이의를 각하한 경우에는 제1항의 등기를 직권으로 말소하여야 한다.

제59조【말소등기의 회복】 말소된 등기의 회복(回復)을 신청하는 경우에 등기상 이해관계 있는 제3자가 있을 때에는 그 제3자의 승낙이 있어야 한다.

제60조【대지사용권의 취득】 ① 구분건물을 신축한 자가 「집합건물의 소유 및 관리에 관한 법률」 제2조 제6호의 대지사용권을 가지고 있는 경우에 대지권에 관한 등기를 하지 아니하고 구분건물에 관하여만 소유권이전등기를 마쳤을 때에는 현재의 구분건물의 소유명의인과 공동으로 대지사용권에 관한 이전등기를 신청할 수 있다.
② 구분건물을 신축하여 양도한 자가 그 건물의 대지사용권을 나중에 취득하여 이전하기로 약정한 경우에는 제1항을 준용한다.
③ 제1항 및 제2항에 따른 등기는 대지권에 관한 등기와 동시에 신청하여야 한다.

제61조【구분건물의 등기기록에 대지권등기가 되어 있는 경우】 ① 대지권을 등기한 후에 한 건물의 권리에 관한 등기는 대지권에 대하여 동일한 등기로서 효력이 있다. 다만, 그 등기에 건물만에 관한 것이라는 뜻의 부기가 되어 있을 때에는 그러하지 아니하다.
② 제1항에 따라 대지권에 대한 등기로서의 효력이 있는 등기와 대지권의 목적인 토지의 등기기록 중 해당 구에 한 등기의 순서는 접수번호에 따른다.
③ 대지권이 등기된 구분건물의 등기기록에는 건물만에 관한 소유권이전등기 또는 저당권설정등기, 그 밖에 이와 관련이 있는 등기를 할 수 없다.
④ 토지의 소유권이 대지권인 경우에 대지권이라는 뜻의 등기가 되어 있는 토지의 등기기록에는 소유권이전등기, 저당권설정등기, 그 밖에 이와 관련이 있는 등기를 할 수 없다.
⑤ 지상권, 전세권 또는 임차권이 대지권인 경우에는 제4항을 준용한다.

제62조【소유권변경 사실의 통지】 등기관이 다음 각 호의 등기를 하였을 때에는 지체 없이 그 사실을 토지의 경우에는 지적소관청에, 건물의 경우에는 건축물대장 소관청에 각각 알려야 한다.
1. 소유권의 보존 또는 이전
2. 소유권의 등기명의인표시의 변경 또는 경정
3. 소유권의 변경 또는 경정
4. 소유권의 말소 또는 말소회복

제63조【과세자료의 제공】 등기관이 소유권의 보존 또는 이전의 등기[가등기(假登記)를 포함한다]를 하였을 때에는 대법원규칙으로 정하는 바에 따라 지체 없이 그 사실을 부동산 소재지 관할 세무서장에게 통지하여야 한다.

제2관 소유권에 관한 등기

제64조【소유권보존등기의 등기사항】 등기관이 소유권보존등기를 할 때에는 제48조 제1항 제4호에도 불구하고 등기원인과 그 연월일을 기록하지 아니한다.

제65조【소유권보존등기의 신청인】 미등기의 토지 또는 건물에 관한 소유권보존등기는 다음 각 호의 어느 하나에 해당하는 자가 신청할 수 있다.
1. 토지대장, 임야대장 또는 건축물대장에 최초의 소유자로 등록되어 있는 자 또는 그 상속인, 그 밖의 포괄승계인

2. 확정판결에 의하여 자기의 소유권을 증명하는 자
3. 수용(收用)으로 인하여 소유권을 취득하였음을 증명하는 자
4. 특별자치도지사, 시장, 군수 또는 구청장(자치구의 구청장을 말한다)의 확인에 의하여 자기의 소유권을 증명하는 자(건물의 경우로 한정한다)

제66조【미등기부동산의 처분제한의 등기와 직권보존】 ① 등기관이 미등기부동산에 대하여 법원의 촉탁에 따라 소유권의 처분제한의 등기를 할 때에는 직권으로 소유권보존등기를 하고, 처분제한의 등기를 명하는 법원의 재판에 따라 소유권의 등기를 한다는 뜻을 기록하여야 한다.
② 등기관이 제1항에 따라 건물에 대한 소유권보존등기를 하는 경우에는 제65조를 적용하지 아니한다. 다만, 그 건물이 「건축법」상 사용승인을 받아야 할 건물임에도 사용승인을 받지 아니하였다면 그 사실을 표제부에 기록하여야 한다.
③ 제2항 단서에 따라 등기된 건물에 대하여 「건축법」상 사용승인이 이루어진 경우에는 그 건물 소유권의 등기명의인은 1개월 이내에 제2항 단서의 기록에 대한 말소등기를 신청하여야 한다.

제67조【소유권의 일부이전】 ① 등기관이 소유권의 일부에 관한 이전등기를 할 때에는 이전되는 지분을 기록하여야 한다. 이 경우 등기원인에 「민법」 제268조 제1항 단서의 약정이 있을 때에는 그 약정에 관한 사항도 기록하여야 한다.
② 제1항 후단의 약정의 변경등기는 공유자 전원이 공동으로 신청하여야 한다.

제68조【거래가액의 등기】 등기관이 「부동산 거래신고 등에 관한 법률」 제3조 제1항에서 정하는 계약을 등기원인으로 한 소유권이전등기를 하는 경우에는 대법원규칙으로 정하는 바에 따라 거래가액을 기록한다.

제3관 용익권(用益權)에 관한 등기

제69조【지상권의 등기사항】 등기관이 지상권설정의 등기를 할 때에는 제48조에서 규정한 사항 외에 다음 각 호의 사항을 기록하여야 한다. 다만, 제3호부터 제5호까지는 등기원인에 그 약정이 있는 경우에만 기록한다.
1. 지상권설정의 목적
2. 범위
3. 존속기간
4. 지료와 지급시기
5. 「민법」 제289조의2 제1항 후단의 약정
6. 지상권설정의 범위가 토지의 일부인 경우에는 그 부분을 표시한 도면의 번호

제70조【지역권의 등기사항】 등기관이 승역지의 등기기록에 지역권설정의 등기를 할 때에는 제48조 제1항 제1호부터 제4호까지에서 규정한 사항 외에 다음 각 호의 사항을 기록하여야 한다. 다만, 제4호는 등기원인에 그 약정이 있는 경우에만 기록한다.
1. 지역권설정의 목적
2. 범위
3. 요역지
4. 「민법」 제292조 제1항 단서, 제297조 제1항 단서 또는 제298조의 약정
5. 승역지의 일부에 지역권설정의 등기를 할 때에는 그 부분을 표시한 도면의 번호

제71조【요역지지역권의 등기사항】 ① 등기관이 승역지에 지역권설정의 등기를 하였을 때에는 직권으로 요역지의 등기기록에 다음 각 호의 사항을 기록하여야 한다.
1. 순위번호
2. 등기목적
3. 승역지
4. 지역권설정의 목적
5. 범위
6. 등기연월일

② 삭제 〈2024. 9. 20.〉
③ 삭제 〈2024. 9. 20.〉

④ 등기관이 승역지에 지역권변경 또는 말소의 등기를 하였을 때에는 직권으로 요역지의 등기기록에 변경 또는 말소의 등기를 하여야 한다.

제72조【전세권 등의 등기사항】 ① 등기관이 전세권설정이나 전전세(轉傳貰)의 등기를 할 때에는 제48조에서 규정한 사항 외에 다음 각 호의 사항을 기록하여야 한다. 다만, 제3호부터 제5호까지는 등기원인에 그 약정이 있는 경우에만 기록한다.

1. 전세금 또는 전전세금
2. 범위
3. 존속기간
4. 위약금 또는 배상금
5. 「민법」 제306조 단서의 약정
6. 전세권설정이나 전전세의 범위가 부동산의 일부인 경우에는 그 부분을 표시한 도면의 번호

② 여러 개의 부동산에 관한 권리를 목적으로 하는 전세권설정의 등기를 하는 경우에는 제78조를 준용한다.

제73조【전세금반환채권의 일부양도에 따른 전세권 일부이전등기】 ① 등기관이 전세금반환채권의 일부 양도를 원인으로 한 전세권 일부이전등기를 할 때에는 양도액을 기록한다.

② 제1항의 전세권 일부이전등기의 신청은 전세권의 존속기간의 만료 전에는 할 수 없다. 다만, 존속기간 만료 전이라도 해당 전세권이 소멸하였음을 증명하여 신청하는 경우에는 그러하지 아니하다.

제74조【임차권 등의 등기사항】 등기관이 임차권설정 또는 임차물 전대(轉貸)의 등기를 할 때에는 제48조에서 규정한 사항 외에 다음 각 호의 사항을 기록하여야 한다. 다만, 제3호부터 제6호까지는 등기원인에 그 사항이 있는 경우에만 기록한다.

1. 차임(借賃)
2. 범위
3. 차임지급시기
4. 존속기간. 다만, 처분능력 또는 처분권한 없는 임대인에 의한 「민법」 제619조의 단기임대차인 경우에는 그 뜻도 기록한다.
5. 임차보증금
6. 임차권의 양도 또는 임차물의 전대에 대한 임대인의 동의
7. 임차권설정 또는 임차물전대의 범위가 부동산의 일부인 때에는 그 부분을 표시한 도면의 번호

제4관 담보권에 관한 등기

제75조【저당권의 등기사항】 ① 등기관이 저당권설정의 등기를 할 때에는 제48조에서 규정한 사항 외에 다음 각 호의 사항을 기록하여야 한다. 다만, 제3호부터 제8호까지는 등기원인에 그 약정이 있는 경우에만 기록한다.

1. 채권액
2. 채무자의 성명 또는 명칭과 주소 또는 사무소 소재지
3. 변제기(辨濟期)
4. 이자 및 그 발생기·지급시기
5. 원본(元本) 또는 이자의 지급장소
6. 채무불이행(債務不履行)으로 인한 손해배상에 관한 약정
7. 「민법」 제358조 단서의 약정
8. 채권의 조건

② 등기관은 제1항의 저당권의 내용이 근저당권(根抵當權)인 경우에는 제48조에서 규정한 사항 외에 다음 각 호의 사항을 기록하여야 한다. 다만, 제3호 및 제4호는 등기원인에 그 약정이 있는 경우에만 기록한다.

1. 채권의 최고액
2. 채무자의 성명 또는 명칭과 주소 또는 사무소 소재지
3. 「민법」 제358조 단서의 약정
4. 존속기간

제76조【저당권부채권에 대한 질권 등의 등기사항】 ① 등기관이 「민법」 제348조에 따라 저당권부채권(抵當權附債權)에 대한 질권의 등기를 할 때에는 제48조에서 규정한 사항 외에 다음 각 호의 사항을 기록하여야 한다.

1. 채권액 또는 채권최고액

2. 채무자의 성명 또는 명칭과 주소 또는 사무소 소재지
3. 변제기와 이자의 약정이 있는 경우에는 그 내용

② 등기관이 「동산·채권 등의 담보에 관한 법률」 제37조에서 준용하는 「민법」 제348조에 따른 채권담보권의 등기를 할 때에는 제48조에서 정한 사항 외에 다음 각 호의 사항을 기록하여야 한다.

1. 채권액 또는 채권최고액
2. 채무자의 성명 또는 명칭과 주소 또는 사무소 소재지
3. 변제기와 이자의 약정이 있는 경우에는 그 내용

제77조【피담보채권이 금액을 목적으로 하지 아니하는 경우】 등기관이 일정한 금액을 목적으로 하지 아니하는 채권을 담보하기 위한 저당권설정의 등기를 할 때에는 그 채권의 평가액을 기록하여야 한다.

제78조【공동저당의 등기】 ① 등기관이 동일한 채권에 관하여 여러 개의 부동산에 관한 권리를 목적으로 하는 저당권설정의 등기를 할 때에는 각 부동산의 등기기록에 그 부동산에 관한 권리가 다른 부동산에 관한 권리와 함께 저당권의 목적으로 제공된 뜻을 기록하여야 한다.

② 등기관은 제1항의 경우에 부동산이 5개 이상일 때에는 공동담보목록을 작성하여야 한다.

③ 제2항의 공동담보목록은 등기기록의 일부로 본다.

④ 등기관이 1개 또는 여러 개의 부동산에 관한 권리를 목적으로 하는 저당권설정의 등기를 한 후 동일한 채권에 대하여 다른 1개 또는 여러 개의 부동산에 관한 권리를 목적으로 하는 저당권설정의 등기를 할 때에는 그 등기와 종전의 등기에 각 부동산에 관한 권리가 함께 저당권의 목적으로 제공된 뜻을 기록하여야 한다. 이 경우 제2항 및 제3항을 준용한다.

⑤ 삭제 〈2024. 9. 20.〉

제79조【채권일부의 양도 또는 대위변제로 인한 저당권 일부이전등기의 등기사항】 등기관이 채권의 일부에 대한 양도 또는 대위변제(代位辨濟)로 인한 저당권 일부이전등기를 할 때에는 제48조에서 규정한 사항 외에 양도액 또는 변제액을 기록하여야 한다.

제80조【공동저당의 대위등기】 ① 등기관이 「민법」 제368조 제2항 후단의 대위등기를 할 때에는 제48조에서 규정한 사항 외에 다음 각 호의 사항을 기록하여야 한다.

1. 매각 부동산(소유권 외의 권리가 저당권의 목적일 때에는 그 권리를 말한다)
2. 매각대금
3. 선순위 저당권자가 변제받은 금액

② 제1항의 등기에는 제75조를 준용한다.

제5관 신탁에 관한 등기

제81조【신탁등기의 등기사항】 ① 등기관이 신탁등기를 할 때에는 다음 각 호의 사항을 기록한 신탁원부(信託原簿)를 작성하고, 등기기록에는 제48조에서 규정한 사항 외에 그 신탁원부의 번호 및 신탁재산에 속하는 부동산의 거래에 관한 주의사항을 기록하여야 한다.

1. 위탁자(委託者), 수탁자 및 수익자(受益者)의 성명 및 주소(법인인 경우에는 그 명칭 및 사무소 소재지를 말한다)
2. 수익자를 지정하거나 변경할 수 있는 권한을 갖는 자를 정한 경우에는 그 자의 성명 및 주소(법인인 경우에는 그 명칭 및 사무소 소재지를 말한다)
3. 수익자를 지정하거나 변경할 방법을 정한 경우에는 그 방법
4. 수익권의 발생 또는 소멸에 관한 조건이 있는 경우에는 그 조건
5. 신탁관리인이 선임된 경우에는 신탁관리인의 성명 및 주소(법인인 경우에는 그 명칭 및 사무소 소재지를 말한다)

6. 수익자가 없는 특정의 목적을 위한 신탁인 경우에는 그 뜻
7. 「신탁법」 제3조 제5항에 따라 수탁자가 타인에게 신탁을 설정하는 경우에는 그 뜻
8. 「신탁법」 제59조 제1항에 따른 유언대용신탁인 경우에는 그 뜻
9. 「신탁법」 제60조에 따른 수익자연속신탁인 경우에는 그 뜻
10. 「신탁법」 제78조에 따른 수익증권발행신탁인 경우에는 그 뜻
11. 「공익신탁법」에 따른 공익신탁인 경우에는 그 뜻
12. 「신탁법」 제114조 제1항에 따른 유한책임신탁인 경우에는 그 뜻
13. 신탁의 목적
14. 신탁재산의 관리, 처분, 운용, 개발, 그 밖에 신탁 목적의 달성을 위하여 필요한 방법
15. 신탁종료의 사유
16. 그 밖의 신탁 조항

② 제1항 제5호, 제6호, 제10호 및 제11호의 사항에 관하여 등기를 할 때에는 수익자의 성명 및 주소를 기재하지 아니할 수 있다.

③ 제1항의 신탁원부는 등기기록의 일부로 본다.

④ 제1항 각 호 외의 부분에 따른 주의사항의 내용 및 등기방법 등에 관하여 필요한 사항은 대법원규칙으로 정한다.

제82조 【신탁등기의 신청방법】 ① 신탁등기의 신청은 해당 부동산에 관한 권리의 설정등기, 보존등기, 이전등기 또는 변경등기의 신청과 동시에 하여야 한다.

② 수익자나 위탁자는 수탁자를 대위하여 신탁등기를 신청할 수 있다. 이 경우 제1항은 적용하지 아니한다.

③ 제2항에 따른 대위등기의 신청에 관하여는 제28조 제2항을 준용한다.

제82조의2 【신탁의 합병·분할 등에 따른 신탁등기의 신청】 ① 신탁의 합병 또는 분할로 인하여 하나의 신탁재산에 속하는 부동산에 관한 권리가 다른 신탁의 신탁재산에 귀속되는 경우 신탁등기의 말소등기 및 새로운 신탁등기의 신청은 신탁의 합병 또는 분할로 인한 권리변경등기의 신청과 동시에 하여야 한다.

② 「신탁법」 제34조 제1항 제3호 및 같은 조 제2항에 따라 여러 개의 신탁을 인수한 수탁자가 하나의 신탁재산에 속하는 부동산에 관한 권리를 다른 신탁의 신탁재산에 귀속시키는 경우 신탁등기의 신청방법에 관하여는 제1항을 준용한다.

제83조 【수탁자의 임무 종료에 의한 등기】 다음 각 호의 어느 하나에 해당하여 수탁자의 임무가 종료된 경우 신수탁자는 단독으로 신탁재산에 속하는 부동산에 관한 권리이전등기를 신청할 수 있다.

1. 「신탁법」 제12조 제1항 각 호의 어느 하나에 해당하여 수탁자의 임무가 종료된 경우
2. 「신탁법」 제16조 제1항에 따라 수탁자를 해임한 경우
3. 「신탁법」 제16조 제3항에 따라 법원이 수탁자를 해임한 경우
4. 「공익신탁법」 제27조에 따라 법무부장관이 직권으로 공익신탁의 수탁자를 해임한 경우

제84조 【수탁자가 여러 명인 경우】 ① 수탁자가 여러 명인 경우 등기관은 신탁재산이 합유인 뜻을 기록하여야 한다.

② 여러 명의 수탁자 중 1인이 제83조 각 호의 어느 하나의 사유로 그 임무가 종료된 경우 다른 수탁자는 단독으로 권리변경등기를 신청할 수 있다. 이 경우 다른 수탁자가 여러 명일 때에는 그 전원이 공동으로 신청하여야 한다.

제84조의2 【신탁재산에 관한 등기신청의 특례】 다음 각 호의 어느 하나에 해당하는 경우 수탁자는 단독으로 해당 신탁재산에 속하는 부동산에 관한 권리변경등기를 신청할 수 있다.

1. 「신탁법」 제3조 제1항 제3호에 따라 신탁을 설정하는 경우
2. 「신탁법」 제34조 제2항 각 호의 어느 하나에 해당하여 다음 각 목의 어느 하나의 행위를 하는 것이 허용된 경우

가. 수탁자가 신탁재산에 속하는 부동산에 관한 권리를 고유재산에 귀속시키는 행위
나. 수탁자가 고유재산에 속하는 부동산에 관한 권리를 신탁재산에 귀속시키는 행위
다. 여러 개의 신탁을 인수한 수탁자가 하나의 신탁재산에 속하는 부동산에 관한 권리를 다른 신탁의 신탁재산에 귀속시키는 행위

3. 「신탁법」 제90조 또는 제94조에 따라 수탁자가 신탁을 합병, 분할 또는 분할합병하는 경우

제85조 【촉탁에 의한 신탁변경등기】 ① 법원은 다음 각 호의 어느 하나에 해당하는 재판을 한 경우 지체 없이 신탁원부 기록의 변경등기를 등기소에 촉탁하여야 한다.

1. 수탁자 해임의 재판
2. 신탁관리인의 선임 또는 해임의 재판
3. 신탁 변경의 재판

② 법무부장관은 다음 각 호의 어느 하나에 해당하는 경우 지체 없이 신탁원부 기록의 변경등기를 등기소에 촉탁하여야 한다.

1. 수탁자를 직권으로 해임한 경우
2. 신탁관리인을 직권으로 선임하거나 해임한 경우
3. 신탁내용의 변경을 명한 경우

③ 등기관이 제1항 제1호 및 제2항 제1호에 따라 법원 또는 주무관청의 촉탁에 의하여 수탁자 해임에 관한 신탁원부 기록의 변경등기를 하였을 때에는 직권으로 등기기록에 수탁자 해임의 뜻을 부기하여야 한다.

제85조의2 【직권에 의한 신탁변경등기】 등기관이 신탁재산에 속하는 부동산에 관한 권리에 대하여 다음 각 호의 어느 하나에 해당하는 등기를 할 경우 직권으로 그 부동산에 관한 신탁원부 기록의 변경등기를 하여야 한다.

1. 수탁자의 변경으로 인한 이전등기
2. 여러 명의 수탁자 중 1인의 임무 종료로 인한 변경등기
3. 수탁자인 등기명의인의 성명 및 주소(법인인 경우에는 그 명칭 및 사무소 소재지를 말한다)에 관한 변경등기 또는 경정등기

제86조 【신탁변경등기의 신청】 수탁자는 제85조 및 제85조의2에 해당하는 경우를 제외하고 제81조 제1항 각 호의 사항이 변경되었을 때에는 지체 없이 신탁원부 기록의 변경등기를 신청하여야 한다.

제87조 【신탁등기의 말소】 ① 신탁재산에 속한 권리가 이전, 변경 또는 소멸됨에 따라 신탁재산에 속하지 아니하게 된 경우 신탁등기의 말소신청은 신탁된 권리의 이전등기, 변경등기 또는 말소등기의 신청과 동시에 하여야 한다.

② 신탁종료로 인하여 신탁재산에 속한 권리가 이전 또는 소멸된 경우에는 제1항을 준용한다.

③ 신탁등기의 말소등기는 수탁자가 단독으로 신청할 수 있다.

④ 신탁등기의 말소등기의 신청에 관하여는 제82조 제2항 및 제3항을 준용한다.

제87조의2 【담보권신탁에 관한 특례】 ① 위탁자가 자기 또는 제3자 소유의 부동산에 채권자가 아닌 수탁자를 저당권자로 하여 설정한 저당권을 신탁재산으로 하고 채권자를 수익자로 지정한 신탁의 경우 등기관은 그 저당권에 의하여 담보되는 피담보채권이 여럿이고 각 피담보채권별로 제75조에 따른 등기사항이 다를 때에는 제75조에 따른 등기사항을 각 채권별로 구분하여 기록하여야 한다.

② 제1항에 따른 신탁의 신탁재산에 속하는 저당권에 의하여 담보되는 피담보채권이 이전되는 경우 수탁자는 신탁원부 기록의 변경등기를 신청하여야 한다.

③ 제1항에 따른 신탁의 신탁재산에 속하는 저당권의 이전등기를 하는 경우에는 제79조를 적용하지 아니한다.

제87조의3 【신탁재산관리인이 선임된 신탁의 등기】 「신탁법」 제17조 제1항 또는 제18조 제1항에 따라 신탁재산관리인이 선임된 신탁의 경우 제23조 제7항·제8항, 제81조, 제82조, 제82조의2, 제84조 제1항, 제84조의2, 제85조 제1항·제2항, 제85조의2 제3호, 제86조, 제87조 및 제87조의2를 적용할 때에는 "수탁자"는 "신탁재산관리인"으로 본다.

제6관 가등기

제88조 【가등기의 대상】 가등기는 제3조 각 호의 어느 하나에 해당하는 권리의 설정, 이전, 변경 또는 소멸의 청구권(請求權)을 보전(保全)하려는 때에 한다. 그 청구권이 시기부(始期附) 또는 정지조건부(停止條件附)일 경우나 그 밖에 장래에 확정될 것인 경우에도 같다.

제89조 【가등기의 신청방법】 가등기권리자는 제23조 제1항에도 불구하고 가등기의무자의 승낙이 있거나 가등기를 명하는 법원의 가처분명령(假處分命令)이 있을 때에는 단독으로 가등기를 신청할 수 있다.

제90조 【가등기를 명하는 가처분명령】 ① 제89조의 가등기를 명하는 가처분명령은 부동산의 소재지를 관할하는 지방법원이 가등기권리자의 신청으로 가등기 원인사실의 소명이 있는 경우에 할 수 있다.
② 제1항의 신청을 각하한 결정에 대하여는 즉시항고(卽時抗告)를 할 수 있다.
③ 제2항의 즉시항고에 관하여는 「비송사건절차법」을 준용한다.

제91조 【가등기에 의한 본등기의 순위】 가등기에 의한 본등기(本登記)를 한 경우 본등기의 순위는 가등기의 순위에 따른다.

제92조 【가등기에 의하여 보전되는 권리를 침해하는 가등기 이후 등기의 직권말소】 ① 등기관은 가등기에 의한 본등기를 하였을 때에는 대법원규칙으로 정하는 바에 따라 가등기 이후에 된 등기로서 가등기에 의하여 보전되는 권리를 침해하는 등기를 직권으로 말소하여야 한다.
② 등기관이 제1항에 따라 가등기 이후의 등기를 말소하였을 때에는 지체 없이 그 사실을 말소된 권리의 등기명의인에게 통지하여야 한다.

제93조 【가등기의 말소】 ① 가등기명의인은 제23조 제1항에도 불구하고 단독으로 가등기의 말소를 신청할 수 있다.
② 가등기의무자 또는 가등기에 관하여 등기상 이해관계 있는 자는 제23조 제1항에도 불구하고 가등기명의인의 승낙을 받아 단독으로 가등기의 말소를 신청할 수 있다.

제7관 가처분에 관한 등기

제94조 【가처분등기 이후의 등기의 말소】 ① 「민사집행법」 제305조 제3항에 따라 권리의 이전, 말소 또는 설정등기청구권을 보전하기 위한 처분금지가처분등기가 된 후 가처분채권자가 가처분채무자를 등기의무자로 하여 권리의 이전, 말소 또는 설정의 등기를 신청하는 경우에는, 대법원규칙으로 정하는 바에 따라 그 가처분등기 이후에 된 등기로서 가처분채권자의 권리를 침해하는 등기의 말소를 단독으로 신청할 수 있다.
② 등기관이 제1항의 신청에 따라 가처분등기 이후의 등기를 말소할 때에는 직권으로 그 가처분등기도 말소하여야 한다. 가처분등기 이후의 등기가 없는 경우로서 가처분채무자를 등기의무자로 하는 권리의 이전, 말소 또는 설정의 등기만을 할 때에도 또한 같다.
③ 등기관이 제1항의 신청에 따라 가처분등기 이후의 등기를 말소하였을 때에는 지체 없이 그 사실을 말소된 권리의 등기명의인에게 통지하여야 한다.

제95조 【가처분에 따른 소유권 외의 권리 설정등기】 등기관이 제94조 제1항에 따라 가처분채권자 명의의 소유권 외의 권리 설정등기를 할 때에는 그 등기가 가처분에 기초한 것이라는 뜻을 기록하여야 한다.

제8관 관공서가 촉탁하는 등기 등

제96조 【관공서가 등기명의인 등을 갈음하여 촉탁할 수 있는 등기】 관공서가 체납처분(滯納處分)으로 인한 압류등기(押留登記)를 촉탁하는 경우에는 등기명의인 또는 상속인, 그 밖의 포괄승계인을 갈음하여 부동산의 표시, 등기명의인의 표시의 변경, 경정 또는 상속, 그 밖의 포괄승계로 인한 권리이전(權利移轉)의 등기를 함께 촉탁할 수 있다.

제97조【공매처분으로 인한 등기의 촉탁】 관공서가 공매처분(公賣處分)을 한 경우에 등기권리자의 청구를 받으면 지체 없이 다음 각 호의 등기를 등기소에 촉탁하여야 한다.

1. 공매처분으로 인한 권리이전의 등기
2. 공매처분으로 인하여 소멸한 권리등기(權利登記)의 말소
3. 체납처분에 관한 압류등기 및 공매공고등기의 말소

제98조【관공서의 촉탁에 따른 등기】 ① 국가 또는 지방자치단체가 등기권리자인 경우에는 국가 또는 지방자치단체는 등기의무자의 승낙을 받아 해당 등기를 지체 없이 등기소에 촉탁하여야 한다.
② 국가 또는 지방자치단체가 등기의무자인 경우에는 국가 또는 지방자치단체는 등기권리자의 청구에 따라 지체 없이 해당 등기를 등기소에 촉탁하여야 한다.

제99조【수용으로 인한 등기】 ① 수용으로 인한 소유권이전등기는 제23조 제1항에도 불구하고 등기권리자가 단독으로 신청할 수 있다.
② 등기권리자는 제1항의 신청을 하는 경우에 등기명의인이나 상속인, 그 밖의 포괄승계인을 갈음하여 부동산의 표시 또는 등기명의인의 표시의 변경, 경정 또는 상속, 그 밖의 포괄승계로 인한 소유권이전의 등기를 신청할 수 있다.
③ 국가 또는 지방자치단체가 제1항의 등기권리자인 경우에는 국가 또는 지방자치단체는 지체 없이 제1항과 제2항의 등기를 등기소에 촉탁하여야 한다.
④ 등기관이 제1항과 제3항에 따라 수용으로 인한 소유권이전등기를 하는 경우 그 부동산의 등기기록 중 소유권, 소유권 외의 권리, 그 밖의 처분제한에 관한 등기가 있으면 그 등기를 직권으로 말소하여야 한다. 다만, 그 부동산을 위하여 존재하는 지역권의 등기 또는 토지수용위원회의 재결(裁決)로써 존속(存續)이 인정된 권리의 등기는 그러하지 아니하다.
⑤ 부동산에 관한 소유권 외의 권리의 수용으로 인한 권리이전등기에 관하여는 제1항부터 제4항까지의 규정을 준용한다.

제5장 이 의

제100조【이의신청과 그 관할】 등기관의 결정 또는 처분에 이의가 있는 자는 그 결정 또는 처분을 한 등기관이 속한 지방법원(이하 이 장에서 "관할 지방법원"이라 한다)에 이의신청을 할 수 있다.

제101조【이의신청의 방법】 제100조에 따른 이의신청(이하 이 장에서 "이의신청"이라 한다)은 대법원규칙으로 정하는 바에 따라 결정 또는 처분을 한 등기관이 속한 등기소에 이의신청서를 제출하거나 전산정보처리조직을 이용하여 이의신청정보를 보내는 방법으로 한다.

제102조【새로운 사실에 의한 이의 금지】 새로운 사실이나 새로운 증거방법을 근거로 이의신청을 할 수는 없다.

제103조【등기관의 조치】 ① 등기관은 이의가 이유 있다고 인정하면 그에 해당하는 처분을 하여야 한다.
② 등기관은 이의가 이유 없다고 인정하면 이의신청일부터 3일 이내에 의견을 붙여 이의신청서 또는 이의신청정보를 관할 지방법원에 보내야 한다.
③ 등기를 마친 후에 이의신청이 있는 경우에는 3일 이내에 의견을 붙여 이의신청서 또는 이의신청정보를 관할 지방법원에 보내고 등기상 이해관계 있는 자에게 이의신청 사실을 알려야 한다.

제104조【집행 부정지】 이의에는 집행정지(執行停止)의 효력이 없다.

제105조【이의에 대한 결정과 항고】 ① 관할 지방법원은 이의에 대하여 이유를 붙여 결정을 하여야 한다. 이 경우 이의가 이유 있다고 인정하면 등기관에게 그에 해당하는 처분을 명령하고 그 뜻을 이의신청인과 등기상 이해관계 있는 자에게 알려야 한다.
② 제1항의 결정에 대하여는 「비송사건절차법」에 따라 항고할 수 있다.

제106조【처분 전의 가등기 및 부기등기의 명령】 관할 지방법원은 이의신청에 대하여 결정하기 전에 등기관에게 가등기 또는 이의가 있다는 뜻의 부기등기를 명령할 수 있다.

제107조 【관할 법원의 명령에 따른 등기】 등기관이 관할 지방법원의 명령에 따라 등기를 할 때에는 명령을 한 지방법원, 명령의 연월일 및 명령에 따라 등기를 한다는 뜻을 기록하여야 한다.

제108조 【송 달】 송달에 대하여는 「민사소송법」을 준용하고, 이의의 비용에 대하여는 「비송사건절차법」을 준용한다.

제6장 보 칙

제109조 【등기사무의 처리에 필요한 전산정보자료의 제공 요청】 법원행정처장은 「전자정부법」 제2조 제2호에 따른 행정기관 및 같은 조 제3호에 따른 공공기관(이하 "행정기관 등"이라 한다)의 장에게 등기사무의 처리에 필요한 전산정보자료의 제공을 요청할 수 있다.

제109조의2 【등기정보자료의 제공 등】 ① 행정기관 등의 장은 소관 업무의 처리를 위하여 필요한 경우에 관계 중앙행정기관의 장의 심사를 거치고 법원행정처장의 승인을 받아 등기정보자료의 제공을 요청할 수 있다. 다만, 중앙행정기관의 장은 법원행정처장과 협의를 하여 협의가 성립되는 때에 등기정보자료의 제공을 요청할 수 있다.
② 행정기관 등의 장이 아닌 자는 수수료를 내고 대법원규칙으로 정하는 바에 따라 등기정보자료를 제공받을 수 있다. 다만, 등기명의인별로 작성되어 있거나 그 밖에 등기명의인을 알아볼 수 있는 사항을 담고 있는 등기정보자료는 다른 법률에 특별한 규정이 있는 경우를 제외하고는 해당 등기명의인이나 그 포괄승계인만이 제공받을 수 있다.
③ 제1항 및 제2항에 따른 등기정보자료의 제공 절차, 제2항에 따른 수수료의 금액 및 그 면제 범위는 대법원규칙으로 정한다.

제110조 【등기필정보의 안전확보】 ① 등기관은 취급하는 등기필정보의 누설·멸실 또는 훼손의 방지와 그 밖에 등기필정보의 안전관리를 위하여 필요하고도 적절한 조치를 마련하여야 한다.
② 등기관과 그 밖에 등기소에서 부동산등기사무에 종사하는 사람이나 그 직에 있었던 사람은 그 직무로 인하여 알게 된 등기필정보의 작성이나 관리에 관한 비밀을 누설하여서는 아니 된다.
③ 누구든지 부실등기를 하도록 등기의 신청이나 촉탁에 제공할 목적으로 등기필정보를 취득하거나 그 사정을 알면서 등기필정보를 제공하여서는 아니 된다.

제111조 【벌 칙】 다음 각 호의 어느 하나에 해당하는 사람은 2년 이하의 징역 또는 1천만원 이하의 벌금에 처한다.

1. 제110조 제2항을 위반하여 등기필정보의 작성이나 관리에 관한 비밀을 누설한 사람
2. 제110조 제3항을 위반하여 등기필정보를 취득한 사람 또는 그 사정을 알면서 등기필정보를 제공한 사람
3. 부정하게 취득한 등기필정보를 제2호의 목적으로 보관한 사람

제112조 삭제

제113조 【대법원규칙에의 위임】 이 법 시행에 필요한 사항은 대법원규칙으로 정한다.

부동산등기규칙

[시행 2022.7.1.] [대법원규칙 제3043호, 2022.2.25, 일부개정]

제1장 총 칙

제1조 【목 적】 이 규칙은 「부동산등기법」(이하 "법"이라 한다)에서 위임한 사항과 그 시행에 필요한 사항을 규정함을 목적으로 한다.

제2조 【부기등기의 번호 기록】 등기관이 부기등기를 할 때에는 그 부기등기가 어느 등기에 기초한 것인지 알 수 있도록 주등기 또는 부기등기의 순위번호에 가지번호를 붙여서 하여야 한다.

제3조 【등기신청의 접수시기】 ① 법 제6조 제1항에서 "대법원규칙으로 정하는 등기신청정보"란 해당 부동산이 다른 부동산과 구별될 수 있게 하는 정보를 말한다.

② 같은 토지 위에 있는 여러 개의 구분건물에 대한 등기를 동시에 신청하는 경우에는 그 건물의 소재 및 지번에 관한 정보가 전산정보처리조직에 저장된 때 등기신청이 접수된 것으로 본다.

제4조 【등기관이 등기를 마친 시기】 법 제6조 제2항에서 "등기관이 등기를 마친 경우"란 법 제11조 제4항에 따라 등기사무를 처리한 등기관이 누구인지 알 수 있는 조치를 하였을 때를 말한다.

제2장 등기소와 등기관

제5조 【관할등기소의 지정】 ① 부동산이 여러 등기소의 관할구역에 걸쳐 있는 경우 그 부동산에 대한 최초의 등기신청을 하고자 하는 자는 각 등기소를 관할하는 상급법원의 장에게 관할등기소의 지정을 신청하여야 한다.

② 제1항의 신청은 해당 부동산의 소재지를 관할하는 등기소 중 어느 한 등기소에 신청서를 제출하는 방법으로 한다.

③ 제2항에 따른 신청서를 받은 등기소는 그 신청서를 지체없이 상급법원의 장에게 송부하여야 하고, 상급법원의 장은 부동산의 소재지를 관할하는 등기소 중 어느 한 등기소를 관할등기소로 지정하여야 한다.

④ 관할등기소의 지정을 신청한 자가 제3항에 따라 지정된 관할등기소에 등기신청을 할 때에는 관할등기소의 지정이 있었음을 증명하는 정보를 첨부정보로서 등기소에 제공하여야 한다.

⑤ 등기관이 제4항에 따라 등기를 하였을 때에는 지체없이 그 사실을 다른 등기소에 통지하여야 한다.

⑥ 제5항에 따른 통지를 받은 등기소는 전산정보처리조직으로 관리되고 있는 관할지정에 의한 등기부목록에 통지받은 사항을 기록하여야 한다.

⑦ 단지를 구성하는 여러 동의 건물 중 일부 건물의 대지가 다른 등기소의 관할에 속하는 경우에는 제1항부터 제6항까지의 규정을 준용한다.

제6조 【관할의 변경】 ① 부동산의 소재지가 다른 등기소의 관할로 바뀌었을 때에는 종전의 관할등기소는 전산정보처리조직을 이용하여 그 부동산에 관한 등기기록과 신탁원부, 공동담보(전세)목록, 도면 및 매매목록의 처리권한을 다른 등기소로 넘겨주는 조치를 하여야 한다.

② 제1항에 따라 처리권한을 넘겨받은 등기소는 해당 등기기록의 표제부에 관할이 변경된 뜻을 기록하여야 한다.

제7조 【등기관의 식별부호의 기록】 법 제11조 제4항의 등기사무를 처리한 등기관이 누구인지 알 수 있도록 하는 조치는 각 등기관이 미리 부여받은 식별부호를 기록하는 방법으로 한다.

제8조【참여조서의 작성방법】 등기관이 법 제12조 제2항의 조서(이하 "참여조서"라 한다)를 작성할 때에는 그 조서에 다음 각 호의 사항을 적어야 한다.
1. 신청인의 성명과 주소
2. 업무처리가 제한되는 사유
3. 등기할 부동산의 표시 및 등기의 목적
4. 신청정보의 접수연월일과 접수번호
5. 참여인의 성명, 주소 및 주민등록번호
6. 참여인이 그 등기소에서 등기를 한 부동산의 표시

제9조【등기정보중앙관리소와 전산운영책임관】
① 전산정보처리조직에 의한 등기사무처리의 지원, 등기부의 보관·관리 및 등기정보의 효율적인 활용을 위하여 법원행정처에 등기정보중앙관리소(이하 "중앙관리소"라 한다)를 둔다.
② 법원행정처장은 중앙관리소에 전산운영책임관을 두어 전산정보처리조직을 종합적으로 관리·운영하여야 한다.
③ 법원행정처장은 중앙관리소의 출입자 및 전산정보처리조직 사용자의 신원을 관리하는 등 필요한 보안조치를 하여야 한다.

제3장 등기부 등

제1절 등기부 및 부속서류

제10조【등기부의 보관·관리】 ① 법 제14조 제3항에서 규정한 등기부의 보관·관리 장소는 중앙관리소로 한다.
② 폐쇄등기부에 대하여도 제1항을 준용한다.

제11조【신청서나 그 밖의 부속서류의 이동 등】
① 등기관이 전쟁·천재지변 그 밖에 이에 준하는 사태를 피하기 위하여 신청서나 그 밖의 부속서류를 등기소 밖으로 옮긴 경우에는 지체없이 그 사실을 지방법원장(등기소의 사무를 지원장이 관장하는 경우에는 지원장을 말한다. 제58조를 제외하고는 이하 같다)에게 보고하여야 한다.
② 등기관이 법원으로부터 신청서나 그 밖의 부속서류의 송부명령 또는 촉탁을 받았을 때에는 그 명령 또는 촉탁과 관계가 있는 부분만 법원에 송부하여야 한다.
③ 제2항의 서류가 전자문서(「전자서명법」 제2조 제1호의 전자문서를 말한다. 이하 같다)로 작성된 경우에는 해당 문서를 출력한 후 인증하여 송부하거나 전자문서로 송부한다.

제12조【부동산고유번호】 ① 등기기록을 개설할 때에는 1필의 토지 또는 1개의 건물마다 부동산고유번호를 부여하고 이를 등기기록에 기록하여야 한다.
② 구분건물에 대하여는 전유부분마다 부동산고유번호를 부여한다.

제13조【등기기록의 양식】 ① 토지등기기록의 표제부에는 표시번호란, 접수란, 소재지번란, 지목란, 면적란, 등기원인 및 기타사항란을 두고, 건물등기기록의 표제부에는 표시번호란, 접수란, 소재지번 및 건물번호란, 건물내역란, 등기원인 및 기타사항란을 둔다.
② 갑구와 을구에는 순위번호란, 등기목적란, 접수란, 등기원인란, 권리자 및 기타사항란을 둔다.
③ 토지등기기록은 별지 제1호 양식, 건물등기기록은 별지 제2호 양식에 따른다.

제14조【구분건물등기기록의 양식】 ① 법 제15조 제1항 단서에 해당하는 구분건물등기기록에는 1동의 건물에 대한 표제부를 두고 전유부분마다 표제부, 갑구, 을구를 둔다.
② 제1항의 등기기록 중 1동의 건물의 표제부에는 표시번호란, 접수란, 소재지번·건물명칭 및 번호란, 건물내역란, 등기원인 및 기타사항란을 두고, 전유부분의 표제부에는 표시번호란, 접수란, 건물번호란, 건물내역란, 등기원인 및 기타사항란을 둔다. 다만, 구분한 각 건물 중 대지권이 있는 건물이 있는 경우에는 1동의 건물의 표제부에는 대지권의 목적인 토지의 표시를 위한 표시번호란, 소재지번란, 지목란, 면적란, 등기원인 및 기타사

항란을 두고, 전유부분의 표제부에는 대지권의 표시를 위한 표시번호란, 대지권종류란, 대지권비율란, 등기원인 및 기타사항란을 둔다.
③ 구분건물등기기록은 별지 제3호 양식에 따른다.

제15조【등기부부본자료의 보관 등】 ① 법 제16조의 등기부부본자료는 전산정보처리조직으로 작성하여야 한다.
② 등기부부본자료는 법원행정처장이 지정하는 장소에 보관하여야 한다.
③ 등기부부본자료는 등기부와 동일하게 관리하여야 한다.

제16조【등기부 복구 등의 처분명령에 관한 권한 위임】 ① 대법원장은 법 제17조에 따라 등기부의 손상방지 또는 손상된 등기부의 복구 등의 처분명령에 관한 권한을 법원행정처장에게 위임한다.
② 대법원장은 법 제18조에 따라 전자문서로 작성된 등기부 부속서류의 멸실방지 등의 처분명령에 관한 권한은 법원행정처장에게, 신청서나 그 밖의 부속서류의 멸실방지 등의 처분명령에 관한 권한은 지방법원장에게 위임한다.

제17조【등기부의 손상과 복구】 ① 등기부의 전부 또는 일부가 손상되거나 손상될 염려가 있을 때에는 전산운영책임관은 지체 없이 그 상황을 조사한 후 처리방법을 법원행정처장에게 보고하여야 한다.
② 등기부의 전부 또는 일부가 손상된 경우에 전산운영책임관은 제15조의 등기부부본자료에 의하여 그 등기부를 복구하여야 한다.
③ 제2항에 따라 등기부를 복구한 경우에 전산운영책임관은 지체 없이 그 경과를 법원행정처장에게 보고하여야 한다.

제18조【신탁원부 등의 보존】 신탁원부, 공동담보(전세)목록, 도면 및 매매목록은 보조기억장치(자기디스크, 자기테이프 그 밖에 이와 유사한 방법으로 일정한 등기사항을 기록·보관할 수 있는 전자적 정보저장매체를 말한다. 이하 같다)에 저장하여 보존하여야 한다. 다만, 제63조 단서에 따라 서면으로 작성되어 등기소에 제출된 도면은 이를 전자적 이미지정보로 변환하여 그 이미지정보를 보조기억장치에 저장하여 보존하여야 한다.

제19조【신청정보 등의 보존】 ① 법 제24조 제1항 제2호에 따라 등기가 이루어진 경우 그 신청정보 및 첨부정보는 보조기억장치에 저장하여 보존하여야 한다.
② 법 제24조 제1항 제2호에 따른 등기신청이 취하된 경우 그 취하정보는 보조기억장치에 저장하여 보존하여야 한다.

제20조【신탁원부 등의 보존기간】 ① 제18조 및 제19조에 따라 보조기억장치에 저장한 정보는 다음 각 호의 구분에 따른 기간 동안 보존하여야 한다.
1. 신탁원부 : 영구
2. 공동담보(전세)목록 : 영구
3. 도면 : 영구
4. 매매목록 : 영구
5. 신청정보 및 첨부정보와 취하정보 : 5년

② 제1항 제5호의 보존기간은 해당 연도의 다음해부터 기산한다.
③ 보존기간이 만료된 제1항 제5호의 정보는 법원행정처장의 인가를 받아 보존기간이 만료되는 해의 다음해 3월말까지 삭제한다.

제2절 등기에 관한 장부

제21조【장부의 비치】 ① 등기소에는 다음 각 호의 장부를 갖추어 두어야 한다.
1. 부동산등기신청서 접수장
2. 기타 문서 접수장
3. 결정원본 편철장
4. 이의신청서류 편철장
5. 사용자등록신청서류 등 편철장
6. 신청서 기타 부속서류 편철장
7. 신청서 기타 부속서류 송부부
8. 각종 통지부
9. 열람신청서류 편철장
10. 제증명신청서류 편철장
11. 그 밖에 대법원예규로 정하는 장부

② 제1항의 장부는 매년 별책으로 하여야 한다.

다만, 필요에 따라 분책할 수 있다.
③ 제1항의 장부는 전자적으로 작성할 수 있다.

제22조 【접수장】 ① 부동산등기신청서 접수장에는 다음 각 호의 사항을 적어야 한다.
1. 접수연월일과 접수번호
2. 등기의 목적
3. 신청인의 성명 또는 명칭
4. 부동산의 개수
5. 등기신청수수료
6. 취득세 또는 등록면허세와 국민주택채권매입금액
② 제1항 제1호의 접수번호는 1년마다 새로 부여하여야 한다.
③ 등기권리자 또는 등기의무자가 여러 명인 경우 부동산등기신청서 접수장에 신청인의 성명 또는 명칭을 적을 때에는 신청인 중 1명의 성명 또는 명칭과 나머지 인원을 적는 방법으로 할 수 있다.
④ 등기신청 외의 등기사무에 관한 문서를 접수할 때에는 기타문서 접수장에 등재한다.

제23조 【신청서 기타 부속서류 편철장】 신청서, 촉탁서, 통지서, 허가서, 참여조서, 확인조서, 취하서 그 밖의 부속서류는 접수번호의 순서에 따라 신청서 기타 부속서류 편철장에 편철하여야 한다.

제24조 【각종 통지부】 각종 통지부에는 법 및 이 규칙에서 정하고 있는 통지사항, 통지를 받을 자 및 통지서를 발송하는 연월일을 적어야 한다.

제25조 【장부의 보존기간】 ① 등기소에 갖추어 두어야 할 장부의 보존기간은 다음 각 호와 같다.
1. 부동산등기신청서 접수장 : 5년
2. 기타 문서 접수장 : 10년
3. 결정원본 편철장 : 10년
4. 이의신청서류 편철장 : 10년
5. 사용자등록신청서류 등 편철장 : 10년
6. 신청서 기타 부속서류 편철장 : 5년
7. 신청서 기타 부속서류 송부부 : 신청서 그 밖의 부속서류가 반환된 날부터 5년
8. 각종 통지부 : 1년
9. 열람신청서류 편철장 : 1년
10. 제증명신청서류 편철장 : 1년
② 장부의 보존기간은 해당 연도의 다음해부터 기산한다.
③ 보존기간이 만료된 장부 또는 서류는 지방법원장의 인가를 받아 보존기간이 만료되는 해의 다음해 3월말까지 폐기한다.

제3절 등기사항의 증명과 열람

제26조 【등기사항증명 등의 신청】 ① 등기소를 방문하여 등기사항의 전부 또는 일부에 대한 증명서(이하 "등기사항증명서"라 한다)를 발급받거나 등기기록 또는 신청서나 그 밖의 부속서류를 열람하고자 하는 사람은 신청서를 제출하여야 한다.
② 대리인이 신청서나 그 밖의 부속서류의 열람을 신청할 때에는 신청서에 그 권한을 증명하는 서면을 첨부하여야 한다.
③ 전자문서로 작성된 신청서나 그 밖의 부속서류의 열람 신청은 관할 등기소가 아닌 다른 등기소에서도 할 수 있다.

제27조 【무인발급기에 의한 등기사항증명】 ① 법원행정처장은 신청인이 발급에 필요한 정보를 스스로 입력하여 등기사항증명서를 발급받을 수 있게 하는 장치(이하 "무인발급기"라 한다)를 이용하여 등기사항증명서의 발급업무를 처리하게 할 수 있다.
② 무인발급기는 등기소 이외의 장소에도 설치할 수 있다.
③ 제2항에 따른 설치장소는 법원행정처장이 정한다.
④ 법원행정처장의 지정을 받은 국가기관이나 지방자치단체 그 밖의 자는 그가 관리하는 장소에 무인발급기를 설치하여 등기사항증명서를 발급할 수 있다.
⑤ 무인발급기 설치·관리의 절차 및 비용의 부담 등 필요한 사항은 대법원예규로 정한다.

제28조 【인터넷에 의한 등기사항증명 등】 ① 등기사항증명서의 발급 또는 등기기록의 열람업무는 법원행정처장이 정하는 바에 따라 인터넷을 이용하여 처리할 수 있다.

② 제1항에 따른 업무는 중앙관리소에서 처리하며, 전산운영책임관이 그 업무를 담당한다.

③ 제1항에 따른 발급과 열람의 범위, 절차 및 방법 등 필요한 사항은 대법원예규로 정한다.

제29조 【등기사항증명서의 종류】 등기사항증명서의 종류는 다음 각 호로 한다. 다만, 폐쇄한 등기기록 및 대법원예규로 정하는 등기기록에 대하여는 제1호로 한정한다.

1. 등기사항전부증명서(말소사항 포함)
2. 등기사항전부증명서(현재 유효사항)
3. 등기사항일부증명서(특정인 지분)
4. 등기사항일부증명서(현재 소유현황)
5. 등기사항일부증명서(지분취득 이력)
6. 그 밖에 대법원예규로 정하는 증명서

제30조 【등기사항증명서의 발급방법】 ① 등기사항증명서를 발급할 때에는 등기사항증명서의 종류를 명시하고, 등기기록의 내용과 다름이 없음을 증명하는 내용의 증명문을 기록하며, 발급연월일과 중앙관리소 전산운영책임관의 직명을 적은 후 전자이미지관인을 기록하여야 한다. 이 경우 등기사항증명서가 여러 장으로 이루어진 경우에는 연속성을 확인할 수 있는 조치를 하여 발급하고, 그 등기기록 중 갑구 또는 을구의 기록이 없을 때에는 증명문에 그 뜻을 기록하여야 한다.

② 신탁원부, 공동담보(전세)목록, 도면 또는 매매목록은 그 사항의 증명도 함께 신청하는 뜻의 표시가 있는 경우에만 등기사항증명서에 이를 포함하여 발급한다.

③ 구분건물에 대한 등기사항증명서의 발급에 관하여는 1동의 건물의 표제부와 해당 전유부분에 관한 등기기록을 1개의 등기기록으로 본다.

④ 등기신청이 접수된 부동산에 관하여는 등기관이 그 등기를 마칠 때까지 등기사항증명서를 발급하지 못한다. 다만, 그 부동산에 등기신청사건이 접수되어 처리 중에 있다는 뜻을 등기사항증명서에 표시하여 발급할 수 있다.

제31조 【열람의 방법】 ① 등기기록의 열람은 등기기록에 기록된 등기사항을 전자적 방법으로 그 내용을 보게 하거나 그 내용을 기록한 서면을 교부하는 방법으로 한다. 이 경우 제30조 제2항 및 제3항을 준용한다.

② 신청서나 그 밖의 부속서류의 열람은 등기관 또는 그가 지정하는 직원이 보는 앞에서 하여야 한다. 다만, 신청서나 그 밖의 부속서류가 전자문서로 작성된 경우에는 제1항 전단의 방법에 따른다.

제32조 【등기사항 등의 공시제한】 ① 등기사항증명서를 발급하거나 등기기록을 열람하게 할 때에는 등기명의인의 표시에 관한 사항 중 주민등록번호 또는 부동산등기용등록번호의 일부를 공시하지 아니할 수 있으며, 그 범위와 방법 및 절차는 대법원예규로 정한다.

② 법원행정처장은 등기기록의 분량과 내용에 비추어 무인발급기나 인터넷에 의한 열람 또는 발급이 적합하지 않다고 인정되는 때에는 이를 제한할 수 있다.

제4절 중복등기기록의 정리

제33조 【중복등기기록의 정리】 ① 법 제21조에 따른 중복등기기록의 정리는 제34조부터 제41조까지의 규정에서 정한 절차에 따른다.

② 제1항에 따른 중복등기기록의 정리는 실체의 권리관계에 영향을 미치지 아니한다.

제34조 【소유권의 등기명의인이 같은 경우의 정리】 중복등기기록의 최종 소유권의 등기명의인이 같은 경우에는 나중에 개설된 등기기록(이하 "후등기기록"이라 한다)을 폐쇄한다. 다만, 후등기기록에 소유권 외의 권리 등에 관한 등기가 있고 먼저 개설된 등기기록(이하 "선등기기록"이라 한다)에는 그와 같은 등기가 없는 경우에는 선등기기록을 폐쇄한다.

제35조【소유권의 등기명의인이 다른 경우의 정리】 중복등기기록 중 어느 한 등기기록의 최종 소유권의 등기명의인이 다른 등기기록의 최종 소유권의 등기명의인으로부터 직접 또는 전전하여 소유권을 이전받은 경우로서, 다른 등기기록이 후등기기록이거나 소유권 외의 권리 등에 관한 등기가 없는 선등기기록일 때에는 그 다른 등기기록을 폐쇄한다.

제36조【소유권의 등기명의인이 다른 경우의 정리】 ① 중복등기기록의 최종 소유권의 등기명의인이 다른 경우로서 어느 한 등기기록에만 원시취득사유 또는 분배농지의 상환완료를 등기원인으로 한 소유권이전등기가 있을 때에는 그 등기기록을 제외한 나머지 등기기록을 폐쇄한다.

② 소유권보존등기가 원시취득사유 또는 분배농지의 상환완료에 따른 것임을 당사자가 소명하는 경우에도 제1항과 같다.

③ 제1항 및 제2항의 경우에는 법 제58조에 따른 직권에 의한 등기의 말소 절차를 이행한다.

제37조【소유권의 등기명의인이 다른 경우의 정리】 ① 중복등기기록의 최종 소유권의 등기명의인이 다른 경우로서 제35조와 제36조에 해당하지 아니할 때에는 각 등기기록의 최종 소유권의 등기명의인과 등기상 이해관계인에 대하여 1개월 이상의 기간을 정하여 그 기간 내에 이의를 진술하지 아니하면 그 등기기록을 폐쇄할 수 있다는 뜻을 통지하여야 한다.

② 제1항의 통지를 받고 어느 등기기록의 최종 소유권의 등기명의인과 등기상 이해관계인이 이의를 진술하지 아니하였을 때에는 그 등기기록을 폐쇄한다. 다만, 모든 중복등기기록의 최종 소유권의 등기명의인과 등기상 이해관계인이 이의를 진술하지 아니하였을 때에는 그러하지 아니하다.

③ 제1항과 제2항에 따라 등기기록을 정리할 수 있는 경우 외에는 대장과 일치하지 않는 등기기록을 폐쇄한다.

④ 제1항부터 제3항까지 규정에 따른 정리를 한 경우 등기관은 그 뜻을 폐쇄된 등기기록의 최종 소유권의 등기명의인과 등기상 이해관계인에게 통지하여야 한다.

제38조【지방법원장의 허가가 필요한 중복등기기록 정리】 등기관이 제36조와 제37조에 따라 중복등기기록을 정리하려고 하는 경우에는 지방법원장의 허가를 받아야 한다.

제39조【당사자의 신청에 의한 정리】 ① 중복등기기록 중 어느 한 등기기록의 최종 소유권의 등기명의인은 자기 명의의 등기기록을 폐쇄하여 중복등기기록을 정리하도록 신청할 수 있다. 다만, 등기상 이해관계인이 있을 때에는 그 승낙이 있음을 증명하는 정보를 첨부정보로서 등기소에 제공하여야 한다.

② 등기관은 제1항에 따른 중복등기기록의 정리신청이 있는 경우에는 제34조부터 제37조까지의 규정에도 불구하고 그 신청에 따라 등기기록을 폐쇄하여야 한다.

제40조【중복등기기록의 해소를 위한 직권분필】 ① 등기된 토지의 일부에 관하여 별개의 등기기록이 개설되어 있는 경우에 등기관은 직권으로 분필등기를 한 후 이 절에서 정하는 절차에 따라 정리를 하여야 한다.

② 제1항에 따른 분필등기를 하는데 필요할 때에는 등기관은 지적소관청에 지적공부의 내용이나 토지의 분할, 합병 과정에 대한 사실조회를 하거나 등기명의인에게 해당 토지에 대한 지적공부 등본 등을 제출하게 할 수 있다.

제41조【폐쇄된 등기기록의 부활】 ① 이 절에서 정하는 절차에 따라 폐쇄된 등기기록의 소유권의 등기명의인 또는 등기상 이해관계인은 폐쇄되지 아니한 등기기록의 최종 소유권의 등기명의인과 등기상 이해관계인을 상대로 하여 그 토지가 폐쇄된 등기기록의 소유권의 등기명의인의 소유임을 확정하는 판결(판결과 동일한 효력이 있는 조서를 포함한다)이 있음을 증명하는 정보를 등기소에 제

공하여 폐쇄된 등기기록의 부활을 신청할 수 있다.
② 제1항에 따른 신청이 있을 때에는 폐쇄된 등기기록을 부활하고 다른 등기기록을 폐쇄하여야 한다.

제4장 등기절차

제1절 총 칙

제1관 통 칙

제42조【포괄승계에 따른 등기】 법 제23조 제3항에서 "그 밖에 대법원규칙으로 정하는 포괄승계"란 다음 각 호의 경우를 말한다.
1. 법인의 분할로 인하여 분할 전 법인이 소멸하는 경우
2. 법령에 따라 법인이나 단체의 권리·의무를 포괄승계하는 경우

제43조【신청정보의 내용】 ① 등기를 신청하는 경우에는 다음 각 호의 사항을 신청정보의 내용으로 등기소에 제공하여야 한다.
1. 다음 각 목의 구분에 따른 부동산의 표시에 관한 사항
   가. 토지 : 법 제34조 제3호부터 제5호까지의 규정에서 정하고 있는 사항
   나. 건물 : 법 제40조 제1항 제3호와 제4호에서 정하고 있는 사항
   다. 구분건물 : 1동의 건물의 표시로서 소재지번·건물명칭 및 번호·구조·종류·면적, 전유부분의 건물의 표시로서 건물번호·구조·면적, 대지권이 있는 경우 그 권리의 표시. 다만, 1동의 건물의 구조·종류·면적은 건물의 표시에 관한 등기나 소유권보존등기를 신청하는 경우로 한정한다.
2. 신청인의 성명(또는 명칭), 주소(또는 사무소 소재지) 및 주민등록번호(또는 부동산등기용 등록번호)
3. 신청인이 법인인 경우에는 그 대표자의 성명과 주소
4. 대리인에 의하여 등기를 신청하는 경우에는 그 성명과 주소
5. 등기원인과 그 연월일
6. 등기의 목적
7. 등기필정보. 다만, 공동신청 또는 승소한 등기의무자의 단독신청에 의하여 권리에 관한 등기를 신청하는 경우로 한정한다.
8. 등기소의 표시
9. 신청연월일

② 법 제26조의 법인 아닌 사단이나 재단이 신청인인 경우에는 그 대표자나 관리인의 성명, 주소 및 주민등록번호를 신청정보의 내용으로 등기소에 제공하여야 한다.

제44조【취득세 등을 납부하는 경우의 신청정보】 ① 등기를 신청하는 경우에는 제43조에서 규정하는 사항 외에 취득세나 등록면허세 등 등기와 관련하여 납부하여야 할 세액 및 과세표준액을 신청정보의 내용으로 등기소에 제공하여야 한다.
② 다른 법률에 의하여 부과된 의무사항이 있을 때에도 제1항을 준용한다.

제45조【여러 개의 부동산에 관한 등록면허세 등의 납부】 ①「지방세법」 제28조 제1항 제1호 다목 및 라목에 따라 등록면허세를 납부할 경우에 등기원인 및 등기목적이 동일한 것으로서 여러 개의 등기소의 관할에 걸쳐 있는 여러 개의 부동산에 관한 권리의 등기를 신청할 때에는 최초의 등기를 신청하면서 등록면허세의 전액을 납부하여야 한다.
② 제1항에 따른 등기신청을 받은 등기관은 신청인이 등록면허세의 전액을 납부한 사실에 관한 정보를 전산정보처리조직에 의하여 작성하여야 한다.
③ 신청인이 다른 등기소에 등기를 신청할 때에는 최초의 등기를 신청하면서 등록면허세의 전액을 납부한 사실, 최초의 등기를 신청한 등기소의 표시와 그 신청정보의 접수연월일 및 접수번호를 신청정보의 내용으로 등기소에 제공하여야 한다.

④ 제3항에 따른 등기신청을 받은 다른 등기소의 등기관은 전산정보처리조직을 이용하여 신청인이 최초의 등기를 신청하면서 등록면허세의 전액을 납부한 사실을 확인하여야 한다.

⑤ 등록면허세 외의 등기신청과 관련하여 납부하여야 할 세액 및 다른 법률에 의하여 부과된 의무사항에 관하여는 제1항부터 제4항까지의 규정을 준용한다.

제46조【첨부정보】 ① 등기를 신청하는 경우에는 다음 각 호의 정보를 그 신청정보와 함께 첨부정보로서 등기소에 제공하여야 한다.

1. 등기원인을 증명하는 정보
2. 등기원인에 대하여 제3자의 허가, 동의 또는 승낙이 필요한 경우에는 이를 증명하는 정보
3. 등기상 이해관계 있는 제3자의 승낙이 필요한 경우에는 이를 증명하는 정보 또는 이에 대항할 수 있는 재판이 있음을 증명하는 정보
4. 신청인이 법인인 경우에는 그 대표자의 자격을 증명하는 정보
5. 대리인에 의하여 등기를 신청하는 경우에는 그 권한을 증명하는 정보
6. 등기권리자(새로 등기명의인이 되는 경우로 한정한다)의 주소(또는 사무소 소재지) 및 주민등록번호(또는 부동산등기용등록번호)를 증명하는 정보. 다만, 소유권이전등기를 신청하는 경우에는 등기의무자의 주소(또는 사무소 소재지)를 증명하는 정보도 제공하여야 한다.
7. 소유권이전등기를 신청하는 경우에는 토지대장·임야대장·건축물대장 정보나 그 밖에 부동산의 표시를 증명하는 정보
8. 변호사나 법무사[법무법인·법무법인(유한)·법무조합 또는 법무사법인·법무사법인(유한)을 포함한다. 이하 "자격자대리인"이라 한다]가 다음 각 목의 등기를 신청하는 경우, 자격자대리인(법인의 경우에는 담당 변호사·법무사를 의미한다)이 주민등록증·인감증명서·본인서명사실확인서 등 법령에 따라 작성된 증명서의 제출이나 제시, 그 밖에 이에 준하는 확실한 방법으로 위임인이 등기의무자인지 여부를 확인하고 자필서명한 정보
   가. 공동으로 신청하는 권리에 관한 등기
   나. 승소한 등기의무자가 단독으로 신청하는 권리에 관한 등기

② 구분건물에 대하여 대지권의 등기를 신청할 때 다음 각 호의 어느 하나에 해당되는 경우에는 해당 규약이나 공정증서를 첨부정보로서 등기소에 제공하여야 한다.

1. 대지권의 목적인 토지가 「집합건물의 소유 및 관리에 관한 법률」 제4조에 따른 건물의 대지인 경우
2. 각 구분소유자가 가지는 대지권의 비율이 「집합건물의 소유 및 관리에 관한 법률」 제21조 제1항 단서 및 제2항에 따른 비율인 경우
3. 건물의 소유자가 그 건물이 속하는 1동의 건물이 있는 「집합건물의 소유 및 관리에 관한 법률」 제2조 제5호에 따른 건물의 대지에 대하여 가지는 대지사용권이 대지권이 아닌 경우

③ 등기원인을 증명하는 정보가 집행력 있는 판결인 경우에는 제1항 제2호의 정보를 제공할 필요가 없다. 다만, 등기원인에 대하여 행정관청의 허가, 동의 또는 승낙을 받을 것이 요구되는 때에는 그러하지 아니하다.

④ 법 제60조 제1항 및 제2항의 등기를 신청할 때에는 제1항 제1호 및 제6호를 적용하지 아니한다.

⑤ 첨부정보가 「상업등기법」 제15조에 따른 등기사항증명정보로서 그 등기를 관할하는 등기소와 부동산 소재지를 관할하는 등기소가 동일한 경우에는 그 제공을 생략할 수 있다.

⑥ 제1항 및 그 밖의 법령에 따라 등기소에 제공하여야 하는 첨부정보 중 법원행정처장이 지정하는 첨부정보는 「전자정부법」 제36조 제1항에 따른 행정정보 공동이용을 통하여 등기관이 확인하고 신청인에게는 그 제공을 면제한다. 다만, 그 첨부정보가 개인정보를 포함하고 있는 경우에는 그 정보주체의 동의가 있음을 증명하는 정보를 등기소에 제공한 경우에만 그 제공을 면제한다.

⑦ 제6항은 법원행정처장이 지정하는 등기소에 한정하여 적용할 수 있다.
⑧ 첨부정보가 외국어로 작성된 경우에는 그 번역문을 붙여야 한다.
⑨ 첨부정보가 외국 공문서이거나 외국 공증인이 공증한 문서(이하 "외국 공문서 등"이라 한다)인 경우에는 「재외공관 공증법」 제30조 제1항에 따라 공증담당영사로부터 문서의 확인을 받거나 「외국공문서에 대한 인증의 요구를 폐지하는 협약」에서 정하는 바에 따른 아포스티유(Apostille)를 붙여야 한다. 다만, 외국 공문서 등의 발행국이 대한민국과 수교하지 아니한 국가이면서 위 협약의 가입국이 아닌 경우와 같이 부득이한 사유로 문서의 확인을 받거나 아포스티유를 붙이는 것이 곤란한 경우에는 그러하지 아니하다.

제47조【일괄신청과 동시신청】 ① 법 제25조 단서에 따라 다음 각 호의 경우에는 1건의 신청정보로 일괄하여 신청하거나 촉탁할 수 있다.
1. 같은 채권의 담보를 위하여 소유자가 다른 여러 개의 부동산에 대한 저당권설정등기를 신청하는 경우
2. 법 제97조 각 호의 등기를 촉탁하는 경우
3. 「민사집행법」 제144조 제1항 각 호의 등기를 촉탁하는 경우

② 같은 등기소에 동시에 여러 건의 등기신청을 하는 경우에 첨부정보의 내용이 같은 것이 있을 때에는 먼저 접수되는 신청에만 그 첨부정보를 제공하고, 다른 신청에는 먼저 접수된 신청에 그 첨부정보를 제공하였다는 뜻을 신청정보의 내용으로 등기소에 제공하는 것으로 그 첨부정보의 제공을 갈음할 수 있다.

제48조【법인 아닌 사단이나 재단의 등기신청】 법 제26조의 종중, 문중, 그 밖에 대표자나 관리인이 있는 법인 아닌 사단이나 재단이 등기를 신청하는 경우에는 다음 각 호의 정보를 첨부정보로서 등기소에 제공하여야 한다.
1. 정관이나 그 밖의 규약
2. 대표자나 관리인임을 증명하는 정보. 다만, 등기되어 있는 대표자나 관리인이 신청하는 경우에는 그러하지 아니하다.
3. 「민법」 제276조 제1항의 결의가 있음을 증명하는 정보(법인 아닌 사단이 등기의무자인 경우로 한정한다)
4. 대표자나 관리인의 주소 및 주민등록번호를 증명하는 정보

제49조【포괄승계인에 의한 등기신청】 법 제27조에 따라 상속인 그 밖의 포괄승계인이 등기를 신청하는 경우에는 가족관계등록에 관한 정보 또는 법인등기사항에 관한 정보 등 상속 그 밖의 포괄승계가 있었다는 사실을 증명하는 정보를 첨부정보로서 등기소에 제공하여야 한다.

제50조【대위에 의한 등기신청】 법 제28조에 따라 등기를 신청하는 경우에는 다음 각 호의 사항을 신청정보의 내용으로 등기소에 제공하고, 대위원인을 증명하는 정보를 첨부정보로서 등기소에 제공하여야 한다.
1. 피대위자의 성명(또는 명칭), 주소(또는 사무소 소재지) 및 주민등록번호(또는 부동산등기용등록번호)
2. 신청인이 대위자라는 뜻
3. 대위자의 성명(또는 명칭)과 주소(또는 사무소 소재지)
4. 대위원인

제51조【등기신청의 취하】 ① 등기신청의 취하는 등기관이 등기를 마치기 전까지 할 수 있다.
② 제1항의 취하는 다음 각 호의 구분에 따른 방법으로 하여야 한다.
1. 법 제24조 제1항 제1호에 따른 등기신청(이하 "방문신청"이라 한다) : 신청인 또는 그 대리인이 등기소에 출석하여 취하서를 제출하는 방법
2. 법 제24조 제1항 제2호에 따른 등기신청(이하 "전자신청"이라 한다) : 전산정보처리조직을 이용하여 취하정보를 전자문서로 등기소에 송신하는 방법

제52조 【사건이 등기할 것이 아닌 경우】 법 제29조 제2호에서 "사건이 등기할 것이 아닌 경우"란 다음 각 호의 어느 하나에 해당하는 경우를 말한다.

1. 등기능력 없는 물건 또는 권리에 대한 등기를 신청한 경우
2. 법령에 근거가 없는 특약사항의 등기를 신청한 경우
3. 구분건물의 전유부분과 대지사용권의 분리처분 금지에 위반한 등기를 신청한 경우
4. 농지를 전세권설정의 목적으로 하는 등기를 신청한 경우
5. 저당권을 피담보채권과 분리하여 양도하거나, 피담보채권과 분리하여 다른 채권의 담보로 하는 등기를 신청한 경우
6. 일부지분에 대한 소유권보존등기를 신청한 경우
7. 공동상속인 중 일부가 자신의 상속지분만에 대한 상속등기를 신청한 경우
8. 관공서 또는 법원의 촉탁으로 실행되어야 할 등기를 신청한 경우
9. 이미 보존등기된 부동산에 대하여 다시 보존등기를 신청한 경우
10. 그 밖에 신청취지 자체에 의하여 법률상 허용될 수 없음이 명백한 등기를 신청한 경우

제53조 【등기완료통지】 ① 법 제30조에 따른 등기완료통지는 신청인 및 다음 각 호의 어느 하나에 해당하는 자에게 하여야 한다.

1. 법 제23조 제4항에 따른 승소한 등기의무자의 등기신청에 있어서 등기권리자
2. 법 제28조에 따른 대위자의 등기신청에서 피대위자
3. 법 제51조에 따른 등기신청에서 등기의무자
4. 법 제66조에 따른 직권 소유권보존등기에서 등기명의인
5. 관공서가 촉탁하는 등기에서 관공서

② 제1항의 통지는 대법원예규로 정하는 방법으로 한다.

제54조 【행정구역 등 변경의 직권등기】 행정구역 또는 그 명칭이 변경된 경우에 등기관은 직권으로 부동산의 표시변경등기 또는 등기명의인의 주소변경등기를 할 수 있다.

제55조 【새 등기기록에의 이기】 ① 등기관이 법 제33조에 따라 등기를 새로운 등기기록에 옮겨 기록한 경우에는 옮겨 기록한 등기의 끝부분에 같은 규정에 따라 등기를 옮겨 기록한 뜻과 그 연월일을 기록하고, 종전 등기기록을 폐쇄하여야 한다.

② 등기기록을 폐쇄할 때에는 표제부의 등기를 말소하는 표시를 하고, 등기원인 및 기타사항란에 폐쇄의 뜻과 그 연월일을 기록하여야 한다.

③ 이 규칙이나 그 밖의 다른 법령에 따라 등기기록을 폐쇄하는 경우에는 제2항을 준용한다.

제2관 방문신청

제56조 【방문신청의 방법】 ① 방문신청을 하는 경우에는 등기신청서에 제43조 및 그 밖의 법령에 따라 신청정보의 내용으로 등기소에 제공하여야 하는 정보를 적고 신청인 또는 그 대리인이 기명날인하거나 서명하여야 한다.

② 신청서가 여러 장일 때에는 신청인 또는 그 대리인이 간인을 하여야 하고, 등기권리자 또는 등기의무자가 여러 명일 때에는 그 중 1명이 간인하는 방법으로 한다. 다만, 신청서에 서명을 하였을 때에는 각 장마다 연결되는 서명을 함으로써 간인을 대신한다.

③ 제1항의 경우에는 그 등기신청서에 제46조 및 그 밖의 법령에 따라 첨부정보로서 등기소에 제공하여야 하는 정보를 담고 있는 서면을 첨부하여야 한다.

제57조 【신청서 등의 문자】 ① 신청서나 그 밖의 등기에 관한 서면을 작성할 때에는 자획(字劃)을 분명히 하여야 한다.

② 제1항의 서면에 적은 문자의 정정, 삽입 또는 삭제를 한 경우에는 그 글자 수를 난외(欄外)에 적으며 문자의 앞뒤에 괄호를 붙이고 이에 날인 또는 서명하여야 한다. 이 경우 삭제한 문자는 해독할 수 있게 글자체를 남겨두어야 한다.

제58조 【등기소에 출석하여 등기신청서를 제출할 수 있는 자격자대리인의 사무원】 ① 법 제24조 제1항 제1호 단서에 따라 등기소에 출석하여 등기신청서를 제출할 수 있는 자격자대리인의 사무원은 자격자대리인의 사무소 소재지를 관할하는 지방법원장이 허가하는 1명으로 한다. 다만, 법무법인·법무법인(유한)·법무조합 또는 법무사법인·법무사법인(유한)의 경우에는 그 구성원 및 구성원이 아닌 변호사나 법무사 수만큼의 사무원을 허가할 수 있다.

② 자격자대리인이 제1항의 허가를 받으려면 지방법원장에게 허가신청서를 제출하여야 한다.

③ 지방법원장이 제1항의 허가를 하였을 때에는 해당 자격자대리인에게 등기소 출입증을 발급하여야 한다.

④ 지방법원장은 상당하다고 인정되는 경우 제1항의 허가를 취소할 수 있다.

제59조 【첨부서면의 원본 환부의 청구】 신청서에 첨부한 서류의 원본의 환부를 청구하는 경우에 신청인은 그 원본과 같다는 뜻을 적은 사본을 첨부하여야 하고, 등기관이 서류의 원본을 환부할 때에는 그 사본에 원본 환부의 뜻을 적고 기명날인하여야 한다. 다만, 다음 각 호의 서류에 대하여는 환부를 청구할 수 없다.

1. 등기신청위임장, 제46조 제1항 제8호, 제111조 제2항의 확인정보를 담고 있는 서면 등 해당 등기신청만을 위하여 작성한 서류
2. 인감증명, 법인등기사항증명서, 주민등록표등본·초본, 가족관계등록사항별증명서 및 건축물대장·토지대장·임야대장 등본 등 별도의 방법으로 다시 취득할 수 있는 서류

제60조 【인감증명의 제출】 ① 방문신청을 하는 경우에는 다음 각 호의 인감증명을 제출하여야 한다. 이 경우 해당 신청서(위임에 의한 대리인이 신청하는 경우에는 위임장을 말한다)나 첨부서면에는 그 인감을 날인하여야 한다.

1. 소유권의 등기명의인이 등기의무자로서 등기를 신청하는 경우 등기의무자의 인감증명
2. 소유권에 관한 가등기명의인이 가등기의 말소등기를 신청하는 경우 가등기명의인의 인감증명
3. 소유권 외의 권리의 등기명의인이 등기의무자로서 법 제51조에 따라 등기를 신청하는 경우 등기의무자의 인감증명
4. 제81조 제1항에 따라 토지소유자들의 확인서를 첨부하여 토지합필등기를 신청하는 경우 그 토지소유자들의 인감증명
5. 제74조에 따라 권리자의 확인서를 첨부하여 토지분필등기를 신청하는 경우 그 권리자의 인감증명
6. 협의분할에 의한 상속등기를 신청하는 경우 상속인 전원의 인감증명
7. 등기신청서에 제3자의 동의 또는 승낙을 증명하는 서면을 첨부하는 경우 그 제3자의 인감증명
8. 법인 아닌 사단이나 재단의 등기신청에서 대법원예규로 정한 경우

② 제1항 제1호부터 제3호까지 및 제6호에 따라 인감증명을 제출하여야 하는 자가 다른 사람에게 권리의 처분권한을 수여한 경우에는 그 대리인의 인감증명을 함께 제출하여야 한다. 〈신설 2018. 8. 31.〉

③ 제1항에 따라 인감증명을 제출하여야 하는 자가 국가 또는 지방자치단체인 경우에는 인감증명을 제출할 필요가 없다.

④ 제1항 제4호부터 제7호까지의 규정에 해당하는 서면이 공정증서이거나 당사자가 서명 또는 날인하였다는 뜻의 공증인의 인증을 받은 서면인 경우에는 인감증명을 제출할 필요가 없다.

제61조【법인 등의 인감증명의 제출】 ① 제60조에 따라 인감증명을 제출하여야 하는 자가 법인 또는 국내에 영업소나 사무소의 설치등기를 한 외국법인인 경우에는 등기소의 증명을 얻은 그 대표자의 인감증명을, 법인 아닌 사단이나 재단인 경우에는 그 대표자나 관리인의 인감증명을 제출하여야 한다.

② 법정대리인이 제60조 제1항 제1호부터 제3호까지의 규정에 해당하는 등기신청을 하거나, 제4호부터 제7호까지의 서류를 작성하는 경우에는 법정대리인의 인감증명을 제출하여야 한다.

③ 제60조에 따라 인감증명을 제출하여야 하는 자가 재외국민인 경우에는 위임장이나 첨부서면에 본인이 서명 또는 날인하였다는 뜻의 「재외공관 공증법」에 따른 인증을 받음으로써 인감증명의 제출을 갈음할 수 있다. 〈신설 2018. 8. 31.〉

④ 제60조에 따라 인감증명을 제출하여야 하는 자가 외국인인 경우에는 「인감증명법」에 따른 인감증명 또는 본국의 관공서가 발행한 인감증명을 제출하여야 한다. 다만, 본국에 인감증명제도가 없고 또한 「인감증명법」에 따른 인감증명을 받을 수 없는 자는 신청서나 위임장 또는 첨부서면에 본인이 서명 또는 날인하였다는 뜻의 본국 관공서의 증명이나 본국 또는 대한민국 공증인의 인증(「재외공관 공증법」에 따른 인증을 포함한다)을 받음으로써 인감증명의 제출을 갈음할 수 있다.

제62조【인감증명 등의 유효기간】 등기신청서에 첨부하는 인감증명, 법인등기사항증명서, 주민등록표등본·초본, 가족관계등록사항별증명서 및 건축물대장·토지대장·임야대장 등본은 발행일부터 3개월 이내의 것이어야 한다.

제63조【도면의 제출방법】 방문신청을 하는 경우라도 등기소에 제공하여야 하는 도면은 전자문서로 작성하여야 하며, 그 제공은 전산정보처리조직을 이용하여 등기소에 송신하는 방법으로 하여야 한다. 다만, 다음 각 호의 어느 하나에 해당하는 경우에는 그 도면을 서면으로 작성하여 등기소에 제출할 수 있다.

1. 자연인 또는 법인 아닌 사단이나 재단이 직접 등기신청을 하는 경우
2. 자연인 또는 법인 아닌 사단이나 재단이 자격자대리인이 아닌 사람에게 위임하여 등기신청을 하는 경우

제64조【전자표준양식에 의한 신청】 방문신청을 하고자 하는 신청인은 신청서를 등기소에 제출하기 전에 전산정보처리조직에 신청정보를 입력하고, 그 입력한 신청정보를 서면으로 출력하여 등기소에 제출하는 방법으로 할 수 있다.

제65조【등기신청서의 접수】 ① 등기신청서를 받은 등기관은 전산정보처리조직에 접수연월일, 접수번호, 등기의 목적, 신청인의 성명 또는 명칭, 부동산의 표시, 등기신청수수료, 취득세 또는 등록면허세, 국민주택채권매입금액 및 그 밖에 대법원예규로 정하는 사항을 입력한 후 신청서에 접수번호표를 붙여야 한다.

② 같은 부동산에 관하여 동시에 여러 개의 등기신청이 있는 경우에는 같은 접수번호를 부여하여야 한다.

③ 등기관이 신청서를 접수하였을 때에는 신청인의 청구에 따라 그 신청서의 접수증을 발급하여야 한다.

제66조【등기원인증서의 반환】 ① 신청서에 첨부된 제46조 제1항 제1호의 정보를 담고 있는 서면이 법률행위의 성립을 증명하는 서면이거나 그 밖에 대법원예규로 정하는 서면일 때에는 등기관이 등기를 마친 후에 이를 신청인에게 돌려주어야 한다.

② 신청인이 제1항의 서면을 등기를 마친 때부터 3개월 이내에 수령하지 아니할 경우에는 이를 폐기할 수 있다.

제3관 전자신청

제67조【전자신청의 방법】 ① 전자신청은 당사자가 직접 하거나 자격자대리인이 당사자를 대리하여 한다. 다만, 법인 아닌 사단이나 재단은 전자신청을 할 수 없으며, 외국인의 경우에는 다음 각 호의 어느 하나에 해당하는 요건을 갖추어야 한다.

1. 「출입국관리법」 제31조에 따른 외국인등록
2. 「재외동포의 출입국과 법적 지위에 관한 법률」 제6조, 제7조에 따른 국내거소신고

② 제1항에 따라 전자신청을 하는 경우에는 제43조 및 그 밖의 법령에 따라 신청정보의 내용으로 등기소에 제공하여야 하는 정보를 전자문서로 등기소에 송신하여야 한다. 이 경우 사용자등록번호도 함께 송신하여야 한다.

③ 제2항의 경우에는 제46조 및 그 밖의 법령에 따라 첨부정보로서 등기소에 제공하여야 하는 정보를 전자문서로 등기소에 송신하거나 대법원예규로 정하는 바에 따라 등기소에 제공하여야 한다.

④ 제2항과 제3항에 따라 전자문서를 송신할 때에는 다음 각 호의 구분에 따른 신청인 또는 문서작성자의 전자서명정보(이하 "인증서 등"이라 한다)를 함께 송신하여야 한다.

1. 개인 : 「전자서명법」의 제2조제6호에 따른 인증서(서명자의 실지명의를 확인할 수 있는 것으로서 법원행정처장이 지정·공고하는 인증서를 말한다)
2. 법인 : 「상업등기법」의 전자증명서
3. 관공서 : 대법원예규로 정하는 전자인증서

⑤ 제4항 제1호의 공고는 인터넷등기소에 하여야 한다.

제68조【사용자등록】 ① 전자신청을 하기 위해서는 그 등기신청을 하는 당사자 또는 등기신청을 대리할 수 있는 자격자대리인이 최초의 등기신청 전에 사용자등록을 하여야 한다.

② 사용자등록을 신청하는 당사자 또는 자격자대리인은 등기소에 출석하여 대법원예규로 정하는 사항을 적은 신청서를 제출하여야 한다.

③ 제2항의 사용자등록 신청서에는 「인감증명법」에 따라 신고한 인감을 날인하고, 그 인감증명과 함께 주소를 증명하는 서면을 첨부하여야 한다.

④ 신청인이 자격자대리인인 경우에는 제3항의 서면 외에 그 자격을 증명하는 서면의 사본도 첨부하여야 한다.

⑤ 법인이 「상업등기규칙」 제46조에 따라 전자증명서의 이용등록을 한 경우에는 사용자등록을 한 것으로 본다.

제69조【사용자등록의 유효기간】 ① 사용자등록의 유효기간은 3년으로 한다.

② 제1항의 유효기간이 지난 경우에는 사용자등록을 다시 하여야 한다.

③ 사용자등록의 유효기간 만료일 3개월 전부터 만료일까지는 그 유효기간의 연장을 신청할 수 있으며, 그 연장기간은 3년으로 한다.

④ 제3항의 유효기간 연장은 전자문서로 신청할 수 있다.

제70조【사용자등록의 효력정지 등】 ① 사용자등록을 한 사람은 사용자등록의 효력정지, 효력회복 또는 해지를 신청할 수 있다.

② 제1항에 따른 사용자등록의 효력정지 및 해지의 신청은 전자문서로 할 수 있다.

③ 등기소를 방문하여 제1항에 따른 사용자등록의 효력정지, 효력회복 또는 해지를 신청하는 경우에는 신청서에 기명날인 또는 서명을 하여야 한다.

제71조【사용자등록정보 변경 등】 ① 사용자등록 후 사용자등록정보가 변경된 경우에는 대법원예규로 정하는 바에 따라 그 변경된 사항을 등록하여야 한다.

② 사용자등록번호를 분실하였을 때에는 제68조에 따라 사용자등록을 다시 하여야 한다.

제2절 표시에 관한 등기

제1관 토지의 표시에 관한 등기

제72조【토지표시변경등기의 신청】 ① 법 제35조에 따라 토지의 표시변경등기를 신청하는 경우에는 그 토지의 변경 전과 변경 후의 표시에 관한 정보를 신청정보의 내용으로 등기소에 제공하여야 한다.
② 제1항의 경우에는 그 변경을 증명하는 토지대장 정보나 임야대장 정보를 첨부정보로서 등기소에 제공하여야 한다.

제73조【토지표시변경등기】 법 제34조의 토지표시에 관한 사항을 변경하는 등기를 할 때에는 종전의 표시에 관한 등기를 말소하는 표시를 하여야 한다.

제74조【토지분필등기의 신청】 1필의 토지의 일부에 지상권·전세권·임차권이나 승역지(승역지 : 편익제공지)의 일부에 관하여 하는 지역권의 등기가 있는 경우에 분필등기를 신청할 때에는 권리가 존속할 토지의 표시에 관한 정보를 신청정보의 내용으로 등기소에 제공하고, 이에 관한 권리자의 확인이 있음을 증명하는 정보를 첨부정보로서 등기소에 제공하여야 한다. 이 경우 그 권리가 토지의 일부에 존속할 때에는 그 토지부분에 관한 정보도 신청정보의 내용으로 등기소에 제공하고, 그 부분을 표시한 지적도를 첨부정보로서 등기소에 제공하여야 한다.

제75조【토지분필등기】 ① 갑 토지를 분할하여 그 일부를 을 토지로 한 경우에 등기관이 분필등기를 할 때에는 을 토지에 관하여 등기기록을 개설하고, 그 등기기록 중 표제부에 토지의 표시와 분할로 인하여 갑 토지의 등기기록에서 옮겨 기록한 뜻을 기록하여야 한다.
② 제1항의 절차를 마치면 갑 토지의 등기기록 중 표제부에 남은 부분의 표시를 하고, 분할로 인하여 다른 부분을 을 토지의 등기기록에 옮겨 기록한 뜻을 기록하며, 종전의 표시에 관한 등기를 말소하는 표시를 하여야 한다.

제76조【토지분필등기】 ① 제75조 제1항의 경우에는 을 토지의 등기기록 중 해당 구에 갑 토지의 등기기록에서 소유권과 그 밖의 권리에 관한 등기를 전사(轉寫)하고, 분할로 인하여 갑 토지의 등기기록에서 전사한 뜻, 신청정보의 접수연월일과 접수번호를 기록하여야 한다. 이 경우 소유권 외의 권리에 관한 등기에는 갑 토지가 함께 그 권리의 목적이라는 뜻도 기록하여야 한다.
② 갑 토지의 등기기록에서 을 토지의 등기기록에 소유권 외의 권리에 관한 등기를 전사하였을 때에는 갑 토지의 등기기록 중 그 권리에 관한 등기에 을 토지가 함께 그 권리의 목적이라는 뜻을 기록하여야 한다.
③ 소유권 외의 권리의 등기명의인이 을 토지에 관하여 그 권리의 소멸을 승낙한 것을 증명하는 정보 또는 이에 대항할 수 있는 재판이 있음을 증명하는 정보를 첨부정보로서 등기소에 제공한 경우에는 갑 토지의 등기기록 중 그 권리에 관한 등기에 을 토지에 대하여 그 권리가 소멸한 뜻을 기록하여야 한다.
④ 소유권 외의 권리의 등기명의인이 갑 토지에 관하여 그 권리의 소멸을 승낙한 것을 증명하는 정보 또는 이에 대항할 수 있는 재판이 있음을 증명하는 정보를 첨부정보로서 등기소에 제공한 경우에는 을 토지의 등기기록 중 해당 구에 그 권리에 관한 등기를 전사하고, 신청정보의 접수연월일과 접수번호를 기록하여야 한다. 이 경우 갑 토지의 등기기록 중 그 권리에 관한 등기에는 갑 토지에 대하여 그 권리가 소멸한 뜻을 기록하고 그 등기를 말소하는 표시를 하여야 한다.
⑤ 제3항 및 제4항의 권리를 목적으로 하는 제3자의 권리에 관한 등기가 있는 경우에는 그 자의 승낙이 있음을 증명하는 정보 또는 이에 대항할 수 있는 재판이 있음을 증명하는 정보를 첨부정보로서 등기소에 제공하여야 한다.
⑥ 제5항의 정보를 등기소에 제공한 경우 그 제3자의 권리에 관한 등기에 관하여는 제3항 및 제4항을 준용한다.

제77조 【토지분필등기】 ① 제74조의 경우에 갑 토지에만 해당 권리가 존속할 때에는 제76조 제3항을 준용하고, 을 토지에만 해당 권리가 존속할 때에는 제76조 제4항을 준용한다.
② 제74조 후단의 경우 분필등기를 할 때에는 갑 토지 또는 을 토지의 등기기록 중 지상권·지역권·전세권 또는 임차권의 등기에 그 권리가 존속할 부분을 기록하여야 한다.

제78조 【토지의 분필·합필등기】 ① 갑 토지의 일부를 분할하여 이를 을 토지에 합병한 경우에 등기관이 분필 및 합필의 등기를 할 때에는 을 토지의 등기기록 중 표제부에 합병 후의 토지의 표시와 일부합병으로 인하여 갑 토지의 등기기록에서 옮겨 기록한 뜻을 기록하고, 종전의 표시에 관한 등기를 말소하는 표시를 하여야 한다.
② 제1항의 경우에는 을 토지의 등기기록 중 갑구에 갑 토지의 등기기록에서 소유권의 등기(법 제37조 제1항 제3호의 경우에는 신탁등기를 포함한다. 이하 이 조부터 제80조까지에서 같다)를 전사하고, 일부합병으로 인하여 갑 토지의 등기기록에서 전사한 뜻, 신청정보의 접수연월일과 접수번호를 기록하여야 한다.
③ 갑 토지의 등기기록에 지상권·지역권·전세권 또는 임차권의 등기가 있을 때에는 을 토지의 등기기록 중 을구에 그 권리에 관한 등기를 전사하고, 일부합병으로 인하여 갑 토지의 등기기록에서 전사한 뜻, 합병한 부분만이 갑 토지와 함께 그 권리의 목적이라는 뜻, 신청정보의 접수연월일과 접수번호를 기록하여야 한다.
④ 소유권·지상권·지역권 또는 임차권의 등기를 전사하는 경우에 등기원인과 그 연월일, 등기목적과 접수번호가 같을 때에는 전사를 갈음하여 을 토지의 등기기록에 갑 토지에 대하여 같은 사항의 등기가 있다는 뜻을 기록하여야 한다.
⑤ 제1항의 경우에 모든 토지에 관하여 등기원인과 그 연월일, 등기목적과 접수번호가 같은 저당권이나 전세권의 등기가 있을 때에는 을 토지의 등기기록 중 그 등기에 해당 등기가 합병 후의 토지 전부에 관한 것이라는 뜻을 기록하여야 한다.
⑥ 제1항의 경우에는 제75조 제2항, 제76조 제2항부터 제6항까지 및 제77조를 준용한다.

제79조 【토지합필등기】 ① 갑 토지를 을 토지에 합병한 경우에 등기관이 합필등기를 할 때에는 을 토지의 등기기록 중 표제부에 합병 후의 토지의 표시와 합병으로 인하여 갑 토지의 등기기록에서 옮겨 기록한 뜻을 기록하고 종전의 표시에 관한 등기를 말소하는 표시를 하여야 한다.
② 제1항의 절차를 마치면 갑 토지의 등기기록 중 표제부에 합병으로 인하여 을 토지의 등기기록에 옮겨 기록한 뜻을 기록하고, 갑 토지의 등기기록 중 표제부의 등기를 말소하는 표시를 한 후 그 등기기록을 폐쇄하여야 한다.

제80조 【토지합필등기】 ① 제79조의 경우에 을 토지의 등기기록 중 갑구에 갑 토지의 등기기록에서 소유권의 등기를 옮겨 기록하고, 합병으로 인하여 갑 토지의 등기기록에서 옮겨 기록한 뜻, 신청정보의 접수연월일과 접수번호를 기록하여야 한다.
② 갑 토지의 등기기록에 지상권·지역권·전세권 또는 임차권의 등기가 있을 때에는 을 토지의 등기기록 중 을구에 그 권리의 등기를 옮겨 기록하고, 합병으로 인하여 갑 토지의 등기기록에서 옮겨 기록한 뜻, 갑 토지이었던 부분만이 그 권리의 목적이라는 뜻, 신청정보의 접수연월일과 접수번호를 기록하여야 한다.
③ 제1항과 제2항의 경우에는 제78조 제4항을 준용하고, 모든 토지에 관하여 등기원인과 그 연월일, 등기목적과 접수번호가 같은 저당권이나 전세권의 등기가 있는 경우에는 제78조 제5항을 준용한다.

제81조 【토지합필의 특례에 따른 등기신청】 ① 법 제38조에 따른 합필등기를 신청하는 경우에는 종전 토지의 소유권이 합병 후의 토지에서 차지하는 지분을 신청정보의 내용으로 등기소에 제공하고, 이에 관한 토지소유자들의 확인이 있음을 증명하는 정보를 첨부정보로서 등기소에 제공하여야 한다.

② 제1항의 경우에 이해관계인이 있을 때에는 그 이해관계인의 승낙이 있음을 증명하는 정보를 첨부정보로서 등기소에 제공하여야 한다.

제82조【토지합필의 특례에 따른 등기】 ① 법 제38조에 따라 합필의 등기를 할 때에는 제79조 및 제80조에 따른 등기를 마친 후 종전 토지의 소유권의 등기를 공유지분으로 변경하는 등기를 부기로 하여야 하고, 종전 등기의 권리자에 관한 사항을 말소하는 표시를 하여야 한다.
② 제1항의 경우에 이해관계인이 있을 때에는 그 이해관계인 명의의 등기를 제1항의 공유지분 위에 존속하는 것으로 변경하는 등기를 부기로 하여야 한다.

제83조【토지멸실등기의 신청】 법 제39조에 따라 토지멸실등기를 신청하는 경우에는 그 멸실을 증명하는 토지대장 정보나 임야대장 정보를 첨부정보로서 등기소에 제공하여야 한다.

제84조【토지멸실등기】 ① 등기관이 토지의 멸실등기를 할 때에는 등기기록 중 표제부에 멸실의 뜻과 그 원인을 기록하고 표제부의 등기를 말소하는 표시를 한 후 그 등기기록을 폐쇄하여야 한다.
② 제1항의 경우에 멸실등기한 토지가 다른 부동산과 함께 소유권 외의 권리의 목적일 때에는 그 다른 부동산의 등기기록 중 해당 구에 멸실등기한 토지의 표시를 하고, 그 토지가 멸실인 뜻을 기록하며, 그 토지와 함께 소유권 외의 권리의 목적이라는 뜻을 기록한 등기 중 멸실등기한 토지의 표시에 관한 사항을 말소하는 표시를 하여야 한다.
③ 제2항에 따른 등기는 공동전세목록이나 공동담보목록이 있는 경우에는 그 목록에 하여야 한다.
④ 제2항의 경우에 그 다른 부동산의 소재지가 다른 등기소 관할일 때에는 등기관은 지체없이 그 등기소에 부동산 및 멸실등기한 토지의 표시와 신청정보의 접수연월일을 통지하여야 한다.
⑤ 제4항에 따른 통지를 받은 등기소의 등기관은 지체없이 제2항 또는 제3항의 절차를 마쳐야 한다.

제85조 삭제

제2관 건물의 표시에 관한 등기

제86조【건물표시변경등기의 신청】 ① 법 제41조에 따라 건물의 표시변경등기를 신청하는 경우에는 그 건물의 변경 전과 변경 후의 표시에 관한 정보를 신청정보의 내용으로 등기소에 제공하여야 한다.
② 대지권의 변경·경정 또는 소멸의 등기를 신청하는 경우에는 그에 관한 규약이나 공정증서 또는 이를 증명하는 정보를 첨부정보로서 등기소에 제공하여야 한다.
③ 제2항의 경우 외에는 그 변경을 증명하는 건축물대장 정보를 첨부정보로서 등기소에 제공하여야 한다.

제87조【건물표시변경등기】 ① 법 제40조의 건물표시에 관한 사항을 변경하는 등기를 할 때에는 종전의 표시에 관한 등기를 말소하는 표시를 하여야 한다.
② 신축건물을 다른 건물의 부속건물로 하는 등기를 할 때에는 주된 건물의 등기기록 중 표제부에 부속건물 신축을 원인으로 한 건물표시변경등기를 하고, 종전의 표시에 관한 등기를 말소하는 표시를 하여야 한다.

제88조【대지권의 등기】 ① 건물의 등기기록에 대지권의 등기를 할 때에는 1동의 건물의 표제부 중 대지권의 목적인 토지의 표시란에 표시번호, 대지권의 목적인 토지의 일련번호·소재지번·지목·면적과 등기연월일을, 전유부분의 표제부 중 대지권의 표시란에 표시번호, 대지권의 목적인 토지의 일련번호, 대지권의 종류, 대지권의 비율, 등기원인 및 그 연월일과 등기연월일을 각각 기록하여야 한다. 다만, 부속건물만이 구분건물인 경우에는 그 부속건물에 대한 대지권의 표시는 표제부 중 건물내역란에 부속건물의 표시에 이어서 하여야 한다.
② 부속건물에 대한 대지권의 표시를 할 때에는 대지권의 표시의 끝부분에 그 대지권이 부속건물에 대한 대지권이라는 뜻을 기록하여야 한다.

제89조【대지권이라는 뜻의 등기】 ① 대지권의 목적인 토지의 등기기록에 법 제40조 제4항의 대지권이라는 뜻의 등기를 할 때에는 해당 구에 어느 권리가 대지권이라는 뜻과 그 대지권을 등기한 1동의 건물을 표시할 수 있는 사항 및 그 등기연월일을 기록하여야 한다.

② 대지권의 목적인 토지가 다른 등기소의 관할에 속하는 경우에는 그 등기소에 지체없이 제1항에 따라 등기할 사항을 통지하여야 한다.

③ 제2항의 통지를 받은 등기소의 등기관은 대지권의 목적인 토지의 등기기록 중 해당 구에 통지받은 사항을 기록하여야 한다.

제90조【별도의 등기가 있다는 뜻의 기록】 ① 제89조에 따라 대지권의 목적인 토지의 등기기록에 대지권이라는 뜻의 등기를 한 경우로서 그 토지등기기록에 소유권보존등기나 소유권이전등기 외의 소유권에 관한 등기 또는 소유권 외의 권리에 관한 등기가 있을 때에는 등기관은 그 건물의 등기기록 중 전유부분 표제부에 토지등기기록에 별도의 등기가 있다는 뜻을 기록하여야 한다. 다만, 그 등기가 소유권 이외의 대지권의 등기인 경우 또는 제92조 제2항에 따라 말소하여야 하는 저당권의 등기인 경우에는 그러하지 아니하다.

② 토지등기기록에 대지권이라는 뜻의 등기를 한 후에 그 토지등기기록에 관하여만 새로운 등기를 한 경우에는 제1항을 준용한다.

③ 토지등기기록에 별도의 등기가 있다는 뜻의 기록의 전제가 된 등기가 말소되었을 때에는 등기관은 그 뜻의 기록도 말소하여야 한다.

제91조【대지권의 변경 등】 ① 대지권의 변경, 경정 또는 소멸의 등기를 할 때에는 제87조 제1항을 준용한다.

② 대지권의 변경 또는 경정으로 인하여 건물 등기기록에 대지권의 등기를 한 경우에는 그 권리의 목적인 토지의 등기기록 중 해당 구에 대지권이라는 뜻의 등기를 하여야 한다. 이 경우 제89조 및 제90조를 준용한다.

③ 제1항의 등기 중 대지권인 권리가 대지권이 아닌 것으로 변경되거나 대지권인 권리 자체가 소멸하여 대지권 소멸의 등기를 한 경우에는 대지권의 목적인 토지의 등기기록 중 해당 구에 그 뜻을 기록하고 대지권이라는 뜻의 등기를 말소하여야 한다.

제92조【대지권의 변경 등】 ① 제91조 제2항의 등기를 하는 경우에 건물에 관하여 소유권보존등기와 소유권이전등기 외의 소유권에 관한 등기 또는 소유권 외의 권리에 관한 등기가 있을 때에는 그 등기에 건물만에 관한 것이라는 뜻을 기록하여야 한다. 다만, 그 등기가 저당권에 관한 등기로서 대지권에 대한 등기와 등기원인, 그 연월일과 접수번호가 같은 것일 때에는 그러하지 아니하다.

② 제1항 단서의 경우에는 대지권에 대한 저당권의 등기를 말소하여야 한다.

③ 제2항에 따라 말소등기를 할 때에는 같은 항에 따라 말소한다는 뜻과 그 등기연월일을 기록하여야 한다.

제93조【대지권의 변경 등】 ① 대지권인 권리가 대지권이 아닌 것으로 변경되어 제91조 제3항의 등기를 한 경우에는 그 토지의 등기기록 중 해당 구에 대지권인 권리와 그 권리자를 표시하고, 같은 항의 등기를 함에 따라 등기하였다는 뜻과 그 연월일을 기록하여야 한다.

② 제1항의 등기를 하는 경우에 대지권을 등기한 건물 등기기록에 법 제61조 제1항에 따라 대지권에 대한 등기로서의 효력이 있는 등기 중 대지권의 이전등기 외의 등기가 있을 때에는 그 건물의 등기기록으로부터 제1항의 토지등기기록 중 해당 구에 이를 전사하여야 한다.

③ 제1항의 토지등기기록 중 해당 구에 제2항에 따라 전사하여야 할 등기보다 나중에 된 등기가 있을 때에는 제2항에 따라 전사할 등기를 전사한 후 그 전사한 등기와 나중에 된 등기에 대하여 권리의 순서에 따라 순위번호를 경정하여야 한다.

④ 제2항 및 제3항의 절차를 취하는 경우에는 제76조를 준용한다.

⑤ 등기관이 제1항의 등기를 한 경우에 대지권의 목적인 토지가 다른 등기소 관할일 때에는 지체

없이 그 등기소에 그 등기를 하였다는 사실과 제1항이나 제2항에 따라 기록하거나 전사할 사항을 통지하여야 한다.

⑥ 제5항의 통지를 받은 등기소의 등기관은 제1항부터 제4항까지의 절차를 취하여야 한다.

제94조【대지권의 변경 등】 ① 대지권이 아닌 것을 대지권으로 한 등기를 경정하여 제91조 제3항의 등기를 한 경우에 대지권을 등기한 건물 등기기록에 법 제61조 제1항에 따라 대지권의 이전등기로서의 효력이 있는 등기가 있을 때에는 그 건물의 등기기록으로부터 토지의 등기기록 중 해당 구에 그 등기를 전부 전사하여야 한다.

② 제1항의 경우에는 제93조 제2항부터 제6항까지의 규정을 준용한다.

제95조【건물분할 또는 건물구분등기의 신청】 건물의 일부에 전세권이나 임차권의 등기가 있는 경우에 그 건물의 분할이나 구분의 등기를 신청할 때에는 제74조를 준용한다.

제96조【건물분할등기】 ① 갑 건물로부터 그 부속건물을 분할하여 이를 을 건물로 한 경우에 등기관이 분할등기를 할 때에는 을 건물에 관하여 등기기록을 개설하고, 그 등기기록 중 표제부에 건물의 표시와 분할로 인하여 갑 건물의 등기기록에서 옮겨 기록한 뜻을 기록하여야 한다.

② 제1항의 절차를 마치면 갑 건물의 등기기록 중 표제부에 남은 부분의 표시를 하고, 분할로 인하여 다른 부분을 을 건물의 등기기록에 옮겨 기록한 뜻을 기록하며, 종전의 표시에 관한 등기를 말소하는 표시를 하여야 한다.

③ 제1항의 경우에는 제76조 및 제77조를 준용한다.

제97조【건물구분등기】 ① 구분건물이 아닌 갑 건물을 구분하여 갑 건물과 을 건물로 한 경우에 등기관이 구분등기를 할 때에는 구분 후의 갑 건물과 을 건물에 대하여 등기기록을 개설하고, 각 등기기록 중 표제부에 건물의 표시와 구분으로 인하여 종전의 갑 건물의 등기기록에서 옮겨 기록한 뜻을 기록하여야 한다.

② 제1항의 절차를 마치면 종전의 갑 건물의 등기기록 중 표제부에 구분으로 인하여 개설한 갑 건물과 을 건물의 등기기록에 옮겨 기록한 뜻을 기록하고, 표제부의 등기를 말소하는 표시를 한 후 그 등기기록을 폐쇄하여야 한다.

③ 제1항의 경우에는 개설한 갑 건물과 을 건물의 등기기록 중 해당 구에 종전의 갑 건물의 등기기록에서 소유권과 그 밖의 권리에 관한 등기를 옮겨 기록하고, 구분으로 인하여 종전의 갑 건물의 등기기록에서 옮겨 기록한 뜻, 신청정보의 접수연월일과 접수번호를 기록하여야 하며, 소유권 외의 권리에 관한 등기에는 다른 등기기록에 옮겨 기록한 건물이 함께 그 권리의 목적이라는 뜻도 기록하여야 한다. 이 경우 제76조 제3항부터 제6항까지의 규정을 준용한다.

④ 구분건물인 갑 건물을 구분하여 갑 건물과 을 건물로 한 경우에는 등기기록 중 을 건물의 표제부에 건물의 표시와 구분으로 인하여 갑 건물의 등기기록에서 옮겨 기록한 뜻을 기록하여야 한다.

⑤ 제4항의 절차를 마치면 갑 건물의 등기기록 중 표제부에 남은 부분의 표시를 하고, 구분으로 인하여 다른 부분을 을 건물의 등기기록에 옮겨 기록한 뜻을 기록하며, 종전의 표시에 관한 등기를 말소하는 표시를 하여야 한다.

⑥ 제4항의 경우에는 제76조 및 제77조를 준용한다.

제98조【건물의 분할합병등기】 ① 갑 건물로부터 그 부속건물을 분할하여 을 건물의 부속건물로 한 경우에 등기관이 분할 및 합병의 등기를 할 때에는 을 건물의 등기기록 중 표제부에 합병 후의 건물의 표시와 일부합병으로 인하여 갑 건물의 등기기록에서 옮겨 기록한 뜻을 기록하고, 종전의 표시에 관한 등기를 말소하는 표시를 하여야 한다.

② 제1항의 경우에는 제96조 제2항 및 제78조 제2항부터 제6항(제6항 중 제75조 제2항을 준용하는 부분은 제외한다)까지의 규정을 준용한다.

제99조【건물의 구분합병등기】 ① 갑 건물을 구분하여 을 건물 또는 그 부속건물에 합병한 경우에 등기관이 구분 및 합병의 등기를 할 때에는 제98조 제1항을 준용한다.

② 제1항의 경우에는 제97조 제5항 및 제78조 제2항부터 제6항(제6항 중 제75조 제2항을 준용하는 부분은 제외한다)까지의 규정을 준용한다.

제100조【건물합병등기】 ① 갑 건물을 을 건물 또는 그 부속건물에 합병하거나 을 건물의 부속건물로 한 경우에 등기관이 합병등기를 할 때에는 제79조 및 제80조를 준용한다. 다만, 갑 건물이 구분건물로서 같은 등기기록에 을 건물 외에 다른 건물의 등기가 있을 때에는 그 등기기록을 폐쇄하지 아니한다.

② 합병으로 인하여 을 건물이 구분건물이 아닌 것으로 된 경우에 그 등기를 할 때에는 합병 후의 건물에 대하여 등기기록을 개설하고, 그 등기기록의 표제부에 합병 후의 건물의 표시와 합병으로 인하여 갑 건물과 을 건물의 등기기록에서 옮겨 기록한 뜻을 기록하여야 한다.

③ 제2항의 절차를 마치면 갑 건물과 을 건물의 등기기록 중 표제부에 합병으로 인하여 개설한 등기기록에 옮겨 기록한 뜻을 기록하고, 갑 건물과 을 건물의 등기기록 중 표제부의 등기를 말소하는 표시를 한 후 그 등기기록을 폐쇄하여야 한다.

④ 제2항의 경우에는 제80조를 준용한다.

⑤ 대지권을 등기한 건물이 합병으로 인하여 구분건물이 아닌 것으로 된 경우에 제2항의 등기를 할 때에는 제93조를 준용한다.

제101조【건물구분등기 또는 건물합병등기의 준용】 구분건물이 아닌 건물이 건물구분 외의 사유로 구분건물로 된 경우에는 제97조를 준용하고, 구분건물이 건물합병 외의 사유로 구분건물이 아닌 건물로 된 경우에는 제100조 제2항부터 제5항까지의 규정을 준용한다.

제102조【건물멸실등기의 신청】 법 제43조 및 법 제44조에 따라 건물멸실등기를 신청하는 경우에는 그 멸실이나 부존재를 증명하는 건축물대장 정보나 그 밖의 정보를 첨부정보로서 등기소에 제공하여야 한다.

제103조【건물멸실등기】 ① 등기관이 건물의 멸실등기를 할 때에는 등기기록 중 표제부에 멸실의 뜻과 그 원인 또는 부존재의 뜻을 기록하고 표제부의 등기를 말소하는 표시를 한 후 그 등기기록을 폐쇄하여야 한다. 다만, 멸실한 건물이 구분건물인 경우에는 그 등기기록을 폐쇄하지 아니한다.

② 대지권을 등기한 건물의 멸실등기로 인하여 그 등기기록을 폐쇄한 경우에는 제93조를 준용한다.

③ 제1항의 경우에는 제84조 제2항부터 제5항까지의 규정을 준용한다.

제104조【공용부분이라는 뜻의 등기】 ① 법 제47조 제1항에 따라 소유권의 등기명의인이 공용부분이라는 뜻의 등기를 신청하는 경우에는 그 뜻을 정한 규약이나 공정증서를 첨부정보로서 등기소에 제공하여야 한다. 이 경우 그 건물에 소유권의 등기 외의 권리에 관한 등기가 있을 때에는 그 등기명의인의 승낙이 있음을 증명하는 정보 또는 이에 대항할 수 있는 재판이 있음을 증명하는 정보를 첨부정보로서 등기소에 제공하여야 한다.

② 제1항의 경우에 그 공용부분이 다른 등기기록에 등기된 건물의 구분소유자가 공용하는 것일 때에는 그 뜻과 그 구분소유자가 소유하는 건물의 번호를 신청정보의 내용으로 등기소에 제공하여야 한다. 다만, 다른 등기기록에 등기된 건물의 구분소유자 전원이 공용하는 것일 때에는 그 1동 건물의 번호만을 신청정보의 내용으로 등기소에 제공한다.

③ 제1항의 등기신청이 있는 경우에 등기관이 그 등기를 할 때에는 그 등기기록 중 표제부에 공용부분이라는 뜻을 기록하고 각 구의 소유권과 그 밖의 권리에 관한 등기를 말소하는 표시를 하여야 한다. 이 경우 제2항에 따른 사항이 신청정보의 내용 중에 포함되어 있을 때에는 그 사항도 기록하여야 한다.

④ 공용부분이라는 뜻을 정한 규약을 폐지함에 따라 공용부분의 취득자가 법 제47조 제2항에 따라 소유권보존등기를 신청하는 경우에는 규약의 폐지를 증명하는 정보를 첨부정보로서 등기소에 제공하여야 한다.
⑤ 등기관이 제4항에 따라 소유권보존등기를 하였을 때에는 공용부분이라는 뜻의 등기를 말소하는 표시를 하여야 한다.
⑥ 「집합건물의 소유 및 관리에 관한 법률」 제52조에 따른 단지공용부분이라는 뜻의 등기에는 제1항부터 제5항까지의 규정을 준용한다.

제3절 권리에 관한 등기

제1관 통 칙

제105조 【등기할 권리자가 2인 이상인 경우】 ① 등기할 권리자가 2인 이상일 때에는 그 지분을 신청정보의 내용으로 등기소에 제공하여야 한다.
② 제1항의 경우에 등기할 권리가 합유일 때에는 합유라는 뜻을 신청정보의 내용으로 등기소에 제공하여야 한다.

제106조 【등기필정보의 작성방법】 ① 법 제50조 제1항의 등기필정보는 아라비아 숫자와 그 밖의 부호의 조합으로 이루어진 일련번호와 비밀번호로 구성한다.
② 제1항의 등기필정보는 부동산 및 등기명의인별로 작성한다. 다만, 대법원예규로 정하는 바에 따라 등기명의인별로 작성할 수 있다.

제107조 【등기필정보의 통지방법】 ① 등기필정보는 다음 각 호의 구분에 따른 방법으로 통지한다.
1. 방문신청의 경우: 등기필정보를 적은 서면(이하 "등기필정보통지서"라 한다)을 교부하는 방법. 다만, 신청인이 등기신청서와 함께 대법원예규에 따라 등기필정보통지서 송부용 우편봉투를 제출한 경우에는 등기필정보통지서를 우편으로 송부한다.
2. 전자신청의 경우: 전산정보처리조직을 이용하여 송신하는 방법

② 제1항 제2호에도 불구하고, 관공서가 등기권리자를 위하여 등기를 촉탁한 경우 그 관공서의 신청으로 등기필정보통지서를 교부할 수 있다.
③ 제1항에 따라 등기필정보를 통지할 때에는 그 통지를 받아야 할 사람 외의 사람에게 등기필정보가 알려지지 않도록 하여야 한다.

제108조 【등기필정보 통지의 상대방】 ① 등기관은 등기를 마치면 등기필정보를 등기명의인이 된 신청인에게 통지한다. 다만, 관공서가 등기권리자를 위하여 등기를 촉탁한 경우에는 대법원예규로 정하는 바에 따라 그 관공서 또는 등기권리자에게 등기필정보를 통지한다.
② 법정대리인이 등기를 신청한 경우에는 그 법정대리인에게, 법인의 대표자나 지배인이 신청한 경우에는 그 대표자나 지배인에게, 법인 아닌 사단이나 재단의 대표자나 관리인이 신청한 경우에는 그 대표자나 관리인에게 등기필정보를 통지한다.

제109조 【등기필정보를 작성 또는 통지할 필요가 없는 경우】 ① 법 제50조 제1항 제1호의 경우에는 등기신청할 때에 그 뜻을 신청정보의 내용으로 하여야 한다.
② 법 제50조 제1항 제3호에서 "대법원규칙으로 정하는 경우"란 다음 각 호의 어느 하나에 해당하는 경우를 말한다.
1. 등기필정보를 전산정보처리조직으로 통지받아야 할 자가 수신이 가능한 때부터 3개월 이내에 전산정보처리조직을 이용하여 수신하지 않은 경우
2. 등기필정보통지서를 수령할 자가 등기를 마친 때부터 3개월 이내에 그 서면을 수령하지 않은 경우
3. 법 제23조 제4항에 따라 승소한 등기의무자가 등기신청을 한 경우
4. 법 제28조에 따라 등기권리자를 대위하여 등기신청을 한 경우
5. 법 제66조 제1항에 따라 등기관이 직권으로 소유권보존등기를 한 경우

제110조 【등기필정보의 실효신고】 ① 등기명의인 또는 그 상속인 그 밖의 포괄승계인은 등기필정보의 실효신고를 할 수 있다.

② 제1항의 신고는 다음 각 호의 방법으로 한다.

1. 전산정보처리조직을 이용하여 신고정보를 제공하는 방법
2. 신고정보를 적은 서면을 제출하는 방법

③ 제2항에 따라 등기필정보의 실효신고를 할 때에는 대법원예규로 정하는 바에 따라 본인확인절차를 거쳐야 한다.

④ 제2항 제2호의 신고를 대리인이 하는 경우에는 신고서에 본인의 인감증명을 첨부하여야 한다.

⑤ 등기관은 등기필정보의 실효신고가 있는 경우에 해당 등기필정보를 실효시키는 조치를 하여야 한다.

제111조 【등기필정보를 제공할 수 없는 경우】

① 법 제51조 본문의 경우에 등기관은 주민등록증, 외국인등록증, 국내거소신고증, 여권 또는 운전면허증(이하 "주민등록증등"이라 한다)에 의하여 본인 여부를 확인하고 조서를 작성하여 이에 기명날인하여야 한다. 이 경우 주민등록증등의 사본을 조서에 첨부하여야 한다.

② 법 제51조 단서에 따라 자격자대리인이 등기의무자 또는 그 법정대리인으로부터 위임받았음을 확인한 경우에는 그 확인한 사실을 증명하는 정보(이하 "확인정보"라 한다)를 첨부정보로서 등기소에 제공하여야 한다.

③ 자격자대리인이 제2항의 확인정보를 등기소에 제공하는 경우에는 제1항을 준용한다.

제112조 【권리의 변경 등의 등기】 ① 등기관이 권리의 변경이나 경정의 등기를 할 때에는 변경이나 경정 전의 등기사항을 말소하는 표시를 하여야 한다. 다만, 등기상 이해관계 있는 제3자의 승낙이 없어 변경이나 경정을 주등기로 할 때에는 그러하지 아니하다.

② 등기관이 등기명의인표시의 변경이나 경정의 등기를 할 때에는 제1항 본문을 준용한다.

③ 등기관이 소유권 외의 권리의 이전등기를 할 때에는 종전 권리자의 표시에 관한 사항을 말소하는 표시를 하여야 한다. 다만, 이전되는 지분이 일부일 때에는 그러하지 아니하다.

제113조 【환매특약등기의 신청】 환매특약의 등기를 신청하는 경우에는 법 제53조의 등기사항을 신청정보의 내용으로 등기소에 제공하여야 한다.

제114조 【환매특약등기 등의 말소】 ① 환매에 따른 권리취득의 등기를 하였을 때에는 법 제53조의 환매특약의 등기를 말소하여야 한다.

② 권리의 소멸에 관한 약정의 등기에 관하여는 제1항을 준용한다.

제115조 【토지 일부에 대한 등기의 말소 등을 위한 분필】 ① 제76조 제1항의 경우에 토지 중 일부에 대한 등기의 말소 또는 회복을 위하여 분필의 등기를 할 때에는 그 등기의 말소 또는 회복에 필요한 범위에서 해당 부분에 대한 소유권과 그 밖의 권리에 관한 등기를 모두 전사하여야 한다.

② 제1항에 따라 분필된 토지의 등기기록에 해당 등기사항을 전사한 경우에는 분필 전 토지의 등기기록에 있는 그 등기사항에 대하여는 그 뜻을 기록하고 이를 말소하여야 한다.

제116조 【등기의 말소】 ① 등기를 말소할 때에는 말소의 등기를 한 후 해당 등기를 말소하는 표시를 하여야 한다.

② 제1항의 경우에 말소할 권리를 목적으로 하는 제3자의 권리에 관한 등기가 있을 때에는 등기기록 중 해당 구에 그 제3자의 권리의 표시를 하고 어느 권리의 등기를 말소함으로 인하여 말소한다는 뜻을 기록하여야 한다.

제117조 【직권에 의한 등기의 말소】 ① 법 제58조 제1항의 통지는 등기를 마친 사건의 표시와 사건이 등기소의 관할에 속하지 아니한 사실 또는 등기할 것이 아닌 사실을 적은 통지서로 한다.

② 법 제58조 제2항에 따른 공고는 대법원 인터넷등기소에 게시하는 방법에 의한다.

③ 법 제58조 제4항에 따라 말소등기를 할 때에는 그 사유와 등기연월일을 기록하여야 한다.

제118조 【말소회복등기】 법 제59조의 말소된 등기에 대한 회복 신청을 받아 등기관이 등기를 회복할 때에는 회복의 등기를 한 후 다시 말소된 등기와 같은 등기를 하여야 한다. 다만, 등기 전체가 아닌 일부 등기사항만 말소된 것일 때에는 부기에 의하여 말소된 등기사항만 다시 등기한다.

제119조 【대지권이 있는 건물에 관한 등기】 ① 대지권을 등기한 건물에 관하여 등기를 신청하는 경우에는 대지권의 표시에 관한 사항을 신청정보의 내용으로 등기소에 제공하여야 한다. 다만, 건물만에 관한 등기를 신청하는 경우에는 그러하지 아니하다.
② 제1항 단서에 따라 건물만에 관한 등기를 할 때에는 그 등기에 건물만에 관한 것이라는 뜻을 기록하여야 한다.

제120조 【소유권변경사실 통지 및 과세자료의 제공】 법 제62조의 소유권변경사실의 통지나 법 제63조의 과세자료의 제공은 전산정보처리조직을 이용하여 할 수 있다.

제2관 소유권에 관한 등기

제121조 【소유권보존등기의 신청】 ① 법 제65조에 따라 소유권보존등기를 신청하는 경우에는 법 제65조 각 호의 어느 하나에 따라 등기를 신청한다는 뜻을 신청정보의 내용으로 등기소에 제공하여야 한다. 이 경우 제43조 제1항 제5호에도 불구하고 등기원인과 그 연월일은 신청정보의 내용으로 등기소에 제공할 필요가 없다.
② 제1항의 경우에 토지의 표시를 증명하는 토지대장 정보나 임야대장 정보 또는 건물의 표시를 증명하는 건축물대장 정보나 그 밖의 정보를 첨부정보로서 등기소에 제공하여야 한다.
③ 건물의 소유권보존등기를 신청하는 경우에 그 대지 위에 여러 개의 건물이 있을 때에는 그 대지 위에 있는 건물의 소재도를 첨부정보로서 등기소에 제공하여야 한다. 다만, 건물의 표시를 증명하는 정보로서 건축물대장 정보를 등기소에 제공한 경우에는 그러하지 아니하다.
④ 구분건물에 대한 소유권보존등기를 신청하는 경우에는 1동의 건물의 소재도, 각 층의 평면도와 전유부분의 평면도를 첨부정보로서 등기소에 제공하여야 한다. 이 경우 제3항 단서를 준용한다.

제122조 【주소변경의 직권등기】 등기관이 소유권이전등기를 할 때에 등기명의인의 주소변경으로 신청정보상의 등기의무자의 표시가 등기기록과 일치하지 아니하는 경우라도 첨부정보로서 제공된 주소를 증명하는 정보에 등기의무자의 등기기록상의 주소가 신청정보상의 주소로 변경된 사실이 명백히 나타나면 직권으로 등기명의인표시의 변경등기를 하여야 한다.

제123조 【소유권의 일부이전등기 신청】 소유권의 일부에 대한 이전등기를 신청하는 경우에는 이전되는 지분을 신청정보의 내용으로 등기소에 제공하여야 한다. 이 경우 등기원인에 「민법」 제268조 제1항 단서의 약정이 있을 때에는 그 약정에 관한 사항도 신청정보의 내용으로 등기소에 제공하여야 한다.

제124조 【거래가액과 매매목록】 ① 법 제68조의 거래가액이란 「부동산 거래신고 등에 관한 법률」 제3조에 따라 신고한 금액을 말한다.
② 「부동산 거래신고 등에 관한 법률」 제3조 제1항에서 정하는 계약을 등기원인으로 하는 소유권이전등기를 신청하는 경우에는 거래가액을 신청정보의 내용으로 등기소에 제공하고, 시장·군수 또는 구청장으로부터 제공받은 거래계약신고필증정보를 첨부정보로서 등기소에 제공하여야 한다. 이 경우 거래부동산이 2개 이상인 경우 또는 거래부동산이 1개라 하더라도 여러 명의 매도인과 여러 명의 매수인 사이의 매매계약인 경우에는 매매목록도 첨부정보로서 등기소에 제공하여야 한다.

제125조 【거래가액의 등기방법】 등기관이 거래가액을 등기할 때에는 다음 각 호의 구분에 따른 방법으로 한다.

1. 매매목록의 제공이 필요 없는 경우 : 등기기록 중 갑구의 권리자 및 기타사항란에 거래가액을 기록하는 방법
2. 매매목록이 제공된 경우 : 거래가액과 부동산의 표시를 기록한 매매목록을 전자적으로 작성하여 번호를 부여하고 등기기록 중 갑구의 권리자 및 기타사항란에 그 매매목록의 번호를 기록하는 방법

제3관 용익권에 관한 등기

제126조【지상권설정등기의 신청】 ① 지상권설정의 등기를 신청하는 경우에는 법 제69조 제1호부터 제5호까지의 등기사항을 신청정보의 내용으로 등기소에 제공하여야 한다.
② 지상권설정의 범위가 부동산의 일부인 경우에는 그 부분을 표시한 지적도를 첨부정보로서 등기소에 제공하여야 한다.

제127조【지역권설정등기의 신청】 ① 지역권설정의 등기를 신청하는 경우에는 법 제70조 제1호부터 제4호까지의 등기사항을 신청정보의 내용으로 등기소에 제공하여야 한다.
② 지역권 설정의 범위가 승역지의 일부인 경우에는 제126조 제2항을 준용한다.

제128조【전세권설정등기의 신청】 ① 전세권설정 또는 전전세(轉傳貰)의 등기를 신청하는 경우에는 법 제72조 제1항 제1호부터 제5호까지의 등기사항을 신청정보의 내용으로 등기소에 제공하여야 한다.
② 전세권설정 또는 전전세의 범위가 부동산의 일부인 경우에는 그 부분을 표시한 지적도나 건물도면을 첨부정보로서 등기소에 제공하여야 한다.
③ 여러 개의 부동산에 관한 전세권의 등기에는 제133조부터 제136조까지의 규정을 준용한다.

제129조【전세금반환채권의 일부 양도에 따른 등기신청】 ① 전세금반환채권의 일부양도를 원인으로 한 전세권의 일부이전등기를 신청하는 경우에는 양도액을 신청정보의 내용으로 등기소에 제공하여야 한다.
② 전세권의 존속기간 만료 전에 제1항의 등기를 신청하는 경우에는 전세권이 소멸하였음을 증명하는 정보를 첨부정보로서 등기소에 제공하여야 한다.

제130조【임차권설정등기의 신청】 ① 임차권설정 또는 임차물 전대의 등기를 신청하는 경우에는 법 제74조 제1호부터 제6호까지의 등기사항을 신청정보의 내용으로 등기소에 제공하여야 한다.
② 임차권설정 또는 임차물 전대의 범위가 부동산의 일부인 경우에는 제128조 제2항을 준용한다.
③ 임차권의 양도 또는 임차물의 전대에 대한 임대인의 동의가 있다는 뜻의 등기가 없는 경우에 임차권의 이전 또는 임차물의 전대의 등기를 신청할 때에는 임대인의 동의가 있음을 증명하는 정보를 첨부정보로서 등기소에 제공하여야 한다.

제4관 담보권에 관한 등기

제131조【저당권설정등기의 신청】 ① 저당권 또는 근저당권(이하 "저당권"이라 한다) 설정의 등기를 신청하는 경우에는 법 제75조의 등기사항을 신청정보의 내용으로 등기소에 제공하여야 한다.
② 저당권설정의 등기를 신청하는 경우에 그 권리의 목적이 소유권 외의 권리일 때에는 그 권리의 표시에 관한 사항을 신청정보의 내용으로 등기소에 제공하여야 한다.
③ 일정한 금액을 목적으로 하지 않는 채권을 담보하기 위한 저당권설정등기를 신청하는 경우에는 그 채권의 평가액을 신청정보의 내용으로 등기소에 제공하여야 한다.

제132조【저당권에 대한 권리질권등기 등의 신청】 ① 저당권에 대한 권리질권의 등기를 신청하는 경우에는 질권의 목적인 채권을 담보하는 저당권의 표시에 관한 사항과 법 제76조 제1항의 등기사항을 신청정보의 내용으로 등기소에 제공하여야 한다.
② 저당권에 대한 채권담보권의 등기를 신청하는 경우에는 담보권의 목적인 채권을 담보하는 저당권의 표시에 관한 사항과 법 제76조 제2항의 등기사항을 신청정보의 내용으로 등기소에 제공하여야 한다.

제133조【공동담보】 ① 여러 개의 부동산에 관한 권리를 목적으로 하는 저당권설정의 등기를 신청하는 경우에는 각 부동산에 관한 권리의 표시를 신청정보의 내용으로 등기소에 제공하여야 한다.
② 법 제78조 제2항의 공동담보목록은 전자적으로 작성하여야 하며, 1년마다 그 번호를 새로 부여하여야 한다.
③ 공동담보목록에는 신청정보의 접수연월일과 접수번호를 기록하여야 한다.

제134조【추가공동담보】 1개 또는 여러 개의 부동산에 관한 권리를 목적으로 하는 저당권설정의 등기를 한 후 같은 채권에 대하여 다른 1개 또는 여러 개의 부동산에 관한 권리를 목적으로 하는 저당권설정의 등기를 신청하는 경우에는 종전의 등기를 표시하는 사항으로서 공동담보목록의 번호 또는 부동산의 소재지번(건물에 번호가 있는 경우에는 그 번호도 포함한다)을 신청정보의 내용으로 등기소에 제공하여야 한다.

제135조【공동담보라는 뜻의 기록】 ① 법 제78조 제1항에 따른 공동담보라는 뜻의 기록은 각 부동산의 등기기록 중 해당 등기의 끝부분에 하여야 한다.
② 법 제78조 제2항의 경우에는 각 부동산의 등기기록에 공동담보목록의 번호를 기록한다.
③ 법 제78조 제4항의 경우 공동담보 목적으로 새로 추가되는 부동산의 등기기록에는 그 등기의 끝부분에 공동담보라는 뜻을 기록하고 종전에 등기한 부동산의 등기기록에는 해당 등기에 부기등기로 그 뜻을 기록하여야 한다.

제136조【공동담보의 일부의 소멸 또는 변경】 ① 여러 개의 부동산에 관한 권리가 저당권의 목적인 경우에 그 중 일부의 부동산에 관한 권리를 목적으로 한 저당권의 등기를 말소할 때에는 다른 부동산에 관한 권리에 대하여 법 제78조 제1항 및 제4항에 따라 한 등기에 그 뜻을 기록하고 소멸된 사항을 말소하는 표시를 하여야 한다. 일부의 부동산에 관한 권리의 표시에 대하여 변경의 등기를 한 경우에도 또한 같다.
② 제1항의 경우 다른 부동산의 전부 또는 일부가 다른 등기소 관할일 때에는 법 제71조 제2항 및 제3항을 준용한다.
③ 제1항에 따라 등기를 할 때 공동담보목록이 있으면 그 목록에 하여야 한다.

제137조【저당권 이전등기의 신청】 ① 저당권의 이전등기를 신청하는 경우에는 저당권이 채권과 같이 이전한다는 뜻을 신청정보의 내용으로 등기소에 제공하여야 한다.
② 채권일부의 양도나 대위변제로 인한 저당권의 이전등기를 신청하는 경우에는 양도나 대위변제의 목적인 채권액을 신청정보의 내용으로 등기소에 제공하여야 한다.

제138조【공동저당 대위등기의 신청】 공동저당 대위등기를 신청하는 경우에는 법 제80조의 등기사항을 신청정보의 내용으로 등기소에 제공하고, 배당표 정보를 첨부정보로서 등기소에 제공하여야 한다.

제5관 신탁에 관한 등기

제139조【신탁등기】 ① 신탁등기의 신청은 해당 신탁으로 인한 권리의 이전 또는 보존이나 설정등기의 신청과 함께 1건의 신청정보로 일괄하여 하여야 한다.
② 「신탁법」 제27조에 따라 신탁재산에 속하는 부동산 또는 같은 법 제43조에 따라 신탁재산으로 회복 또는 반환되는 부동산의 취득등기와 신탁등기를 동시에 신청하는 경우에는 제1항을 준용한다.
③ 신탁등기를 신청하는 경우에는 법 제81조 제1항 각 호의 사항을 첨부정보로서 등기소에 제공하여야 한다.
④ 제3항의 첨부정보를 등기소에 제공할 때에는 방문신청을 하는 경우라도 이를 전자문서로 작성하여 전산정보처리조직을 이용하여 등기소에 송신하는 방법으로 하여야 한다. 다만, 제63조 각 호의 어느 하나에 해당하는 경우에는 이를 서면으로 작성하여 등기소에 제출할 수 있다.
⑤ 제4항 본문의 경우에는 신청인 또는 그 대리인의 인증서등을 함께 송신하여야 한다.
⑥ 제4항 단서에 따른 서면에는 신청인 또는 그 대리인이 기명날인하거나 서명하여야 한다.

⑦ 등기관이 제1항 및 제2항에 따라 권리의 이전 또는 보존이나 설정등기와 함께 신탁등기를 할 때에는 하나의 순위번호를 사용하여야 한다.

제139조의2 【위탁자의 신탁선언에 의한 신탁 등의 등기신청】 ①「신탁법」 제3조 제1항 제3호에 따른 신탁등기를 신청하는 경우에는 공익신탁을 제외하고는 신탁설정에 관한 공정증서를 첨부정보로서 등기소에 제공하여야 한다.

②「신탁법」 제3조 제5항에 따른 신탁등기를 신청하는 경우에는 수익자의 동의가 있음을 증명하는 정보를 첨부정보로서 등기소에 제공하여야 한다.

③「신탁법」 제114조 제1항에 따른 유한책임신탁의 목적인 부동산에 대하여 신탁등기를 신청하는 경우에는 유한책임신탁등기가 되었음을 증명하는 정보를 첨부정보로서 등기소에 제공하여야 한다.

제139조의3 【위탁자의 지위이전에 따른 신탁변경등기의 신청】 위탁자의 지위이전에 따른 신탁원부 기록의 변경등기를 신청하는 경우에 위탁자의 지위이전의 방법이 신탁행위로 정하여진 때에는 이를 증명하는 정보, 신탁행위로 정하여지지 아니한 때에는 수탁자와 수익자의 동의가 있음을 증명하는 정보를 첨부정보로서 등기소에 제공하여야 한다. 이 경우 위탁자가 여럿일 때에는 다른 위탁자의 동의를 증명하는 정보도 첨부정보로서 제공하여야 한다.

제140조 【신탁원부의 작성】 ① 등기관은 제139조 제4항 본문에 따라 등기소에 제공된 전자문서에 번호를 부여하고 이를 신탁원부로서 전산정보처리조직에 등록하여야 한다.

② 등기관은 제139조 제4항 단서에 따라 서면이 제출된 경우에는 그 서면을 전자적 이미지정보로 변환하여 그 이미지정보에 번호를 부여하고 이를 신탁원부로서 전산정보처리조직에 등록하여야 한다.

③ 제1항 및 제2항의 신탁원부에는 1년마다 그 번호를 새로 부여하여야 한다.

제140조의2 【신탁의 합병·분할 등에 따른 신탁등기의 신청】 ① 신탁의 합병등기를 신청하는 경우에는 위탁자와 수익자로부터 합병계획서의 승인을 받았음을 증명하는 정보(다만, 합병계획서 승인에 관하여 신탁행위로 달리 정한 경우에는 그에 따른 것임을 증명하는 정보), 합병계획서의 공고 및 채권자보호절차를 거쳤음을 증명하는 정보를 첨부정보로서 등기소에 제공하여야 한다.

② 신탁의 분할등기를 신청하는 경우에는 위탁자와 수익자로부터 분할계획서의 승인을 받았음을 증명하는 정보(다만, 분할계획서 승인에 관하여 신탁행위로 달리 정한 경우에는 그에 따른 것임을 증명하는 정보), 분할계획서의 공고 및 채권자보호절차를 거쳤음을 증명하는 정보를 첨부정보로서 등기소에 제공하여야 한다.

제140조의3 【신탁의 합병·분할 등에 따른 등기】 ① 법 제82조의2의 신탁의 합병·분할 등에 따른 신탁등기를 하는 경우에는 합병 또는 분할 전의 신탁등기를 말소하고, 신탁의 합병 또는 분할 등의 신청에 따른 신탁등기를 하여야 한다.

②「신탁법」 제94조 제2항에 따른 신탁의 분할합병의 경우에는 제1항을 준용한다.

제141조 【수탁자 해임에 따른 등기】 법 제85조 제3항에 따라 등기기록에 수탁자 해임의 뜻을 기록할 때에는 수탁자를 말소하는 표시를 하지 아니한다. 다만, 여러 명의 수탁자 중 일부 수탁자만 해임된 경우에는 종전의 수탁자를 모두 말소하는 표시를 하고 나머지 수탁자만 다시 기록한다.

제142조 【신탁재산의 일부 처분 등에 따른 등기】 신탁재산의 일부가 처분되었거나 신탁의 일부가 종료되어 권리이전등기와 함께 신탁등기의 변경등기를 할 때에는 하나의 순위번호를 사용하고, 처분 또는 종료 후의 수탁자의 지분을 기록하여야 한다.

제143조 【신탁재산이 수탁자의 고유재산으로 된 경우】 신탁재산이 수탁자의 고유재산이 되었을 때에는 그 뜻의 등기를 주등기로 하여야 한다.

제144조 【신탁등기의 말소】 ① 신탁등기의 말소등기신청은 권리의 이전 또는 말소등기나 수탁자의 고유재산으로 된 뜻의 등기신청과 함께 1건의 신청정보로 일괄하여 하여야 한다.

② 등기관이 제1항에 따라 권리의 이전 또는 말소등기나 수탁자의 고유재산으로 된 뜻의 등기와 함께 신탁등기의 말소등기를 할 때에는 하나의 순위번호를 사용하고, 종전의 신탁등기를 말소하는 표시를 하여야 한다.

제144조의2 【담보권신탁의 등기】 법 제87조의2에 따라 담보권신탁의 등기를 신청하는 경우에 그 저당권에 의하여 담보되는 피담보채권이 여럿이고 피담보채권별로 등기사항이 다를 때에는 법 제75조에 따른 등기사항을 채권별로 구분하여 신청정보의 내용으로 등기소에 제공하여야 한다.

제6관 가등기

제145조 【가등기의 신청】 ① 가등기를 신청하는 경우에는 그 가등기로 보전하려고 하는 권리를 신청정보의 내용으로 등기소에 제공하여야 한다.
② 법 제89조에 따라 가등기권리자가 단독으로 가등기를 신청하는 경우에는 가등기의무자의 승낙이나 가처분명령이 있음을 증명하는 정보를 첨부정보로서 등기소에 제공하여야 한다.

제146조 【가등기에 의한 본등기】 가등기를 한 후 본등기의 신청이 있을 때에는 가등기의 순위번호를 사용하여 본등기를 하여야 한다.

제147조 【본등기와 직권말소】 ① 등기관이 소유권이전등기청구권보전 가등기에 의하여 소유권이전의 본등기를 한 경우에는 법 제92조 제1항에 따라 가등기 후 본등기 전에 마쳐진 등기 중 다음 각 호의 등기를 제외하고는 모두 직권으로 말소한다.

1. 해당 가등기상 권리를 목적으로 하는 가압류등기나 가처분등기
2. 가등기 전에 마쳐진 가압류에 의한 강제경매개시결정등기
3. 가등기 전에 마쳐진 담보가등기, 전세권 및 저당권에 의한 임의경매개시결정등기
4. 가등기권자에게 대항할 수 있는 주택임차권등기, 주택임차권설정등기, 상가건물임차권등기, 상가건물임차권설정등기(이하 "주택임차권등기 등"이라 한다)

② 등기관이 제1항과 같은 본등기를 한 경우 그 가등기 후 본등기 전에 마쳐진 체납처분으로 인한 압류등기에 대하여는 직권말소대상통지를 한 후 이의신청이 있으면 대법원예규로 정하는 바에 따라 직권말소 여부를 결정한다.

제148조 【본등기와 직권말소】 ① 등기관이 지상권, 전세권 또는 임차권의 설정등기청구권보전 가등기에 의하여 지상권, 전세권 또는 임차권의 설정의 본등기를 한 경우 가등기 후 본등기 전에 마쳐진 다음 각 호의 등기(동일한 부분에 마쳐진 등기로 한정한다)는 법 제92조 제1항에 따라 직권으로 말소한다.

1. 지상권설정등기
2. 지역권설정등기
3. 전세권설정등기
4. 임차권설정등기
5. 주택임차권등기 등. 다만, 가등기권자에게 대항할 수 있는 임차인 명의의 등기는 그러하지 아니하다. 이 경우 가등기에 의한 본등기의 신청을 하려면 먼저 대항력 있는 주택임차권등기 등을 말소하여야 한다.

② 지상권, 전세권 또는 임차권의 설정등기청구권보전 가등기에 의하여 지상권, 전세권 또는 임차권의 설정의 본등기를 한 경우 가등기 후 본등기 전에 마쳐진 다음 각 호의 등기는 직권말소의 대상이 되지 아니한다.

1. 소유권이전등기 및 소유권이전등기청구권보전 가등기
2. 가압류 및 가처분 등 처분제한의 등기
3. 체납처분으로 인한 압류등기
4. 저당권설정등기
5. 가등기가 되어 있지 않은 부분에 대한 지상권, 지역권, 전세권 또는 임차권의 설정등기와 주택임차권등기 등

③ 저당권설정등기청구권보전 가등기에 의하여 저당권설정의 본등기를 한 경우 가등기 후 본등기 전에 마쳐진 등기는 직권말소의 대상이 되지 아니한다.

제149조 【직권말소한 뜻의 등기】 가등기에 의한 본등기를 한 다음 가등기 후 본등기 전에 마쳐진 등기를 등기관이 직권으로 말소할 때에는 가등기에 의한 본등기로 인하여 그 등기를 말소한다는 뜻을 기록하여야 한다.

제150조 【가등기의 말소등기신청】 법 제93조 제2항에 따라 가등기의무자 또는 등기상 이해관계인이 단독으로 가등기의 말소등기를 신청하는 경우에는 가등기명의인의 승낙이나 이에 대항할 수 있는 재판이 있음을 증명하는 정보를 첨부정보로서 등기소에 제공하여야 한다.

제7관 가처분에 관한 등기

제151조 【가처분등기】 ① 등기관이 가처분등기를 할 때에는 가처분의 피보전권리와 금지사항을 기록하여야 한다.
② 가처분의 피보전권리가 소유권 이외의 권리설정등기청구권으로서 소유명의인을 가처분채무자로 하는 경우에는 그 가처분등기를 등기기록 중 갑구에 한다.

제152조 【가처분등기 이후의 등기의 말소】 ① 소유권이전등기청구권 또는 소유권이전등기말소등기(소유권보존등기말소등기를 포함한다. 이하 이 조에서 같다)청구권을 보전하기 위한 가처분등기가 마쳐진 후 그 가처분채권자가 가처분채무자를 등기의무자로 하여 소유권이전등기 또는 소유권말소등기를 신청하는 경우에는, 법 제94조 제1항에 따라 가처분등기 이후에 마쳐진 제3자 명의의 등기의 말소를 단독으로 신청할 수 있다. 다만, 다음 각 호의 등기는 그러하지 아니하다.

1. 가처분등기 전에 마쳐진 가압류에 의한 강제경매개시결정등기
2. 가처분등기 전에 마쳐진 담보가등기, 전세권 및 저당권에 의한 임의경매개시결정등기
3. 가처분채권자에게 대항할 수 있는 주택임차권등기 등

② 가처분채권자가 제1항에 따른 소유권이전등기말소등기를 신청하기 위하여는 제1항 단서 각 호의 권리자의 승낙이나 이에 대항할 수 있는 재판이 있음을 증명하는 정보를 첨부정보로서 등기소에 제공하여야 한다.

제153조 【가처분등기 이후의 등기의 말소】 ① 지상권, 전세권 또는 임차권의 설정등기청구권을 보전하기 위한 가처분등기가 마쳐진 후 그 가처분채권자가 가처분채무자를 등기의무자로 하여 지상권, 전세권 또는 임차권의 설정등기를 신청하는 경우에는, 그 가처분등기 이후에 마쳐진 제3자 명의의 지상권, 지역권, 전세권 또는 임차권의 설정등기(동일한 부분에 마쳐진 등기로 한정한다)의 말소를 단독으로 신청할 수 있다.
② 저당권설정등기청구권을 보전하기 위한 가처분등기가 마쳐진 후 그 가처분채권자가 가처분채무자를 등기의무자로 하여 저당권설정등기를 신청하는 경우에는 그 가처분등기 이후에 마쳐진 제3자 명의의 등기라 하더라도 그 말소를 신청할 수 없다.

제154조 【가처분등기 이후의 등기의 말소신청】 제152조 및 제153조 제1항에 따라 가처분등기 이후의 등기의 말소를 신청하는 경우에는 등기원인을 "가처분에 의한 실효"라고 하여야 한다. 이 경우 제43조 제1항 제5호에도 불구하고 그 연월일은 신청정보의 내용으로 등기소에 제공할 필요가 없다.

제8관 관공서가 촉탁하는 등기

제155조 【등기촉탁서 제출방법】 ① 관공서가 촉탁정보 및 첨부정보를 적은 서면을 제출하는 방법으로 등기촉탁을 하는 경우에는 우편으로 그 촉탁서를 제출할 수 있다.
② 관공서가 등기촉탁을 하는 경우로서 소속 공무원이 직접 등기소에 출석하여 촉탁서를 제출할 때에는 그 소속 공무원임을 확인할 수 있는 신분증명서를 제시하여야 한다.

제156조 【수용으로 인한 등기의 신청】 ① 수용으로 인한 소유권이전등기를 신청하는 경우에 토지수용위원회의 재결로써 존속이 인정된 권리가 있으면 이에 관한 사항을 신청정보의 내용으로 등기소에 제공하여야 한다.

② 수용으로 인한 소유권이전등기를 신청하는 경우에는 보상이나 공탁을 증명하는 정보를 첨부정보로서 등기소에 제공하여야 한다.

제157조 【등기를 말소한 뜻의 통지】 ① 법 제99조 제4항에 따라 등기관이 직권으로 등기를 말소하였을 때에는 수용으로 인한 등기말소통지서에 다음 사항을 적어 등기명의인에게 통지하여야 한다.
1. 부동산의 표시
2. 말소한 등기의 표시
3. 등기명의인
4. 수용으로 인하여 말소한 뜻

② 말소의 대상이 되는 등기가 채권자의 대위신청에 따라 이루어진 경우 그 채권자에게도 제1항의 통지를 하여야 한다.

제5장 이 의

제158조 【이의신청서의 제출】 법 제101조에 따라 등기소에 제출하는 이의신청서에는 이의신청인의 성명과 주소, 이의신청의 대상인 등기관의 결정 또는 처분, 이의신청의 취지와 이유, 그 밖에 대법원예규로 정하는 사항을 적고 신청인이 기명날인 또는 서명하여야 한다.

제159조 【이미 마쳐진 등기에 대한 이의】 ① 이미 마쳐진 등기에 대하여 법 제29조 제1호 및 제2호의 사유로 이의한 경우 등기관은 그 이의가 이유 있다고 인정하면 법 제58조의 절차를 거쳐 그 등기를 직권으로 말소한다.

② 제1항의 경우 등기관은 그 이의가 이유 없다고 인정하면 이의신청서를 관할 지방법원에 보내야 한다.

③ 이미 마쳐진 등기에 대하여 법 제29조 제1호 및 제2호 외의 사유로 이의한 경우 등기관은 이의신청서를 관할 지방법원에 보내야 한다.

제160조 【등본에 의한 통지】 법 제105조 제1항의 통지는 결정서 등본에 의하여 한다.

제161조 【기록명령에 따른 등기를 할 수 없는 경우】 ① 등기신청의 각하결정에 대한 이의신청에 따라 관할 지방법원이 그 등기의 기록명령을 하였더라도 다음 각 호의 어느 하나에 해당하는 경우에는 그 기록명령에 따른 등기를 할 수 없다.
1. 권리이전등기의 기록명령이 있었으나, 그 기록명령에 따른 등기 전에 제3자 명의로 권리이전등기가 되어 있는 경우
2. 지상권, 지역권, 전세권 또는 임차권의 설정등기의 기록명령이 있었으나, 그 기록명령에 따른 등기 전에 동일한 부분에 지상권, 전세권 또는 임차권의 설정등기가 되어 있는 경우
3. 말소등기의 기록명령이 있었으나 그 기록명령에 따른 등기 전에 등기상 이해관계인이 발생한 경우
4. 등기관이 기록명령에 따른 등기를 하기 위하여 신청인에게 첨부정보를 다시 등기소에 제공할 것을 명령하였으나 신청인이 이에 응하지 아니한 경우

② 제1항과 같이 기록명령에 따른 등기를 할 수 없는 경우에는 그 뜻을 관할 지방법원과 이의신청인에게 통지하여야 한다.

제162조 【가등기 또는 부기등기의 말소】 법 제106조에 따른 가등기 또는 부기등기는 등기관이 관할 지방법원으로부터 이의신청에 대한 기각결정(각하, 취하를 포함한다)의 통지를 받았을 때에 말소한다.

제6장 - 보 칙

제163조 삭제 〈2020. 6. 26.〉

제164조 삭제

제165조 【통지의 방법】 법 또는 이 규칙에 따른 통지는 우편이나 그 밖의 편리한 방법으로 한다. 다만, 별도의 규정이 있는 경우에는 그러하지 아니하다.

제166조 【대법원예규에의 위임】 부동산등기 절차와 관련하여 필요한 사항 중 이 규칙에서 정하고 있지 아니한 사항은 대법원예규로 정할 수 있다.

연구 집필위원

박윤모 강철의 양진영 이승현 김병렬
임의섭 이강술 구갑성 이영진

제36회 공인중개사 시험대비 **전면개정판**

2025 박문각 공인중개사

기본서 2차 부동산공시법령 부록 | 법령집

초판발행 | 2024. 11. 5. **2쇄발행** | 2024. 11. 10. **편저** | 박윤모 외 박문각 부동산교육연구소
발행인 | 박 용 **발행처** | (주)박문각출판 **등록** | 2015년 4월 29일 제2019-000137호
주소 | 06654 서울시 서초구 효령로 283 서경빌딩 4층
팩스 | (02)584-2927 **전화** | 교재주문·학습문의 (02)6466-7202

비매품 ISBN 979-11-7262-289-3 / ISBN 979-11-7262-286-2(2차 세트)

2025 박문각 공인중개사

전국 네트워크 시스템

업계 최대 규모 박문각공인중개사 학원!
박문각의 합격시스템을 전국에서 만나보실 수 있습니다.

지역	학원	전화번호	학원	전화번호
서울 경기	강남 박문각	02)3476-3670	검단 박문각	032)565-0707
	종로 박문각	02)733-2288	부천 박문각	032)348-7676
	노량진 박문각	02)812-6666	분당 박문각	031)711-0019
	평택 박문각	031)691-1972	안산 박문각	031)482-7090
	구리 박문각	031)555-3000	이천 박문각	031)633-2980
	병점 박문각	031)224-3003	시흥 배곧공인중개사	031)432-3040
충북 충남	대전 박문각	042)483-5252	청주 박문각	043)265-4001
	제천 제천박문각고시	043)646-9993	충주 충주고시	043)852-3660
	천안 박문각	041)592-1335		
전북 전남	광주 박문각	062)361-8111	전주 행정고시	063)276-2000
	순천 박문각	061)725-0555	익산 행정고시	063)837-9998
경북 경남	대구 서대구박문각	053)624-0070	대구 박문각	053)794-5411
강원	강릉 영동고시	033)646-5611		
제주	제주 탐라고시	064)743-4393		

박문각 공인중개사 기본서 2차

부동산공시법령

2024 고객선호브랜드지수 1위
교육(교육서비스)부문

2023 고객선호브랜드지수 1위
교육(교육서비스)부문

2022 한국 브랜드 만족지수 1위
교육(교육서비스)부문 1위

2021 조선일보 국가브랜드 대상
에듀테크 부문 수상

2021 대한민국 소비자 선호도 1위
교육부문 1위

2020 한국 산업의 1등
브랜드 대상 수상

2019 한국 우수브랜드
평가대상 수상

박문각 공인중개사
온라인강의 www.pmg.co.kr
유튜브 박문각 클라쓰

박문각 북스파
수험교재 및 교양서 전문
온라인 서점

방송대학TV

동영상강의 무료제공 | 방송시간표 수록

기본이론 방송 2025. 1.13(월) ~ 7. 2(수)
문제풀이 방송 2025. 7. 7(월) ~ 8.20(수)
모의고사 방송 2025. 8.25(월) ~ 10. 1(수)

www.pmg.co.kr **교재문의** 02-6466-7202 **동영상강의 문의** 02-6466-7201

비매품
14320
9 791172 622893
ISBN 979-11-7262-289-3
ISBN 979-11-7262-286-2 (2차 세트)

수험생이 꿈꾸는 합격,
박문각의 노하우와 실력으로
빠르게 완성됩니다.

김제시 '공무원 준비반'
67명 중 26명
공무원 합격

공무원 'TS반 수강생'
30명 중 24명
공무원 합격

이준현 채움팀 수강생
2명 중 1명
법원/등기직 합격

교원임용
최고/최대
합격률 및 적중률

법무사
10년간 9회
수석 합격자 배출

감정평가사
8년 연속
수석 합격자 배출

공인중개사/주택관리사
1회 시험부터
최초 합격자 배출

경찰공무원
47% 수강생
2차 필기합격